趨勢投資與
交易法則圖解

翟勝利 ○ 著

傳播一種思想，培養一種理念，
形成一種良好的習慣，
樹立正確的價值觀，其實就是人生信仰。

序

剛收到這本《趨勢投資與交易法則圖解》的書稿時，其實我是沒有興趣讀的。主要原因有兩個：一是書名告訴我這可能又是一部包賺不賠的操盤聖經，二是覺得這無非是作者來宣傳自己的高收益的。這類作品汗牛充棟，能有什麼料？

我原計劃只是花幾分鐘時間瀏覽一下，但這一瀏覽，一個小時就過去了，再后來，我居然開始仔細地讀了。事后究其原因，可能是這本書具有自身獨特的黏性。

就這樣，在我一字長蛇的待讀書單裡，愣是橫空擠進來個《趨勢投資與交易法則圖解》，並且加塞兒排在了首位，黏了我兩天。

《趨勢投資與交易法則圖解》以宏大的觀察視野和嶄新的研究取向，拓展了實盤操作的寬度和探究原理的深度，有別於許多同類圖書誇張地描述和庸俗地自譽。《趨勢投資與交易法則圖解》集技術性和趣味性於一體，將交易者和K線納入同一個系統內來觀察，在傳統理論基礎上提出了獨特的見解，並精心準備了一整套圖示供解析參考。

《趨勢投資與交易法則圖解》採用案例解析法，將抽象的技術轉化得簡單易懂，真正實現了顛覆性創新。針對股民中存在的觀念性錯誤，這本書逐一解析並做出了糾正。例如，有人在交易時，總是想著自己持倉的盈虧情況，但事實上，賣出時不應該以自己的成本作為依據，自己在什麼點位入手的，與當前半毛錢關係都沒有，要做的應該是客觀的止盈止損。又如，有人選股票總是喜歡歷史價格較高而回落較多的，這是錯誤的，因為從高位跳下來的股票，自有其自身質地的原因，所以選股票選質地良好、走勢健康的，這也是趨勢跟隨的基本思路。再如，許多股民總是受制於市場，總是隨著市場的波動患得患失，而事實上，什麼時候買賣、持什麼倉位，都應該有自己的規則，要做的只能是按照規則嚴格執行，而不是被市場牽著鼻子走。

這本書作者率領的投資團隊的成功，就是趨勢投資的成功。作者認為，趨勢是需要醞釀的，是需要一定的時間去完成的，這個過程是有跡可循的，但也是最考驗人的。許多人能夠正確判斷趨勢的確立，但最終還是輸在了執行力上，所以投資需

要知行合一。多年的實踐證明，作者率領的投資團隊之所以經得住市場的考驗，是因為他們把複雜的事情簡單化，將簡單的事情重複做，而這個由繁入簡的過程，正是其功底之所在。作者還認為，趨勢交易者不應該頻繁交易。以交易次數計，作者率領的投資團隊的勝率不足三成，不過他們每次的止損額度都不大，這就保證了他們在誤判的情況下也能生存下來。作者還認為，趨勢交易的原則都是反人性的，做別人做不到的才是成功的前提。因此，要做到對跟蹤趨勢的堅持，就得不以物喜、不以己悲，當停止取悅別人時，交易就變得簡單了。

趨勢是阻力最小的行情演繹路徑，做交易也就是跟蹤趨勢，趨勢有級別，不同的交易者應該跟蹤不同級別的趨勢。投資不是科學，更不是藝術，而是一門手藝。要想掌握這門手藝術，就需要長時間沉浸其中，逐步形成自己的交易系統並嚴格執行。

價格永遠不會太高或太低，趨勢是投資者的朋友。

東方盛悅投資管理有限公司

劉海亮

前 言

《趨勢投資與交易法則圖解》是一本實踐性很強的圖書，內容均來自我多年的金融投資日記和總結。寫稿之初是想為團隊成員提供一本金融投資的工具書，后來身邊的朋友和同事對此書越發感興趣，便有了和廣大讀者分享之意，旨在幫助有緣的投資者變得更加成熟。

趨勢交易者是很誠實的，如果您耐心觀察趨勢交易的績效數據，願意知其然並知其所以然，我會很樂意地告訴您，趨勢交易正在做什麼、為什麼這樣做。

生活中投資股票、期貨的人很多，大部分人是為了賺取利潤，但是有多少人對股票市場、期貨市場有深入的瞭解，這是個未知數，甚至有一些人都不懂均線和K線的含義。這本書把趨勢交易法則用圖表的形式客觀地呈現給對投資感興趣的朋友，分享趨勢投資思維和交易體系，以求對有緣之人能有些啟發。

趨勢投資適用於股票、期貨、外匯等金融市場，幫助普通投資者追求穩定的、不錯的年化收益率，從而實現自我價值和財富的提升。同時，通過對行業板塊歷年走勢的統計分析，詮釋行業經濟的發展週期、趨勢和規律，希望能為傳統企業轉型升級及投資創業者提供一些借鑑和思考。

本書由四章內容構成：

第一章為趨勢交易的魔力。在復盤10年時間裡，採用最基本的30日均線操作原則，統計數據告訴我們資金從10萬元做到上百萬元的概率是47%。趨勢交易之所以能取得如此成績，究其本質原因是嚴格按照交易體系操作，即截斷虧損，讓利潤奔跑。

第二章為趨勢交易操作手冊。市場是不可預測的，必須始終對市場保持足夠的敬畏之心，這是趨勢交易體系的核心之所在。風險控制永遠是第一位的，在風險受控前提下追求確定性利潤是趨勢交易的靈魂。趨勢交易從不預測底部和頂部，在每一次機會來臨時，趨勢交易者都在場，而在每一次風險降臨時，趨勢交易者都在第一時間離開。交易本身也是一種修行，心態決定未來，堅定不移地按照體系操作，

才能真正做到知行合一。

　　第三章為交易體系的運用。以股票復盤案例來呈現趨勢交易的過程和績效，不僅有圖形和數據加以支撐，並配有文字，讓普通投資者能深入瞭解其中的含義。隨機挑選出30個板塊，每個板塊以5~6只股票為樣本，共計161只股票分析樣本，採用最基本的30日均線操作原則，統計最近10年趨勢復盤成果。復盤成果未考慮通貨膨脹率、貨幣購買力等其他因素帶來的影響。

　　復盤統計數據顯示：第一，復盤標的資金權益曲線圖大部分處於震盪向上的態勢。第二，復盤的30個板塊中，10年時間最低平均年化收益率為42.7%（交通設施板塊）。第三，復盤的161只股票中，10年時間資金從10萬元做到上百萬元的個股有76只，即平均年化收益在100%以上的占比為47%，比例已相當高了。第四，有1只股票平均年化收益率低於5%，假設銀行定期存款年收益率為5%，那麼相當於1%的股票沒有跑贏銀行定期存款收益，這種現象是正常的，卻也是罕見的。第五，每只股票勝率在30%左右，但一次趨勢機會來臨，單次收益率能做到100%、200%，甚至更多，一次盈利便滿盤皆贏。

　　第四章為圖解黃金、外匯、商品期貨等投資市場。通過案例，分析趨勢交易在黃金、期貨、外匯、商品期貨市場中的應用。從黃金、美元、螺紋鋼、豆粕、原油、精對苯二甲酸（PTA）、銅等品種的復盤來印證趨勢交易方法在此類市場也同樣適用。選擇適合自己的投資品種，堅持交易體系，追隨趨勢機會，將能立於不敗之地。

　　最後，筆者對參與此書編寫的康子杭、趙曉欽、廖萍、楊芷茹、王雨風等相關工作人員付出的辛勞表示深深的謝意。同時，非常感謝身邊親友的支持，證券、期貨等工作夥伴的認可。常言道：「百密一疏。」本書中難免會有錯誤和疏漏，歡迎業內人士和讀者指正。

翟勝利

目　錄

第一章　趨勢交易的魔力

一、一位成熟投資者應有的態度　/ 2

二、10年交易：由10萬元到上百萬元、上千萬元？　/ 3

三、趨勢交易的魔力　/ 5

四、你也可以是大師　/ 6

第二章　趨勢交易操作手冊

一、市場是不可預測的，追隨價格　/ 8

二、止損是第一位的，風險高於一切　/ 8

三、追求穩定的年化收益率，切勿頻繁換股　/ 9

四、知行合一，執行力很關鍵　/ 10

第三章　交易體系的運用

一、趨勢交易體系復盤說明　/ 12

二、復盤數據分析　/ 13

　　（一）第一部分　金融類　/ 14

　　　1. 證券板塊：攻守兼備，收益穩健　/ 14

　　　2. 銀行板塊：防禦性較強　/ 24

　　（二）第二部分　工業類　/ 33

　　　1. 房地產板塊：週期性強，個股分化　/ 33

　　　2. 建築板塊：受益房地產發展而收益較好，但進入飽和期　/ 42

3. 工程機械板塊：「走出去」戰略帶來盈利改善預期 / 52

4. 工業機械板塊：週期性強，專注細分龍頭 / 61

5. 鋼鐵板塊：進入飽和期，反彈空間受限 / 70

6. 煤炭板塊：收益放緩，波動幅度較大 / 79

7. 有色金屬板塊：收益放緩，優選稀有金屬 / 89

8. 石油板塊：波動性大，表現遜於大盤 / 99

9. 電氣設備板塊：收益可觀，業績驅動型 / 109

10. 汽車板塊：穩健向上，關注新能源汽車 / 118

11. 電腦設備板塊：成長性好，估值比拼業績 / 127

12. 軟件服務板塊：高增長，「東邊不亮西邊亮」 / 137

13. 半導體板塊：收益穩步攀升，個股分化 / 146

14. 元器件板塊：漸入成熟期，個股走勢好於板塊 / 157

15. 化工板塊：受原油價格波動影響，週期性強 / 168

16. 化纖板塊：波動較大，重在個股 / 177

(三) 第三部分　公共事業類 / 186

1. 交通設施板塊：跑輸大盤，震盪時間較長 / 186

2. 電力板塊：穩定性強，優選清潔能源 / 195

3. 通信設備板塊：投資重心轉向服務終端 / 204

(四) 第四部分　消費類 / 213

1. 食品飲料板塊：收益上行，走勢穩健 / 213

2. 傳媒娛樂板塊：黑馬發力，受益消費升級 / 222

3. 農林牧漁板塊：個股波動較大，具有季節性 / 231

4. 醫藥板塊：「牛股集中營」，兼具「避風港」優勢 / 241

5. 旅遊板塊：走勢向好，創新商業模式 / 251

6. 商業連鎖板塊：震盪上行，回撤率較小 / 261

7. 醫療保健板塊：表現優異，成長性強 / 270

8. 家用電器板塊：求變中突破上行 / 279

9. 紡織服飾板塊：表現穩定，消費屬性 / 288

三、10年複利收益對比 / 297

第四章

圖解黃金、外匯、商品期貨等投資市場

一、圖解黃金、外匯市場 / 303

二、圖解商品期貨市場 / 307

 （一）螺紋鋼指數 / 307

  1. 螺紋鋼價格趨勢圖分析 / 307

  2. 螺紋鋼趨勢復盤分析 / 308

 （二）豆粕指數 / 310

 （三）原油指數 / 311

 （四）精對苯二甲酸（PTA）指數 / 312

 （五）滬銅指數 / 313

【第一章】
趨勢交易的魔力

一、一位成熟投資者應有的態度

資本市場千變萬化，這是永恆的定律。

股市流傳著這麼一句話：如果你愛一個人，可以讓他進股市，因為那裡是天堂；如果你恨一個人，也可以讓他進股市，因為那裡是地獄。

股市就像是一面鏡子，可以把人性的貪婪、恐懼都展露出來。試問誰進股市，不是抱著賺錢的願望而來，但誰能最終實現這一願望呢？常有人抱怨，牛市賺的錢還不夠熊市一天虧損的。風險襲來時，往往是迅速地、凶猛地、殘酷地，比如全球經濟危機和股災等，沒有幾個人能夠幸免。人們又總是那麼的健忘，容易好了傷疤忘了疼，當牛市瘋狂來臨時，又再一次滿腔熱情地投入進去。

有過慘痛經歷，才會有「受傷」后的領悟：投資有風險、入市需謹慎。

那麼人們是否想過為什麼會「受傷」呢？其實大多數人進入股市都抱著賭一把的心態，身邊人都賺錢了，自己也躍躍欲試。在牛市中賺錢是很容易的，一天賺500元，一個月下來就輕鬆地賺到上萬元了，這可比上班強多了，還不用看領導臉色，多好的事情。然後自信心開始膨脹，增加投資額度，以賺取更多。可是當股票遇到調整時，賺的錢賠了，這怎麼能行，於是換另一只股票吧，心想把錢再賺回來，結果賠得更多……周而復始，隨意地去做，憑感覺去做，換了多只股票，錢卻越來越少。

這就是沒有投資體系釀成的后果。

成熟的資本市場需要你我他共同來營造。我們分享投資體系，目的是幫助普通投資者追求穩定的、不錯的年化收益率，從而實現自我價值和財富的提升。同時，通過對行業板塊歷來走勢的統計分析，詮釋行業經濟的發展週期、趨勢和規律，希望能為傳統企業轉型升級及投資創業者提供一些借鑑和思考。這應該是每一位成熟的投資者應有的態度。

趨勢交易者是很誠實的，如果你耐心觀察趨勢交易的績效數據，願意知其然並知其所以然，我們會很高興地、完全地告訴你，趨勢交易正在做什麼、為什麼這麼做。

二、10年交易：由10萬元到上百萬元、上千萬元？

作為一位在股市耕耘了多年的投資者，你認為從10萬元的初始資金做到上百萬元、上千萬元可能嗎？大多數股民可能認為這不可能，因為身邊這樣的人太少了。即使有這樣的人，也大多存在於牛市中，能避免在熊市中和股災中不賠錢的，實在太難了。更難得的是賠錢后仍然對市場抱有信心，同時心態還如當初那般平和。但是對於我們而言，人人都有機會在追求自我價值和財富面前，達成這看似不可能實現的目標，就看是否做好了充足的準備，把複雜的事情簡單化，把簡單的事情重複做。

對於投資，有人說很難，有人說很簡單。挑選低價股攀鋼釩鈦（000629）做示例。攀鋼釩鈦從2005年的前復權價1元到2015年7月31日的收盤價為3.8元，10年時間股價翻了近4倍。作為週期性個股，攀鋼釩鈦股價跟隨經濟週期的波動幅度較大，若以買入持有操作，10年時間初始資金10萬元可以達到38萬元；若來回操作，沒踏穩節奏，很可能連38萬元都沒有。若按趨勢交易的投資體系操作，10年時間則可以從10萬元做到140萬元（見圖1-1）。同時，趨勢交易投資體系成功避免了2015年6月26日后的股災，因為2015年6月26日止損后，直到2015年7月31日，股價不符合交易原則，處於空倉階段（詳見第三章復盤分析之鋼鐵板塊）。就這樣，類似攀鋼釩鈦這樣的週期性股票，投入資金也能從10萬元做到上百萬元。

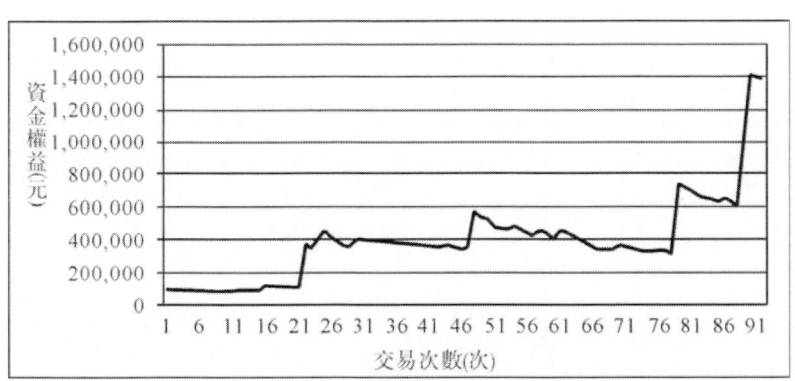

圖1-1　2005—2015年攀鋼釩鈦資金權益漲逾百萬元

有人會說，攀鋼釩鈦波動性大，是不是趨勢交易體系剛好就適合這樣的波段操作，對於像震盪上行的牛股，買入即持有就對了。我們來統計分析下一直以來走勢向好不斷創歷史新高的海王生物（000078）。該股票從 2005 年開始的前復權價 1.7 元，到 2015 年 7 月 31 日股價已漲至 16.7 元。若買入即持有，資金權益從 10 萬元做到了 98 萬元，收益頗為可觀。這很考究選股能力，並且一直持有，類似巴菲特的價值投資。若按趨勢交易的投資體系操作，10 年時間資金累積收益率為 1,933%，資金權益漲逾 200 萬元（見圖 1-2），收益幾乎比買入持有的收益高一倍。同樣，趨勢交易投資體系成功避開了 2015 年 6 月 19 日后的股災，因為 2015 年 6 月 19 日止損后，直到 2015 年 7 月 31 日，此階段均未達到買入股票的條件從而空倉（詳見第三章復盤分析之醫藥板塊）。因此，類似海王生物這樣的優質消費型股票，趨勢交易投資體系下收益也較為可觀。

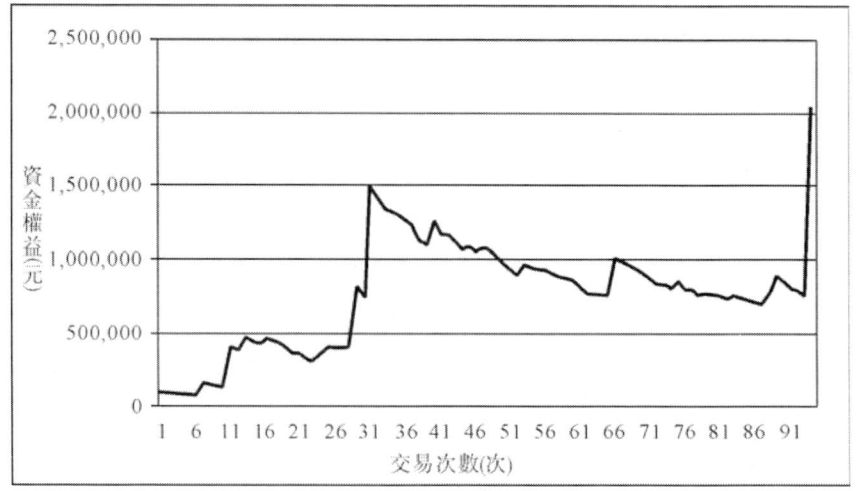

圖 1-2　2005—2015 年海王生物資金權益漲逾 200 萬元

資金從 10 萬元到上百萬元能做到，那麼上千萬元可能嗎？答案是肯定的。我們來看下化纖板塊中的江南高纖（600527）。江南高纖自上市以來，從 2004 開始的前復權價 0.32 元，到 2015 年 7 月 31 日股價已漲至 6 元。若買入即持有，資金權益從 10 萬做到了 187.5 萬元，收益可觀。若按趨勢交易的投資體系操作，11 年時間資金

累積收益率為 11,650%，初始資金 10 萬元已飆漲至 1,175 萬元（見圖 1-3），這樣的成績十分喜人。同樣，趨勢交易投資體系成功避開了 2015 年 6 月 19 日後的股災，因為 2015 年 6 月 19 日止損後，直到 2015 年 7 月 31 日，此階段均未達到買入股票的條件（詳見第三章復盤分析之化纖板塊）。因此，類似江南高纖的化纖個股，投入資金可能從 10 萬元做到上千萬元。

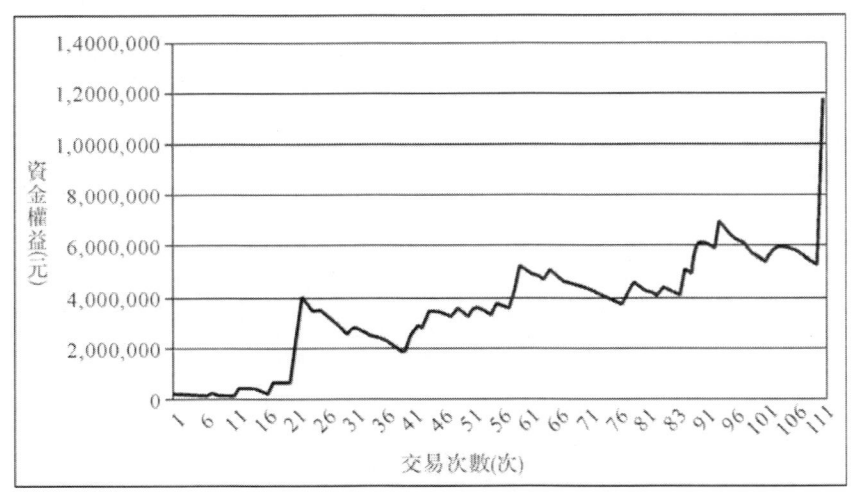

圖 1-3　2004—2015 年江南高纖資金權益漲逾千萬元

三、趨勢交易的魔力

從 10 萬元到上百萬元、上千萬元，並非個案。從本書第三章的復盤數據統計來看，隨機復盤股票標的 161 只中，資金從 10 萬元到上百萬元的有 76 只，占比為 47%，比例已相當高了；資金從 10 萬元到上千萬元的有 6 只，占比為 4%。同時，本書統計了 30 個主流板塊，10 年時間板塊指數中最低累積收益率是 427%，平均年化收益率是 42.7%（交通設施板塊）。雖然交通設施板塊收益率最低，但平均年化收益率 40% 已可超越很多基金收益了，同時遠遠跑贏銀行、黃金等投資理財收益。這就是趨勢交易的魔力！需要指出的是，復盤統計的 161 只股票中有 1 只股票平均年化收益率低於 5%，假設銀行定期存款年收益率為 5%，那麼相當於有 1% 的股票

沒有跑贏銀行定期存款收益，這種現象是正常的，卻也是極罕見的。

趨勢交易之所以有那麼好的成績，究其本質原因是嚴格按照操作體系，在大週期向好時買入持有，待出現調整信號時賣出；在大週期走壞時，少量參與甚至空倉，做好資金管理，以保證在風險來臨時全身而退，在趨勢來臨時揚帆起航。趨勢交易就是「順勢而為，截斷虧損，讓利潤奔跑」。

市場總是在變化的，如果你的交易體系設計成可以接受變化的，那麼變化的世界在本質上是不會傷害你的。市場本來就會變，改變是好事。趨勢交易就是接受市場，就像是在衝浪，浪潮來時，我們追隨它；潮水退去時，我們已離開。趨勢交易體系就是我們的向導。

四、你也可以是大師

你也許很擔憂，趨勢交易如此靈驗，但不懂經濟、不會看財務報表、不會挑選優質股票，更是對數學模型不精通、不會使用怎麼辦？

這一點不難解決，你可以只做一只股票，只做一條均線，按最基本的操作原則，如以30日均線為準，收盤價上30日均線則買，跌破30日均線則出，操作時間為收盤前5分鐘，就是那麼簡單。

也許你不信，但可以試試，本書第三章會有大量數據來真實、客觀地呈現趨勢交易體系的績效。

【第二章】
趨勢交易操作手冊

一、市場是不可預測的，追隨價格

市場是不可預測的，這是趨勢交易體系存在的條件。資本市場千變萬化，很難預測。你也許會說，經濟專家、股評專家那麼多，也有預測準了的時候，但說和做是兩碼事。對於交易而言，每一次操作都要求很嚴謹，哪怕只有百分之一的概率，我們都會很小心，因為運氣不好時這一小概率事件真的發生了。很多人投資失敗就只是一次的誤念或者說是貪念，往往認為這次已跌成這樣了，不會再跌了。比如2015年的股災，連續跌停後還能再跌，半個月大盤跌了近2,000點，跌幅35%，個股跌幅甚至達到60%～70%，歷史罕見。就是這少有的股災，多少股民資金蒸發，多少高手亦無法幸免，一次不理智地抄底就可能讓牛市賺的錢化為泡影。尤其是在當前的槓桿市場下，融資融券、股指期貨等工具既放大了收益也放大了風險，市場波動日益加劇，更不能靠猜、靠感覺交易。正如墨菲定律所言，事情往往會向你所想到的不好的方向發展。只要有這個可能性，就必須對市場保持足夠的敬畏。

千變萬化的市場不可預測，但有一點是可以確定的，那就是表現形式，即價格。價格的表現形式是K線圖，K圖形無外乎只存在三種情況：上漲、震盪、下跌。無論是技術的進步，還是「黑天鵝」的發生，都不會改變這種事實。只要我們做好不同情況下的應對措施，以不變應萬變，就可以輕鬆自如地應對市場，追隨價格，這是保障良好心態不受外界干擾的很重要一點。因此，每天開市前我們已經有了交易策略，或者每次買入股票後我們已經有了應對方案，從而做到了心中有數、胸有成竹。

二、止損是第一位的，風險高於一切

止損是第一位的，風險高於一切，先控制風險，再追求利潤，這是趨勢交易的原則。止損也就是股市上所稱的賣出。很多投資者，買入股票後首先想到的是要賺多少錢，目標價定在某一個位置，但趨勢交易不一樣，其首先想的是風險，這一次買入股票后，趨勢交易的底線在哪裡、止損位在哪裡。若真正到了止損價，說明短期走勢偏弱或者叫沒有達到預定的期望，我們會毫不猶豫地先止損出局看看，待買

入條件符合後再進入。如果下跌是洗盤動作,那也騙不了我們,因為股價上漲符合趨勢交易原則後我們會再跟進去。雖然看似多操作了一次,浪費了一次成本,但我們僅用了成本的錢就規避了一次風險。這筆買賣還是相當劃算的,萬一股票真的繼續殺跌下來怎麼辦?若繼續猶豫,再跌怎麼辦?比如海王生物 2015 年 6 月 19 日破位了不止損,股價一下子從 27 元跌到 13 元,跌幅近 52%,這樣的損失是巨大的。很多投資者最終被套牢,就是不止損的結果,因小失大。止損是第一位,養成良好的交易習慣很重要。

通過本書第三章的統計數據可以發現,趨勢交易的交易次數不多,勝算率不高,平均勝算率在 29% 左右,止損次數較多,但每次的止損幅度較小,數據顯示每次止損幅度控制在 5% 以內的占總虧損次數的 80% 左右,占比相當高,這樣就保障了在股票調整之時我們能活下來,活下來才能談機會。交易如同戰爭,當局勢對我方不利時,就要先撤離陣地觀望,而後再制定下一步的戰略和戰術。戰爭就要有犧牲,交易同樣會有虧損,只要每次都能保存實力,並有機會等到有利的一面,抓住有利時機,自然就會拿下「所有高地」。投資只要抓住了幾波大的行情,資金收益就可以做得很高,因為小的止損不會傷筋動骨,卻可以避免大的股災,那麼管理好了風險,盈利自然會降臨。

三、追求穩定的年化收益率,切勿頻繁換股

進入股市,應想清楚是來追求勝算的概率還是來追求較好的年化收益率。趨勢交易雖然小的止損很多、很磨人,但只要趨勢來了,抓住機會便可以滿盤皆贏。這和普通投資者一有利潤便落袋為安是相反的。趨勢交易者從不預測牛市頂部,但在每一次突破上行的時候,我們基本上都把握住了。本書第三章的復盤數據統計可以看出,趨勢交易單次收益率能做到 100%、200%,甚至更多,一次收益就足以傲視群雄。這就是追求年化收益率的好處,一旦趨勢來臨,便揚帆起航,使利潤最大化。

在實際的股票操作中,我們會從 3 元做到 5 元、10 元、30 元……這是可能的,也是必須的,因為一旦認定了某只股票,趨勢交易者便會一直跟蹤下去。即使股票出現調整或趨勢還未確立之時,趨勢交易者仍然會不離不棄,不會去換其他股票。

頻繁換股三心二意，只會亂了陣腳，失了恒心。做人亦是如此，工作亦是如此。在挑選個股時，我們會考慮10年甚至更長時間的戰略發展，而非當前市場在「炒」什麼。盡量抓住經濟發展的脈絡，可以讓資金收益更高。在本書第三章的復盤數據分析可以發現，標的物的選擇也很重要，比如醫藥、醫療、電子、傳媒等板塊收益明顯排在前列，說明具有較高的成長性且與未來經濟發展方向契合度保持了高度的一致。標的物的選擇也有運氣成分，直接影響著收益率。實際操作中，只要堅持一只股票，哪怕不幸選中了像中國石化這種長期下跌的個股，資金收益亦能跑贏銀行定期收益以及許多基金收益。

四、知行合一，執行力很關鍵

　　趨勢交易最基本的30日均線操作法則，雖然收益不錯，操作起來也簡單，但實際真正能操作下來的人很少，成功與否貴在堅定地執行。而在堅持的道路上，有恐懼、有貪婪、有煩躁、有僥幸等各種心理狀態左右著我們，也有許多市場誘惑在干擾著我們，真正能做到知行合一很難。例如，當手中的股票調整之時，而其他股票在漲，趨勢交易就得拒絕誘惑，因為也許換了手中的股票後，當其再漲就錯過了符合進場的買點，而換的個股也許正好追在了高位，資金被套牢且繼續虧損。建倉位置不同，止損也不同，較高的建倉價遇到股價波動時往往會比較吃虧，正可謂撿了芝麻掉了西瓜，有時芝麻都沒撿到還損兵折將。當手中股票漲得很好時，要拒絕恐懼，這樣才能讓利潤奔跑。在連續失敗後，我們也要克服恐懼而去嘗試，因為也許你放棄的那一次嘗試正好是趨勢來臨且能取得巨大成功的一次。現實有時充滿巧合，但也蘊含著真理。

　　趨勢交易可以說是「反人性的」。做別人做不到的才是成功存在的前提。真正的成功者有著對信仰、真理的追求與堅持，不以物喜，不以己悲。當你停止取悅別人時，交易就變得簡單了。趨勢交易體系是幫助投資者克服心理障礙的最好方式，堅持趨勢交易體系最好的動力就是經歷，只有經歷了才能體會到趨勢交易體系的博大胸懷。人最大的敵人是自己，交易本身就是一種修行。心態決定未來，克服萬難，堅定不移地按照趨勢交易體系操作，才能真正做到知行合一。

【第三章】
交易體系的運用

一、趨勢交易體系復盤說明

實踐是檢驗真理的唯一標準。為了驗證趨勢交易體系的正確性、優越性，我們採用復盤的方式，用最直接的數據來作為趨勢交易體系最強有力的支撐。后續將會採用行業板塊與板塊、板塊與個股、個股與個股對比的形式為讀者清晰呈現交易成果。

復盤過程中均採用通達信軟件按板塊選取個股進行復盤，由於板塊指數均於2005年開始統計，為統一對比標準，週期基本選定為10年，即2005—2015為復盤週期，股票復盤初始資金全部為10萬元。為消除股票除權除息造成的價格影響，復盤過程中全部採用前復權的復權處理方式。

通過復盤得出的成果主要有兩部分：一部分為資金曲線圖和重要指標參數分析，另一部分為復盤啟示。通過資金曲線圖可以對資金累積收益的走向一目了然，通過指標參數分析能夠具體感受趨勢交易過程中資金的累積變化情況；復盤啟示則呈現趨勢交易的特徵，以便瞭解趨勢交易在做什麼、為什麼這樣做。為了更詳細地呈現趨勢交易的復盤過程，我們在每一個板塊中會挑選一只股票作為代表，重點解析個股復盤歷程。

復盤參數分析中涉及的重要指標有：盈虧比、累積收益率、平均年化收益率、年複利率、回撤率。盈虧比即盈利與虧損之比。累積收益率即一段時間後累積收益佔初始資金的百分比。平均年化收益率即累積收益率的算術平均值。年複利率即考慮產生收益之後的複利計算，也就是「利生利」。在參數當中，年複利率要比平均年化收益率偏小，因為平均年化收益率沒有考慮複利情況，計算的基數均為初始資金。回撤率是一個非常重要的風險指標，回撤可以理解為在一個時期內，資金從一個高點回落到低點的幅度，通過高低點的計算可以得出回撤率，而最大回撤率可以幫助投資者瞭解自己面臨的最大虧損幅度，最大回撤率越小越好，回撤越大，風險越大，回撤越小，風險越小。

在復盤的過程中運用的是趨勢交易體系中最基本的30日均線操作原則，這一原則可以簡單地概括為：

第一，30日均線操作：當股票價格突破30日均線，即符合買入條件，這個時

候應當買入，而當股票價格跌破 30 日均線時應該賣出。

第二，30 周均線優化操作：周均線的優化可以分為很多種，在此運用的優化都是在 30 日均線的基礎上進行，將均線週期由日均線調整為周均線，周均線向上突破 30 周均線符合買入操作條件，跌破 30 周均線即停止操作，同時也要滿足 30 日均線的操作，即以 30 日均線為基礎，滿足周均線條件，兩者取交集（見圖 3-1）。

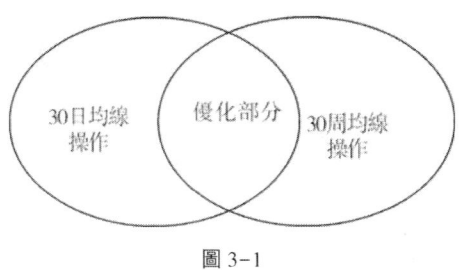

圖 3-1

第三，30 月均線優化操作：與 30 周均線優化操作同理，滿足 30 月均線買入，跌破 30 月均線停止操作，同時滿足 30 日均線操作，取兩者交集（見圖 3-2）。

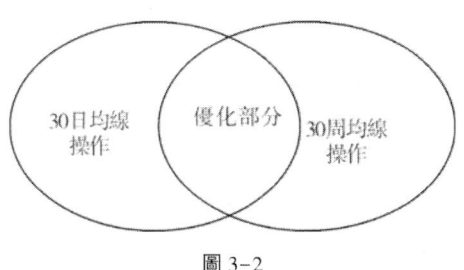

圖 3-2

二、復盤數據分析

以上是復盤必備的一些基礎知識，同時又是交易體系的參數，也可以用程序化做出來。下面我們就從金融類、工業類、公共事業類、消費類四大部分來進行具體的復盤操作，一起來見證趨勢交易是如何取得成功的！

（一）第一部分　金融類

1. 證券板塊：攻守兼備，收益穩健

證券板塊作為金融領域的重頭領域，整體回撤率較小，走勢穩健。考慮到證券板塊流通盤較大，走勢穩健，可謂攻守兼備，因此非常適合機構資金的配置。

● 10 年交易時間，證券板塊指數平均年化收益率為 244%，遠遠跑贏同期大盤。

● 10 年交易時間，趨勢交易的次數僅為 98 次，雖然勝算率為 35.7%，但單次最大收益率達到 125%，可見一旦趨勢形成，獲利將勢不可擋。

● 證券板塊指數單次最大回撤率僅為 8.4%，階段性最大回撤率為 15%，先控制風險，再追求利潤。

● 選取樣本中信證券、海通證券、東北證券、國元證券、國海證券長江證券做復盤分析，發現走勢向好。

● 通過優化 30 周均線、30 月均線做復盤比較分析，發現優化後資金收益曲線更穩定、風險控制也更好。

2005—2015 年證券板塊指數與上證指數走勢圖如圖 3-3 所示：

圖 3-3　2005—2015 年證券板塊指數與上證指數走勢圖

(1) 證券板塊指數（880472）復盤分析（見圖3-4）。

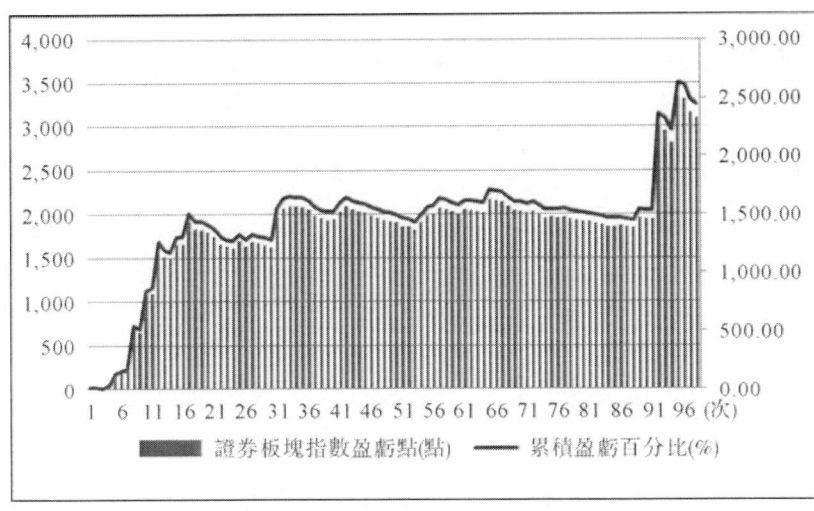

圖3-4 證券板塊指數復盤10年收益震盪向上

（數據截至2015年7月31日）

●復盤啟示：證券板塊指數起始點為127點，復盤10年，累積獲利3,103點，累積收益率達2,443%，平均年化收益率為244%，表現優異。

橫盤時間較長，但只要抓住兩波趨勢便能奠定較高收益。

10年交易時間，成功規避了2008年全球經濟危機、2015年股災。破位時第一時間止損，就是為了防範大跌的風險。每次止損都當成真的，就能避免大跌的風險。

附表　　　　　　　　　　重要指標參數分析

帳戶交易時間（年）	交易次數（次）	成功次數（次）	勝率（%）	盈虧比	累積收益率（%）	平均年化收益率（%）	階段性回撤次數（次）	階段性最大回撤率（%）	單次最大收益（點）	單次最大收益率（%）	單次最大虧損（點）	單次交易最大回撤率（%）
10	98	35	35.71	2.63	2,443.31	244.33	3	-15.09	1,052	125.40	-161	-8.42

（2）證券板塊樣本個股分析。

①中信證券（600030，見圖3-5）。

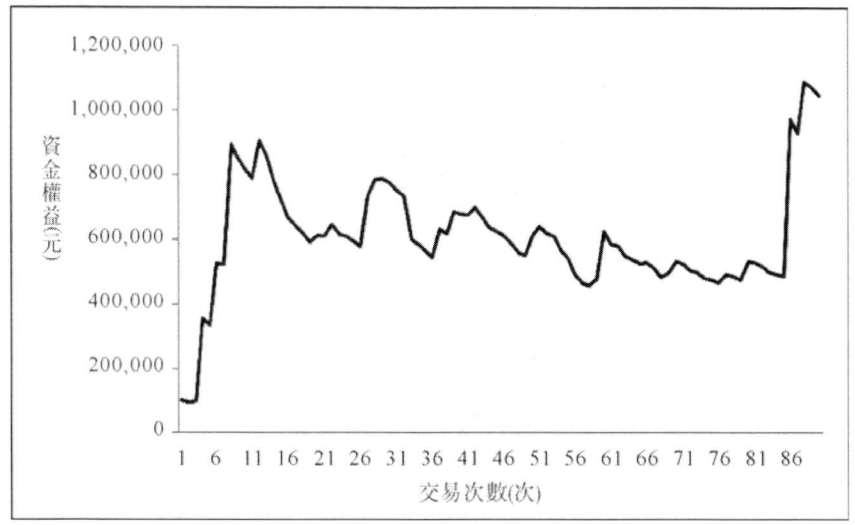

圖3-5　中信證券復盤9年資金權益震盪向上

（數據截至2015年7月31日）

●復盤啟示：起始資金10萬元，中信證券復盤9年，帳戶資金達到104萬元，平均年化收益率為104.91%，收益可觀。

橫盤時間較長，但只要抓住兩波趨勢便能奠定較高收益。

9年交易時間，成功規避了2008年全球經濟危機、2015年股災。破位時第一時間止損，就是為了防範大跌的風險。每次止損都當成真的，就能避免大跌的風險。

附表　　　　　　　　　　重要指標參數分析

帳戶交易時間(年)	交易次數(次)	成功次數(次)	勝率(%)	盈虧比	累積收益率(%)	平均年化收益率(%)	階段性回撤次數(次)	階段性最大回撤率(%)	單次最大收益(萬元)	單次最大收益率(%)	單次最大虧損(萬元)	單次交易最大回撤率(%)
9	89	24	26.97	1.64	944.16	104.91	2	-48.64	48.79	258.18	-13.45	-18.31

●詳解中信證券復盤歷程：雖然本書復盤數據主要選擇 2005—2015 年的股票數據作為分析樣本，但是考慮到中信證券前復權后股價在 2005 年時期攤薄后表現為負值，因此中信證券復盤時採用的數據從 2006 年開始，以保持數據分析的客觀性。

按照趨勢交易最基礎的 30 日均線交易法則，9 年時間裡，趨勢交易共計交易 89 次，成功概率不足 30%，但平均年化收益率能達到約 105%，這樣的成績非常可觀，最重要的是這樣的成績是普通股民都能實現得了的，交易方法具有可操作性，即上 30 日均線進，下 30 日均線出，大家都能操作，關鍵是能否堅持做到：當連續虧損 100 次后，還有勇氣繼續遵循原則交易。

趨勢交易操作 89 次，這 89 次主要分佈在股價震盪區間，即**趨勢不明朗時期，這個時期需要不斷地去嘗試機會**。比如 2011 年、2012 年、2013 年中信證券股票基本處於箱體震盪格局，這 3 年時間操作次數總計為 36 次，占比超過了 40%，這段時間對於趨勢交易而言是最難的，但只要認識到虧損是很正常的事，調整好心態，是很容易等到趨勢來臨的。

當上升趨勢時，趨勢交易便很輕鬆，**一旦趨勢形成就長期持有了，直到趨勢出現拐頭跡象才賣出**。比如 2006 年 11 月 9 日，中信證券股價上 30 日均線，符合買入原則，該次交易要一直持有到 2007 年 3 月 1 日時才有賣出信號，持有時間為 4 個月，一次收益率高達 258.18%。2014 年 10 月 31 日符合買入原則，買入後一直會持有到 2015 年 1 月 20 日，單次收益率為 100.74%，而且有了複利效應，資金收益從 48 萬元躍升到 97 萬元。

當下跌風險來臨時，股票破位第一時間賣出，截斷虧損。中信證券單次最大虧損率為 18.31%，2010 年 4 月 13 日買入后該股票出現停牌，復牌后一字跌停，只有在第二天賣出。像此種「黑天鵝事件」畢竟是少數，實際趨勢交易體系的止損是很小的。總共交易的 89 次中，有 65 次出現虧損，而這 65 次中，單次虧損率超過 10%的僅有 1 次，虧損率為 5%~10%的有 12 次，虧損率在 5%以下的有 52 次，占比達到 80%。正是因為養成了這種截斷虧損的習慣，我們才在 2008 年全球經濟危機和 2015 年股災中全身而退，規避了大的損失。2015 年 6 月 10 日中信證券股價跌破 30 日均線賣出，直到 2015 年 7 月 31 日均未出現進場信號，我們從而在下跌中處於空倉狀態，保存了實力。

②海通證券（600837，見圖3-6）。

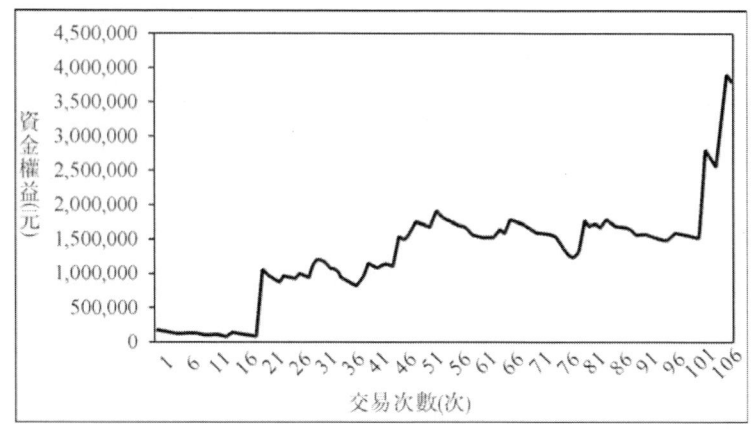

圖3-6　海通證券復盤10年資金權益穩步抬升

（數據截至2015年7月31日）

●復盤啟示：起始資金10萬元，海通證券復盤10年，帳戶資金達到379萬元，平均年化收益率為369%，收益可觀。

資金權益曲線穩步抬升，階段性回撤率相對較小，走勢穩健。

10年交易時間，成功規避了2008年全球經濟危機、2015年股災。破位時第一時間止損，就是為了防範大跌的風險。每次止損都當成真的，就能避免大跌的風險。

附表　　　　　　　　　重要指標參數分析

帳戶交易時間(年)	交易次數(次)	成功次數(次)	勝率(%)	盈虧比	累積收益率(%)	平均年化收益率(%)	階段性回撤次數(次)	階段性最大回撤率(%)	單次最大收益(萬元)	單次最大收益率(%)	單次最大虧損(萬元)	單次交易最大回撤率(%)
10	110	30	27.27	2.25	3,689.07	368.91	3	-35.68	131.13	1,085.44	-15.67	-11.48

③東北證券（000686，見圖 3-7）。

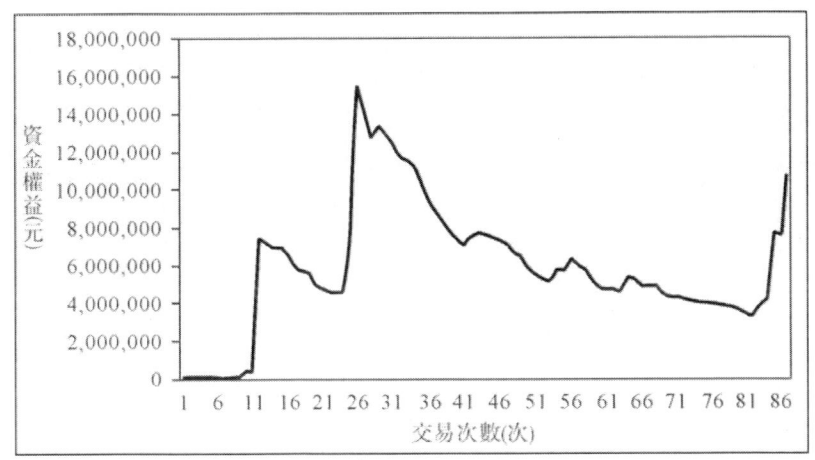

圖 3-7　東北證券復盤 10 年資金從 10 萬元到上千萬元

（數據截至 2015 年 4 月 17 日）

●復盤啟示：起始資金 10 萬元，東北證券復盤 10 年，帳戶資金達到 1,069 萬元，平均年化收益率達 1,059%，收益喜人。

資金權益曲線波動較大，階段性最大回撤率達 78%。

東北證券雖然波動大，但只要抓住三波趨勢機會，資金從 10 萬元可以做到上千萬元，單次最大收益率高達 1,639%，這說明一旦趨勢形成，利潤便揚帆起航。

附表　　　　　　　　重要指標參數分析

帳戶交易時間(年)	交易次數(次)	成功次數(次)	勝率(%)	盈虧比	累積收益率(%)	平均年化收益率(%)	階段性回撤次數(次)	階段性最大回撤率(%)	單次最大收益(萬元)	單次最大收益率(%)	單次最大虧損(萬元)	單次交易最大回撤率(%)
10	87	21	24.14	1.57	10,591.23	1,059.12	2	-78.48	758.91	1,638.87	-162.79	-20.23

④國元證券（000728，見圖 3-8）。

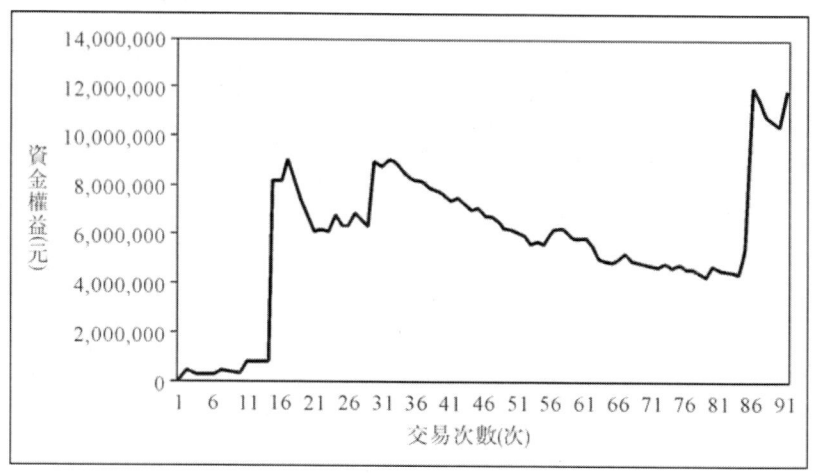

圖 3-8　國元證券復盤 10 年資金從 10 萬元到上千萬元

（數據截至 2015 年 4 月 17 日）

●復盤啟示：起始資金 10 萬元，國元證券復盤 10 年，帳戶資金達到 1,185 萬元，平均年化收益率達 1,175%，收益喜人。

資金權益曲線波動較大，階段性最大回撤率達 52%。但是體系內的資金回撤往往是盈利的開始。

國元證券資金從 10 萬元可以做到上千萬元，單次最大獲利高達 733 萬元，這說明一旦趨勢形成，獲利勢不可擋。

附表　　　　　　　　　重要指標參數分析

帳戶交易時間（年）	交易次數（次）	成功次數（次）	勝率（%）	盈虧比	累積收益率（%）	平均年化收益率（%）	階段性回撤次數（次）	階段性最大回撤率（%）	單次最大收益（萬元）	單次最大收益率（%）	單次最大虧損（萬元）	單次交易最大回撤率（%）
10	91	26	28.57	1.91	11,753.80	1,175.38	2	-52.29	732.83	868.52	-83.52	-28.46

⑤國海證券（000750，見圖3-9）。

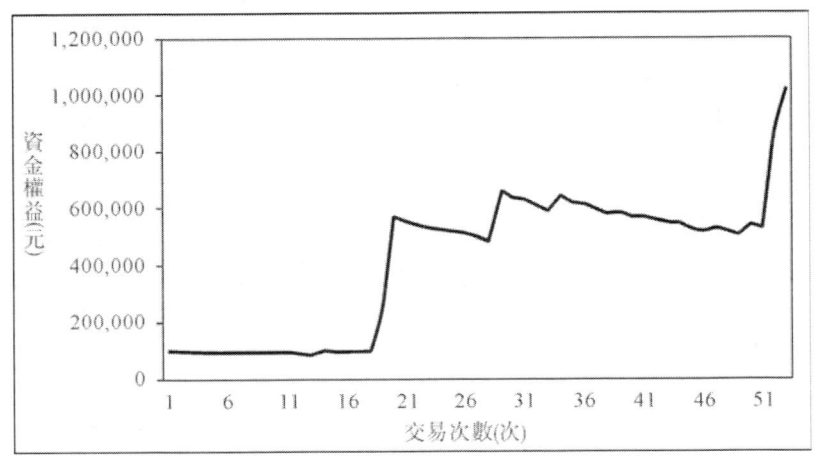

圖3-9　國海證券復盤10年資金權益穩步攀升

（數據截至2015年4月20日）

●復盤啟示：起始資金10萬元，國海證券復盤10年，帳戶資金漲至102萬元，平均年化收益率為92%，收益較好。

資金權益穩步攀升，相對證券板塊內的其他品種，波動較小。

10年時間，國海證券符合趨勢交易的次數僅有53次，勝率為26%，但單次最大收益率高達175%。空倉也是一種交易，不做無謂的犧牲，少輸當贏。

附表　　　　　　　　　　　　重要指標參數分析

帳戶交易時間（年）	交易次數（次）	成功次數（次）	勝率（%）	盈虧比	累積收益率（%）	平均年化收益率（%）	階段性回撤次數（次）	階段性最大回撤率（%）	單次最大收益（萬元）	單次最大收益率（%）	單次最大虧損（萬元）	單次交易最大回撤率（%）
10	53	14	26.42	3.77	918.22	91.82	2	-23.11	34.49	174.95	-2.18	-4.06

⑥長江證券（000783，見圖3-10）。

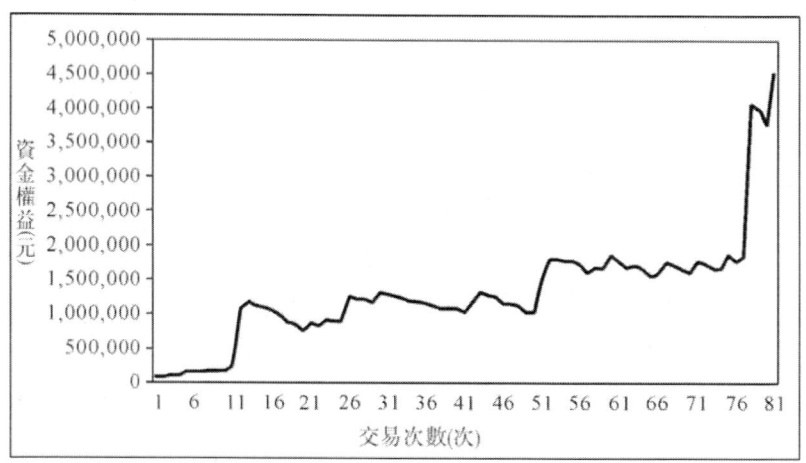

圖3-10　長江證券復盤10年資金權益從10萬元到400餘萬元

（數據截至2015年4月20日）

●復盤啟示：起始資金10萬元，長江證券復盤10年，帳戶資金漲至453萬元，平均年化收益率高達443%，收益可觀。

資金權益震盪向上，底部區間不斷抬高，走勢穩健。

10年時間，雖然交易勝率為35.8%，但單次最大獲利達224萬元，一次趨勢成功便滿盤皆贏。

附表　　　　　　　　　　重要指標參數分析

帳戶交易時間(年)	交易次數(次)	成功次數(次)	勝率(%)	盈虧比	累積收益率(%)	平均年化收益率(%)	階段性回撤次數(次)	階段性最大回撤率(%)	單次最大收益(萬元)	單次最大收益率(%)	單次最大虧損(萬元)	單次交易最大回撤率(%)
10	81	29	35.80	2.81	4,427.33	442.73	3	-35.93	224.43	349.93	-24.20	-12.01

(3) 交易優化對比 (見圖3-11)。

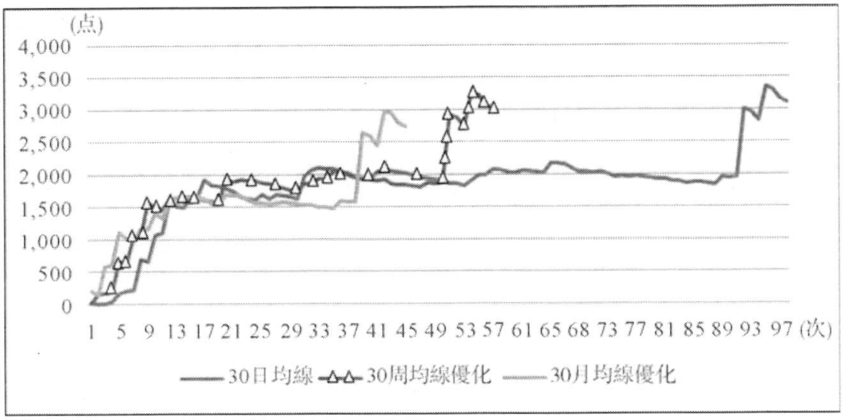

圖3-11 證券板塊指數優化后盈虧曲線圖對比

●優化啟示：通過30周均線、30月均線優化證券板塊指數后，可以發現優化后階段性回撤率下降，相對的收益也出現了下降，低風險對應低收益，降低風險的同時也降低了利潤。

優化后交易次數明顯減少，這是因為當大週期走壞時，即使短週期符合原則也不會交易，規避風險為第一要務。

實際操作中，趨勢交易會根據趨勢線、水平線、資金管理等措施來進一步優化，以使在控制風險下實現利潤最大化。

附表　　　　　　　　　重要指標參數對比

參數 MA	帳戶交易時間(年)	交易次數(次)	成功次數(次)	勝率(%)	盈虧比	累積收益率(%)	平均年化收益率(%)	階段性回撤次數(次)	階段性回撤率(%)	單次最大收益(點)	單次最大收益率(%)	單次最大虧損(點)	單次交易最大回撤率(%)
30日均線	10	98	35	35.71	2.63	2,443	244	3	-15.09	1,052	125	-161	-8.42
30周均線	9	57	22	38.60	3.62	1,960	218	3	-7.93	1,052	125	-161	-7.57
30月均線	9	45	17	37.78	3.62	422	47	3	-12.96	1,052	112	-161	-6.80

2. 銀行板塊：防禦性較強

銀行板塊走勢與大盤同步，波動小，防禦性較強，是機構資金保值增值的標準配置。

● 10 年交易時間，銀行板塊指數平均年化收益率達到 64%，走勢與大盤基本同步，並且跑贏大盤指數。

● 10 年交易時間，趨勢交易的次數僅為 98 次，雖然勝率僅為 28.6%，但單次最大收益率就達到 112.5%，可見一旦趨勢形成，利潤將十分豐厚。

● 銀行板塊指數單次最大回撤率僅為 6.6%，階段性最大回撤率控制在 30% 以內，先控制風險，再追求利潤。

● 選取樣本招商銀行、浦發銀行、華夏銀行、民生銀行、平安銀行做復盤分析，發現個股波動稍大。

● 通過優化 30 周均線、30 月均線做復盤比較分析，發現優化後資金收益曲線更穩定、風險控制也更好。

2005—2015 年銀行板塊指數與上證指數走勢圖如圖 3-12 所示：

圖 3-12　2005—2015 年銀行板塊指數與上證指數走勢圖

(1)銀行板塊指數（880471）復盤分析（見圖3-13）。

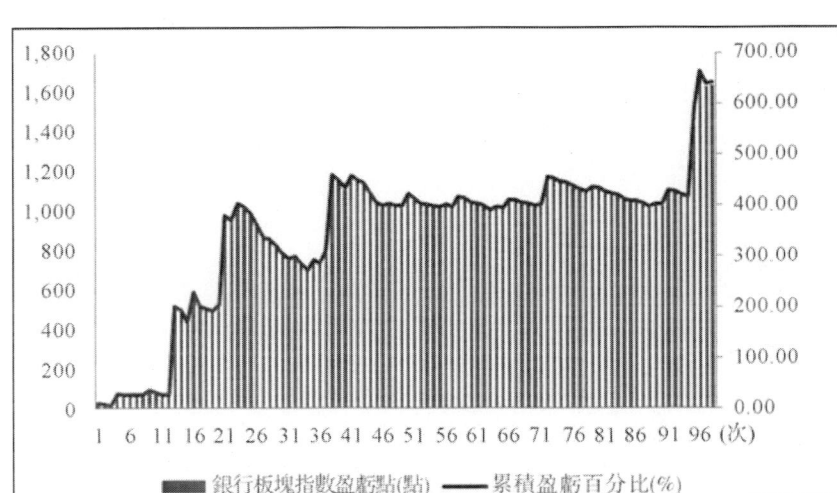

圖3-13　銀行板塊指數復盤10年資金穩健向上

（數據截至2015年7月31日）

●復盤啟示：銀行板塊指數起始點為255點，復盤10年，累積獲利1,636點，累積收益率達642%，平均年化收益率為64%，跑贏同期大盤指數。

資金權益穩健向上，單次交易最大回撤率不足7%，表現相對穩定。

銀行板塊市值較大，波動相對其他板塊指數較小，同時擁有一定穩定的股息分紅，受到機構資金青睞。

附表　　　　　　　　重要指標參數分析

帳戶交易時間（年）	交易次數（次）	成功次數（次）	勝率（%）	盈虧比	累積收益率（%）	平均年化收益率（%）	階段性回撤次數（次）	階段性最大回撤率（%）	單次最大收益（點）	單次最大收益率（%）	單次最大虧損（點）	單次交易最大回撤率（%）
10	98	28	28.57	2.28	641.57	64.16	3	-32.65	454	112.50	-71	-6.64

（2）銀行板塊樣本個股分析。

①招商銀行（600036，見圖3-14）。

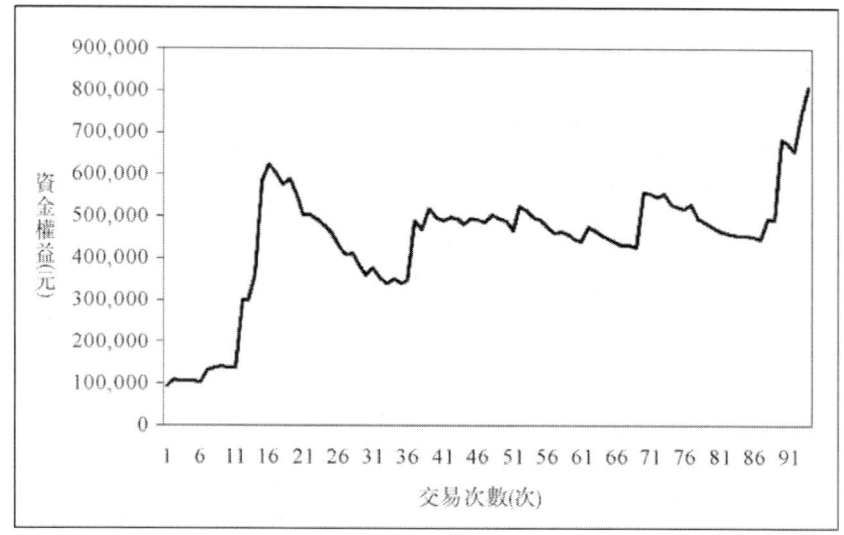

圖3-14　招商銀行復盤10年資金震盪向上

（數據截至2015年5月25日）

●復盤啟示：起始資金10萬元，招商銀行復盤10年，帳戶資金達81萬元，平均年化收益率為71%，收益跑贏同期大盤。

資金權益震盪向上，階段性最大回撤率達45%，波動較大，但只要抓住兩波趨勢機會，收益便能不斷抬高。

10年交易時間，趨勢交易94次，勝率為32%，但單次最大獲利近22萬元。趨勢交易不追求高的成功概率，而是追求穩定的年化收益。

附表　　　　　　　　　　　重要指標參數分析

帳戶交易時間（年）	交易次數（次）	成功次數（次）	勝率（%）	盈虧比	累積收益率（%）	平均年化收益率（%）	階段性回撤次數（次）	階段性最大回撤率（%）	單次最大收益（萬元）	單次最大收益率（%）	單次最大虧損（萬元）	單次交易最大回撤率（%）
10	94	30	31.91	1.70	708.01	70.80	2	-45.42	21.97	118.74	-4.67	-8.54

●詳解招商銀行復盤歷程：從銀行板塊總體來看，走勢比較平穩，因為淨資產相對其他板塊較大，波動較小。但是部分個股波動相對較大。招商銀行總體走勢大體與板塊吻合，但是波動性相對較大。

從 2005—2015 年的 10 年復盤過程中可以發現，招商銀行資金曲線圖走勢和其十年的行情走勢大體相同。不同之處在於當總體走勢開始大幅下跌的時候，資金曲線圖雖然同樣處於下跌過程，但是下跌百分比明顯更小。這也是為何趨勢交易即使有虧損，最終也能夠取得成功的原因。

招商銀行通過十年的交易，累積資金能夠達到 80 萬元。在較低風險的情況下獲得了這樣的利潤已經相當不易。招商銀行在經歷 2005 年開始的牛市過程當中，進行了 16 次交易，累積資金就達到了第一次新高，而在 2014 年啓動的牛市當中，經過 7 次交易，累積資金又創造歷史新高。總體交易 94 次，成功率為 31%。實際操作成功次數只有 30 次，卻完成了大部分資金的累積，真正的趨勢主要就在兩次牛市當中。**因此，趨勢交易等待的就是趨勢的形成，一旦形成了真正的向好趨勢，總能夠得到較為理想的利潤。**

合理控制風險，嚴守交易體系。2005 年啓動的牛市，沒人能夠斷定它何時結束，也沒人能夠預測牛熊轉換會發生在具體的某個節點，這時候我們需要做的就是堅守自己的交易體系，排除猜測、預測等感性操作。符合體系就操作，不符合體系就保持空倉等待即可，等待也是交易的一部分。

通過資金曲線圖可以發現，招商銀行總體呈現出「上漲—下跌—震盪—上漲」的走勢。個股的走勢不外乎上漲、下跌、震盪這幾種走勢，對應在體系的支撐下資金也不可避免地會出現回撤、震盪的過程。

或許你會覺得如果我們能夠規避震盪和下跌的過程，這個期間段都不進行操作那該有多好，尤其是在震盪過程，那麼我們的收益不就更大了嗎？但是這幾乎是不可能的事情，沒有人能夠準確地預測市場的頂部與底部，也就不可能清楚地知道何時是下跌、何時是震盪、何時是趨勢向好的起點。**我們要做的就是在體系的指導下進行跟蹤，下跌、震盪過程中要止損，趨勢上漲時保持在趨勢之中，截斷虧損，讓利潤奔跑！**

②浦發銀行（600000，見圖3-15）。

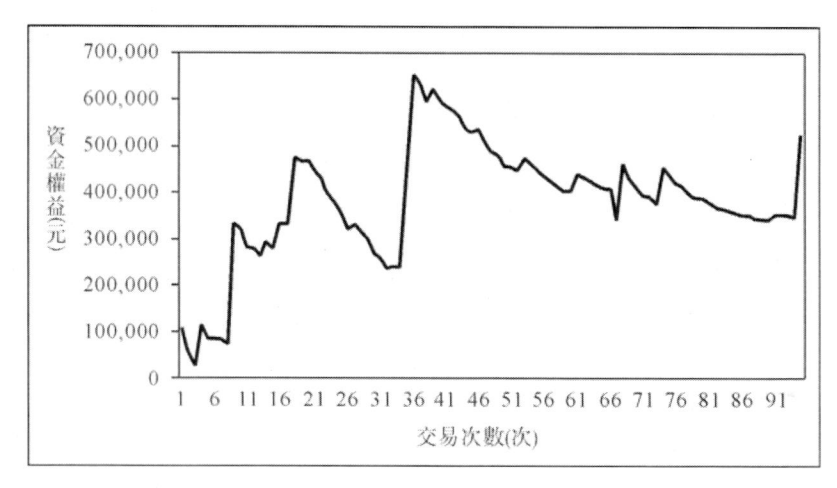

圖3-15　浦發銀行復盤10年資金波動劇烈

（數據截至2015年1月28日）

●復盤啟示：起始資金10萬元，浦發銀行復盤10年，帳戶資金達到52萬元，平均年化收益率為42%，收益未跑贏同期上證指數復盤收益（56%），但遠遠跑贏銀行定期存款和許多基金收益。

資金權益波動劇烈，階段性最大回撤率達73%，但在此情況下，亦能實現較好的收益。回撤往往是盈利的開始。

10年交易時間，趨勢交易95次，勝率僅為23%，但單次最大收益率達350%，每一次止損都是為了保存實力等到有利時機的到來。

附表　　　　　　　　　　　重要指標參數分析

帳戶交易時間（年）	交易次數（次）	成功次數（次）	勝率（%）	盈虧比	累積收益率（%）	平均年化收益率（%）	階段性回撤次數（次）	階段性最大回撤率（%）	單次最大收益（萬元）	單次最大收益率（%）	單次最大虧損（萬元）	單次交易最大回撤（%）
10	95	22	23.16	1.39	422.63	42.26	3	−72.53	26.07	350.16	−6.34	−48.02

③華夏銀行（600015，見圖3-16）。

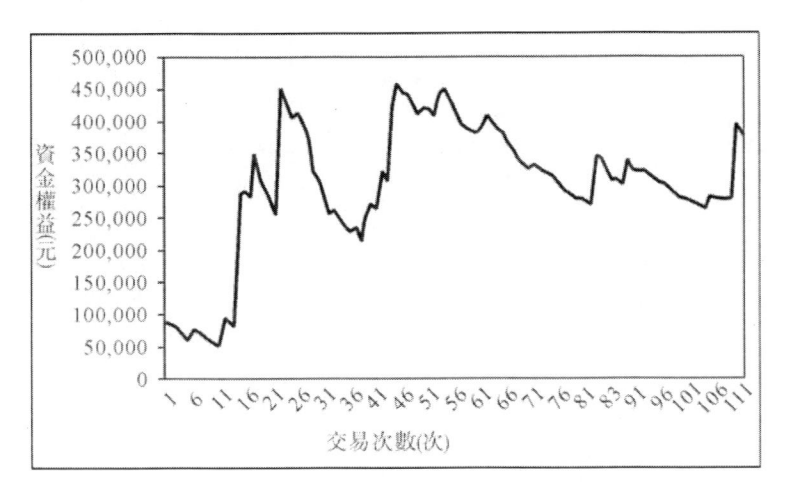

圖3-16　華夏銀行復盤10年資金波動較大

（數據截至2015年1月28日）

●復盤啟示：起始資金10萬元，華夏銀行復盤10年，帳戶資金近38萬元，平均年化收益率為28%，收益未跑贏同期上證指數復盤收益（56%），但足以跑贏銀行定期存款收益。

資金權益波動較大，階段性最大回撤率達53%，但在此情況下，亦能實現正收益。回撤往往是營利的開始。

10年交易時間，趨勢交易111次，勝率僅為24%，但單次最大收益率達251%，每一次趨勢機會都是通過小虧損嘗試出來的，失敗乃成功之母。

附表　　　　　　　　　　重要指標參數分析

帳戶交易時間（年）	交易次數（次）	成功次數（次）	勝率（%）	盈虧比	累積收益率（%）	平均年化收益率（%）	階段性回撤次數（次）	階段性最大回撤率（%）	單次最大收益（萬元）	單次最大收益率（%）	單次最大虧損（萬元）	單次交易最大回撤率（%）
10	111	27	24.32	1.31	278.14	27.81	4	-52.64	20.55	251.29	-4.79	-14.91

④民生銀行（600016，見圖 3-17）。

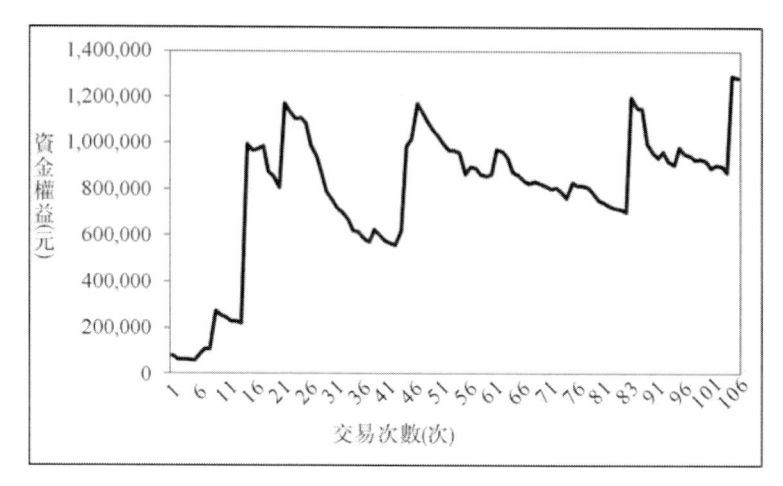

圖 3-17　民生銀行復盤 10 年資金從 10 萬元到上百萬元

（數據截至 2015 年 1 月 28 日）

●復盤啟示：起始資金 10 萬元，民生銀行復盤 10 年，帳戶資金近 128 萬元，平均年化收益率為 118%，收益可觀。

資金權益波動較大，階段性最大回撤率達 52%，但在此情況下，亦能實現上百萬元的收益。體系內的資金回撤往往是盈利的開始。

10 年交易時間，趨勢交易 107 次，勝率僅為 23%，但單次最大獲利近 78 萬元，可見一旦趨勢來臨，一切付出終究會得到回報。

附表　　　　　　　　重要指標參數分析

帳戶交易時間（年）	交易次數（次）	成功次數（次）	勝率（%）	盈虧比	累積收益率（%）	平均年化收益率（%）	階段性回撤次數（次）	階段性最大回撤率（%）	單次最大收益（萬元）	單次最大收益率（%）	單次最大虧損（萬元）	單次交易最大回撤率（%）
10	107	25	23.36	1.55	1,183.68	118.37	4	-52.30	77.75	355.94	-15.41	-20.23

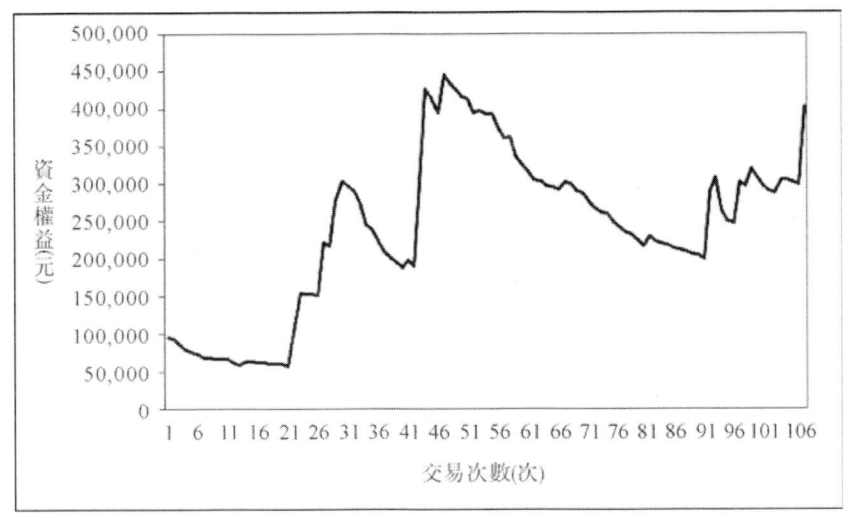

⑤平安銀行（000001，見圖3-18）。

圖3-18 平安銀行復盤10年資金波動劇烈

（數據截至2015年1月29日）

●復盤啟示：起始資金10萬元，平安銀行復盤10年，帳戶資金超過40萬元，平均年化收益率為30%，收益未跑贏同期上證指數復盤收益（56%），但足以跑贏銀行定期存款收益。

資金權益波動劇烈，階段性最大回撤率達65%，但在此情況下，亦能實現正收益。體系內的資金回撤往往是盈利的開始。

10年交易時間，趨勢交易107次，這樣的交易次數在趨勢復盤中已偏高，這與個股本身走勢波動性較小有關。在震盪中，趨勢交易的次數往往較多，一定程度上消耗了趨勢利潤的累積，從而影響整體收益。

附表　　　　　　　　　　重要指標參數分析

帳戶交易時間（年）	交易次數（次）	成功次數（次）	勝率（%）	盈虧比	累積收益率（%）	平均年化收益率（%）	階段性回撤次數（次）	階段性最大回撤率（%）	單次最大收益（萬元）	單次最大收益率（%）	單次最大虧損（萬元）	單次交易最大回撤率（%）
10	107	24	22.43	1.51	302.64	30.26	3	-64.52	12.39	95.24	-4.34	-14.06

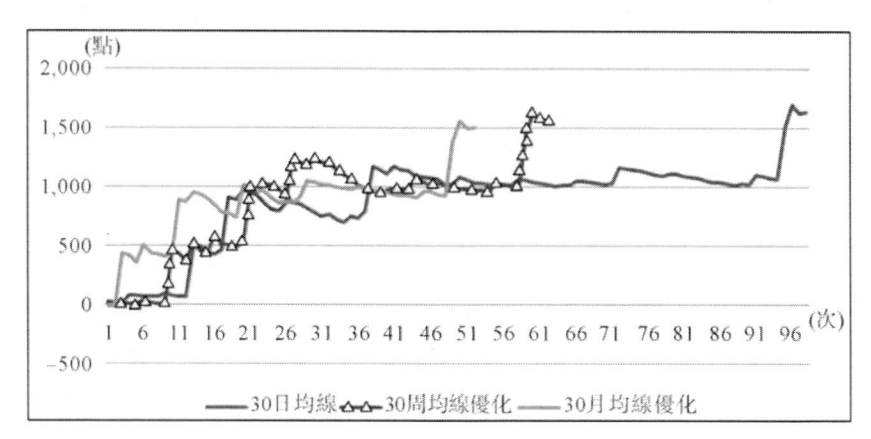

(3) 交易優化對比（見圖3-19）。

圖3-19　銀行板塊指數優化后盈虧曲線圖對比

●優化啟示：通過30周均線、30月均線優化銀行板塊指數后，可以發現優化后階段性回撤率下降，相對收益也出現了下降，低風險對應低收益，降低風險的同時也降低了利潤。

優化后交易次數明顯減少，這是因為當大週期走壞時，即使短週期符合原則也不會交易，規避風險為第一要務。

實際操作中，趨勢交易會根據趨勢線、水平線、資金管理等措施來進一步優化，以使在控制風險下實現利潤最大化。

附表　　　　　　　　　　　重要指標參數分析

參數 MA	帳戶交易時間(年)	交易次數(次)	成功次數(次)	勝率(%)	盈虧比	累積收益率(%)	平均年化收益率(%)	階段性回撤次數(次)	階段性最大回撤率(%)	單次最大收益(點)	單次最大收益率(%)	單次最大虧損(點)	單次交易最大回撤率(%)
30日均線	10	98	28	28.57	2.28	642	64	3	-32.65	454	113	-71	-6.64
30周均線	9	62	18	29.03	2.58	488	54	3	-28.68	454	113	-71	-6.64
30月均線	9	52	14	26.92	2.81	377	42	3	-22.19	454	113	-71	-6.64

（二）第二部分　工業類

1. 房地產板塊：週期性強，個股分化

●10 年交易時間，房地產板塊指數平均年化收益率達到 145%，走勢與大盤基本同步，並且跑贏大盤指數。

●10 年交易時間，趨勢交易的次數僅為 78 次，雖然勝算率為 38%，但單次最大收益率達到 90%，可見一旦趨勢形成，利潤將十分豐厚。

●房地產板塊指數單次最大回撤率為 9%，階段性最大回撤率為 40%，波動較大。受宏觀調控政策影響，板塊週期性強。

●選取樣本招商地產、萬科 A、中糧地產、中航地產、寶安地產做復盤分析，發現 2014 年反彈中個股分化，老牌地產放緩。

●通過優化 30 周均線、30 月均線做復盤比較分析，發現優化后資金收益曲線更穩定、風險控制也更好。

2005—2015 年房地產板塊指數與上證指數走勢圖如圖 3-20 所示：

圖 3-20　2005—2015 年房地產板塊指數與上證指數走勢圖

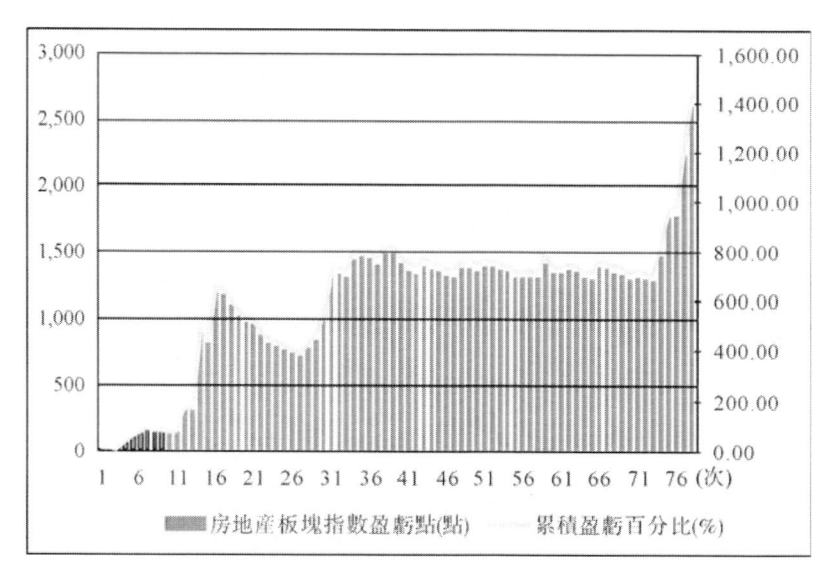

（1）房地產板塊指數（880482）復盤分析（見圖3-21）。

圖3-21 房地產板塊指數10年復盤小回撤大增長

（數據截至2015年7月31日）

● 復盤啟示：房地產板塊指數起始點為181點，復盤10年，累積獲利2,617點，累積收益率達1,446%，平均年化收益率達145%，表現不錯。

2008年全球經濟危機資金有所回撤，但控制風險較好，資金回撤39%之後進入橫盤震盪階段。不用擔心資金回撤，主要跟蹤上兩次重要趨勢機會，累積收益大幅增長，總體收益可觀。

附表　　　　　　　　　重要指標參數分析

帳戶交易時間（年）	交易次數（次）	成功次數（次）	勝率（%）	盈虧比	累積收益率（%）	平均年化收益率（%）	階段性回撤次數（次）	階段性最大回撤率（%）	單次最大收益（點）	單次最大收益率（%）	單次最大虧損（點）	單次交易最大回撤（%）
10	78	30	38.46	3.02	1,445.86	144.59	2	-39.71	575	90.13	-92	-8.98

(2) 房地產板塊樣本個股分析。

①招商地產（000024，見圖 3-22）。

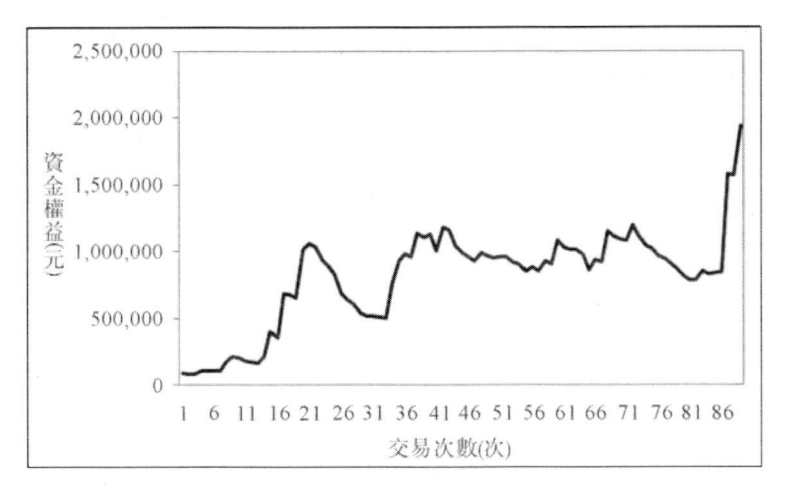

圖 3-22　招商地產復盤 10 年資金震盪向上

（數據截至 2015 年 4 月 11 日）

●復盤啟示：起始資金 10 萬元，招商地產復盤 10 年，帳戶資金達到 193 萬元，平均年化收益率達 183%，收益可觀。

階段性回撤次數較少，上漲力量強勢。

十年交易時間，控制回撤風險的同時，經歷了較長時間橫盤階段，但是通過兩次主要的趨勢跟蹤成功，最終形成了可觀的累積收益。

附表　　　　　　　　　重要指標參數分析

帳戶交易時間(年)	交易次數(次)	成功次數(次)	勝率(%)	盈虧比	累積收益率(%)	平均年化收益率(%)	階段性回撤次數(次)	階段性最大回撤率(%)	單次最大收益(萬元)	單次最大收益率(%)	單次最大虧損(萬元)	單次交易最大回撤率(%)
10	89	28	31.46	1.88	1,833.36	183.34	2	-52.95	72.95	93.87	-14.44	-17.36

● 詳解招商地產復盤歷程：房地產板塊具有較強的週期性，在一定程度上受宏觀調控政策的影響，個股產生一定的分化性。招商地產表現較為強勢，收益較大，但是對應的回撤波動也相對較大，總體呈現出「上漲—下跌—上漲—震盪—下跌—上漲」的趨勢，資金總體屬於緩慢向上推升的過程。

受大環境的影響，招商地產在 2005 年年底開始出現發展的黃金階段，對應的加速上漲週期提前，並未等到 2007 年才明顯表現出上漲的趨勢。我們在 2005 年 4 月 25 日滿足進場條件後進行初始操作，之後經過 6 次操作迎來了第一次較為明顯趨勢的起點，2005 年 10 月 18 日體系發出買入信號後即入場持倉，一直持有到 2006 年 3 月 8 日止盈平倉，持倉時間達到 5 個月，單次收益也達到了可觀的 70%。**符合條件我們一定要連續出擊，永遠不要依靠自己的預測。**由於招商地產牛市啓動點相對較早，在經歷了第一次大漲之后，部分個股並未明顯體現出大的向好趨勢的形成，經過第一次 70% 的漲幅之后，第二次我們的操作收益漲幅又達到了 21%，收益已經相對可觀，但是后四次交易都出現虧損了的情況，並且其中一次回撤幅度為 12%，在趨勢交易當中已經屬於比較大的。出現此種情況后，往往會出現信心動搖的情況：大幅上漲之后，似乎已經開始下行了，是否應該等待底部的出現呢？如果符合條件而沒有出擊，那麼就錯過了最佳機會。經過四次失敗之後，我們第五次的收益達到了 29%，第六次的收益達到了 85%，第八次的收益更是達到了 93%。**符合條件要堅決出擊，虧損不要怕，盈利更不要怕！**

理性地看待虧損與盈利。交易次數為 89 次，成功盈利的次數僅為 28 次，勝率為 31%，乍一看似乎操作的效果不是很理想，但我們最后的收益卻達到了 183 萬元。我們在細化分析后就知道這是很正常的情況，單次超過 5% 的虧損為 10 次；大部分虧損都是低於 5% 的；而單次收益超過 20% 的高達 13 次，占據成功交易次數的 41%，並且這其中大部分遠遠超過 20%。我們經受了多次虧損，能夠有可觀的收益也是在情理之中的，這也是趨勢交易的一個共性。**面對虧損我們要保持淡定：虧損是盈利的開始。面對盈利我們同樣要保持淡定：在體系下，盈利本就是理所當然的。**

②萬科 A（000002，見圖 3-23）。

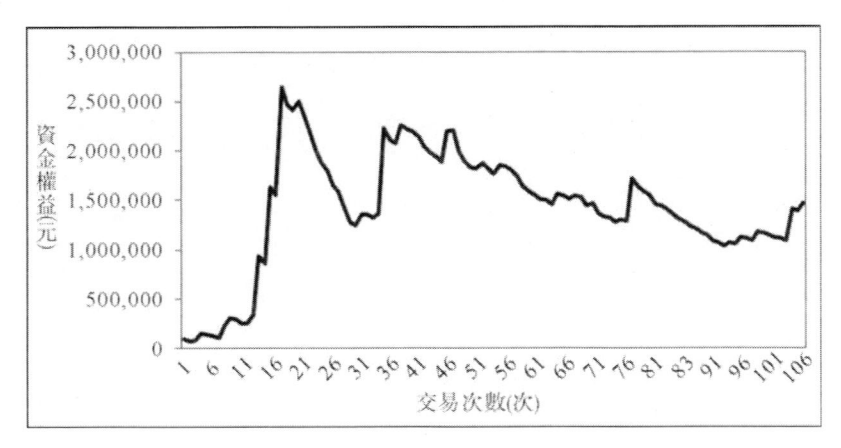

圖 3-23　萬科 A 復盤 10 年震盪中保存利潤

（數據截至 2015 年 3 月 30 日）

●復盤啟示：起始資金 10 萬元，萬科 A 復盤 10 年，帳戶資金達到 146 萬元，平均年化收益率達 136%，收益十分可觀。

資金權益振幅較大，階段性最大回撤率達 60%，但不會改變資金高收益的態勢。

10 年交易時間，第一次趨勢來臨時累積了大量的資金，2008 年即使有資金的較大回撤，但相對來說很好地控制了風險，在震盪回撤的過程中同樣保證了相當可觀的利潤。

附表　　　　　　　　　　重要指標參數分析

帳戶交易時間（年）	交易次數（次）	成功次數（次）	勝率（%）	盈虧比	累積收益率（%）	平均年化收益率（%）	階段性回撤次數（次）	階段性最大回撤率（%）	單次最大收益（萬元）	單次最大收益率（%）	單次最大虧損（萬元）	單次交易最大回撤率（%）
10	109	29	26.61	1.31	1,367.02	136.70	1	-59.68	109.38	173.23	-21.80	-18.84

③中糧地產（000031，見圖 3-24）。

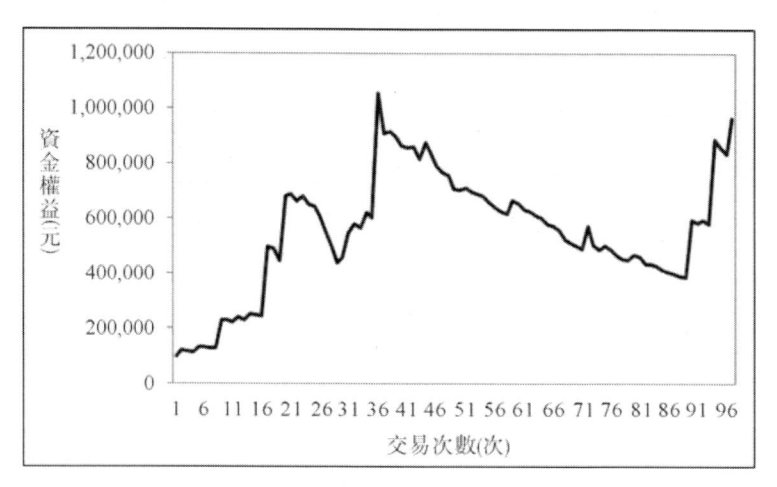

圖 3-24　中糧地產復盤 10 年資金起伏較大

（數據截至 2015 年 4 月 12 日）

●復盤啟示：起始資金 10 萬元，復盤週期 10 年，最終帳戶資金為 96 萬元，收益可觀。

資金回撤經歷時間較長，但最終在可控範圍之內。

在 10 年的交易過程中，中糧地產回撤幅度相對較大，但只要把握住了幾次資金趨勢拉升的過程，按照體系交易最終也能夠取得較為理想的收益。

附表　　　　　　　　　重要指標參數分析

帳戶交易時間（年）	交易次數（次）	成功次數（次）	勝率（％）	盈虧比	累積收益率（％）	平均年化收益率（％）	階段性回撤次數（次）	階段性最大回撤率（％）	單次最大收益（萬元）	單次最大收益率（％）	單次最大虧損（萬元）	單次交易回撤率（％）
10	97	27	27.84	1.63	863.40	86.34	2	-63.39	44.96	104.74	-14.32	-13.61

④中航地產（000043，見圖 3-25）。

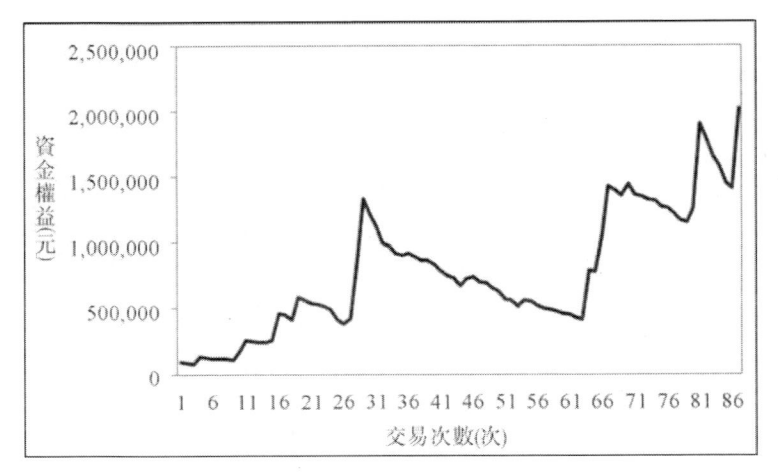

圖 3-25　中航地產復盤 10 年風險與盈利同在

（數據截至 2015 年 4 月 18 日）

● 復盤啟示：起始資金 10 萬元，復盤週期 10 年，最終帳戶資金累積為 202 萬元，收益十分可觀。

每次資金回撤之後都有強力拉升的機會，說明資金回撤往往是盈利的開始。

在 10 年的交易過程中，規避了回撤風險的同時，很好地跟上了幾次強有力的反彈趨勢機會，最終累積收益十分可觀。

附表　　　　　　　　　　重要指標參數分析

帳戶交易時間（年）	交易次數（次）	成功次數（次）	勝率（%）	盈虧比	累積收益率（%）	平均年化收益率（%）	階段性次數（次）	階段性最大回撤率（%）	單次最大收益（萬元）	單次最大收益率（%）	單次最大虧損（萬元）	單次交易最大回撤率（%）
10	87	20	22.99	1.87	1,921.68	192.17	3	-68.64	64.91	92.32	-13.92	-15.65

⑤寶安地產（000040，見圖3-26）。

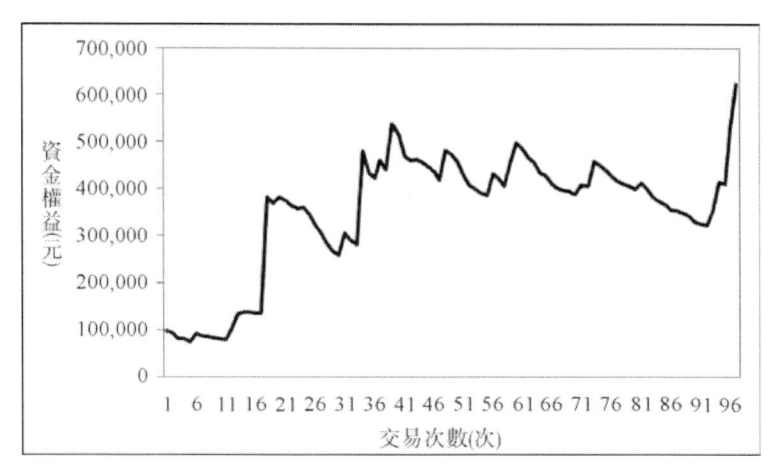

圖3-26 寶安地產復盤10年資金震盪向上

（數據截至2015年4月13日）

●復盤啟示：起始資金10萬元，復盤週期10年，最終帳戶資金累積62萬元，投資收益較為理想。

10年的交易過程中，震盪時間較長，但是回撤幅度均比較小，資金曲線圖相對平緩，並在震盪中累積上揚。

附表　　　　　　　　　重要指標參數分析

帳戶交易時間(年)	交易次數(次)	成功次數(次)	勝率(%)	盈虧比	累積收益率(%)	平均年化收益率(%)	階段性回撤次數(次)	階段性最大回撤率(%)	單次最大收益(萬元)	單次最大收益率(%)	單次最大虧損(萬元)	單次交易最大回撤率(%)
10	97	23	23.71	1.67	524.90	52.49	2	-39.97	24.78	184.31	-4.50	-12.96

(3)交易優化對比（見圖3-27）。

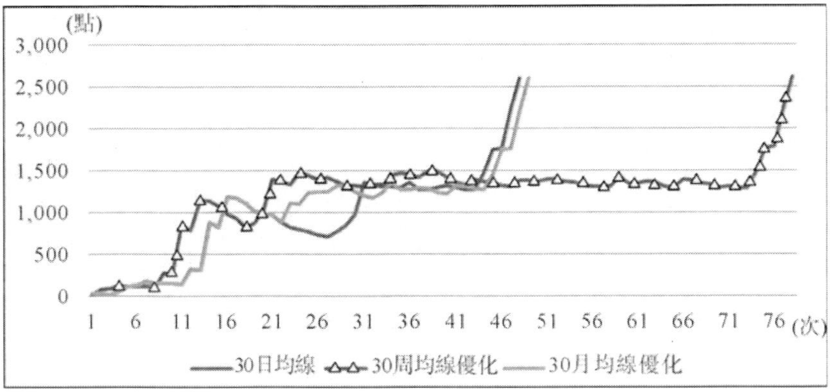

圖3-27　房地產板塊指數優化后盈虧曲線圖對比

●優化啟示：通過30周均線、30月均線優化房地產板塊指數后，可以發現優化后階段性回撤率大幅度下降，收益較為穩定。

優化后交易次數明顯減少，這是因為不符合大週期的條件時並未進行交易，規避了風險交易的次數，當然也捨棄了一部分利潤。

實際操作中，趨勢交易會將各種週期與其他技術指標、資金管理等相結合進行操作，進一步規避風險和優化利潤。

附表　　　　　　　　　　重要指標參數分析

參數 MA	帳戶交易時間（年）	交易次數（次）	成功次數（次）	勝率（%）	盈虧比	累積收益率（%）	平均年化收益率（%）	階段性回撤次數（次）	階段性最大回撤率（%）	單次最大收益（點）	單次最大收益率（%）	單次最大虧損（點）	單次交易最大回撤率（%）
30日均線	10	78	30	38.46	3.02	1,446	145	2	-39.71	575	90	-92	-8.98
30周均線	9	48	22	45.83	4.08	1,172	130	2	-27.67	575	90	-113	-8.98
30月均線	10	49	22	44.90	4.25	1,434	143	2	-25.97	575	90	-92	-8.98

2. 建築板塊：受益房地產發展而收益較好，但進入飽和期

●10 年交易時間，建築板塊指數平均年化收益率達到 115%，受益房地產「建設潮」收益較好，跑贏同期大盤指數。

●10 年交易時間，趨勢交易的次數為 101 次，雖然勝算率僅為 29%，但單次最大收益率就達到 166%，可見一旦趨勢形成，利潤將十分豐厚。

●建築板塊指數單次最大回撤率僅為 7%，階段性最大回撤率為 35%，波動較大，先控制風險，再追求利潤。

●選取樣本上海建工、葛洲壩、隧道股份、中材國際、中南建設、中鐵二局做復盤分析。

●通過優化 30 周均線、30 月均線做復盤比較分析，發現優化資金收益曲線更穩定、風險控制也更好。

2005—2015 年建築板塊指數與上證指數走勢圖如圖 3-28 所示：

圖 3-28　2005—2015 年建築板塊指數與上證指數走勢圖

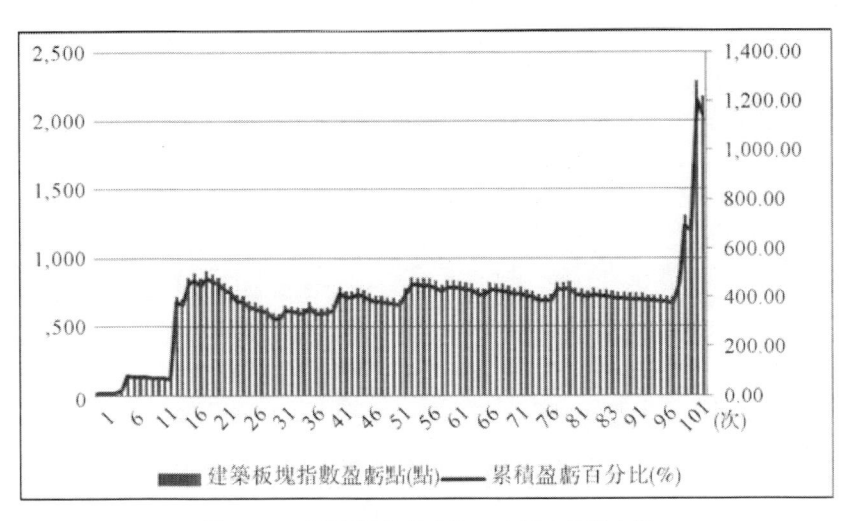

(1) 建築板塊指數（880476）復盤分析（見圖3-29）。

圖3-29　建築板塊指數復盤10年資金震盪上行

（數據截至2015年7月31日）

●復盤啟示：建築板塊指數起始點為190點，復盤10年，累積獲利2,180點，累積收益率為1,147%，平均年化收益率為115%，收益可觀。

資金權益曲線波動較大，震盪時間較長，但只要抓住兩波趨勢機會，資金收益便能取得不錯的成績。趨勢是經過漫長時間熬出來的，趨勢交易者永不放棄，因為客觀事實告訴我們市場存在趨勢，而且趨勢一旦形成，將很難改變。

10年交易時間，成功規避了2008年全球經濟危機、2015年股災。破位時，第一時間止損，就是為了防範大跌的風險。每次止損都當成真的，就能避免大跌的風險。

附表　　　　　　　　　　　　重要指標參數分析

帳戶交易時間(年)	交易次數(次)	成功次數(次)	勝率(%)	盈虧比	累積收益率(%)	平均年化收益率(%)	階段性回撤次數(次)	階段性最大回撤率(%)	單次最大收益(點)	單次最大收益率(%)	單次最大虧損(點)	單次交易最大回撤率(%)
10	101	29	28.71	2.99	1,146.90	114.69	1	-34.87	1,007.24	165.92	-106.34	-6.96

（2）建築板塊樣本個股分析。

①上海建工（600170，見圖3-30）。

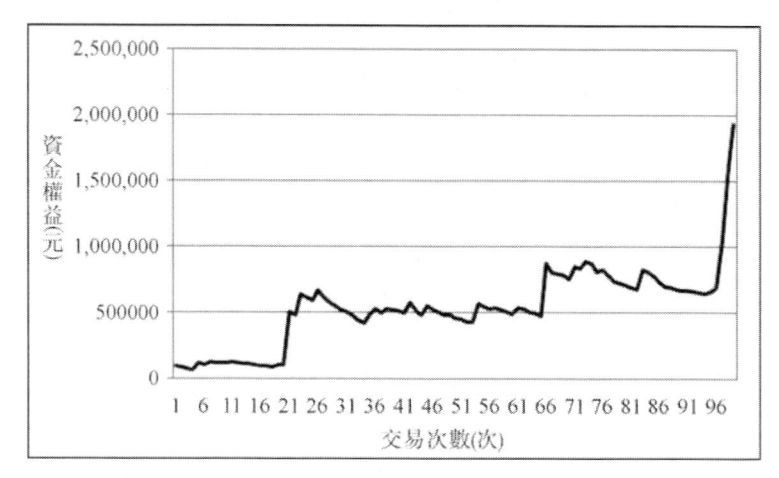

圖3-30　上海建工復盤10年資金從10萬元到上百萬元

（數據截至2015年7月31日）

●復盤啟示：起始資金10萬元，上海建工復盤10年，資金權益達193萬元，平均年化收益率達183％，收益可觀。

資金權益震盪時間較長，但兩波趨勢機會讓資金從10萬元到上百萬元，這就是趨勢交易的魔力，即順勢而為。

10年交易時間，趨勢交易為99次，勝率僅為27％，但單次交易最大收益率達388％，可見一旦形成趨勢，獲利便勢不可擋。

附表　　　　　　　　　　重要指標參數分析

帳戶交易時間（年）	交易次數（次）	成功次數（次）	勝率（％）	盈虧比	累積收益率（％）	平均年化收益率（％）	階段性回撤次數（次）	階段性最大回撤率（％）	單次最大收益（萬元）	單次最大收益率（％）	單次最大虧損（萬元）	單次交易最大回撤率（％）
10	99	27	27.27	2.34	1,832.40	183.24	3	−36.57	54.28	387.94	−6.70	−20.23

●詳解上海建工復盤歷程：2005—2015年，上海建工10年時間走勢整體呈現「震盪—上漲—震盪—上漲—回落」的過程，經歷了房地產建設高潮期。雖然近年來房地產投資下滑明顯，但是「一路一帶」建設把建築業推向了新的戰略高度，實際能起到的業績改善程度還有待檢驗，市場對此表現謹慎。**趨勢交易不預測市場，而是敬畏地追隨市場，不求每次都獲利，但求每次趨勢機會出現時我們都在，並讓利潤奔跑。**

趨勢交易操作99次，這99次主要分佈在股價震盪區間，即趨勢不明朗時期，這個時期需要不斷地去嘗試機會。上海建工震盪時間較長，主要集中在2005年、2006上半年、2009年、2010年、2013年，這幾年時間操作共計57次，占比接近60%。這段時間對於趨勢交易而言是最難的，但只要認識到**震盪時期虧損是很正常的事**，調整好心態，也是很容易等到趨勢來臨的。

一旦趨勢形成就可以長期持有了，直到趨勢出現拐頭跡象才賣出。**兩波趨勢機會讓資金從10萬元到上百萬元，這就是趨勢交易的魔力，即順勢而為。**比如2006年12月11日，上海建工股價上30日均線，符合買入原則，按當日收盤價0.62元計算，該次交易要一直持有到2007年5月31日時才有賣出信號，該次交易持有時間長達5個月，一次收益率高達387.94%。賣出不代表趨勢交易放棄該個股了，真正的洗盤騙不了趨勢交易者，因為當股價再次符合買入條件時，趨勢交易者會毫不猶豫地跟進去。比如2014年10月29日符合買入原則了，持有至2015年1月14日賣出，但第二天符合買入原則又會跟進去，持有到2015年5月7日破位賣出，而第二天再次符合買入原則買入，直到2015年6月19日賣出，這三次趨勢交易推升資金從不到70萬元搖身變為了193萬元，前幾年的震盪等待最終是會有回報的。

當下跌風險來臨時，股票破位第一時間賣出，截斷虧損；當下跌趨勢形成時，空倉耐心等待，空倉也是一種交易。趨勢交易把風險放在了首位，先控制風險，再追求利潤。上海建工總共交易99次，其中72次出現虧損，這72次中，單次虧損率在5%以下的有51次，占比達到70.8%。可見，**趨勢交易每次都是用小止損去不斷嘗試機會，即使錯了也不會傷筋動骨，這樣就保證了在趨勢不符合時能生存下來，一旦抓住了真正的趨勢機會，這些小止損也就微不足道了。**

不管股價處於震盪、上漲，還是下跌狀態中，趨勢交易者都做好了應對策略，以不變應萬變，追求穩定的、較好的年化收益率。

②葛洲壩（600068，見圖3-31）。

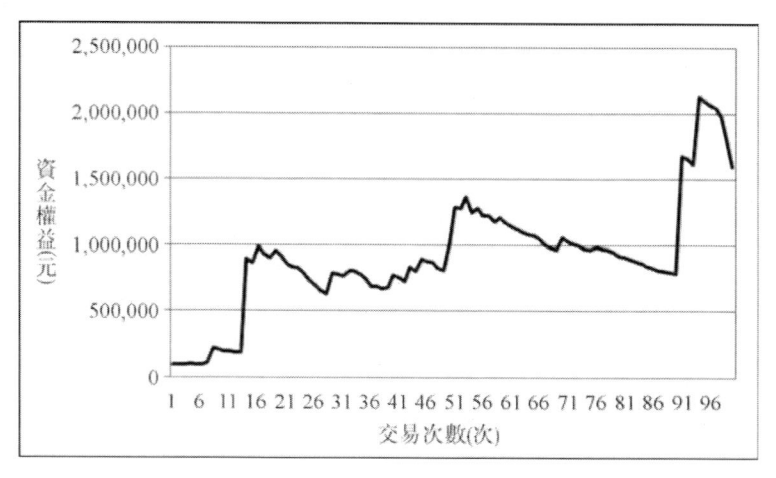

圖3-31 葛洲壩復盤10年資金從10萬元到上百萬元

（數據截至2015年7月31日）

●復盤啟示：起始資金10萬元，葛洲壩復盤10年，資金權益近160萬元，平均年化收益率達150%，收益可觀。

資金權益寬幅震盪，階段性最大回撤率達42%，波動較大。

10年交易時間，趨勢交易為100次，勝率僅為22%，但單次交易最大獲利達89萬元，可見一旦形成趨勢，就可盡情收穫利潤。

附表　　　　　　　　　　　重要指標參數分析

帳戶交易時間（年）	交易次數（次）	成功次數（次）	勝率（%）	盈虧比	累積收益率（%）	平均年化收益率（%）	階段性回撤次數（次）	階段性最大回撤率（%）	單次最大收益（萬元）	單次最大收益率（%）	單次最大虧損（萬元）	單次交易最大回撤率（%）
10	100	22	22.00	1.69	1,497.02	149.70	2	-42.28	89.02	371.20	-19.75	-10.22

③隧道股份（600820，見圖3-32）。

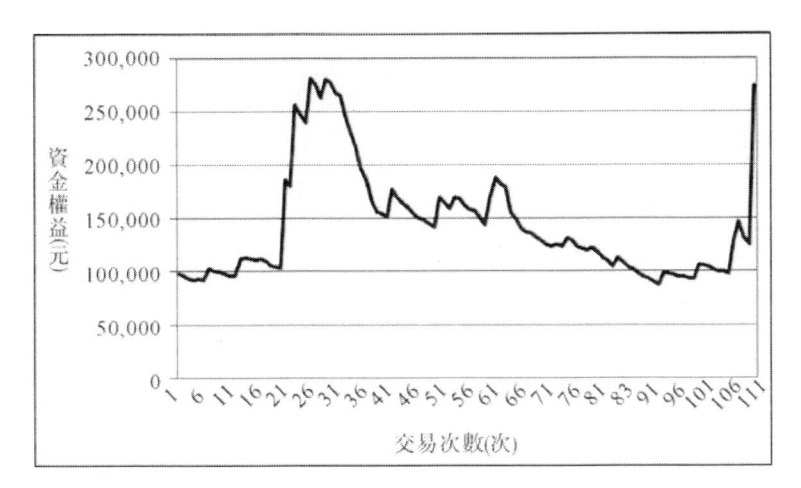

圖3-32　隧道股份復盤10年資金波動大

（數據截至2015年7月31日）

●復盤啟示：起始資金10萬元，隧道股份復盤10年，資金權益為27萬元，平均年化收益率為17%，收益未跑贏同期上證指數復盤收益（56%），但足以跑贏銀行定期存款收益。

資金權益寬幅震盪，階段性最大回撤率為54%，波動較大。回撤將考驗趨勢交易者的忠誠度，從而淘汰信仰不堅定者。

10年交易時間，趨勢交易為114次，勝率僅為22%，但單次交易最大收益率為114%，追求趨勢利潤往往比追求勝算概率靠譜。

附表　　　　　　　　　　重要指標參數分析

帳戶交易時間（年）	交易次數（次）	成功次數（次）	勝率（%）	盈虧比	累積收益率（%）	平均年化收益率（%）	階段性回撤次數（次）	階段性最大回撤率（%）	單次最大收益（萬元）	單次最大收益率（%）	單次最大虧損（萬元）	單次交易最大回撤率（%）
10	114	25	21.93	1.41	174.81	17.48	3	-53.56	14.94	119.41	-2.29	-12.88

④中材國際（600970，見圖 3-33）。

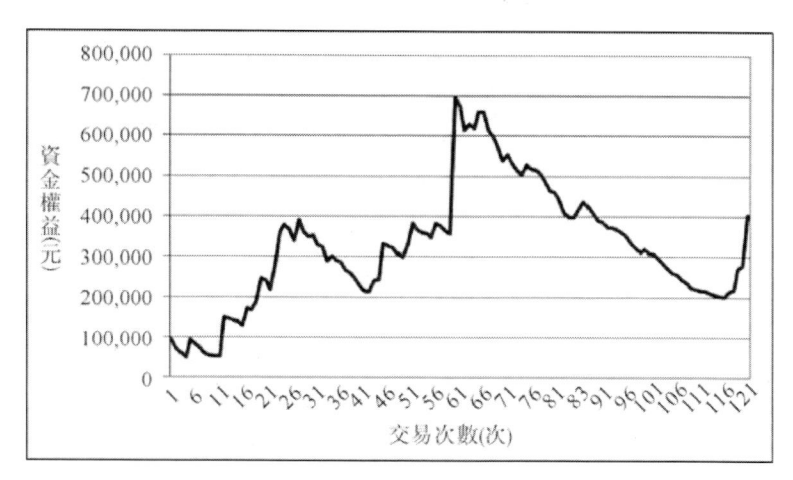

圖 3-33　中材國際復盤 10 年資金波動大

（數據截至 2015 年 7 月 31 日）

●復盤啟示：起始資金 10 萬元，中材國際復盤 10 年，資金權益為 40 萬元，平均年化收益率為 30%，收益未跑贏同期上證指數復盤收益（56%），但足以跑贏銀行定期存款收益。

資金權益寬幅震盪，階段性最大回撤率為 71%，波動較大。如此高的回撤率下，資金仍然能實現較高的收益，說明體系內的回撤並不可怕，相反回撤越多，意味著離趨勢機會就越靠近。投資，可怕的是自身沒有體系。

附表　　　　　　　　　　　重要指標參數分析

帳戶交易時間（年）	交易次數（次）	成功次數（次）	勝率（%）	盈虧比	累積收益率（%）	平均年化收益率（%）	階段性回撤次數（次）	階段性最大回撤率（%）	單次最大收益（萬元）	單次最大收益率（%）	單次最大虧損（萬元）	單次交易最大回撤率（%）
10	123	30	24.39	1.28	304.85	30.48	2	-71.19	33.83	188.54	-5.99	-24.67

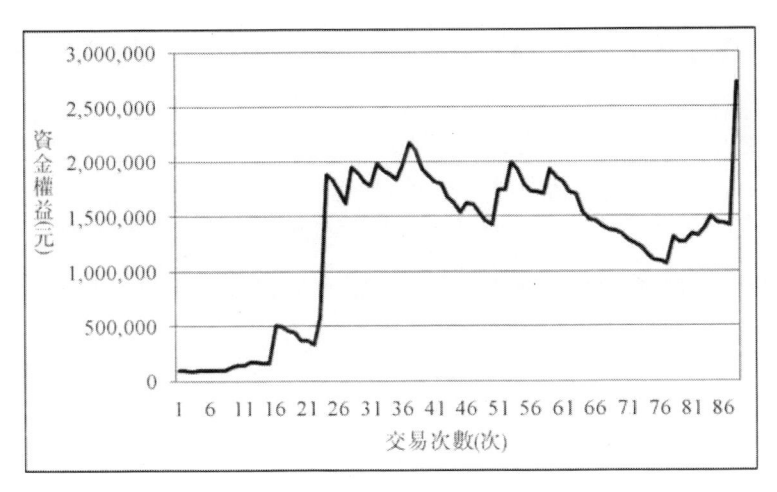

⑤中南建設（000961，見圖3-34）。

圖3-34 中南建設復盤10年資金從10萬元到200余萬元

(數據截至2015年7月31日)

●復盤啟示：起始資金10萬元，中南建設復盤10年，資金權益達272萬元，平均年化收益率達262%，表現優異。

資金權益波動較大，階段性最大回撤率達44%，但兩波趨勢機會讓資金從10萬元到200多萬元，這就是趨勢交易的魔力，順勢而為。

10年交易時間，趨勢交易為88次，勝率僅為25%，但單次交易最大獲利達131萬元，可見一旦形成趨勢，就可盡情收穫利潤。

附表　　　　　　　　　重要指標參數分析

帳戶交易時間(年)	交易次數(次)	成功次數(次)	勝率(%)	盈虧比	累積收益率(%)	平均年化收益率(%)	階段性回撤次數(次)	階段性最大回撤率(%)	單次最大收益(萬元)	單次最大收益率(%)	單次最大虧損(萬元)	單次交易最大回撤率(%)
10	88	22	25.00	1.90	2,623.16	262.32	2	-44.42	131.13	224.80	-18.43	-16.07

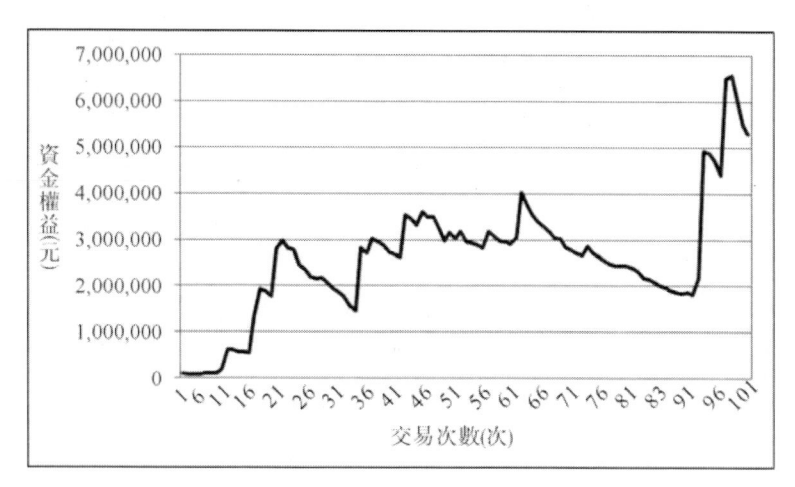

⑥中鐵二局（600528，見圖3-35）。

圖3-35　中鐵二局復盤10年資金從10萬元到500余萬元

（數據截至2015年7月31日）

●復盤啟示：起始資金10萬元，中鐵二局復盤10年，資金權益達529萬元，平均年化收益率達519%，成績優異。

資金權益波動較大，階段性最大回撤率達54%，但兩波趨勢機會讓資金從10萬元到500多萬元，這就是趨勢交易的魔力。

10年交易時間，成功規避了2008年全球經濟危機、2015年股災。破位時第一時間止損，就是為了防範大跌的風險。每次止損都當成真的，就能避免大跌的風險。

附表　　　　　　　　　重要指標參數分析

帳戶交易時間（年）	交易次數（次）	成功次數（次）	勝率（%）	盈虧比	累積收益率（%）	平均年化收益率（%）	階段性回撤次數（次）	階段性最大回撤率（%）	單次最大收益（萬元）	單次最大收益率（%）	單次最大虧損（萬元）	單次交易最大回撤率（%）
10	103	25	24.27	1.64	5,185.77	518.58	2	-54.66	274.57	212.95	-58.48	-14.53

（3）交易優化對比（見圖3-36）。

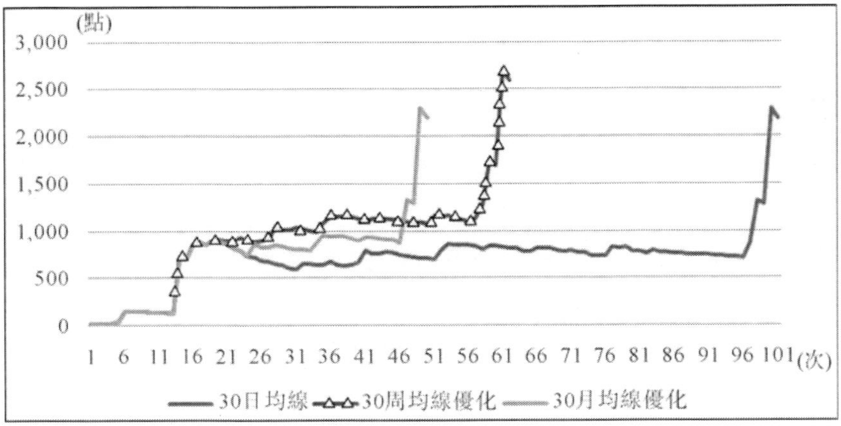

圖3-36 建築板塊指數優化后盈虧曲線圖對比

●優化啟示：通過30周均線、30月均線優化建築板塊指數后，可以發現，優化后階段性回撤率下降明顯，而收益相對變化幅度不大。

優化後交易次數明顯減少，這是因為當大週期走壞時，即使短週期符合原則也不會交易，規避風險為第一要務。

實際操作中，趨勢交易會根據趨勢線、水平線、資金管理等措施來進一步優化，以使在控制風險下實現利潤最大化。

附表　　　　　　　　　　重要指標參數對比

參數 MA	帳戶 交易 時間 (年)	交易 次數 (次)	成功 次數 (次)	勝率 (%)	盈虧比	累積 收益率 (%)	平均 年化 收益率 (%)	階段性 回撤 次數 (次)	階段性 最大 回撤率 (%)	單次 最大 收益 (點)	單次 最大 收益率 (%)	單次 最大 虧損 (點)	單次 交易 最大 回撤率 (%)
30日均線	10	78	30	38.46	3.02	1,446	145	2	-39.71	575	90	-92	-8.98
30周均線	9	48	22	45.83	4.08	1,172	130	2	-27.67	575	90	-113	-8.98
30月均線	10	49	22	44.90	4.25	1,434	143	2	-25.97	575	90	-92	-8.98

3. 工程機械板塊：「走出去」戰略帶來盈利改善預期

●10 年的交易時間，工程機械板塊指數平均年化收益率達到 191%，遠遠跑贏了同期大盤指數。

●這 10 年的時間裡，趨勢交易的次數僅為 87 次，雖然勝算率為 29%，但單次最大收益率就達到 111%，可見一旦趨勢形成，利潤將十分豐厚。

●工程機械板塊指數單次最大回撤率為 10%，階段性最大回撤率為 36%，回撤幅度較大，先控制風險，再追求利潤。

●選取樣本山推股份、安徽合力、廈工股份、天奇股份、徐工機械做復盤分析。國內投資放緩，「走出去」戰略帶來盈利改善預期，行業集中度有望提升。

●通過優化 30 周均線、30 月均線做復盤比較分析，發現優化後資金收益曲線更穩定、風險控制也更好。

2005—2015 年工程機械板塊指數與上證指數走勢圖如圖 3-37 所示：

圖 3-37　2005—2015 年工程機械板塊指數與上證指數走勢圖

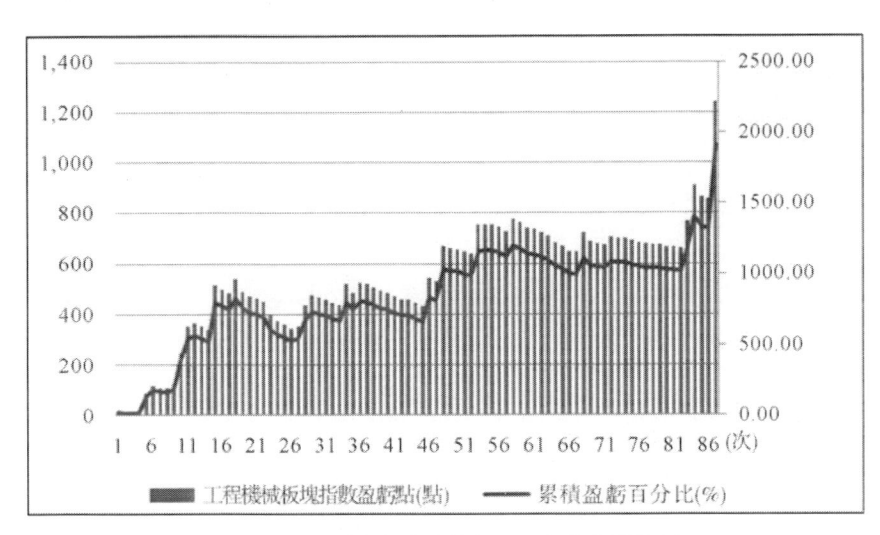

(1) 工程機械板塊指數（880447）復盤分析（見圖3-38）。

圖 3-38　工程機械板塊指數復盤 10 年權益震盪上揚

（數據截至 2015 年 7 月 31 日）

●復盤啟示：工程機械板塊指數起始點為 65 點，復盤 10 年，累積獲利 1,240 點，累計收益率達 1,907%，平均年化收益率為 191%，收益十分可觀。

資金總體呈現小幅震盪、不斷向上推升的趨勢。回撤風險較低，2008 全球經濟危機、2015 年股災對資金均未造成較大的回撤影響。

附表　　　　　　　　　　重要指標參數分析

帳戶交易時間（年）	交易次數（次）	成功次數（次）	勝率（%）	盈虧比	累積收益率（%）	平均年化收益率（%）	階段性回撤次數（次）	階段性最大回撤率（%）	單次最大收益（點）	單次最大收益率（%）	單次最大虧損（點）	單次交易最大回撤率（%）
10	87	25	28.74	2.57	1,907.69	190.77	4	-36.48	383	110.96	-56	-9.76

（2）工程機械板塊樣本個股分析。

①山推股份（000680，見圖 3-39）。

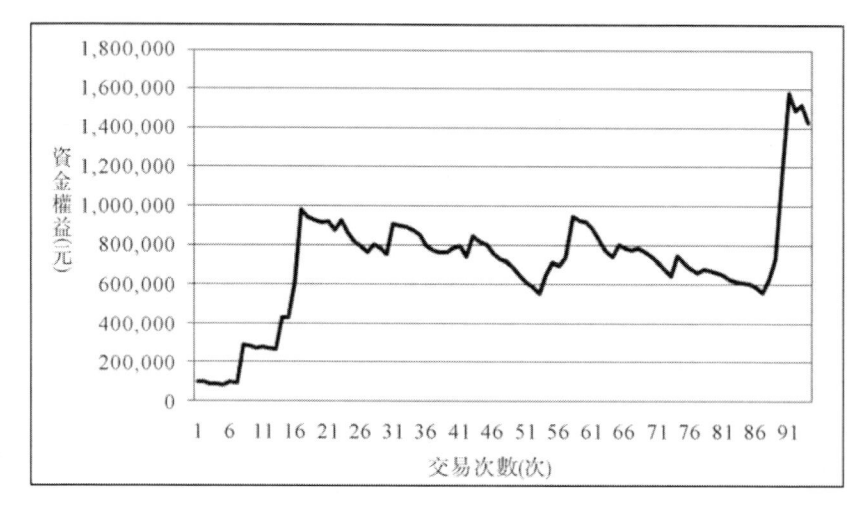

圖 3-39　山推股份復盤 10 年資金從 10 萬元到上百萬元

（數據截至 2015 年 7 月 31 日）

● 復盤啟示：起始資金 10 萬元，山推股份復盤 10 年，帳戶累積資金達到 143 萬元，平均年化收益 133%，收益十分可觀。

10 年交易時間，在風險的控制上很好地規避了 2008 年全球經濟危機和 2015 年股災的風險。在該時間段內，資金的回撤相對較小，在市場下行的階段並未出現較大幅度的虧損，主要進入了橫盤小幅震盪的過程，資金走勢較為穩定，等到趨勢真正形成的時候，累積收益再次大幅度提升。

附表　　　　　　　　　　　重要指標參數分析

帳戶交易時間（年）	交易次數（次）	成功次數（次）	勝率（%）	盈虧比	累積收益率（%）	平均年化收益率（%）	階段性回撤次數（次）	階段性最大回撤率（%）	單次最大收益（萬元）	單次最大收益率（%）	單次最大虧損（萬元）	單次交易最大回撤率（%）
10	94	27	28.72	1.81	1,328.04	132.80	2	−43.19	46.80	212.12	−9.18	−8.03

●詳解山推股份復盤歷程：山推股份復盤時採用的數據是 2005—2015 年的歷史數據，10 年時間走勢整體呈現「上漲—下跌—震盪—上漲—回落」的過程，股價起起落落，按照趨勢交易最基礎的 30 日均線交易法則，10 年時間裡，趨勢交易共計交易 94 次，成功概率為 29%，平均年化收益率達到 132.80%，這樣的成績已屬不錯。最重要的是這種成績是普遍股民都能去實現的，交易方法具有操作性，即股價上 30 日均線進，下 30 日均線出。

趨勢交易操作 94 次，交易操作較為頻繁的年份集中在 2009 年和 2010 年，這兩年時間操作次數總計為 29 次，占比超過 30%。這段時間對於趨勢交易者是最難的，但此時更需要冷靜對待，調整好心態，**認識到虧損是很正常的事，耐心地等到下一次趨勢的到來**。

10 年交易時間，山推股份走勢波動較大。當上升趨勢時，趨勢交易便很輕鬆，2006 年交易操作才 6 次。一旦趨勢形成就長期持有了，直到趨勢出現拐頭跡象才賣出。比如 2005 年 12 月 9 日，山推股份滿足買入原則，上 30 日均線，按當日收盤價 0.79 元計算，僅該次交易就持續了 7 個月，直到 2006 年 7 月 31 日時才有了賣出信號，一次收益率高達 212.12%。**當股價再次符合買入條件時，趨勢交易會毫不猶豫地跟進去**。比如 2006 年 8 月 28 日、2006 年 9 月 6 日均出現買入信號。

當下跌風險來臨，股票破位第一時間賣出，截斷虧損；下跌趨勢形成時，空倉耐心等待，空倉也是一種交易。趨勢交易把風險放在了首位，先控制風險，再追求利潤。山推股份單次最大虧損率為 8.03%，買入時間是在 2005 年 6 月 18 日，賣出時間是在 2005 年 6 月 15 日，總的虧損不大。山推股份總共交易 94 次，其中 67 次出現虧損，而這 67 次中，沒有一次虧損率是超過 10% 的。可見，雖然虧損次數多，但趨勢交易每次都是用小止損去不斷嘗試機會，即使錯了也不會傷筋動骨，這樣就保證了在趨勢不符合時能生存下來，一旦抓住了真正的趨勢機會，這些小止損也就微不足道了。**正是養成了這種截斷虧損的習慣，很好地控制了風險**，才得以規避了 2008 年的全球經濟危機和 2015 年的股災。

②安徽合力（600761，見圖3-40）。

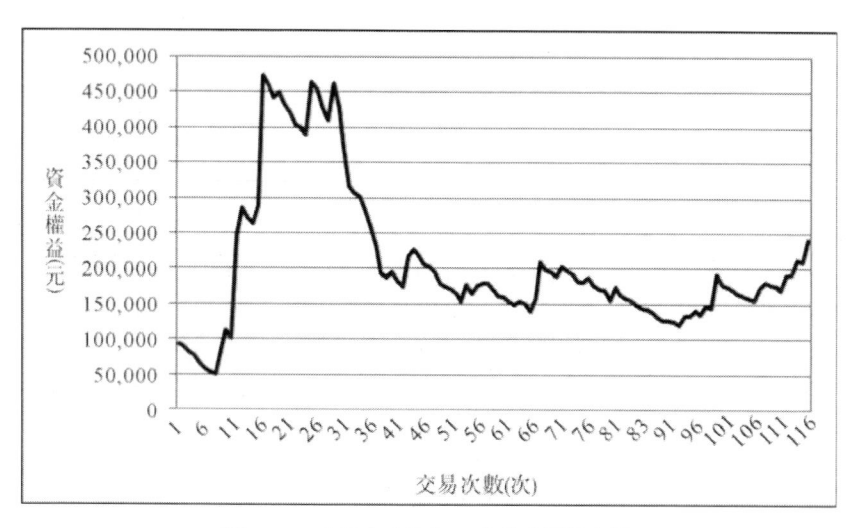

圖3-40　安徽合力復盤10年資金震盪上揚

（數據截至2015年7月31日）

●復盤啟示：起始資金10萬元，安徽合力復盤10年，帳戶累積資金為24萬元，平均年化收益為14%。

安徽合力在10年的交易時間內，總體回撤風險相對較大。未盈利之時就出現50%以上的資金虧損，階段性資金最大回撤率達到了74%，因此最終累積收益相對較少，10年累積收益為14萬元。

附表　　　　　　　　　　重要指標參數分析

帳戶交易時間（年）	交易次數（次）	成功次數（次）	勝率（%）	盈虧比	累積收益率（%）	平均年化收益率（%）	階段性回撤次數（次）	階段性最大回撤率（%）	單次最大收益（萬元）	單次最大收益率（%）	單次最大虧損（萬元）	單次交易最大回撤率（%）
10	119	32	26.89	1.17	141.41	14.14	3	-74.06	18.35	143.67	-5.73	-16.09

③廈工股份（600815，見圖3-41）。

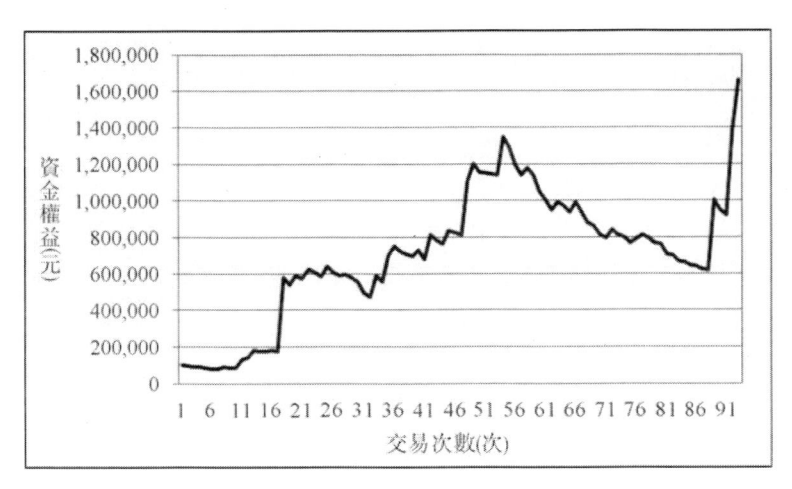

圖 3-41　廈工股份復盤 10 年資金從 10 萬元到上百萬元

（數據截至 2015 年 7 月 31 日）

● 復盤啟示：起始資金 10 萬元，廈工股份復盤 10 年，帳戶累積資金達到 166 萬元，平均年化收益率為 156%，收益十分可觀。

10 年交易時間，兩次重要趨勢的形成累積了可觀的資金，出現了一次階段性回撤。階段性回撤的時間較長，這種情況如果進行交易優化後可以降低回撤的風險。

附表　　　　　　　　重要指標參數分析

帳戶交易時間（年）	交易次數（次）	成功次數（次）	勝率（%）	盈虧比	累積收益率（%）	平均年化收益率（%）	階段性回撤次數（次）	階段性最大回撤率（%）	單次最大收益（萬元）	單次最大收益率（%）	單次最大虧損（萬元）	單次交易最大回撤率（%）
10	93	28	30.11	1.96	1,562.51	156.25	3	-54.30	46.08	229.52	-9.53	-11.66

④天奇股份（002009，見圖3-42）。

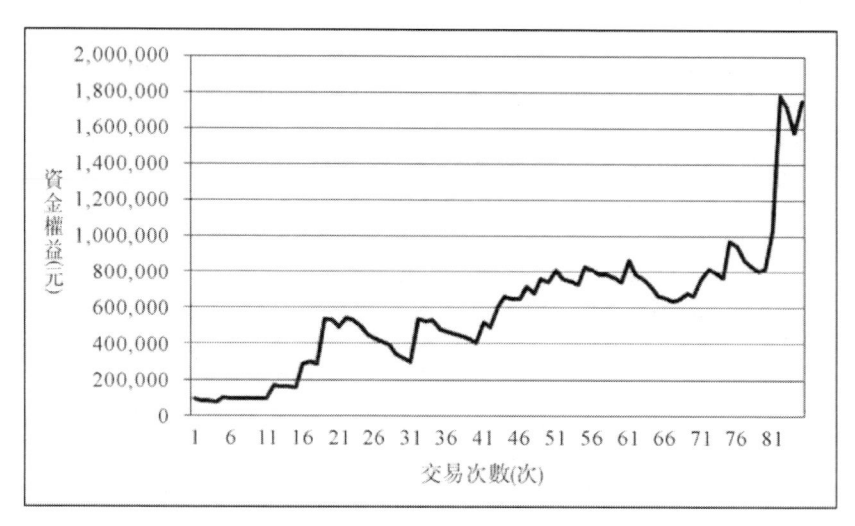

圖3-42　天奇股份復盤10年資金從10萬元到上百萬元

（數據截至2015年7月31日）

●復盤啟示：起始資金10萬元，天奇股份復盤10年，帳戶累積資金達到175萬元，平均年化收益為165%，收益十分可觀。

資金曲線圖呈現出穩步上升的趨勢，階段性回撤幅度及時間均比較短，在長期的投資過程中都有穩定的收益，投資者面對這樣的股票時所承受的壓力比較小。

附表　　　　　　　　　　重要指標參數分析

帳戶交易時間（年）	交易次數（次）	成功次數（次）	勝率（%）	盈虧比	累積收益率（%）	平均年化收益率（%）	階段性回撤次數（次）	階段性最大回撤率（%）	單次最大收益（萬元）	單次最大收益率（%）	單次最大虧損（萬元）	單次交易最大回撤率（%）
10	85	29	34.12	2.18	1,651.63	165.16	4	-44.44	75.27	85.45	-14.19	-12.15

⑤徐工機械（000425，見圖3-43）。

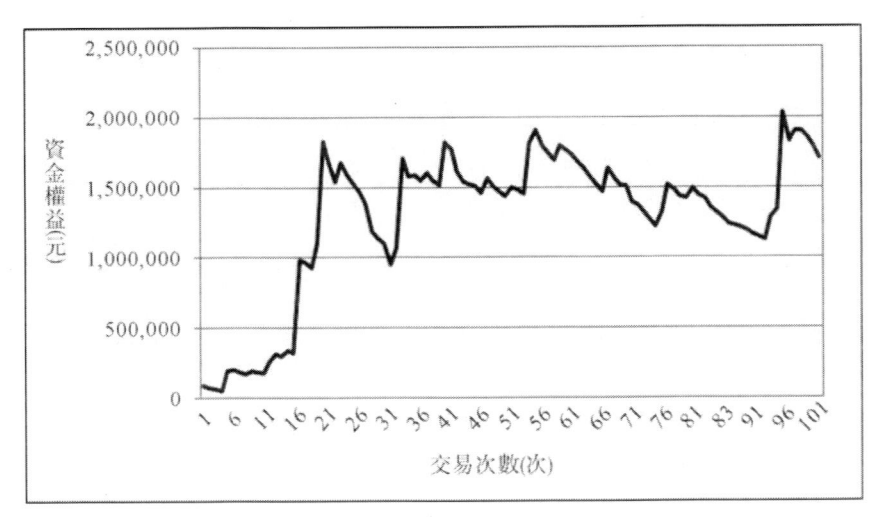

圖3-43 徐工機械復盤10年資金從10萬元到上百萬元

（數據截至2015年7月31日）

●復盤啟示：起始資金10萬元，徐工機械復盤10年，帳戶累積資金達171萬元，平均年化收益率達161%，收益十分可觀。

徐工機械10年交易時間，回撤主要出現在第一次大的趨勢形成之後。資金呈現鋸齒狀的時刻比較多，這說明回撤震盪的時間長、次數多。在實際的交易當中可以通過週期上的優化將圖形變得更加平緩，減少回撤次數及回撤率。同時，實際操作在資金累積之後，合理的控制倉位資金管理，也可以起到降低回撤風險的效果。

附表　　　　　　　　重要指標參數分析

帳戶交易時間（年）	交易次數（次）	成功次數（次）	勝率（%）	盈虧比	累積收益率（%）	平均年化收益率（%）	階段性回撤次數（次）	階段性最大回撤率（%）	單次最大收益（萬元）	單次最大收益率（%）	單次最大虧損（萬元）	單次交易最大回撤率（%）
10	103	28	27.18	1.43	1,610.66	161.07	3	-47.68	72.20	263.03	-20.67	-24.47

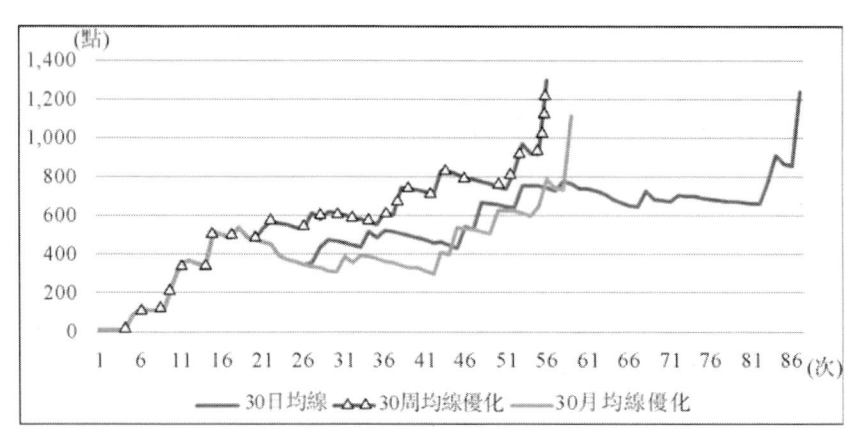

(3) 交易優化對比（見圖3-44）。

圖 3-44　工程機械板塊指數優化后盈虧曲線圖對比

●優化啟示：工程機械板塊指數在經過30周均線、30月均線的優化之後，震盪回撤幅度有所減弱，圖像上顯得相對更加平穩。

優化的一個主要目標是控制風險，將風險與收益做到最好的平衡。此處30周均線的優化將這兩方面做到了最好，大幅降低風險的同時，提高了累積收益。

如何將收益與風險合理的結合也是交易過程中必不可少的一部分，交易是一方面，資金管理是另一方面。

附表　　　　　　　　　　重要指標參數分析

參數 MA	帳戶交易時間(年)	交易次數(次)	成功次數(次)	勝率(%)	盈虧比	累積收益率(%)	平均年化收益率(%)	階段性回撤次數(次)	階段性最大回撤率(%)	單次最大收益(點)	單次最大收益率(%)	單次最大虧損(點)	單次交易最大回撤率(%)
30日均線	10	87	25	28.74	2.57	1,908	191	4	−36.48	383	111	−56	−9.76
30周均線	10	56	20	35.71	3.79	1,997	200	4	−10.62	383	111	−48	−6.87
30月均線	10	59	19	32.20	2.99	1,717	172	4	−43.52	383	111	−56	−9.76

4. 工業機械板塊：週期性強，專注細分龍頭

●10 年的交易時間，工業機械板塊指數平均年化收益率達到 109%，遠遠跑贏了同期大盤指數。

●這 10 年的時間裡，趨勢交易的次數僅為 81 次，雖然勝算率為 38%，但單次最大收益率就達到 88%，可見一旦趨勢形成，利潤將十分豐厚。

●工業機械受國家基建投資影響，呈現出較強的週期性。

●工業機械板塊指數單次最大回撤率為 7%，階段性最大回撤率為 18%，回撤較小。

●選取樣本中集集團、合眾科技、華光股份、全柴動力、標準股份做復盤分析。

●通過優化 30 周均線、30 月均線做復盤比較分析，會發現優化後資金收益曲線更穩定、風險控制也更好。

2005—2015 年工業機械板塊指數與上證指數走勢圖如圖 3-45 所示：

圖 3-45　2005—2015 年工業機械板塊指數與上證指數走勢圖

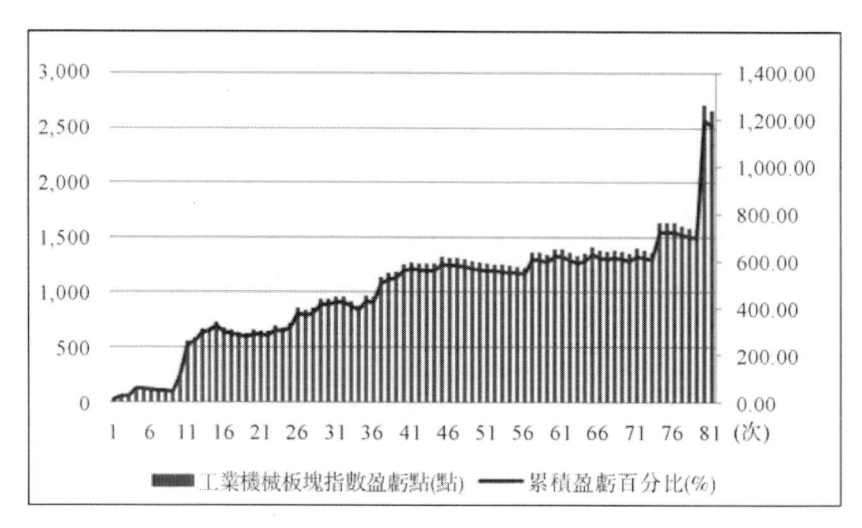

（1）工業機械板塊指數（880440）復盤分析（見圖3-46）。

圖3-46　工業機械板塊指數復盤10年累積收益穩步增長

（數據截至2015年7月31日）

●復盤啟示：工業機械板塊指數起始點為226點，復盤10年，累積獲利2,661點，累積收益率達1,177%，平均年化收益率為118%，表現優異。

指數盈虧呈現小幅震盪、連續上漲的趨勢。操作成功率達到38%，盈虧比也超過4，投資非常成功。和其他板塊類似，最后一次趨勢形成後單次最大收益達到了88%。因此，一旦趨勢形成，收益就會持續大幅增長。

附表　　　　　　　　　　重要指標參數分析

帳戶交易時間（年）	交易次數（次）	成功次數（次）	勝率（%）	盈虧比	累積收益率（%）	平均年化收益率（%）	階段性回撤次數（次）	階段性最大回撤率（%）	單次最大收益（點）	單次最大收益率（%）	單次最大虧損（點）	單次交易最大回撤率（%）
10	81	32	39.51	4.94	1,177.43	117.74	2	-18.76	1,137	88	-59	-6.77

(2) 工業機械板塊樣本個股分析。

①中集集團（000039，見圖 3-47）。

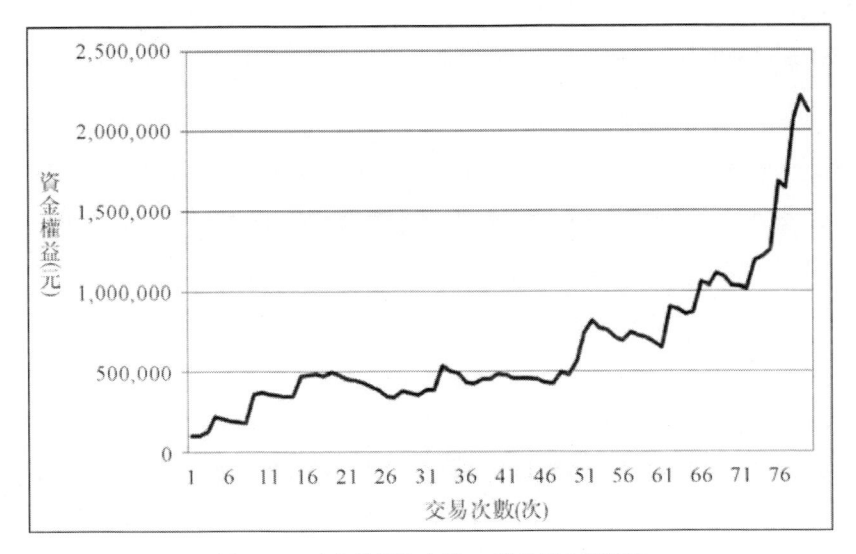

圖 3-47　中集集團資金從 10 萬元到上百萬元

（數據截至 2015 年 7 月 31 日）

● 復盤啟示：起始資金 10 萬元，中集集團復盤 10 年，帳戶資金達到 212 萬元，平均年化收益率達 202%，收益十分可觀。

個股的成功率達到了 40%，相對其他個股而言已經比較高了，而 25% 的階段性最大回撤率顯示風險控制較好。資金曲線圖呈現平滑上升的趨勢，回撤率小，累積收益高。2008 年全球經濟危機和 2015 年的股災對資金幾乎沒有影響，風險控制做得十分到位。

附表　　　　　　　　　　重要指標參數分析

帳戶交易時間（年）	交易次數（次）	成功次數（次）	勝率（%）	盈虧比	累積收益率（%）	平均年化收益率（%）	階段性回撤次數（次）	階段性最大回撤率（%）	單次最大收益（萬元）	單次最大收益率（%）	單次最大虧損（萬元）	單次交易最大回撤率（%）
10	80	32	40.00	3.10	2,015.74	201.57	3	−25.93	42.80	97.3	−19.11	−11.69

●詳解中集集團復盤歷程：工業機械板塊累積收益達到了1,177%，超過大盤指數，累積收益穩定攀升。中集集團走勢與板塊指數走勢類似，呈現出小幅震盪、緩慢推升的趨勢，10年累積收益達到了2,015%，收益非常可觀。

保持清醒的頭腦，只賺取屬於自己的利潤。通過觀察近10年中集集團的走勢圖我們可以發現，在該期間段內其主要有三次向上的趨勢，毋庸置疑的是我們三次向好的趨勢都在持倉當中，這是我們應得的利潤。和一些個股在2007年牛市當中有單次超過100%的收益不同，中集集團並沒有單次超過100%的收益的情況，但在2006—2007年區間段的趨勢當中，我們的操作有3次較大的收益，分別為73%、97%、37%。3次較大趨勢之間夾雜著幾次較小的虧損，**第一時間毫不猶豫的止損是我們交易當中應該時刻銘記的。**經過小的回撤之後我們又跟蹤上了重新啟動的趨勢，我們沒有在最低的啟動點進入，一直等到符合30日均線發出可以入場的信號才開始操作，有一部分利益是我們注定得不到的，我們守住趨勢交易能夠得到的部分已經相當可觀了。

截斷虧損，讓利潤奔跑。中集集團近10年操作中，表現是十分優秀的，交易80次，成功32次，勝率達到了40%，累積收益達到201萬元。最能體現其優勢的地方在於其保持資金大幅增長的同時，將風險控制到了最低。2007年10月10日股價跌破30日均線之後，帳戶平倉止盈，資金創造了第一次新高，達到了48萬元，而后股價開始下行，從我們破位的價格28.34元/股，到之後的新低4.01元/股，跌幅達到了86%，對應的我們在該區間段進行了7次嘗試，成功一次，失敗了6次，累積資金回撤到40萬元，跌幅為17%。可見在接近超過90%的跌幅中，我們虧損不到20%，換個角度來看也是巨大的成功。從整個過程來看，單次虧損超過5%的為8次，占虧損次數比例的16%，單次最大回撤為11%（僅此一次超過10%）。在交易成功方面，單次收益超過20%的為10次，占交易成功次數的31%。

中集集團資金曲線圖走出非常漂亮的走勢，呈現低回撤、持續推升的過程，重要的原因就是將回撤風險控制好了，當趨勢來臨時，我們有足夠的資金讓其產生複利的效應，資金增加就會非常迅速。

②眾合科技（000925，見圖3-48）。

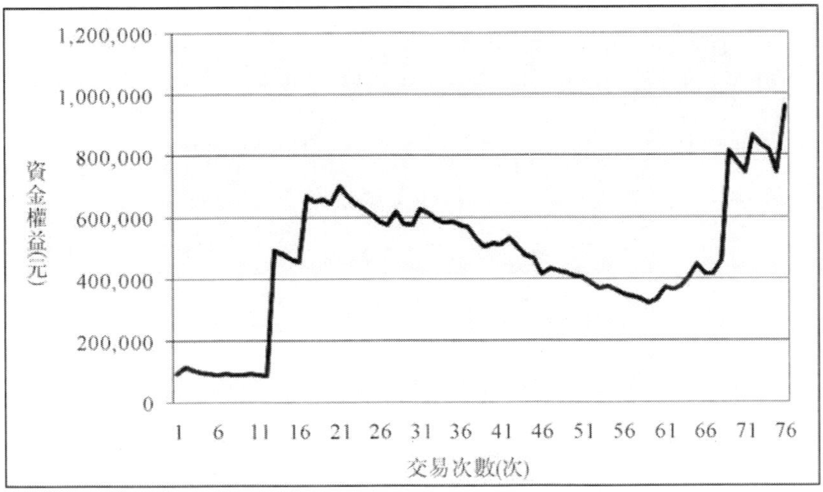

圖3-48　眾合科技累積資金震盪上揚

（數據截至2015年7月31日）

●復盤啟示：起始資金10萬元，眾合科技復盤10年，帳戶資金達到96萬元，平均年化收益率為86%，收益可觀。

資金的初始階段橫盤時間較長，這反應的是交易過程需要等待，橫盤後進入強力拉升的階段，單次交易收益可達457%。這個時候也是需要理智的時候，合理的控制風險，將回撤幅度降到最低，而回撤的時間較長，這個階段需要的是堅持自己的體系，持續堅持自己的交易體系等來的就是曲線圖當中最後一次資金強力上漲的過程。

等待很重要，恪守自己的體系不動搖更加重要。

附表　　　　　　　　　　重要指標參數分析

帳戶交易時間（年）	交易次數（次）	成功次數	勝率（%）	盈虧比	累積收益率（%）	平均年化收益率（%）	階段性回撤次數（次）	階段性最大回撤率（%）	單次最大收益（萬元）	單次最大收益率（%）	單次最大虧損（萬元）	單次交易最大回撤率（%）
10	76	23	30.26	2.00	859.45	85.94	3	-53.97	40.26	457.26	-7.3	-10.89

③華光股份（600475，見圖3-49）。

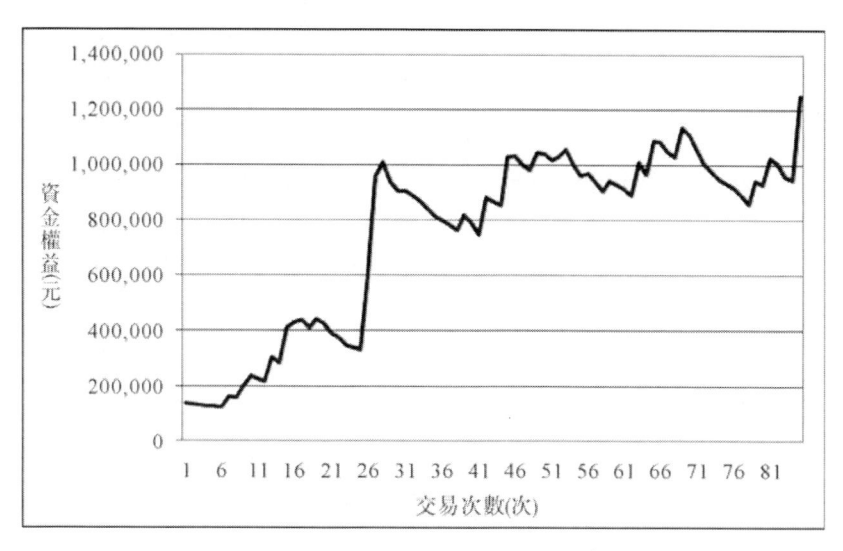

圖 3-49　華光股份資金從 10 萬元到上百萬元

（數據截至 2015 年 7 月 31 日）

●復盤啟示：起始資金 10 萬元，華光股份復盤 10 年，帳戶資金達到 125 萬元，平均年化收益率為 115%，收益可觀。

華光股份在 10 年的交易過程中，階段性回撤幅度較小，風險度非常低，並且回撤均出現在資金大幅上漲之后，這大大降低了投資者承擔資金回撤風險的壓力。

10 年交易時間，實際交易次數為 85 次，一年交易次數不足 10 次，因此趨勢交易體系當中並不是頻繁交易的，在符合原則之下進行操作，成功率不一定高，但由於合理的止損，哪怕 10 次交易當中一次趨勢的形成都能夠取得豐厚的收益。

附表　　　　　　　　　　重要指標參數分析

帳戶交易時間（年）	交易次數（次）	成功次數（次）	勝率（%）	盈虧比	累積收益率（%）	平均年化收益率（%）	階段性回撤次數（次）	階段性最大回撤率（%）	單次最大收益（萬元）	單次最大收益率（%）	單次最大虧損（萬元）	單次交易最大回撤率（%）
10	85	27	31.76	1.88	1,151.32	115.13	3	-26.18	40.26	81.57	-7.44	-8.67

④全柴動力（600218，見圖3-50）。

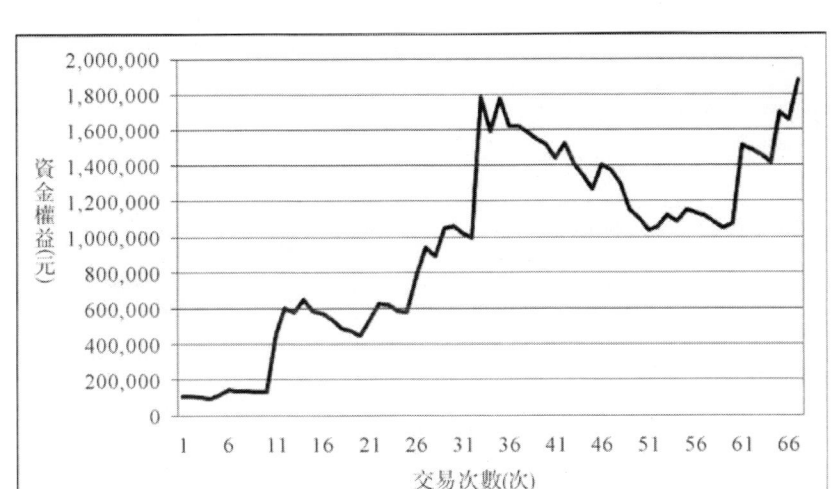

图3-50　全柴動力資金從10萬元到上百萬元

（數據截至2015年7月31日）

●復盤啟示：起始資金10萬元，全柴動力復盤10年，帳戶資金達到188萬元，平均年化收益率達178%，收益十分可觀。

10年的交易時間，我們從不主觀地去猜測市場的底部與頂部，也不去猜測牛市和熊市何時開始與結束，我們只是嚴格按照體系的要求去操作，回撤是交易過程中不可迴避的一部分，該個股主要有一次幅度較大的階段性回撤，而平均每年的交易次數不足7次，主要資金累積來源於3次趨勢的形成。控制風險，跟蹤趨勢，最終造就的就是1,779%的累積收益率。

附表　　　　　　　　　　重要指標參數分析

帳戶交易時間(年)	交易次數(次)	成功次數(次)	勝率(%)	盈虧比	累積收益率(%)	平均年化收益率(%)	階段性回撤次數(次)	階段性最大回撤率(%)	單次最大收益(萬元)	單次最大收益率(%)	單次最大虧損(萬元)	單次交易最大回撤率(%)
10	67	24	35.82	1.96	1,778.98	177.90	2	-41.74	78.97	245.82	-19.41	-11.69

⑤標準股份（600302，見圖3-51）。

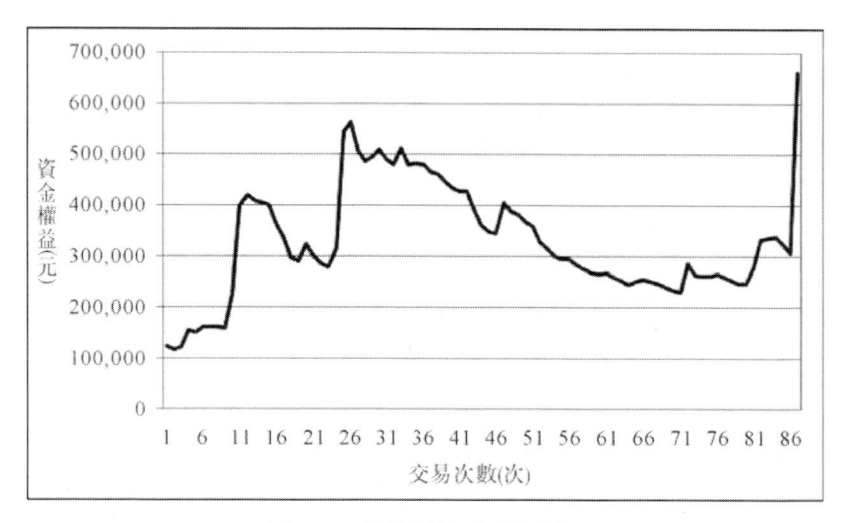

圖3-51 標準股份資金累積上揚

（數據截至2015年7月31日）

●復盤啟示：起始資金10萬元，標準股份復盤10年，帳戶資金累積為66萬元，平均年化收益率為56%。

10年交易時間出現兩次較大的階段性回撤，但仍然在風險的可控範圍之內，資金經過3次較為成功的趨勢投資後，盈利56萬元，投資成功。

附表　　　　　　　重要指標參數分析

帳戶交易時間(年)	交易次數(次)	成功次數(次)	勝率(%)	盈虧比	累積收益率(%)	平均年化收益率(%)	階段性回撤次數(次)	階段性最大回撤率(%)	單次最大收益(萬元)	單次最大收益率(%)	單次最大虧損(萬元)	單次交易最大回撤(%)
10	87	30	34.48	1.77	560.42	56.04	2	-59.07	35.28	115.02	-5.47	-11.90

（3）交易優化對比（見圖3-52）。

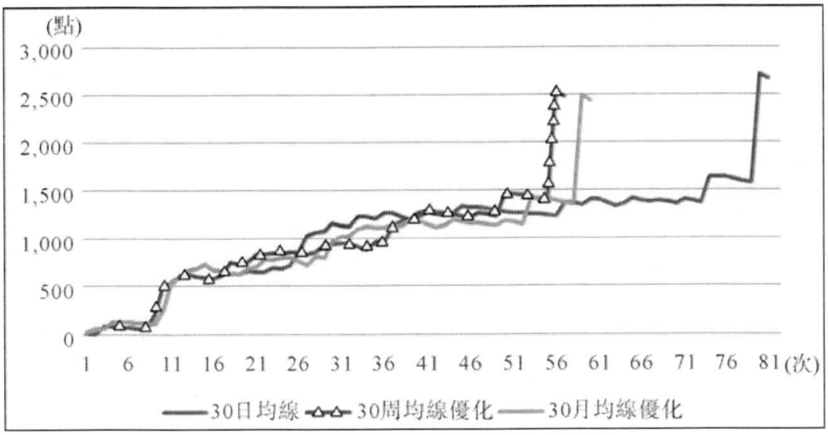

圖3-52　工業機械板塊指數優化后盈虧曲線圖對比

●優化啟示：通過30周均線、30月均線優化工業機械板塊指數后，可以發現優化后階段性最大回撤率下降，累積收益變化不大，降低回撤風險的同時還保證了可觀的利潤。

優化后交易次數明顯減少，資金曲線圖呈現出更加平滑向上的走勢。

10年的交易時間內，資金在長時間內呈現出緩慢累積向上的趨勢，趨勢性良好，而明顯的一次大幅拉升趨勢的形成保證了在穩定收益的基礎上將收益再次提升。

附表　　　　　　　　　　重要指標參數分析

參數 MA	帳戶交易時間（年）	交易次數（次）	成功次數（次）	勝率（%）	盈虧比	累積收益率（%）	平均年化收益率（%）	階段性回撤次數（次）	階段性最大回撤率（%）	單次最大收益（點）	單次最大收益率（%）	單次最大虧損（點）	單次交易最大回撤率（%）
30日均線	10	81	32	39.51	4.94	1,177	118	2	-18.86	1,137	88	-59	-6.77
30周均線	9	57	26	45.61	6.63	1,033	115	2	-6.66	1,137	88	-53	-4.26
30月均線	10	60	28	46.67	5.79	1,079	108	2	-13.80	1,137	88	-59	-6.77

5. 鋼鐵板塊：進入飽和期，反彈空間受限

●10年的交易時間，鋼鐵板塊指數平均年化收益率達到61%，跑贏同期大盤指數，但近年來走勢明顯放緩。鋼鐵行業經過高速發展后，產能過剩、需求下滑等問題制約行業縱深發展，反彈空間受限。

●10年的時間裡，趨勢交易的次數僅為85次，雖然勝率僅為29%，但單次最大收益率就達到94%，可見一旦趨勢形成，利潤將十分豐厚。

●鋼鐵板塊指數單次最大回撤率為10%，階段性最大回撤率為22%。先控制風險，再追求利潤。

●選取樣本河北鋼鐵、寶鋼股份、大冶特鋼、攀鋼釩鈦、首鋼股份做復盤分析。

●通過優化30周均線、30月均線做復盤比較分析，會發現優化后資金收益曲線更穩定、風險控制也更好。

2005—2015年鋼鐵板塊指數與上證指數走勢圖如圖3-53所示：

圖3-53　2005—2015年鋼鐵板塊指數與上證指數走勢圖

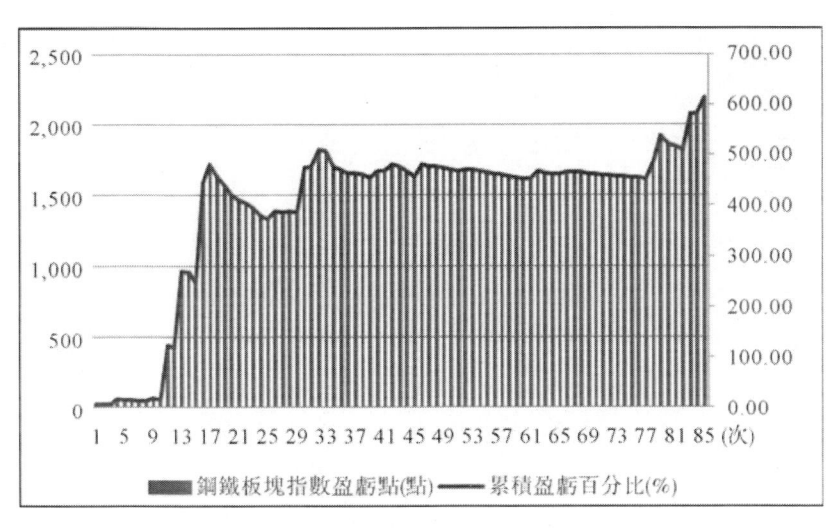

(1) 鋼鐵板塊指數（880318）復盤分析（見圖3-54）。

圖 3-54　鋼鐵指數復盤 10 年權益震盪上揚

（數據截至 2015 年 7 月 31 日）

●復盤啟示：鋼鐵板塊指數起始點為 359 點，復盤 10 年，累積獲利 2,201 點，累積收益率達 613%，平均年化收益率為 61%。

鋼鐵板塊橫盤時間較長，累積收益略高於同期大盤指數，但小於大部分其他板塊指數，其經過第一波牛市行情之後進入長期橫盤階段。在 2014 年的這波牛市當中有一定的增長，但是上漲幅度較小、力量較弱。從復盤 10 年的表現來看，其后市看漲的力量不強，上漲的空間相對較小。

附表　　　　　　　　　　　重要指標參數分析

帳戶交易時間(年)	交易次數(次)	成功次數(次)	勝率(%)	盈虧比	累積收益率(%)	平均年化收益率(%)	階段性回撤次數(次)	階段性最大回撤率(%)	單次最大收益(點)	單次最大收益率(%)	單次最大虧損(點)	單次交易最大回撤率(%)
10	85	25	29.41	2.99	613.09	61.31	2	-22.35	713	93.98	-115	-10.26

（2）鋼鐵板塊樣本個股分析。

①河北鋼鐵（000709）

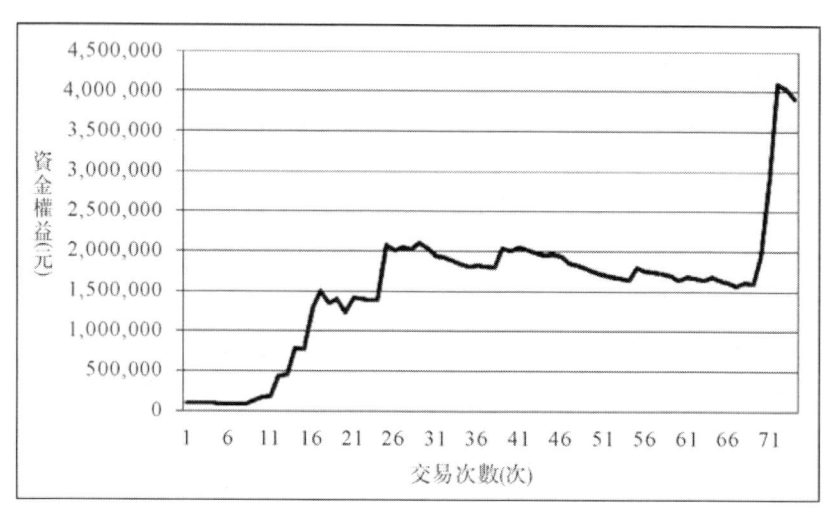

圖 3-55　河北鋼鐵復盤 10 年資金從 10 萬元到上百萬元

（數據截至 2015 年 5 月 28 日）

●復盤啟示：起始資金 10 萬元，河北鋼鐵復盤 10 年，帳戶資金達到 391 萬元，平均年化收益率達 381%，累積收益十分可觀。

該個股的表現遠勝於鋼鐵板塊指數，主要原因在於其在 2014 年一波牛市行情中有出色的表現，而鋼鐵板塊總體來說表現不好。

10 年交易次數不足 80 次，勝率達到 36%，回撤風險為 24%，累積收益高達 3,808%。風險低、回報高，個股表現十分優秀。

附表　　　　　　　　　　　重要指標參數分析

帳戶交易時間（年）	交易次數（次）	成功次數（次）	勝率（%）	盈虧比	累積收益率（%）	平均年化收益率（%）	階段性回撤次數（次）	階段性最大回撤率（%）	單次最大收益（萬元）	單次最大收益率（%）	單次最大虧損（萬元）	單次交易最大回撤率（%）
10	74	27	36.49	3.13	3,807.68	380.77	2	−24.61	115.18	139.42	−16.34	−12.57

●詳解河北鋼鐵復盤歷程：河北鋼鐵採用的數據是 2005—2015 年的歷史數據，10 年時間該個股走勢呈「上漲—震盪—下跌—上漲」走勢。期間股價起起落落，要想每次預測都能成功是不可能的，趨勢交易不預測市場，而要追隨市場。趨勢交易最基礎的 30 日均線交易法則，上 30 日均線進，下 30 日均線出，看起來容易，但能堅持去做的人很少。在這 10 年時間裡，趨勢交易共 74 次，成功概率達到 36%，平均年化收益率達到 380.77%。

74 次交易在這 10 年間分佈還算均勻。2011 年、2012 年、2013 年交易次數較為頻繁。這 3 年時間操作次數總計為 38 次，占比超過了 50%，這段時間河北鋼鐵波動較大，對於趨勢交易而言是最難的，但只要認識到虧損是很正常的事，調整好心態，也是很容易等到機會的。**趨勢不明朗時期需要不斷地嘗試機會。**

鋼鐵板塊總的走勢並不理想，但河北鋼鐵的走勢總體向上，平均年化收益率是很可觀的，單次最大收益率在 2006 年 8 月 28 日，河北鋼鐵上 30 日均線，符合買入原則，按當日收盤價 1.43 元計算，在持有 5 個月后才有了賣出信號，這次收益率高達 139.42%。在之後的趨勢交易中，根據交易原則，河北鋼鐵單次收益率超過 50% 的還有 4 次，這 5 次交易給河北鋼鐵帶來了不錯的收益。可見，**一旦趨勢形成就長期持有，直到趨勢出現拐頭跡象才賣出，雖說期間也會有虧損，可是如果不參與趨勢交易，其中的收益也會錯過。**

當下跌風險來臨，股票破位第一時間賣出，產生階段性虧損；下跌趨勢形成時，空倉耐心等待，空倉也是一種交易。趨勢交易把風險放在了首位，先控制風險，再追求利潤。河北鋼鐵單次最大虧損率為 12.57%，買入時間在 2005 年 6 月 8 日，賣出時間在 2005 年 6 月 30 日，除了這一次，實際趨勢交易體系的止損是很小的。河北鋼鐵總共交易 74 次，其中 47 次出現虧損，這 47 次中，單次虧損率超過 10% 的有 3 次，虧損率為 5%～10% 的僅有 1 次，虧損率在 5% 以下的有 43 次，占比達到 91%。可見，**趨勢交易每次都是用小止損去不斷嘗試機會，即使錯了也不會傷筋動骨，這樣就保證了在趨勢不符合時能生存下來，一旦抓住了真正的趨勢機會，這些小止損也就微不足道了。**

不管股價處於震盪、上漲、下跌的狀態當中，趨勢交易者都敬畏地追隨市場，根據交易原則做好應對措施，以不變應萬變。

②寶鋼股份（600019，見圖3-56）。

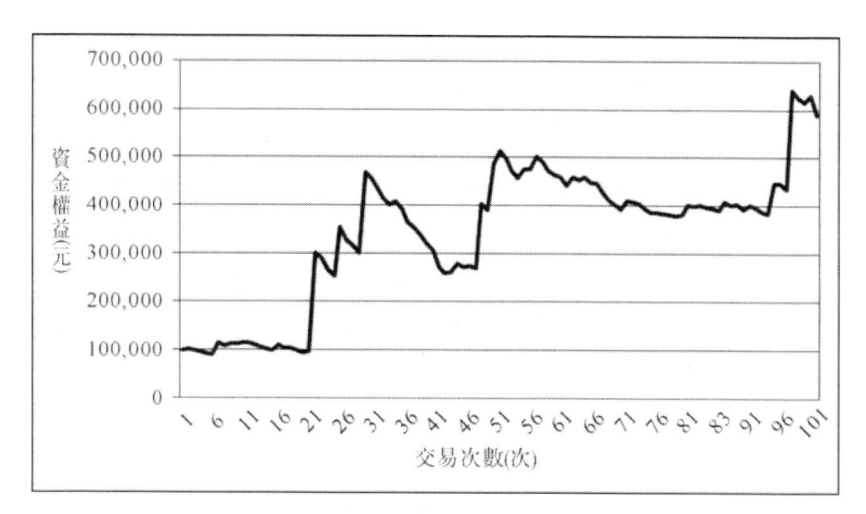

圖3-56　寶鋼股份復盤10年資金震盪上揚

（數據截至2015年7月31日）

●復盤啟示：起始資金10萬元，寶鋼股份復盤10年，帳戶資金達到59萬元，平均年化收益率為49%。

10年交易過程中，由3次主要的趨勢累積了大部分的收益，但總體收益比板塊指數還稍弱，但其單次最大收益達到了20萬元以上。因此，在趨勢跟蹤當中即使標的物本身上漲較弱，只要堅持體系進行交易也可以取得較為理想的利潤。

附表　　　　　　　　　重要指標參數分析

帳戶交易時間(年)	交易次數(次)	成功次數(次)	勝率(%)	盈虧比	累積收益率(%)	平均年化收益率(%)	階段性回撤次數(次)	階段性最大回撤率(%)	單次最大收益(萬元)	單次最大收益率(%)	單次最大虧損(萬元)	單次交易最大回撤率(%)
10	105	33	31.43	1.66	487.80	48.78	2	-44.54	20.59	216.20	-4.15	-11.28

③大冶特鋼（000708，見圖3-57）。

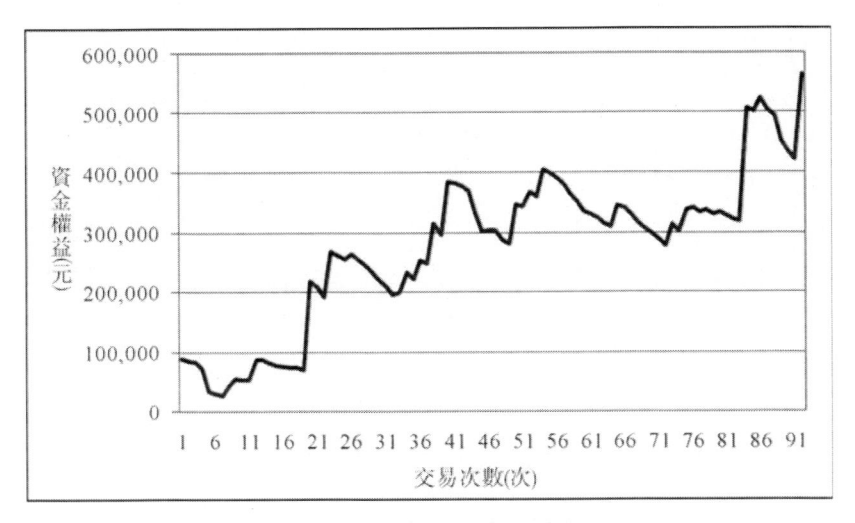

圖3-57 大冶特鋼復盤10年資金震盪上揚

（數據截至2015年2月16日）

●復盤啟示：起始資金10萬元，大冶特鋼復盤10年，帳戶資金達到56萬元，平均年化收益率為46%。

資金初始階段出現了30%左右的回撤，未盈利先虧損，對投資者承擔風險的能力有一定的考驗。資金呈現持續震盪推升的過程，回撤風險較小，但是回撤次數較多，這樣的個股具有較大的優化空間。

附表　　　　　　　　重要指標參數分析

帳戶交易時間(年)	交易次數(次)	成功次數(次)	勝率(%)	盈虧比	累積收益率(%)	平均年化收益率(%)	階段性回撤次數(次)	階段性最大回撤率(%)	單次最大收益(萬元)	單次最大收益率(%)	單次最大虧損(萬元)	單次交易最大回撤率(%)
10	92	27	29.35	1.70	462.16	46.22	4	-31.35	18.98	204.45	-4.44	-50.55

④攀鋼釩鈦（000629，見圖3-58）。

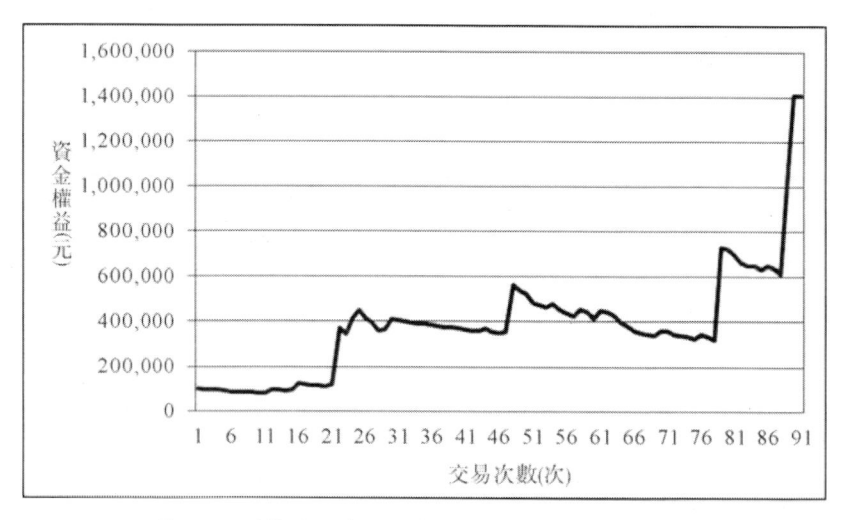

圖3-58　攀鋼釩鈦復盤10年資金從10萬元到上百萬元

（數據截至2015年5月18日）

●復盤啟示：起始資金10萬元，攀鋼釩鈦復盤10年，帳戶資金達到141萬元，平均年化收益率為131%，累積收益十分可觀。

帳戶交易10年，在10年過程中主要經歷4次橫盤、4次拉升，回撤風險較低，2008年全球經濟危機與2015年股災都未對資金的累積收益造成大的影響。

附表　　　　　　　　　　　重要指標參數分析

帳戶交易時間（年）	交易次數（次）	成功次數（次）	勝率（%）	盈虧比	累積收益率（%）	平均年化收益率（%）	階段性回撤次數（次）	階段性最大回撤率（%）	單次最大收益（萬元）	單次最大收益率（%）	單次最大虧損（萬元）	單次交易最大回撤率（%）
10	91	22	24.18	2.81	1,307.86	130.79	3	-43.09	40.90	209.91	-4.15	-8.20

⑤首鋼股份（000959，見圖3-59）。

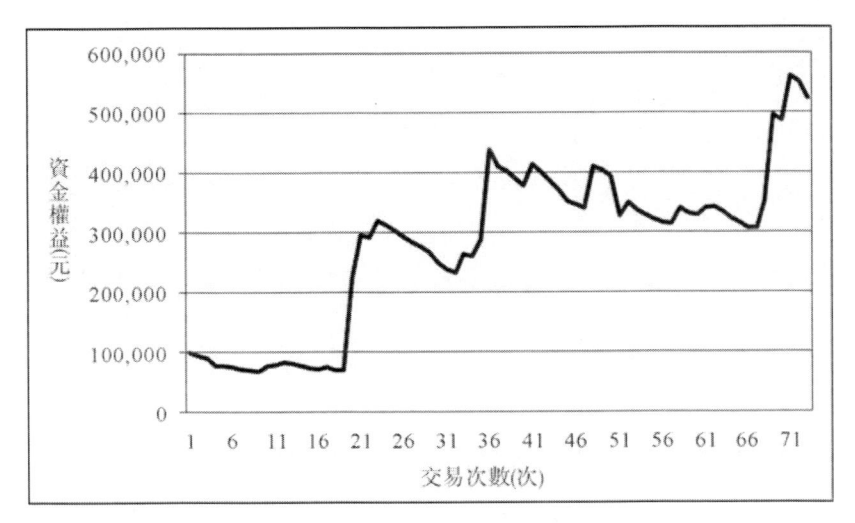

圖3-59 首鋼股份復盤10年資金震盪上揚

（數據截至2015年2月5日）

●復盤啟示：起始資金10萬元，首鋼股份復盤10年，帳戶資金達到52萬元，平均年化收益率為42%。

10年交易時間，成功率不足30%，實際資金累積也主要集中在3次趨勢形成之後的拉升，因此在做趨勢跟蹤交易的時候，不能太在乎操作的成功率有多高，而應該注重去堅持，很多時候止損9次，第10次真正的趨勢形成，投資才得以成功，同樣能夠將累積資金提升到一個理想的高度。

附表　　　　　　　　　　重要指標參數分析

帳戶交易時間（年）	交易次數（次）	成功次數（次）	勝率（%）	盈虧比	累積收益率（%）	平均年化收益率（%）	階段性回撤次數（次）	階段性最大回撤率（%）	單次最大收益（萬元）	單次最大收益率（%）	單次最大虧損（萬元）	單次交易最大回撤率（%）
10	73	20	27.30	1.86	422.92	42.29	3	−29.82	15.35	222.49	−6.52	−16.58

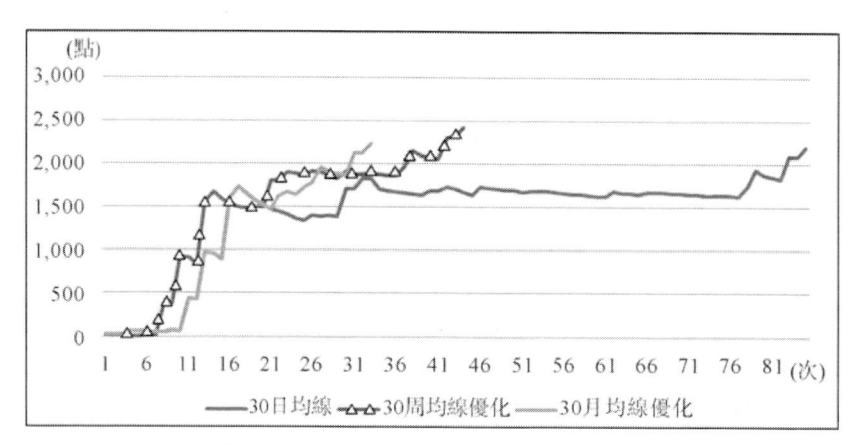

(3) 交易優化對比（見圖3-60）。

圖 3-60　鋼鐵板塊指數優化后盈虧曲線圖對比

●優化啟示：鋼鐵板塊指數在經過 30 周均線、30 月均線的優化之後，圖形表現出更加平穩的走勢。

通過參數對比可以看出，在進行大週期的優化之後，交易次數明顯下降，交易最大回撤率明顯下降，降低風險的同時，操作的成功率及累積收益都有一定程度上的提高，達到了較為理想的優化效果。

附表　　　　　　　　　　　重要指標參數對比

參數 MA	帳戶交易時間（年）	交易次數（次）	成功次數（次）	勝率（%）	盈虧比	累積收益率（%）	平均年化收益率（%）	階段性回撤次數（次）	階段性最大回撤率（%）	單次最大收益（點）	單次最大收益率（%）	單次最大虧損（點）	單次交易最大回撤率（%）
30 日均線	10	85	25	29.41	2.99	613	61	2	−22.35	713	94	−115	−10.26
30 周均線	9	44	18	40.91	4.91	654	73	3	−11.20	713	90	−83	−7.84
30 月均線	10	33	15	45.45	5.27	621	62	3	−14.82	713	94	−83	−7.84

6. 煤炭板塊：收益放緩，波動幅度較大

●10 年交易時間，煤炭板塊指數平均年化收益率達到 113%，跑贏同期大盤指數，但近年走勢明顯放緩。

●10 年的時間裡，趨勢交易的次數僅 97 次，雖然勝算率為 35%，但單次最大收益率達到 135%，可見一旦趨勢形成，利潤將十分豐厚。

●煤炭板塊指數單次最大回撤率為 10%，階段性最大回撤率為 55%，回撤幅度相對較大。先控制風險，再追求利潤。

●選取樣本開灤股份、安源煤業、大有能源、山煤國際、上海能源、神火股份做復盤分析。

●通過優化 30 周均線、30 月均線做復盤比較分析，會發現優化後資金收益曲線更穩定、風險控制也更好。

2005—2015 年煤炭板塊指數與上證指數走勢圖如圖 3-61 所示：

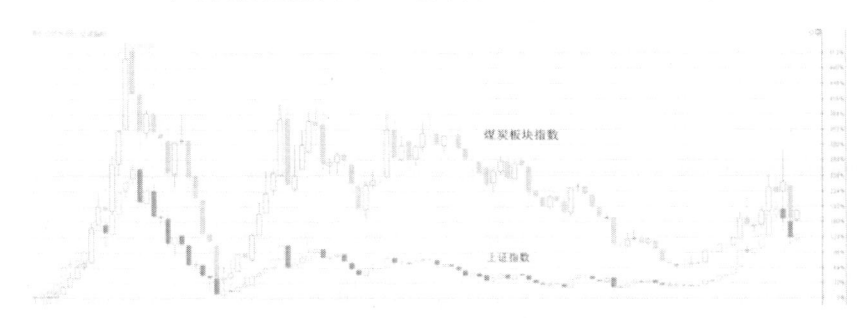

圖 3-61　2005—2015 年煤炭板塊指數與上證指數走勢圖

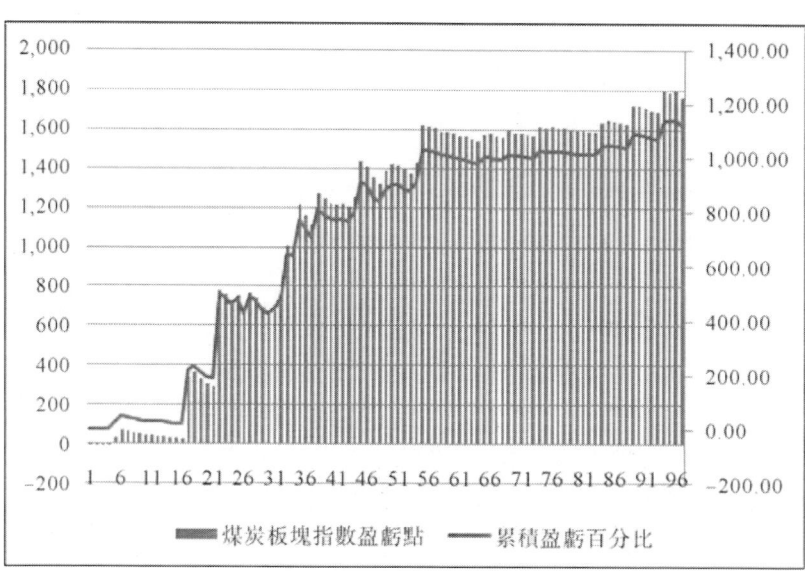

(1) 煤炭板塊指數（880301）復盤分析（見圖 3-62）。

圖 3-62　煤炭板塊指數復盤 10 年資金上行放緩

（數據截至 2015 年 6 月 26 日）

● 復盤啟示：煤炭板塊指數起始點為 157 點，復盤 10 年，累積獲利 1,767 點，累積收益率達 1,126%，平均年化收益率為 113%，整體收益可觀，但近年來收益明顯放緩。

資金權益曲線波動較大，階段性最大回撤率為 55%，週期性較強。

10 年交易時間，成功規避了 2008 年全球經濟危機、2015 年股災。破位時第一時間止損，就是為了防範大跌的風險。每次止損都當成真的，就能避免大跌的風險。

附表　　　　　　　　　　　重要指標參數分析

帳戶交易時間（年）	交易次數（次）	成功次數（次）	勝率（%）	盈虧比	累積收益率（%）	平均年化收益率（%）	階段性回撤次數（次）	階段性最大回撤率（%）	單次最大收益（點）	單次最大收益率（%）	單次最大虧損（點）	單次交易最大回撤率（%）
10	97	34	35.05	2.86	1,126.31	112.63	2	-54.79	486.2	135.12	-86.13	-10.30

(2) 煤炭板塊樣本個股分析。

①開灤股份（600997，見圖3-63）。

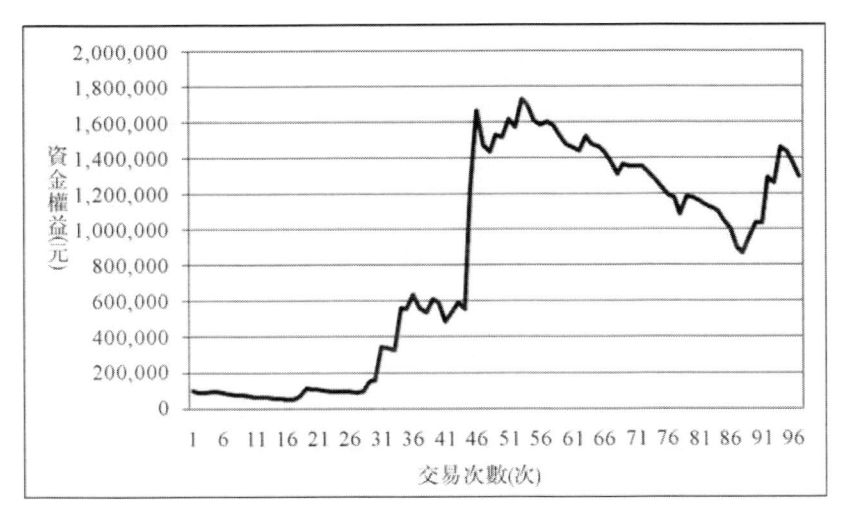

圖3-63 開灤股份復盤11年資金從10萬元到上百萬元

（數據截至2015年7月31日）

●復盤啟示：起始資金10萬元，開灤股份復盤11年，資金權益近130萬元，平均年化收益率為109%，整體收益可觀，但近年來收益放緩。

資金權益寬幅震盪，階段性最大回撤率達50%，波動較大。

11年交易時間，趨勢交易僅97次，平均1年不到10次，平均1個月不到1次，這就是趨勢交易，大多數時間都在空倉等待，就像狙擊手一樣，等待時機再出手。

附表　　　　　　　　　　重要指標參數分析

帳戶交易時間(年)	交易次數(次)	成功次數(次)	勝率(%)	盈虧比	累積收益率(%)	平均年化收益率(%)	階段性回撤次數(次)	階段性最大回撤率(%)	單次最大收益(萬元)	單次最大收益率(%)	單次最大虧損(萬元)	單次交易最大回撤率(%)
11	97	26	26.80	1.61	1,197.40	108.85	2	-49.75	66.44	123.22	-19.28	-17.35

● 詳解開灤股份復盤歷程：2004—2015 年，開灤股份復盤 11 年走勢整體呈現「震盪—上漲—下跌—上漲—下跌」的態勢，週期性強。煤炭股作為 2007 年股市的「五朵金花」之一，曾受到資金的瘋狂追逐，但隨著經濟轉型進入深水區，近幾年煤炭走勢疲軟，即使在 2015 年年初反彈中，其漲勢也大不如其他板塊，傳統行業面臨轉型突破的艱鉅任務。按照趨勢交易最基礎的 30 日均線交易法則，開灤股份復盤 11 年時間，共計交易 97 次，成功概率不足 30%，但平均年化收益率能達到 108.85%，整體收益可觀。

趨勢交易操作的 97 次主要分佈在股價震盪區間，即趨勢不明朗時期，這個時期需要不斷地去嘗試機會。比如 2005 年、2006 年、2011 年、2012 年開灤股份股票基本處於震盪格局，這 4 年時間操作次數總計為 45 次，佔比 46%。每一種交易方法都不是萬能的，不可能在任何時候都能獲利，趨勢交易也不例外。**震盪期是趨勢交易最艱難的時候，會面臨資金回撤，但體系內的資金回撤往往是盈利的開始。**

當股票趨勢形成，趨勢交易者就長期持有，直到趨勢出現拐頭跡象才賣出。開灤股份單次最大收益率為 123.22%，出現在 2007 年 3 月 20 日，股價上 30 日均線符合買入原則，直到 2007 年 6 月 1 日時賣出，交易持有近 3 個月。開灤股份單次最大收益出現在 2009 年 3 月 17 日，該次收益率為 119.23%，不及 2007 年 3 月的那次收益率，但因為有了複利因素，該次收益獲利 66.44 萬元。**開灤股份兩次趨勢交易機會累積了較好的收益率，即使在 2015 年年初反彈乏力，但最終仍能有不俗的成績。**

下跌趨勢形成時，空倉耐心等待，空倉也是一種交易。開灤股份 11 年交易時間，趨勢交易僅 97 次，平均 1 年不到 10 次，平均 1 個月不到 1 次，這就是趨勢交易，**大多數時間都在空倉等待，就像狙擊手一樣，等待時機再出手**。2015 年 6 月 25 日，開灤股份股價跌破 30 日均線時賣出，一直到 2015 年 7 月 31 日均未出現買入信號，從而空倉規避了大的損失。開灤股份總共交易 97 次，其中有 71 次出現虧損，這 71 次中，單次虧損率超過 10% 的有 4 次，虧損率在 5%~10% 的有 13 次，虧損率在 5% 以內的有 54 次，佔比近 76%。可見，大多數的虧損都是很小的，風險整體可控。

②安源煤業（600397，見圖3-64）。

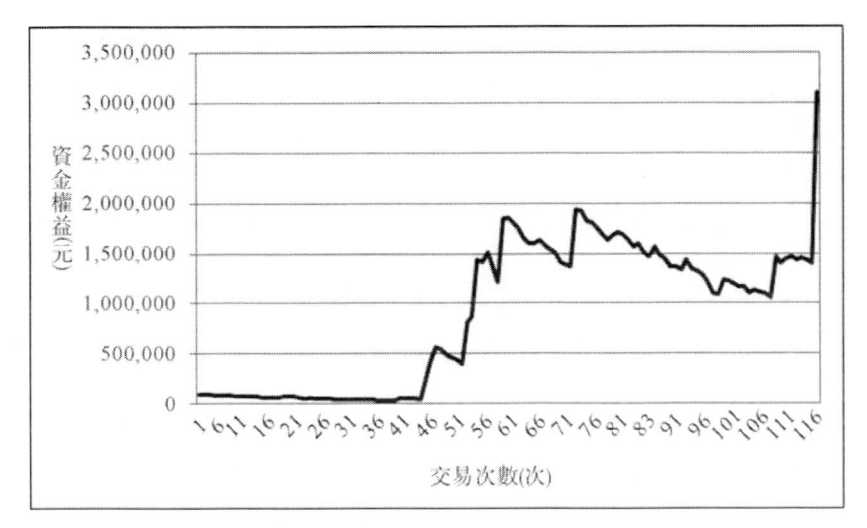

圖3-64 安源煤業復盤13年資金從10萬元到300余萬元

（數據截至2015年7月31日）

●復盤啟示：起始資金10萬元，安源煤業復盤13年，資金權益達310萬元，平均年化收益率達231%，收益可觀。

資金權益波動較大，階段性最大回撤率達67%，但兩波趨勢機會讓資金從10萬元到300余萬元，這就是趨勢交易的魔力，即順勢而為。

13年交易時間，趨勢交易共119次，勝率僅為24%，但單次交易最大獲利170萬元，可見一旦形成趨勢，就可盡情收穫利潤。

附表　　　　　　　　　　重要指標參數分析

帳戶交易時間(年)	交易次數(次)	成功次數(次)	勝率(%)	盈虧比	累積收益率(%)	平均年化收益率(%)	階段性回撤次數(次)	階段性最大回撤率(%)	單次最大收益(萬元)	單次最大收益率(%)	單次最大虧損(萬元)	單次交易最大回撤率(%)
13	119	29	24.37	2.13	3,000.04	230.77	3	-66.64	169.74	349.93	-16.60	-16.03

③大有能源（600403，見圖3-65）。

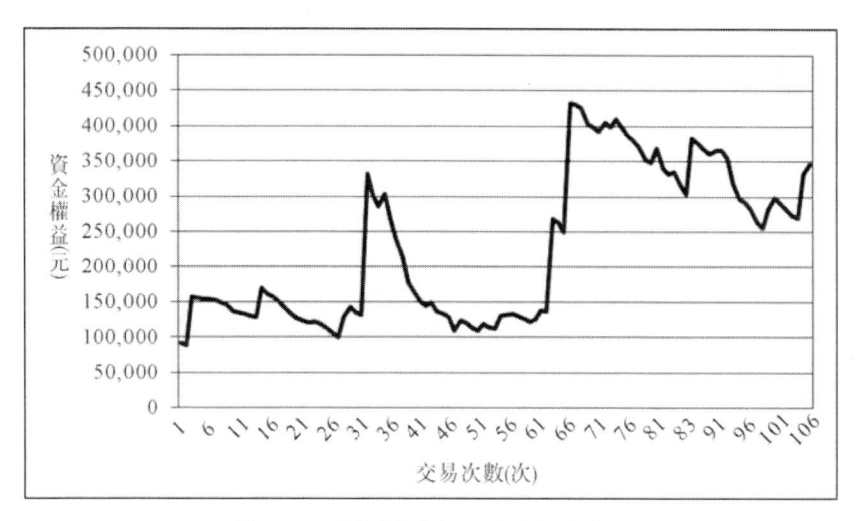

圖3-65　大有能源復盤12年資金波動大

（數據截至2015年7月31日）

●復盤啟示：起始資金10萬元，大有能源復盤12年，資金權益為35萬元，平均年化收益率為20%，收益未跑贏同期上證復盤收益（56%），但跑贏銀行定期存款收益。

資金權益波動較大，階段性最大回撤率達67%，週期性強。

12年交易時間，趨勢交易共109次，勝率僅為26%，但單次交易最大獲利率達151%，可見一旦形成趨勢，獲利便可揚帆起航。

附表　　　　　　　　重要指標參數分析

帳戶交易時間（年）	交易次數（次）	成功次數（次）	勝率（%）	盈虧比	累積收益率（%）	平均年化收益率（%）	階段性回撤次數（次）	階段性最大回撤率（%）	單次最大收益（萬元）	單次最大收益率（%）	單次最大虧損（萬元）	單次交易最大回撤率（%）
12	109	28	25.69	1.32	245.63	20.47	4	-66.86	19.92	151.34	-3.55	-16.55

④山煤國際（600546，見圖 3-66）。

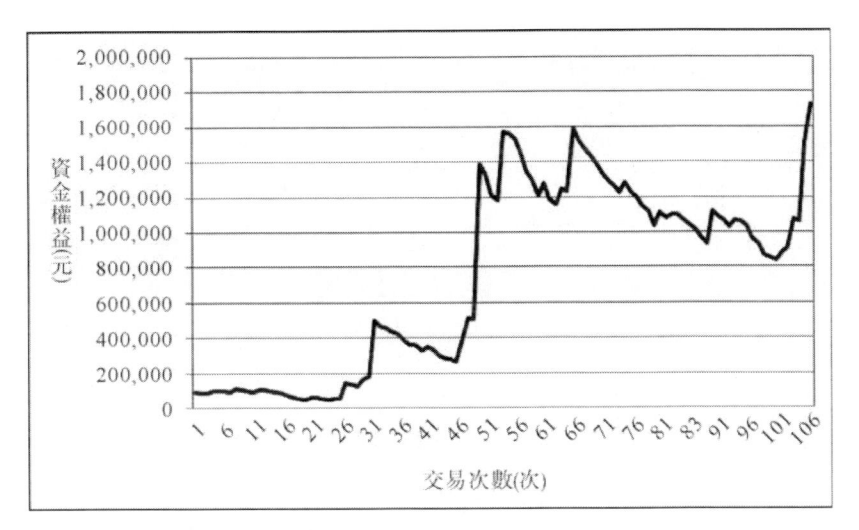

圖 3-66　山煤國際復盤 12 年資金從 10 萬元到上百萬元

（數據截至 2015 年 7 月 31 日）

●復盤啟示：起始資金 10 萬元，山煤國際復盤 12 年，資金權益近 173 萬元，平均年化收益率達 136%，收益可觀。

資金權益寬幅震盪，階段性最大回撤率達 50%，週期性強，但只要抓住三波趨勢機會，便將收復「所有失地」，並再創新高。

12 年交易時間，成功規避了 2008 年全球經濟危機、2015 年股災。破位時第一時間止損，就是為了防範大跌的風險。每次止損都當成真的，就能避免大跌的風險。

附表　　　　　　　　　　重要指標參數分析

帳戶交易時間（年）	交易次數（次）	成功次數（次）	勝率（%）	盈虧比	累積收益率（%）	平均年化收益率（%）	階段性回撤次數（次）	階段性最大回撤率（%）	單次最大收益（萬元）	單次最大收益率（%）	單次最大虧損（萬元）	單次交易最大回撤率（%）
12	107	27	25.23	1.74	1,629.73	135.81	3	-49.95	87.73	174.87	-11.38	-16.37

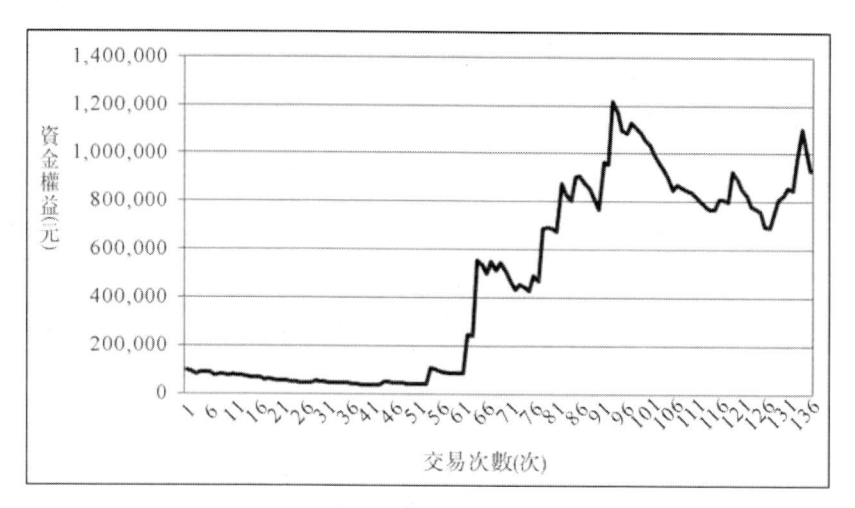

⑤上海能源（600508，見圖3-67）。

圖3-67　上海能源復盤14年資金震盪上行

（數據截至2015年7月31日）

●復盤啟示：起始資金10萬元，上海能源復盤14年，資金權益近93萬元，平均年化收益率為59%，收益跑贏同期大盤指數。

資金權益從2001年的10萬元虧損到2005年的4萬元左右，階段性最大回撤率高達59%，這段時間應該是最折磨人的，畢竟是本金的虧損，這比盈利后的回撤更考驗人性。即使這樣，抓住兩波趨勢機會，資金亦能實現較高收益，這說明體系內的回撤並不可怕，體系可以幫助我們克服人性的弱點，只要堅持，就能等到光明。

附表　　　　　　　　　　　重要指標參數分析

帳戶交易時間（年）	交易次數（次）	成功次數（次）	勝率（%）	盈虧比	累積收益率（%）	平均年化收益率（%）	階段性回撤次數（次）	階段性最大回撤率（%）	單次最大收益（萬元）	單次最大收益率（%）	單次最大虧損（萬元）	單次交易最大回撤率（%）
14	136	37	27.21	1.53	829.00	59.21	2	−59.03	31.16	188.47	−8.82	−13.14

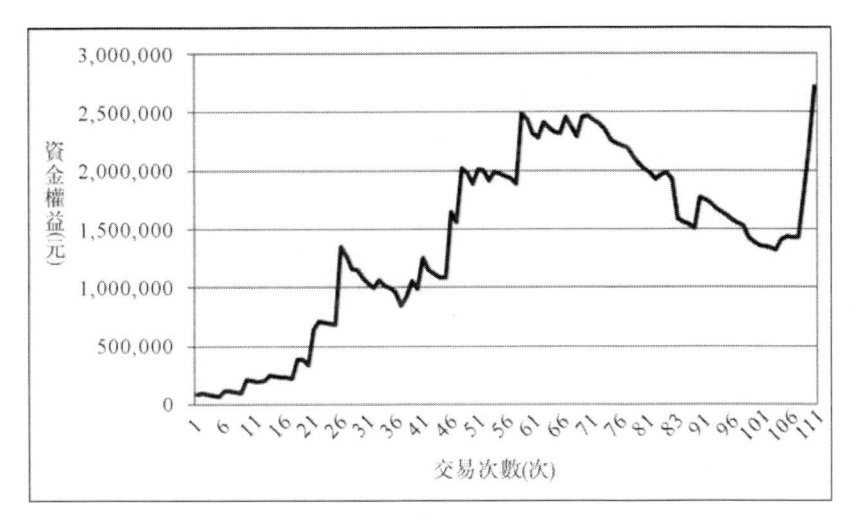

⑥神火股份（000933，見圖3-68）。

圖3-68　神火股份復盤10年資金從10萬元到200餘萬元

（數據截至2015年7月31日）

●復盤啟示：起始資金10萬元，神火股份復盤10年，資金權益達271萬元，平均年化收益率達261%，收益可觀。

資金權益波動較大，階段性最大回撤率達47%，但底部區間不斷抬高。回撤和上漲往往形影不離，經得起回撤，才能守得住上漲。

10年交易時間，趨勢交易113次，勝率僅為27%，但單次交易最大收益率達106%，追求趨勢利潤往往比追求勝算概率來得靠譜。

附表　　　　　　　　　　重要指標參數分析

帳戶交易時間（年）	交易次數（次）	成功次數（次）	勝率（%）	盈虧比	累積收益率（%）	平均年化收益率（%）	階段性回撤次數（次）	階段性最大回撤率（%）	單次最大收益（萬元）	單次最大收益率（%）	單次最大虧損（萬元）	單次交易最大回撤率（%）
10	113	31	27.43	1.77	2,611.50	261.15	2	-46.98	67.36	106.36	-33.97	-17.64

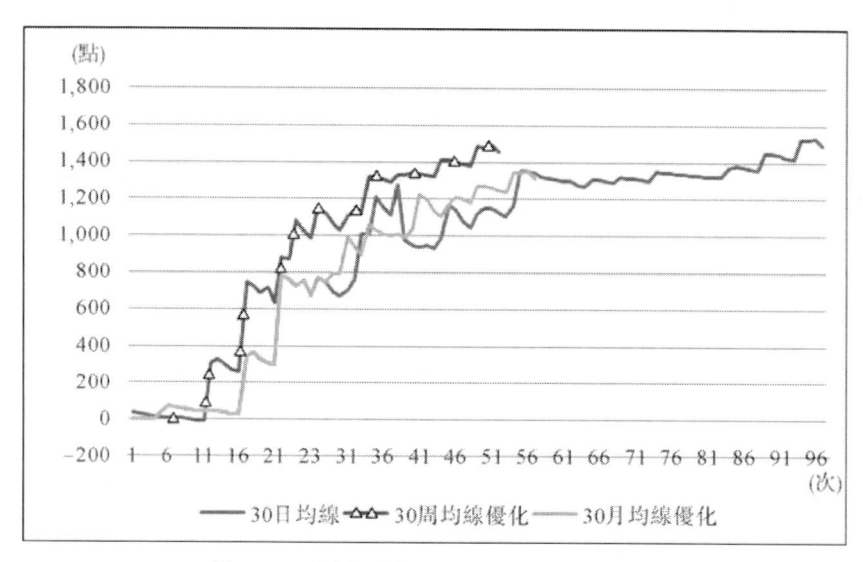

（3）交易優化對比（見圖3-69）。

圖3-69 煤炭板塊指數優化后盈虧曲線圖對比

●優化啟示：通過30周均線、30月均線優化煤炭板塊指數後，可以發現優化後風險和收益變化不明顯，沒能達到預期的效果，這與板塊週期波動有關。

優化後交易次數明顯減少，這是因為當大週期走壞時，即使短週期符合也不會交易，規避風險為第一要務。

實際操作中，趨勢交易會根據趨勢線、水平線、資金管理等措施來進一步優化，以使在控制風險下實現獲利最大化。

附表　　　　　　　　　　重要指標參數對比

參數 MA	帳戶交易時間（年）	交易次數（次）	成功次數（次）	勝率（%）	盈虧比	累積收益率（%）	平均年化收益率（%）	階段性回撤次數（次）	階段性最大回撤率（%）	單次最大收益（點）	單次最大收益率（%）	單次最大虧損（點）	單次交易最大回撤率（%）
30日均線	10	97	34	35.05	2.23	1,126	113	1	-60.27	1,535	135	-86	-10.30
30周均線	9	52	18	34.62	3.40	927	103	2	-70.23	1,491	135	-86	-7.73
30月均線	10	57	22	38.60	2.92	839	84	2	-54.79	486	135	86	-7.73

7. 有色金屬板塊：收益放緩，優選稀有金屬

●10年交易時間，有色金屬板塊指數平均年化收益率達到164%，跑贏同期大盤指數，但近年來收益明顯放緩。

●10年交易時間，趨勢交易次數為107次，雖然勝算率僅為28%，但單次最大收益率就達到160%，可見一旦趨勢形成，利潤將十分豐厚。

●有色金屬板塊指數單次最大回撤率僅為9%，階段性最大回撤率為21%。先控制風險，再追求利潤。

●選取樣本北方稀土、江西銅業、銅陵有色、雲南銅業、中金黃金、中金嶺南做復盤分析，稀有金屬表現較好。

●通過優化30周均線、30月均線做復盤比較分析，會發現優化後資金收益曲線更穩定、風險控制也更好。

2005—2015年有色金屬板塊指數與上證指數走勢圖如圖3-70所示：

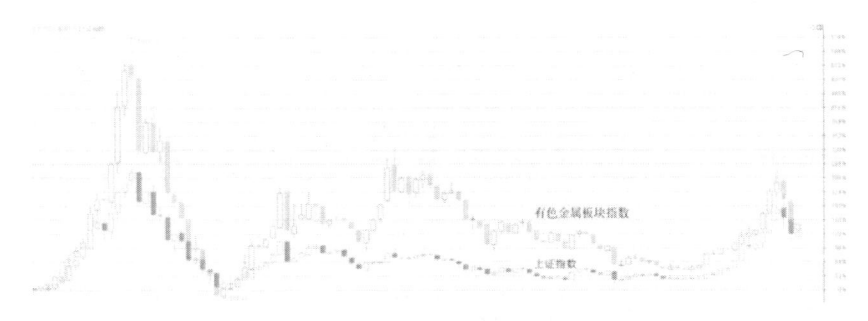

圖3-70　2005—2015年有色金屬板塊指數與上證指數走勢圖

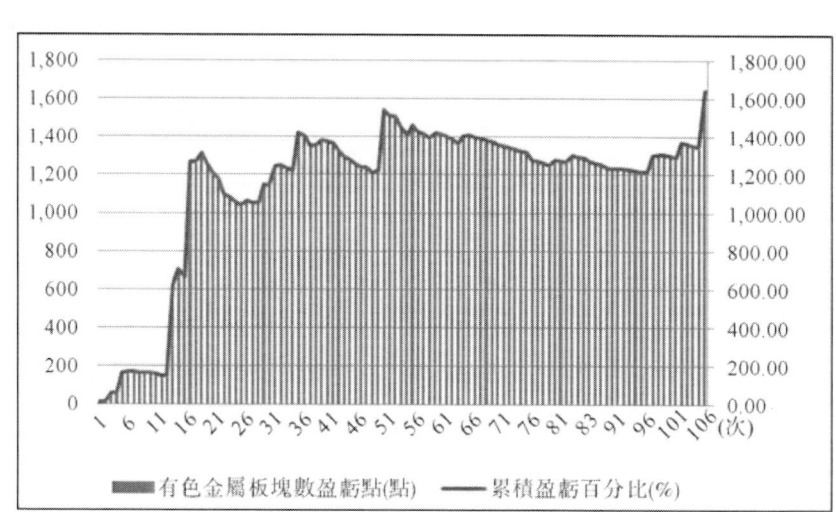

（1）有色金屬板塊指數（880324）復盤分析（見圖3-71）。

圖3-71 有色金屬板塊指數復盤10年資金上行放緩

（數據截至2015年7月31日）

●復盤啟示：有色金屬板塊指數起始點為99點，復盤10年，累積獲利1,631點，累積收益率1,643%，平均年化收益率達164%，整體收益可觀，但近年來收益明顯放緩。

資金權益曲線上行後高位震盪，上行空間有限，這與行業發展息息相關，傳統行業進入轉型換檔期。

10年交易時間，成功規避了2008年全球經濟危機、2015年股災。破位時第一時間止損，就是為了防範大跌的風險。每次止損都當成真的，就能避免大跌的風險。

附表　　　　　　　　　重要指標參數分析

帳戶交易時間（年）	交易次數（次）	成功次數（次）	勝率（%）	盈虧比	累積收益率（%）	平均年化收益率（%）	階段性回撤次數（次）	階段性最大回撤率（%）	單次最大收益（點）	單次最大收益率（%）	單次最大虧損（點）	單次交易最大回撤率（%）
10	107	30	28.04	2.40	1,642.92	164.29	3	-20.94	601.66	159.77	-77.11	-8.91

（2）有色金屬板塊樣本個股分析。

①北方稀土（600111，見圖 3-72）。

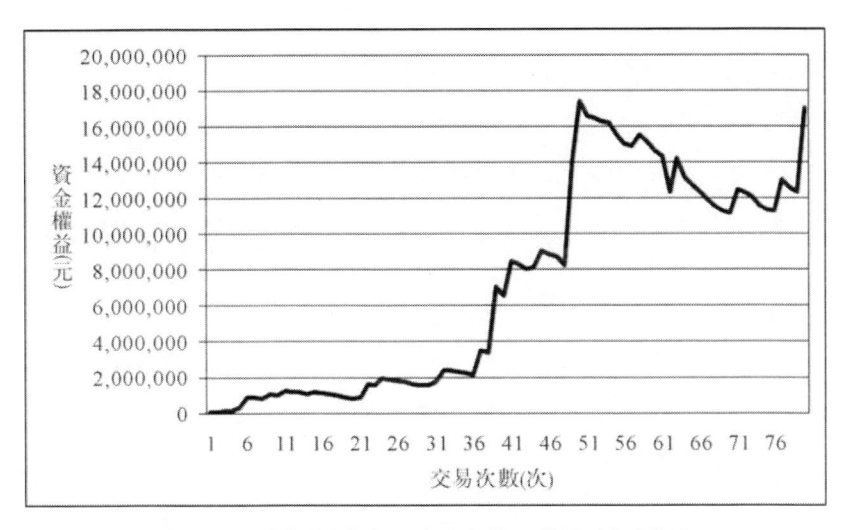

圖 3-72　北方稀土復盤 10 年資金從 10 萬元到上千萬元

（數據截至 2015 年 7 月 31 日）

● 復盤啟示：起始資金 10 萬元，北方稀土復盤 9 年，資金權益達 1,703 萬元，平均年化收益率達 1,881%，表現優異。

資金權益震盪上行，只要抓住 3 波趨勢機會，資金從 10 萬元上漲到上千萬元不是不可能。這就是趨勢交易的魔力，即順勢而為。

9 年交易時間，趨勢交易共 80 次，勝率為 31%，單次交易最大獲利高達 573 萬元，可見一旦形成趨勢，便勢不可擋，滿盤皆贏。

附表　　　　　　　　　　重要指標參數分析

帳戶交易時間（年）	交易次數（次）	成功次數（次）	勝率（%）	盈虧比	累積收益率（%）	平均年化收益率（%）	階段性回撤次數（次）	階段性最大回撤率（%）	單次最大收益（萬元）	單次最大收益率（%）	單次最大虧損（萬元）	單次交易最大回撤率（%）
9	80	25	31.25	2.23	16,929.88	1,881.10	1	-35.78	572.96	191.16	-201.96	-14.30

● 詳解北方稀土復盤歷程：2006—2015 年，北方稀土復盤 9 年，走勢整體呈現「上漲—下跌—上漲—下跌—上漲—下跌」的態勢，股價起起落落，底部區間抬高。有色金屬股作為 2007 年的「五朵金花」之一，曾受到資金的瘋狂追逐，隨著經濟轉型進入深水區，近幾年有色金屬股走勢疲軟，但稀有金屬股表現不錯，北方稀土就是其代表。按照趨勢交易最基礎的 30 日均線交易法則，北方稀土復盤 9 年，共計交易 80 次，成功概率為 31%，平均年化收益率達到 1,881.10%，資金權益從 10 萬元漲逾上千萬元。

北方稀土 3 次重要的趨勢收益分別出現在 2006 年 11 月 28 日—2007 年 2 月 2 日、2007 年 2 月 5 日—2007 年 6 月 28 日、2010 年 7 月 20 日—2010 年 11 月 12 日，這 3 次收益率分別為 189.35%、191.16%、107.43%，這 3 次趨勢機會推升資金權益從 20 萬元到 90 萬元再到 702 萬元，實現了質的飛躍。另外，還有 3 次收益率超過 50%，比如 2009 年 1 月 6 日、2010 年 3 月 16 日、2012 年 1 月 10 日。一旦趨勢形成時，趨勢交易便揚帆起航，直到趨勢出現拐頭跡象才賣出。**北方稀土單次交易最大獲利達 572.96 萬元，只要抓住一次這樣的趨勢機會，便滿盤皆贏。**

類似北方稀土這樣的高收益個股，途中也經歷了較長時間的震盪，比如 2011 年、2013 年、2014 年。階段性最大回撤率為 35.78%，單次最大虧損達 201.96 萬元。**回撤和上漲往往形影不離，經得起回撤，才能守得住上漲。** 雖說震盪期操作次數多、虧損較多，但每一次損失都控制在合理範圍內。北方稀土單次最大虧損率為 14.3%，第一時間截斷虧損是鐵的紀律。北方稀土總共交易 80 次，其中有 55 次出現虧損。這 55 次中，單次虧損率超過 10% 的有 4 次，虧損率為 5%～10% 的有 10 次，虧損率在 5% 以內的有 41 次，佔比近 75%。可見大多數的虧損都是很小的，這樣就使得在市場不符合趨勢時能生存下來。

9 年交易時間，趨勢交易僅 80 次，平均 1 年不到 10 次，平均 1 個月不到 1 次，這就是趨勢交易，**大多數時間都在空倉等待，就像狙擊手一樣，等待時機再出手。** 2015 年 6 月 16 日，北方稀土股價跌破 30 日均線時賣出，一直到 2015 年 7 月 31 日均未出現買入信號，從而空倉規避了大的損失，保存了實力。

②江西銅業（600362，見圖 3-73）。

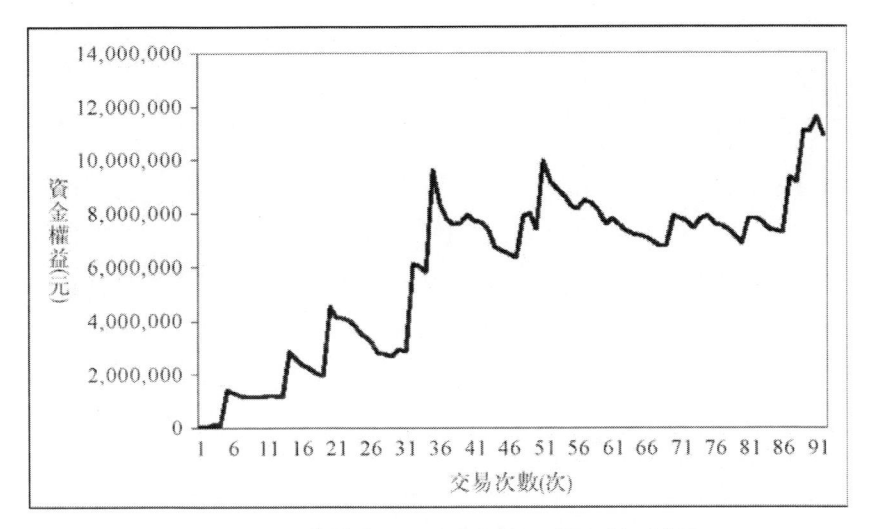

圖 3-73　江西銅業復盤 10 年資金從 10 萬元到上千萬元

（數據截至 2015 年 7 月 31 日）

●復盤啟示：起始資金 10 萬元，江西銅業復盤 10 年，資金權益達 1,090 萬元，平均年化收益率達 1,080%，成績優異。

資金權益波動較大，階段性最大回撤率達 41%，但底部區間不斷抬高。回撤和上漲往往形影不離，經得起回撤，才能守得住上漲。

10 年交易時間，趨勢交易共 92 次，勝率僅為 24%，但單次交易最大獲利高達 379 萬元，追求趨勢利潤往往比追求勝算概率來得靠譜。

附表　　　　　　　　　　重要指標參數分析

帳戶交易時間（年）	交易次數（次）	成功次數（次）	勝率（%）	盈虧比	累積收益率（%）	平均年化收益率（%）	階段性回撤次數（次）	階段性最大回撤率（%）	單次最大收益（萬元）	單次最大收益率（%）	單次最大虧損（萬元）	單次交易最大回撤率（%）
10	92	22	23.91	1.75	10,802.76	1,080.28	3	-40.85	379.02	1,076.42	-129.42	-24.72

③銅陵有色（000630，見圖3-74）。

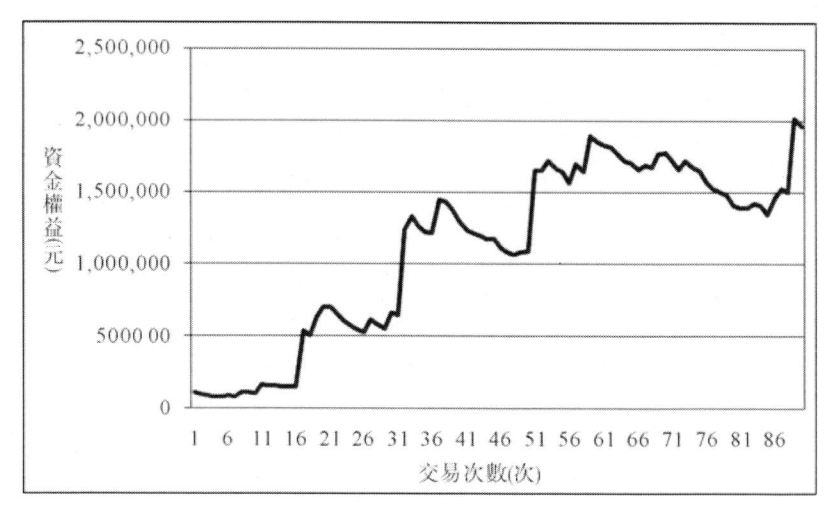

圖3-74　銅陵有色復盤10年資金從10萬元到上百萬元

（數據截至2015年2月25日）

●復盤啟示：起始資金10萬元，銅陵有色復盤10年，資金權益達197萬元，平均年化收益率達187%，收益可觀。

資金權益震盪上行，階段性最大回撤率控制在30%以內，走勢相對穩定。

10年交易時間，趨勢交易僅90次，平均1年不到10次，平均1個月不到1次，這就是趨勢交易，大多數時間都在空倉等待，就像狙擊手一樣，等待時機再出手。

附表　　　　　　　　　　重要指標參數分析

帳戶交易時間（年）	交易次數（次）	成功次數	勝率（%）	盈虧比	累積收益率（%）	平均年化收益率（%）	階段性回撤次數（次）	階段性最大回撤率（%）	單次最大收益（萬元）	單次最大收益率（%）	單次最大虧損（萬元）	單次交易最大回撤率（%）
10	90	28	31.11	1.99	1,865.06	186.51	3	−28.66	59.00	264.05	−8.05	−11.28

④雲南銅業（000878，見圖 3-75）。

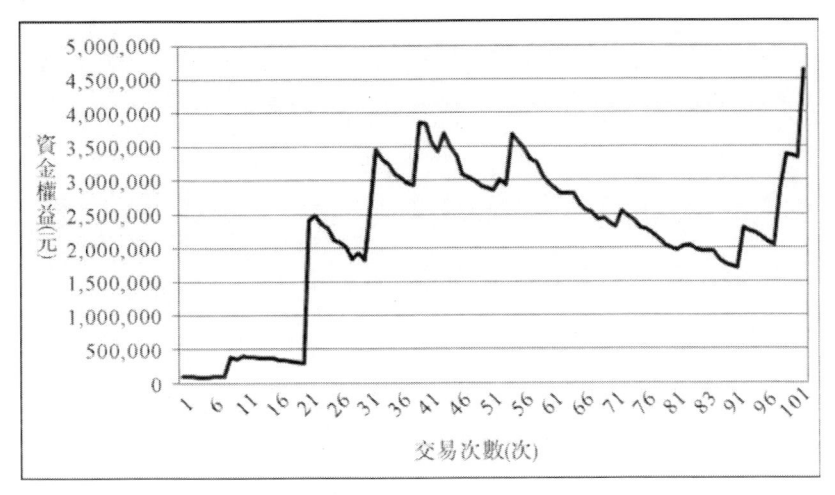

圖 3-75　雲南銅業復盤 10 年資金從 10 萬元到 400 余萬元

（數據截至 2015 年 7 月 31 日）

●復盤啟示：起始資金 10 萬元，雲南銅業復盤 10 年，資金權益達 464 萬元，平均年化收益率達 453%，成績優異。

資金權益波動較大，階段性最大回撤率達 54%，但兩波趨勢機會便使資金從 10 萬元上升至上百萬元，回撤往往是盈利的開始。

10 年交易時間，趨勢交易其 103 次，勝率僅為 22%，但單次交易最大獲利達 210 萬元。每一次的止損都是為抓住趨勢機會做準備，就像咏春拳一樣，貼身近打，哪怕失敗仍然不放棄，直到抓住機會並給對手致命一擊。

附表　　　　　　　　重要指標參數分析

帳戶交易時間（年）	交易次數（次）	成功次數（次）	勝率（%）	盈虧比	累積收益率（%）	平均年化收益率（%）	階段性回撤次數（次）	階段性最大回撤率（%）	單次最大收益（萬元）	單次最大收益率（%）	單次最大虧損（萬元）	單次交易最大回撤率（%）
10	103	23	22.33	1.83	4,543.31	454.33	3	-54.17	210.31	707.23	-27.24	-9.49

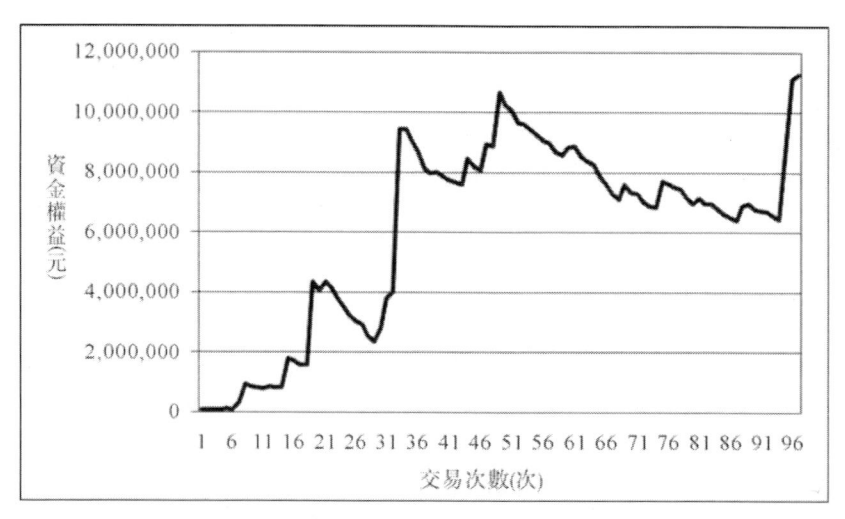

⑤中金黃金（600489，見圖3-76）。

圖 3-76　中金黃金復盤 10 年資金從 10 萬元到上千萬元

（數據截至 2015 年 7 月 31 日）

● 復盤啟示：起始資金 10 萬元，中金黃金復盤 10 年，資金權益達 1,125 萬元，平均年化收益率達 1,115%，成績十分喜人。

資金權益波動較大，階段性最大回撤率達 46%，但抓住 3 波趨勢機會，資金亦能從 10 萬元漲到上千萬元，這就是趨勢交易的魔力。

10 年交易時間，趨勢交易共 97 次，勝率僅 27%，但單次交易最大獲利高達 544 萬元，可見一旦形成趨勢，便勢不可擋，抓住趨勢滿盤皆贏。

附表　　　　　　　　　　重要指標參數分析

帳戶交易時間（年）	交易次數（次）	成功次數（次）	勝率（%）	盈虧比	累積收益率（%）	平均年化收益率（%）	階段性回撤次數（次）	階段性最大回撤率（%）	單次最大收益（萬元）	單次最大收益率（%）	單次最大虧損（萬元）	單次交易最大回撤率（%）
10	97	26	26.80	1.96	11,151.33	1,115.13	3	−45.69	544.41	214.46	−57.40	−16.03

⑥中金嶺南（000060，見圖3-77）。

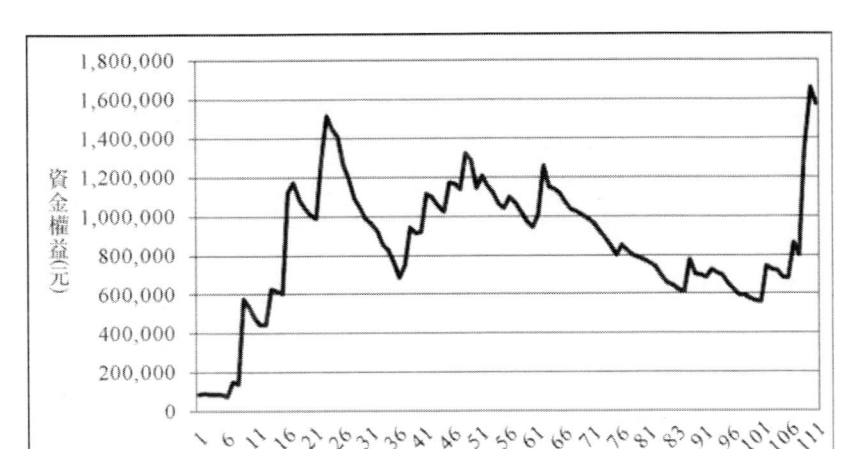

圖3-77　中金嶺南復盤10年從10萬元到上百萬元

（數據截至2015年7月31日）

●復盤啟示：起始資金10萬元，中金嶺南復盤10年，資金權益達157萬元，平均年化收益率達147%，收益可觀。

資金權益波動較大，階段性最大回撤率達56%，震盪時間較長，趨勢交易需要耐得住寂寞，才能「守得雲開見月明」，交易也是一種修行。

10年交易時間，成功規避了2008年全球經濟危機、2015年股災。破位時第一時間止損，就是為了防範大跌的風險。每次止損都當成真的，就能避免大跌的風險。

附表　　　　　　　　　　重要指標參數分析

帳戶交易時間(年)	交易次數(次)	成功次數(次)	勝率(%)	盈虧比	累積收益率(%)	平均年化收益率(%)	階段性回撤次數(次)	階段性最大回撤率(%)	單次最大收益(萬元)	單次最大收益率(%)	單次最大虧損(萬元)	單次交易最大回撤率(%)
10	112	27	24.11	1.49	1,470.88	147.09	3	-55.58	53.48	301.54	-14.04	-10.89

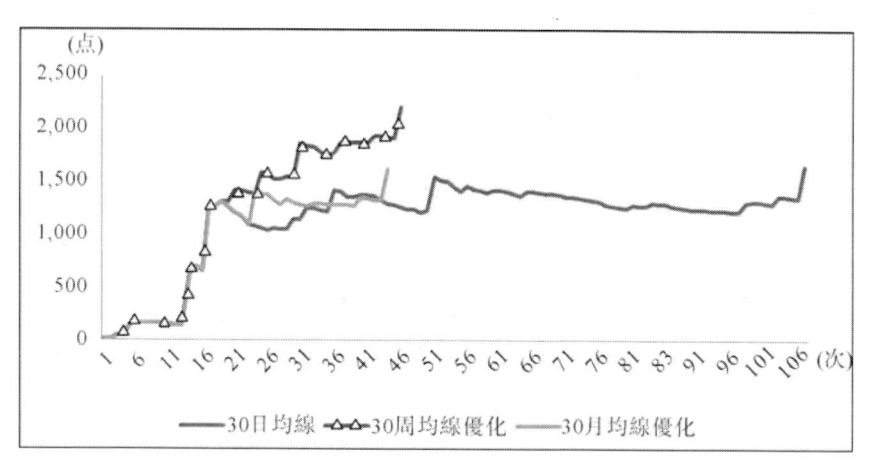

(3) 交易優化對比（見圖 3-78）。

圖 3-78 有色金屬板塊指數優化后盈虧曲線圖對比

●優化啟示：通過 30 周均線、30 月均線優化有色金屬板塊指數后，可以發現優化后階段性回撤率下降明顯，平均年化收益率也呈現了上升態勢，這是比較理想的效果。

優化后交易次數明顯減少，這是因為當大週期走壞時，即使短週期符合也不會交易，規避風險為第一要務。

實際操作中，趨勢交易會根據趨勢線、水平線、資金管理等措施來進一步優化，以使在控制風險下實現獲利最大化。

附表　　　　　　　　　　重要指標參數對比

參數 MA	帳戶 交易 時間 （年）	交易 次數 （次）	成功 次數 （次）	勝率 （％）	盈虧比	累積 收益率 （％）	平均 年化 收益率 （％）	階段性 回撤 次數 （次）	階段性 最大 回撤率 （％）	單次 最大 收益 （點）	單次 最大 收益率 （％）	單次 最大 虧損 （點）	單次 交易 最大 回撤率 （％）
30 日均線	10	107	30	28.04	2.40	1,643	164	3	-20.94	602	160	-77	-8.91
30 周均線	10	46	21	45.65	7.47	2,206	221	3	-11.45	602	160	-55	-6.49
30 月均線	10	44	17	38.64	4.02	1,618	162	3	-16.56	602	160	-77	-8.91

8. 石油板塊：波動性大，表現遜於大盤

●10年的交易時間，石油板塊指數平均年化收益率達到49%，基本同步於大盤，但近年來未跑贏大盤。

●10年交易時間，趨勢交易次數為104次，雖然勝算率僅為23%，但單次最大收益率就達到64%，可見一旦趨勢形成，利潤將十分豐厚。

●石油板塊指數單次最大回撤率僅為7.5%，階段性最大回撤率為36%，回撤幅度相對較大。先控制風險，再追求利潤。

●選取樣本中國石化、廣聚能源、國際實業、海油工程、海越股份、天利高新做復盤分析。

●通過優化30周均線、30月均線做復盤比較分析，會發現優化后資金收益曲線更穩定、風險控制也更好。

2005—2015年石油板塊指數與上證指數走勢圖如圖3-79所示：

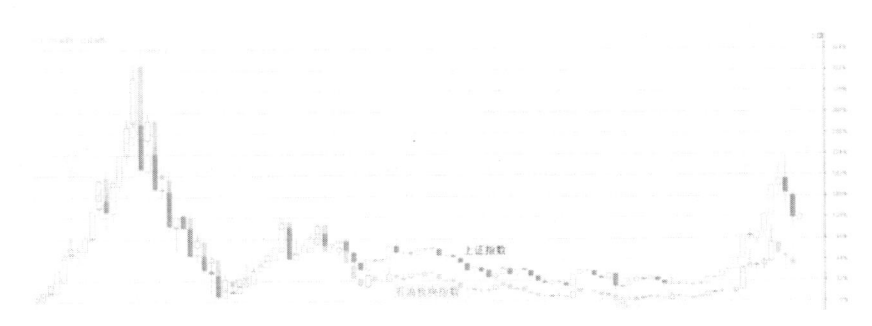

圖3-79　2005—2015年石油板塊指數與上證指數走勢圖

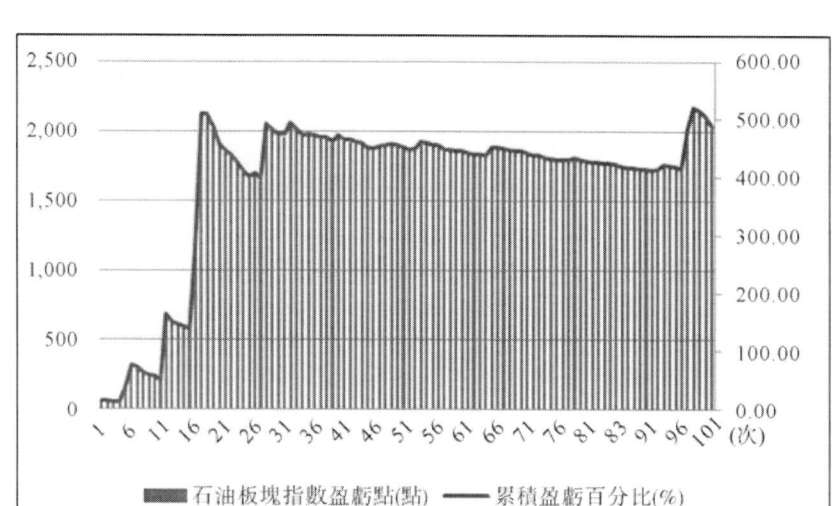

（1）石油板塊指數（880310）復盤分析（見圖3-80）。

圖3-80　石油板塊指數復盤10年資金上行放緩

（數據截至2015年7月31日）

●復盤啟示：石油板塊指數起始點為413點，復盤10年，累積獲利2,019點，累積收益率達489%，平均年化收益率為49%，收益未跑贏同期上證復盤收益（56%），但遠遠跑贏銀行定期存款收益和許多基金收益。

資金權益曲線上行后高位震盪，近年來走勢明顯放緩，這與行業發展息息相關，傳統行業進入轉型換檔期。

10年交易時間，成功規避了2008年全球經濟危機、2015年股災。破位時第一時間止損，就是為了防範大跌的風險。每次止損都當成真的，就能避免大跌的風險。

附表　　　　　　　　　　　重要指標參數分析

帳戶交易時間（年）	交易次數（次）	成功次數（次）	勝率（%）	盈虧比	累積收益率（%）	平均年化收益率（%）	階段性回撤次數（次）	階段性最大回撤率（%）	單次最大收益（點）	單次最大收益率（%）	單次最大虧損（點）	單次交易最大回撤率（%）
10	104	24	23.08	2.35	488.86	48.89	3	-36.16	962	64.30	-119	-7.54

(2) 石油板塊樣本個股分析。

①中國石化（600028，見圖3-81）。

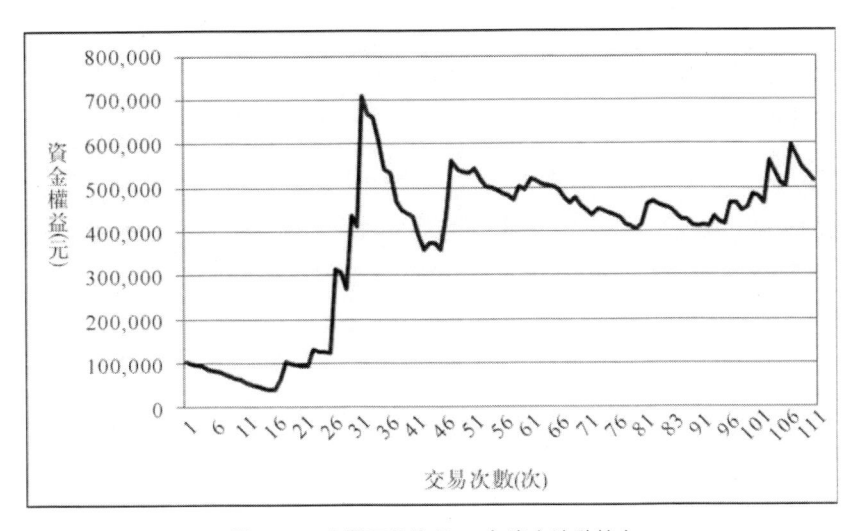

圖3-81 中國石化復盤11年資金波動較大

（數據截至2015年7月31日）

●復盤啟示：起始資金10萬元，中國石化復盤11年，資金權益為52萬元，平均年化收益率為38%，收益未跑贏同期上證復盤收益（56%），但跑贏銀行定期存款收益。

資金權益波動較大，階段性最大回撤率達61%，資金回撤是趨勢形成的必經之路。

11年交易時間，趨勢交易共114次，面對此類長期下跌或震盪的個股，這樣的操作次數算較少了。在不符合體系建倉情況下，趨勢交易者都在空倉，空倉也是一種交易，從而保證在不利時期能存活下來。

附表　　　　　　　　　重要指標參數分析

帳戶交易時間（年）	交易次數（次）	成功次數（次）	勝率（%）	盈虧比	累積收益率（%）	平均年化收益率（%）	階段性最大回撤次數（次）	階段性最大回撤率（%）	單次最大收益（萬元）	單次最大收益率（%）	單次最大虧損（萬元）	單次交易最大回撤率（%）
11	114	25	21.93	1.40	415.87	37.81	3	−60.76	29.67	152.72	−6.61	−12.48

●詳解中國石化復盤歷程：2004—2015 年，中國石化復盤 11 年走勢整體呈現「震盪—上漲—下跌—震盪」的態勢。中國石化流通盤較大，單日波動幅度較小。按照趨勢交易最基礎的 30 日均線交易法則，中國石化復盤 11 年時間，共計交易 114 次，成功概率僅為 22%，但平均年化收益率能達到 37.81%。對於此類長期處於震盪或下跌的個股，收益能保持在 37%，已經實屬不易了。

趨勢交易操作共 114 次，這 114 次中主要分佈在股價震盪區間，即趨勢不明朗時期，這個時期需要不斷地去嘗試機會。比如 2005 年、2011 年、2012 年、2013 年中國石化股票基本處於震盪格局，這 4 年時間操作次數共 48 次，占比為 42%。值得注意的是，初始資金從 2004 年的 10 萬元虧損到 2005 年的 4 萬元左右，階段性最大回撤率高達 60.76%，這段時間應該是最折磨人的，畢竟是本金的虧損，這比盈利後的回撤更考驗人性。即使這樣，最終資金亦能實現正收益，這說明**體系內的震盪回撤並不可怕，體系可以幫助我們克服人性的弱點，只要堅持，就能等到趨勢利潤。**

當股票趨勢形成，趨勢交易者就長期持有，直到趨勢出現拐頭跡象才賣出。中國石化單次最大收益率為 152.72%，出現在 2006 年 8 月 8 日，股價上 30 日均線符合買入原則，直到 2007 年 2 月 2 日時賣出，持有近 6 個月。賣出不代表趨勢交易就不跟蹤它了，當股價再次符合買入條件，又會毫不猶豫地再跟進去。比如 2007 年 7 月 23 日再次買入，直到 2007 年 11 月 8 日賣出，一次交易獲利達 29.67 萬元。**市場的頂部和底部誰都不知道，趨勢交易不求賣在最高點和買在最低點，只賺取屬於趨勢交易的利潤，就是這「魚身」的利潤已經足矣。**

當下跌風險來臨，股票破位第一時間賣出，截斷虧損。下跌趨勢形成時，空倉耐心等待，空倉也是一種交易。中國石化單次最大回撤率為 12.48%，第一時間截斷虧損是鐵的紀律。中國石化總共交易 114 次，其中有 89 次出現虧損。這 89 次中，單次虧損率超過 10%的有 4 次，虧損率在 5%～10%的有 13 次，虧損率在 5%以內的有 72 次，占比近 81%。**可見大多數虧損都是很小的，這也是對於此類長期震盪或下跌股按趨勢交易也能獲利的原因，下跌中交易的次數不多，震盪過程中交易次數較多，多為小損失，無傷大雅。**

②廣聚能源（000096，見圖3-82）。

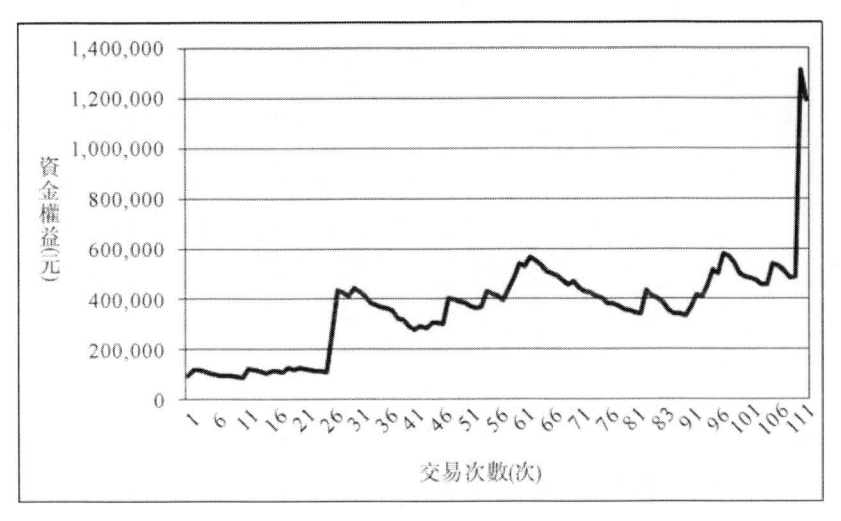

圖 3-82　廣聚能源復盤 11 年資金從 10 萬元到上百萬元

（數據截至 2015 年 7 月 31 日）

●復盤啟示：起始資金 10 萬元，廣聚能源復盤 11 年，資金權益達到 119 萬元，平均年化收益率為 99%，收益可觀。

資金權益震盪上行，底部區間不斷抬高，兩波趨勢機會使資金從 10 萬元上升至上百萬元。趨勢交易是讓資金成為我們的工具，而不是讓我們成為金錢的奴隸。

11 年交易時間，趨勢交易共 113 次，勝率僅為 24%，但單次交易最大獲利達 82 萬元，可見一旦形成趨勢，就可盡情獲取利潤。

附表　　　　　　　　　　　　重要指標參數分析

帳戶交易時間（年）	交易次數（次）	成功次數（次）	勝率（%）	盈虧比	累積收益率（%）	平均年化收益率（%）	階段性回撤次數（次）	階段性最大回撤（%）	單次最大收益（萬元）	單次最大收益率（%）	單次最大虧損（萬元）	單次交易最大回撤率（%）
11	113	27	23.89	2.08	1,090.15	99.10	3	-39.12	82.07	168.11	-11.97	-9.16

③國際實業（000159，見圖 3-83）。

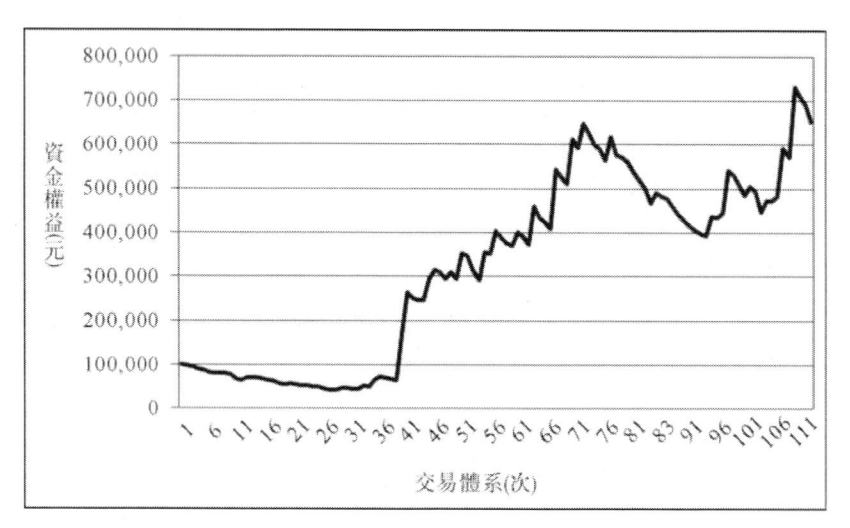

圖 3-83　國際實業復盤 12 年資金震盪上行

（數據截至 2015 年 7 月 31 日）

●復盤啟示：起始資金 10 萬元，國際實業復盤 12 年，資金權益為 65 萬元，平均年化收益率為 46%，收益未跑贏同期上證復盤收益（56%），但遠遠跑贏銀行定期存款收益和許多基金收益。

資金權益震盪上行，體系內的回撤往往是盈利的開始。資金權益從 2003 年的 10 萬元虧損到 2005 年的 4 萬元左右，階段性最大回撤率高達 58%，這段時間應該是最折磨人的時候，畢竟是本金的虧損，這比盈利后的回撤更考驗人性。即使這樣，抓住兩波趨勢機會，資金亦能實現較高收益，這說明體系內的回撤並不可怕，體系可以幫助我們克服人性的弱點，只要堅持，就能等到趨勢利潤。

附表　　　　　　　　　　重要指標參數分析

帳戶交易時間(年)	交易次數(次)	成功次數(次)	勝率(%)	盈虧比	累積收益率(%)	平均年化收益率(%)	階段性回撤次數(次)	階段性最大回撤率(%)	單次最大收益(萬元)	單次最大收益率(%)	單次最大虧損(萬元)	單次交易最大回撤率(%)
12	115	33	28.70	1.61	552.72	46.06	3	-58.28	16.05	160.91	-4.54	-12.29

④海油工程（600583，見圖3-84）。

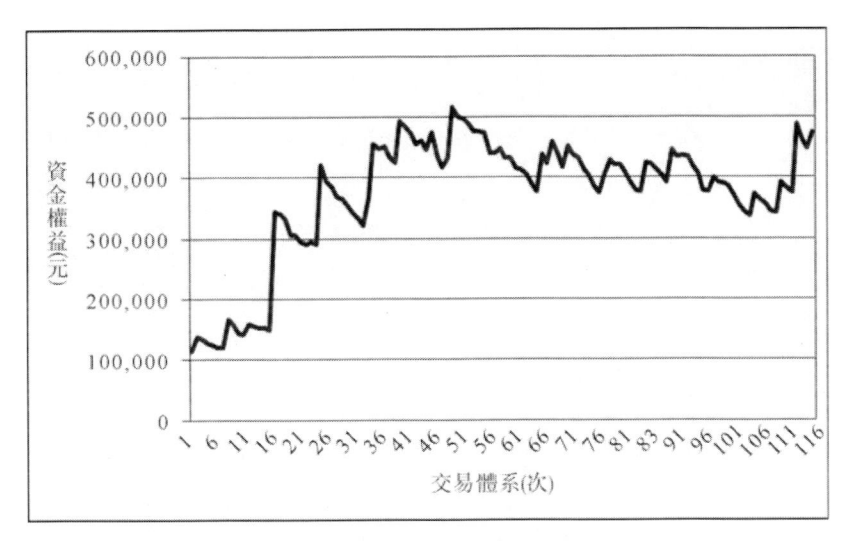

圖 3-84 海油工程復盤 11 年資金橫盤向上

（數據截至 2015 年 7 月 31 日）

●復盤啟示：起始資金 10 萬元，海油工程復盤 11 年，資金權益為 47 萬元，平均年化收益率為 34%，收益未跑贏同期上證復盤收益（56%），但足以跑贏銀行定期存款收益。

資金權益橫盤時間較長，期間總會有一定幅度的回撤，關鍵是有多少人能夠承受。

11 年交易時間，趨勢交易共 120 次，勝率僅為 24%，但單次交易最大收益率為 130%，可見一旦形成趨勢，就可盡情獲取利潤。

附表　　　　　　　　　　重要指標參數分析

帳戶交易時間(年)	交易次數(次)	成功次數(次)	勝率(%)	盈虧比	累積收益率(%)	平均年化收益率(%)	階段性回撤次數(次)	階段性最大回撤率(%)	單次最大收益(萬元)	單次最大收益率(%)	單次最大虧損(萬元)	單次交易最大回撤率(%)
11	120	29	24.17	1.40	374.00	34.00	3	-26.96	19.41	129.87	-4.17	-9.54

⑤海越股份（600387，見圖3-85）。

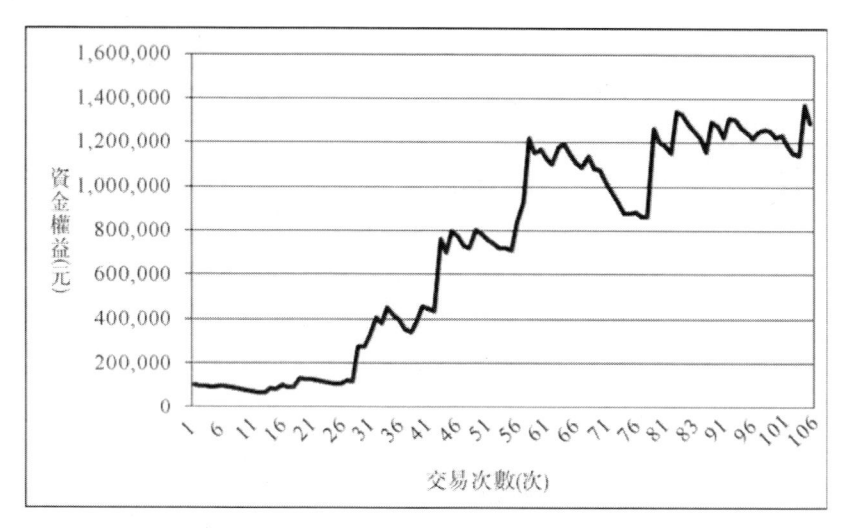

圖 3-85　海越股份復盤 11 年資金從 10 萬元到上百萬元

（數據截至 2015 年 7 月 31 日）

●復盤啟示：起始資金 10 萬元，海越股份復盤 11 年，資金權益達 129 萬元，平均年化收益率達 108%，收益可觀。

資金權益震盪上行，階段性最大回撤率控制在 30% 左右，走勢相定穩定。

11 年交易時間，趨勢交易勝率為 31%，單次交易最大收益率達 136%，最大虧損率為 10%，小虧損是為尋找趨勢付出的成本。趨勢機會是嘗試出來的，而不是說出來的。

附表　　　　　　　　　　　　重要指標參數分析

帳戶交易時間（年）	交易次數（次）	成功次數（次）	勝率（%）	盈虧比	累積收益率（%）	平均年化收益率（%）	階段性回撤次數（次）	階段性最大回撤率（%）	單次最大收益（萬元）	單次最大收益率（%）	單次最大虧損（萬元）	單次交易最大回撤率（%）
11	106	33	31.13	1.72	1,190.63	108.24	3	-33.75	40.02	136.31	-8.03	-10.12

⑥天利高新（600339，見圖3-86）。

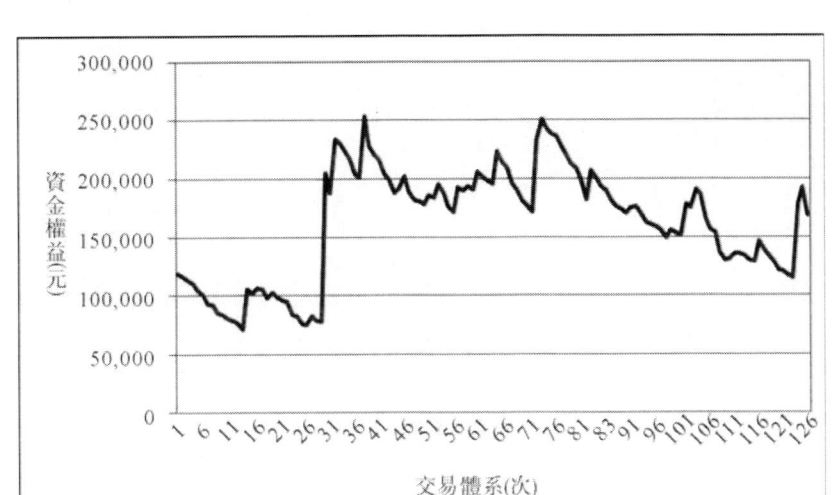

圖3-86　天利高新復盤11年資金波動較大

（數據截至2015年7月31日）

●復盤啟示：起始資金10萬元，天利高新復盤11年，資金權益為17萬元，平均年化收益率為6%，收益一般，基本與銀行定期存款收益持平。

資金權益波動較大，階段性最大回撤率達40%，震盪時間較長。趨勢交易需要耐得住寂寞，交易也是一種修行。

11年交易時間，趨勢交易共129次，這樣的交易次數在趨勢復盤中已算較高了，頻繁的操作不利於趨勢利潤的累積。在震盪中，趨勢交易的次數往往較多，一定程度上消耗了趨勢利潤的累積，從而影響了整體收益。

附表　　　　　　　　　　重要指標參數分析

帳戶交易時間(年)	交易次數(次)	成功次數(次)	勝率(%)	盈虧比	累積收益率(%)	平均年化收益率(%)	階段性回撤次數(次)	階段性最大回撤率(%)	單次最大收益(萬元)	單次最大收益率(%)	單次最大虧損(萬元)	單次交易最大回撤率(%)
11	129	29	22.48	1.12	68.79	6.25	3	-40.42	12.59	161.04	-2.55	-12.26

（3）交易優化對比（見圖3-87）。

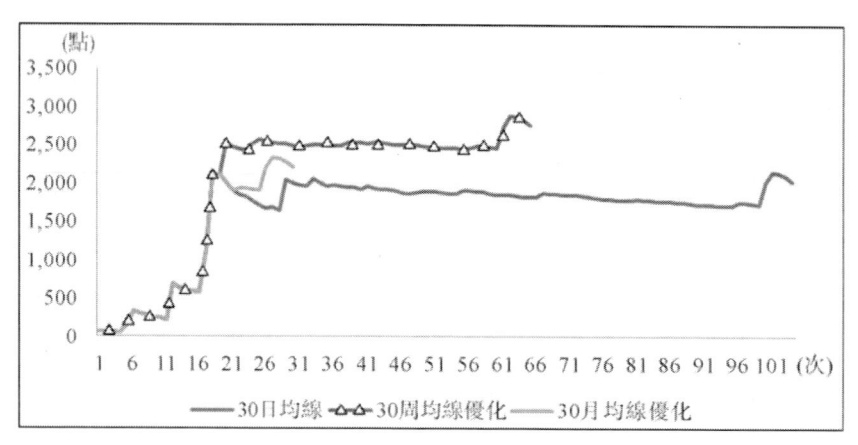

圖3-87　石油板塊指數優化后盈虧曲線圖對比

●優化啟示：通過30周均線、30月均線優化石油板塊指數后，可以發現優化后階段性最大回撤變化不明顯，但收益有所上升，同等風險下收益最大為優。

優化后交易次數明顯減少，這是因為當大週期走壞時，即使短週期符合也不會交易，規避風險為第一要務。

實際操作中，趨勢交易會根據趨勢線、水平線、資金管理等措施來進一步優化，以使在控制風險下最大化利潤。

附表　　　　　　　　　　重要指標參數分析

參數 MA	帳戶交易時間（年）	交易次數（次）	成功次數（次）	勝率（%）	盈虧比	累積收益率（%）	平均年化收益率（%）	階段性回撤次數（次）	階段性最大回撤率（%）	單次最大收益（點）	單次最大收益率（%）	單次最大虧損（點）	單次交易最大回撤率（%）
30日均線	10	104	24	23.08	2.35	489	49	3	-36.16	962	64	-119	-7.54
30周均線	10	65	19	29.23	5.06	667	67	3	-36.16	962	64	-65	-5.01
30月均線	10	30	10	33.33	4.67	533	53	3	-36.16	962	64	-119	-7.54

9. 電氣設備板塊：收益可觀，業績驅動型

● 10 年交易時間，電氣設備板塊指數平均年化收益率達到 180%，遠遠跑贏了同期大盤指數。

● 10 年交易時間，趨勢交易的次數僅為 76 次，勝率為 33%，單次最大收益率達到 135%，可見一旦趨勢形成，利潤將十分豐厚。

● 電氣設備板塊指數單次最大回撤率僅為 6%，階段性最大回撤率為 27.05%。先控制風險，再追求利潤。

● 選取樣本上風高科、德賽電池、東北電氣、東方電子、許繼電氣做復盤分析。行業需求趨於平緩，個股演繹從題材型向業績型轉變。

● 通過優化 30 周均線、30 月均線做復盤比較分析，會發現優化后資金收益曲線更穩定、風險控制也更好。

2005—2015 年電氣設備板塊指數與上證指數走勢如圖 3-88 所示：

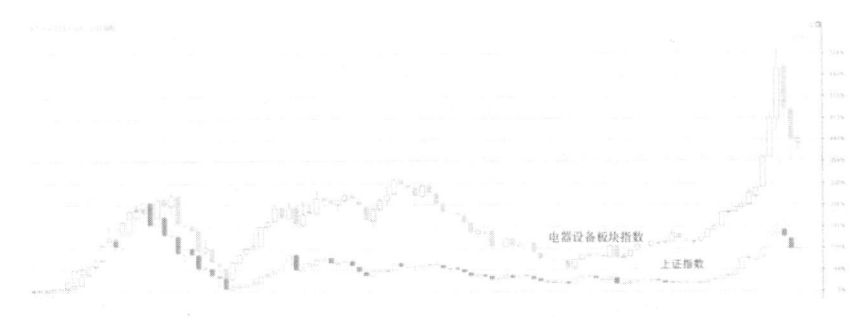

圖 3-88　2005—2015 年電氣設備板塊指數與上證指數走勢圖

（1）電氣設備板塊指數（880446）復盤分析（見圖3-89）。

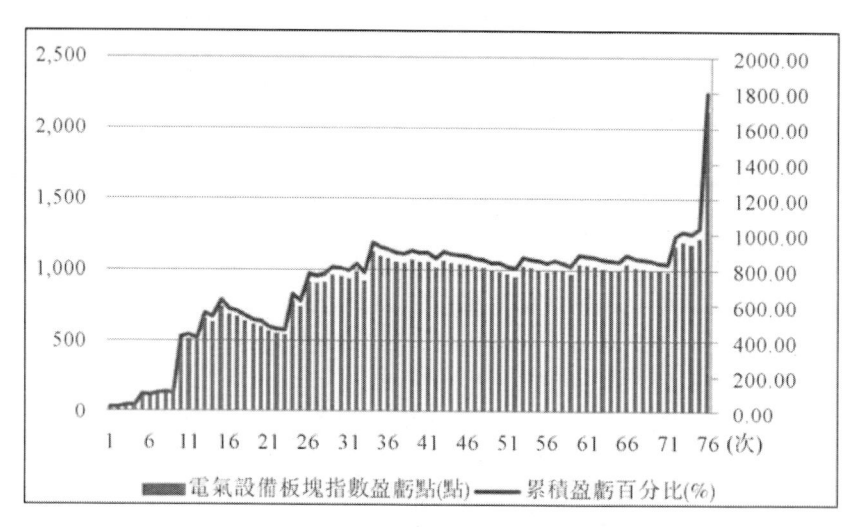

圖3-89 電氣設備板塊指數復盤10年權益震盪上揚

（數據截至2015年7月31日）

●復盤啟示：電氣設備板塊指數起始點為118點，復盤10年，累積獲利2,120點，累積收益率達1,796%，平均年化收益率達180%，收益十分可觀。

10年交易時間，回撤風險控制良好，指數權益總體呈現出平滑上揚的趨勢。總體收益走勢強於上證指數。

附表　　　　　　　　　　　重要指標參數分析

帳戶交易時間（年）	交易次數（次）	成功次數（次）	勝率（%）	盈虧比	累積收益率（%）	平均年化收益率（%）	階段性回撤次數（次）	階段性最大回撤率（%）	單次最大收益（點）	單次最大收益率（%）	單次最大虧損（點）	單次交易最大回撤率（%）
10	76	25	32.89	3.60	1,796.61	179.66	2	-27.05	897	135.04	-59	-6.22

(2) 電氣設備板塊樣本個股分析。

①上風高科（000967，見圖 3-90）。

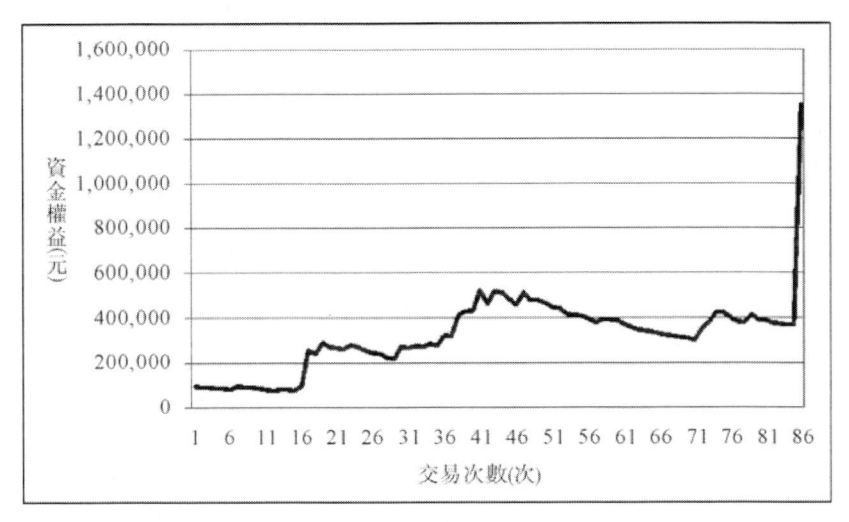

圖 3-90　上風高科復盤 10 年資金從 10 萬元到上百萬元

（數據截至 2015 年 7 月 31 日）

●復盤啟示：起始資金 10 萬元，上風高科復盤 10 年，帳戶資金達到 135 萬元，平均年化收益率為 125%，收益良好。

資金總體呈現小幅回撤、大幅累積上揚的趨勢。回撤風險較低，最後一次趨勢的形成包含單次 265% 的最大收益率，加之複利因素的影響，累積收益十分可觀。該個股收益接近其板塊指數，優於其他同類個股，這說明選擇合適的標的物是十分重要的。

附表　　　　　　　　　　重要指標參數分析

帳戶交易時間(年)	交易次數(次)	成功次數(次)	勝率(%)	盈虧比	累積收益率(%)	平均年化收益率(%)	階段性回撤次數(次)	階段性最大回撤率(%)	單次最大收益(萬元)	單次最大收益率(%)	單次最大虧損(萬元)	單次交易最大回撤率(%)
10	86	24	27.91	3.04	1,250.23	125.02	3	-41.19	98.00	265.49	-5.73	-10.96

●詳解上風高科復盤歷程：上風高科復盤時採用的數據是 2005—2015 年的歷史數據，其 10 年時間走勢整體呈現大幅累積上揚的趨勢，我國電氣設備生產經營形勢依然旺盛。按照趨勢交易最基礎的 30 日均線交易法則，10 年時間裡，趨勢交易共計交易 86 次，成功概率不足 30%，但平均年化收益率有 125.02%，收益良好。最重要的是這種收益是廣大股民都能夠實現的，交易方法具有可操作性，即上 30 日均線進，下 30 日均線出，大家都能做到，關鍵是能否持之以恒。

趨勢交易操作共 86 次，這 86 次中主要分佈在股價震盪區間，即**趨勢不明朗時期，這個時期需要不斷地去嘗試機會**。比如 2011 年和 2012 年上風高科處於震盪區間，操作次數總計為 26 次，占比超過 30%，這段時間對於趨勢交易而言是最難的，但只要認識到虧損是很正常的事，調整好心態，也是很容易等到趨勢來臨的。

上升趨勢時，趨勢交易便很輕鬆，上風高科 2006 年、2007 年總計操作共 11 次，一旦趨勢形成就長期持有了，直到趨勢出現拐頭跡象才賣出。比如 2006 年 12 月 1 日，上風高科股價上 30 日均線，符合買入原則，直到 2007 年 6 月 6 日賣出，此次交易持有時間長達 6 個月，這一次的收益率高達 161.97%。賣出不代表趨勢交易不做它了，真正的洗盤騙不了趨勢交易者，當股價再次符合交易原則，也就是再次上 30 日均線時，趨勢交易會毫不猶豫地跟進去。於是，2007 年 6 月 21 日再次跟進趨勢交易。總體來說，上風高科這 10 年間的走勢呈上揚趨勢。最后一次大趨勢交易在 2014 年 6 月 25 日買入，在 2015 年 6 月 17 日賣出，單次收益率為 265.49%，由於有了複利效應，該次的資金收益有了質的飛躍，每一次大趨勢都見證了資金上一個臺階。

當下跌風險來臨，股票破位第一時間賣出，截斷虧損；下跌趨勢形成時，空倉耐心等待，空倉也是一種交易。趨勢交易把風險放在了首位，先控制風險，再追求利潤。上風高科總共交易 86 次，其中有 62 次出現虧損，這 62 次中，單次虧損率超過 10% 的僅有 1 次，虧損率在 5%～10% 的有 12 次，虧損率在 5% 以下的有 49 次，占比達到 79%。上風高科回撤較小，總體走勢還算平穩。

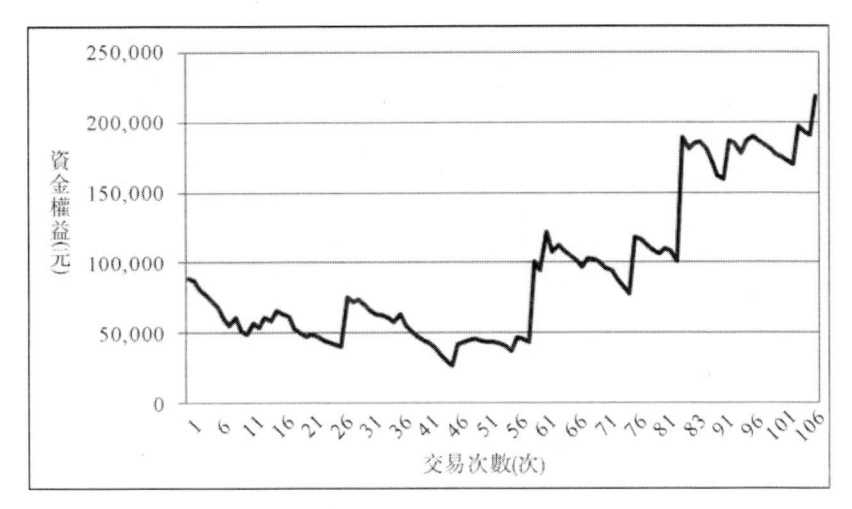

②德賽電池（000049，見圖3-91）。

圖3-91 德賽電池復盤10年資金震盪上揚

（數據截至2015年7月31日）

●復盤啟示：起始資金10萬元，德賽電池復盤10年，帳戶資金達到22萬元，平均年化收益率為12%。

該個股在開始進行操作的初始階段就有資金的回撤，而且回撤幅度超過60%，和一般情況有所不同，該回撤是在未盈利時就開始大幅回撤，對投資者的心理承受能力是個較大的考驗。即便如此，最終10年累積盈利也達到了11萬元。

附表　　　　　　　　　　　重要指標參數分析

帳戶交易時間(年)	交易次數(次)	成功次數(次)	勝率(%)	盈虧比	累積收益率(%)	平均年化收益率(%)	階段性回撤次數(次)	階段性最大回撤率(%)	單次最大收益(萬元)	單次最大收益率(%)	單次最大虧損(萬元)	單次交易最大回撤率(%)
10	108	27	25.00	1.38	118.45	11.84	3	-66.18	8.82	132.90	-1.41	-15.52

③東北電氣（000585，見圖 3-92）。

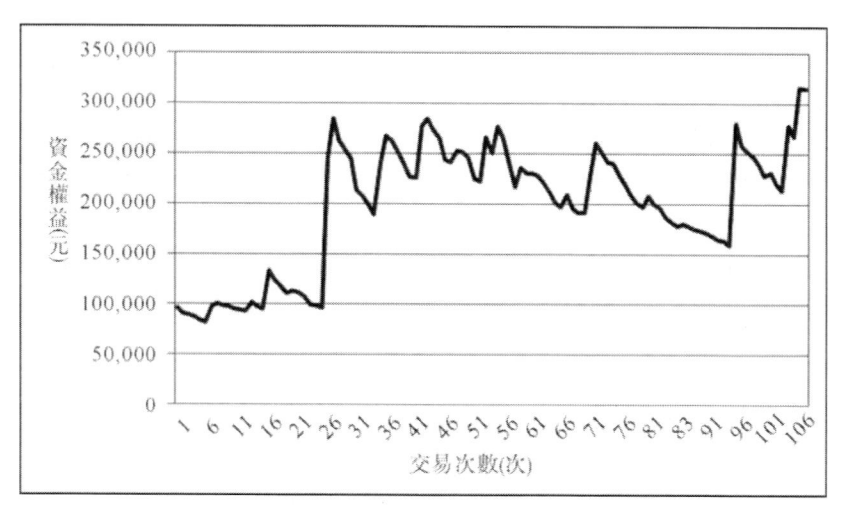

圖 3-92　東北電氣復盤 10 年資金震盪上揚

（數據截至 2015 年 7 月 31 日）

●復盤啟示：起始資金 10 萬元，東北電氣復盤 10 年，帳戶資金達到 31 萬元，平均年化收益率為 21%。

回撤風險較小，但階段性回撤次數較多。資金累積權益振幅較大，震盪時間較長。總體收益弱於其板塊指數。

附表　　　　　　　　　重要指標參數分析

帳戶交易時間(年)	交易次數(次)	成功次數(次)	勝率(%)	盈虧比	累積收益率(%)	平均年化收益率(%)	階段性回撤次數(次)	階段性最大回撤率(%)	單次最大收益(萬元)	單次最大收益率(%)	單次最大虧損(萬元)	單次交易最大回撤率(%)
10	109	24	22.02	1.35	214.07	21.41	4	-42.31	14.85	154.40	-3.09	-12.64

④東方電子（000682，見圖3-93）。

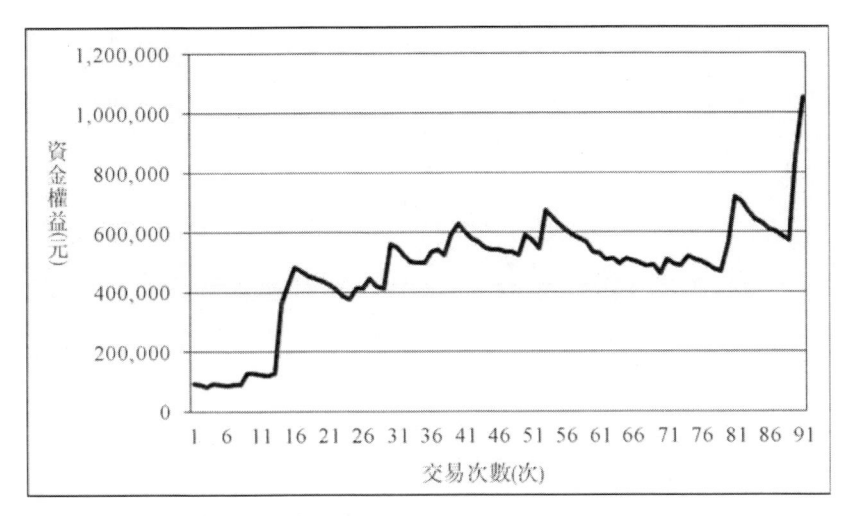

圖 3-93　東方電子復盤 10 年資金從 10 萬元到上百萬元

（數據截至 2015 年 7 月 31 日）

●復盤啟示：起始資金 10 萬元，東方電子復盤 10 年，帳戶資金達到 105 萬元，平均年化收益率為 95%，收益良好。

資金回撤風險較小，2008 年全球經濟危機與 2015 年股災均未對總體的資金權益造成較大的回撤影響。總體上經過前後兩次大的趨勢，最終累積收益率達到 950%，收益相當可觀。

附表　　　　　　　　重要指標參數分析

帳戶交易時間(年)	交易次數(次)	成功次數(次)	勝率(%)	盈虧比	累積收益率(%)	平均年化收益率(%)	階段性回撤次數(次)	階段性最大回撤率(%)	單次最大收益(萬元)	單次最大收益率(%)	單次最大虧損(萬元)	單次交易最大回撤率(%)
10	91	27	29.67	2.09	950.81	95.08	3	-29.36	27.99	184.36	-3.30	-8.31

⑤許繼電氣（000400，見圖3-94）。

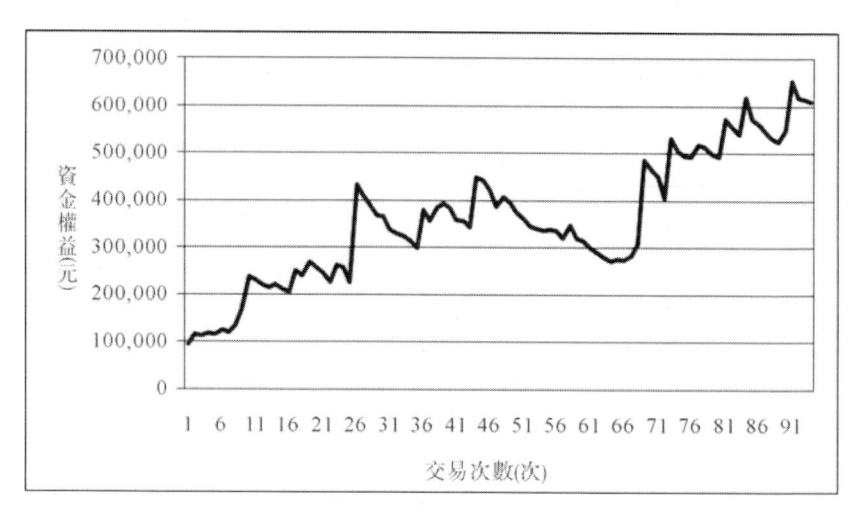

圖3-94 許繼電氣復盤10年資金震盪向上

（數據截至2015年7月31日）

●復盤啟示：起始資金10萬元，許繼電氣復盤10年，帳戶資金達到60萬元，平均年化收益率為51%，未跑贏同期大盤收益。

在10年的交易過程中，資金呈現長期震盪向上的趨勢，回撤幅度較小，但是回撤次數較多，具有較大的優化空間。

附表　　　　　　　　　重要指標參數分析

帳戶交易時間（年）	交易次數（次）	成功次數（次）	勝率（%）	盈虧比	累積收益率（%）	平均年化收益率（%）	階段性回撤次數（次）	階段性最大回撤率（%）	單次最大收益（萬元）	單次最大收益率（%）	單次最大虧損（萬元）	單次交易最大回撤率（%）
10	94	28	29.79	1.56	506.64	50.66	4	-36.30	20.81	92.99	-4.65	-12.89

(3）交易優化對比（見圖3-95）。

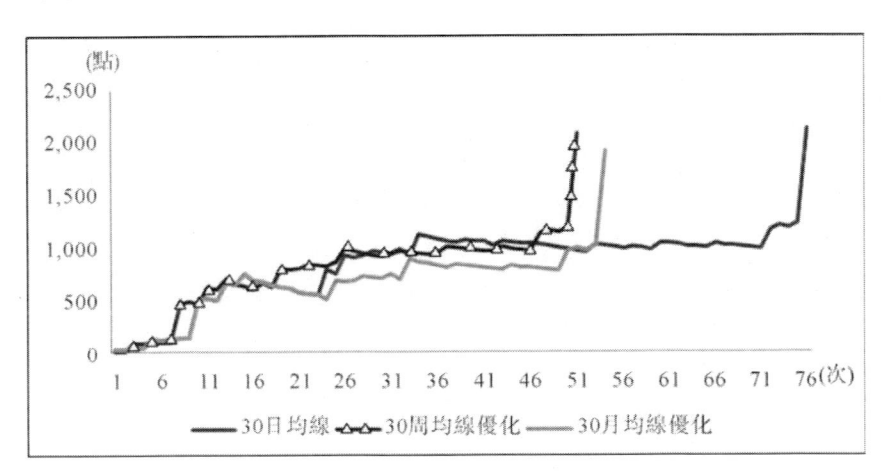

圖3-95　電氣設備板塊指數優化后盈虧曲線圖對比

●優化啟示：電氣設備板塊指數在經過30周均線、30月均線的優化之后，盈虧曲線圖更加平滑，回撤風險得到了一定程度上的優化，在操作成功率、盈虧比上也有所提升。

附表　　　　　　　　　　　重要指標參數對比

參數 MA	帳戶交易時間（年）	交易次數（次）	成功次數（次）	勝率（%）	盈虧比	累積收益率（%）	平均年化收益率（%）	階段性回撤次數（次）	階段性最大回撤率（%）	單次最大收益（點）	單次最大收益率（%）	單次最大虧損（點）	單次交易最大回撤率（%）
30日均線	10	76	25	32.89	3.60	1,797	180	2	-27.05	897	135	-59	-6.22
30周均線	9	51	23	45.10	5.62	1,327	147	2	-15.06	897	135	-59	-6.03
30月均線	10	54	20	37.04	4.27	1,619	162	2	-32.44	897	135	-59	-6.22

10. 汽車板塊：穩健向上，關注新能源汽車

●10年交易時間，汽車板塊指數平均年化收益率達到132%，走勢穩健向上，跑贏同期大盤指數。

●10年交易時間，趨勢交易次數僅為90次，勝率為37%，單次最大收益率達到180%，可見一旦趨勢形成，利潤將十分豐厚。

●汽車板塊指數單次最大回撤率僅為7%，板塊指數回撤幅度較小（為23%），但個股波動稍大。

●選取樣本萬向錢潮、海馬汽車、一汽轎車、江鈴汽車、中航機電做復盤分析，具有新能源概念的個股表現突出。

●通過優化30周均線、30月均線做復盤比較分析，會發現優化后資金收益曲線更穩定、風險控制也更好。

2005—2015年汽車板塊指數與上證指數走勢圖如圖3-96所示：

圖3-96　2005—2015年汽車板塊指數與上證指數走勢圖

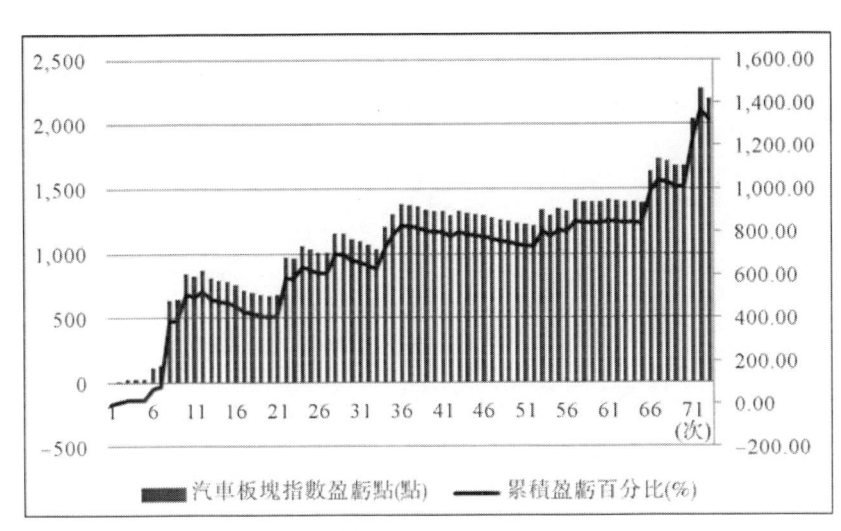

(1) 汽車板塊指數（880390）復盤分析（見圖 3-97）。

圖 3-97　汽車板塊指數復盤 10 年資金穩健向上

（數據截至 2015 年 7 月 31 日）

●復盤啟示：汽車板塊指數起始點為 166 點，復盤 10 年，累積獲利 2,197 點，累積收益率達 1,321%，平均年化收益率為 132%，收益可觀。

資金權益穩健向上，階段性最大回撤率為 23%，走勢相對穩定。

10 年交易時間，成功規避了 2008 年全球經濟危機、2015 年股災。破位時第一時間止損，就是為了防範大跌的風險。每次止損都當成真的，就能避免大跌的風險。

附表　　　　　　　　　　重要指標參數分析

帳戶交易時間（年）	交易次數（次）	成功次數（次）	勝率（%）	盈虧比	累積收益率（%）	平均年化收益率（%）	階段性回撤次數（次）	階段性最大回撤率（%）	單次最大收益（點）	單次最大收益率（%）	單次最大虧損（點）	單次交易最大回撤率（%）
10	73	27	37	3.63	1,321.11	132.11	5	−23.00	500.5	180.49	−78.5	−6.57

（2）汽車板塊樣本個股分析。

①萬向錢潮（000559，見圖3-98）。

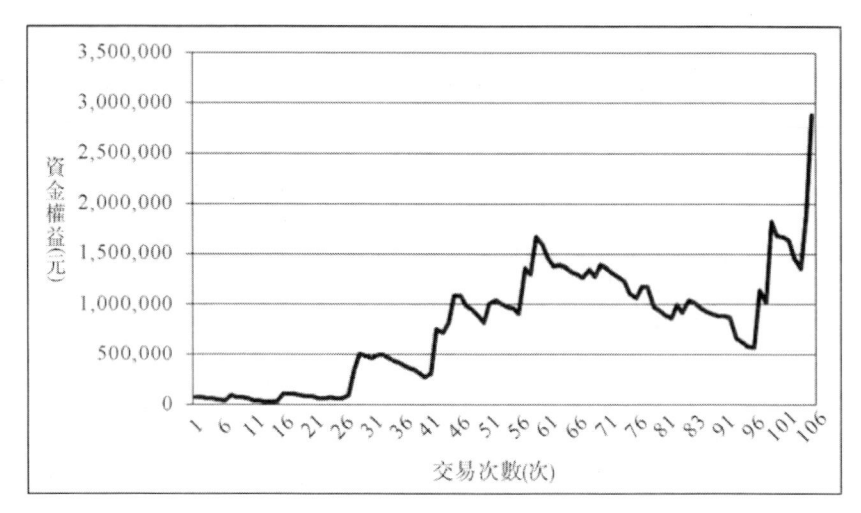

圖3-98　萬向錢潮復盤10年資金從10萬元到200余萬元

（數據截至2015年7月31日）

●復盤啟示：起始資金10萬元，萬向錢潮復盤10年，資金權益達288萬元，平均年化收益率達278%，表現突出。

資金權益波動較大，階段性最大回撤率達69%，但抓住3波趨勢機會資金亦能實現200多萬元的收益。回撤往往是盈利的開始。

10年交易時間，趨勢交易106次，勝率僅為26%，單次最大獲利近99萬元，可見一旦趨勢來臨，一切付出終究會得到回報。

附表　　　　　　　　　　　重要指標參數分析

帳戶交易時間（年）	交易次數（次）	成功次數（次）	勝率（%）	盈虧比	累積收益率（%）	平均年化收益率（%）	階段性回撤次數（次）	階段性最大回撤率（%）	單次最大收益（萬元）	單次最大收益率（%）	單次最大虧損（萬元）	單次交易最大回撤率（%）
10	106	28	26.42	1.87	2,784.26	278.43	3	−69.31	98.59	232.77	−21.86	−26.89

●詳解萬向錢潮復盤歷程：2005—2015 年，萬向錢潮復盤 10 年時間走勢整體呈現出「上漲—下跌—上漲—下跌—上漲—下跌」的態勢，股價起起落落，底部區間抬高。汽車股受益於經濟高速發展的 10 年，近年來進入轉型換擋期，新能源汽車概念表現搶眼，萬向錢潮就是一個例子。按照趨勢交易最基礎的 30 日均線交易法則，萬向錢潮復盤 10 年時間，共計交易 106 次，成功概率不足 30%，但平均年化收益率能達到 278.43%，可見**趨勢交易不追求高的成功概率，而是追求穩定的年化收益率**。

萬向錢潮有 4 次重要的趨勢收益，分別出現在 2005 年 7 月 28 日—2005 年 9 月 22 日、2006 年 3 月 29 日—2006 年 6 月 14 日，2007 年 2 月 6 日—2007 年 5 月 31 日、2009 年 1 月 12 日—2009 年 3 月 12 日。這 4 次收益率分別為 149.55%、229.44%、232.77%、144%，重要的 4 次趨勢機會推升資金權益從 8 萬元到 33 萬元再到 75 萬元。可見一旦趨勢形成，趨勢交易便揚帆起航，直到趨勢出現拐頭跡象才賣出。另外，萬向錢潮還有 6 次收益率超過 50%（2005 年 2 月 16 日、2006 年 12 月 7 日、2007 年 7 月 25 日、2014 年 1 月 23 日、2014 年 6 月 3 日、2015 年 5 月 11 日）。因此，**類似萬向錢潮這種有 10 次大趨勢機會的個股，趨勢交易者都能抓住，因為趨勢交易不頻繁換股，一直跟蹤，堅持是成功的重要元素**。

萬向錢潮這樣的高收益個股也經歷了較長時間的震盪，比如 2011 年、2012 年、2013 年。階段性最大回撤率達 69.31%，單次最大虧損達 21.86 萬元。**回撤和上漲往往形影不離，經得起回撤，才能守得住上漲**。雖然震盪期操作次數較多、虧損較多，但每一個損失都控制在合理範圍內。萬向錢潮總共交易 106 次，其中有 78 次出現虧損，這 78 次中，虧損率在 5% 以內的有 41 次，占比 50%。

趨勢交易不會頻繁操作，不符合交易原則時空倉等待，空倉也是一種交易。在下跌趨勢中，萬向錢潮一旦破位便空倉等待。在 2015 年股災中，截至 2015 年 7 月 31 日，股價跌幅 56%，但趨勢交易資金權益並沒有受到大的損失。在 2015 年 6 月 16 日萬向錢潮股價跌破 30 日均線時賣出，了結當次收益 27.8 萬元，一直到 2015 年 7 月 31 日均未出現買入信號，從而空倉規避了大的損失，保存了實力。

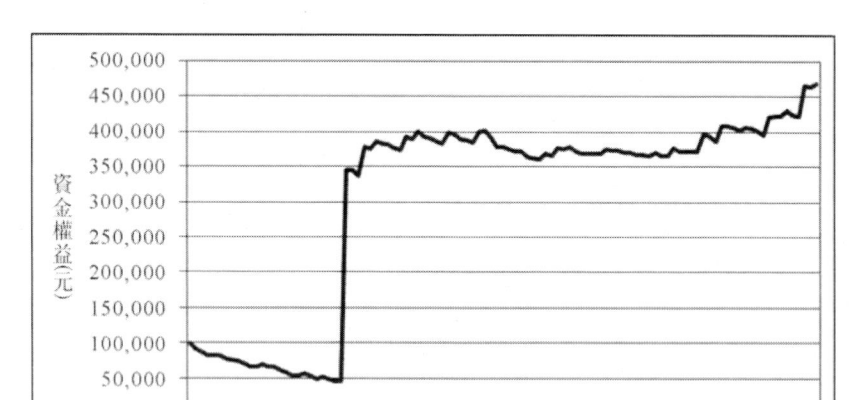

②海馬汽車（000572，見圖 3-99）。

圖 3-99　海馬汽車復盤 10 年資金震盪上行

（數據截至 2015 年 7 月 31 日）

● 復盤啟示：起始資金 10 萬元，海馬汽車復盤 10 年，資金權益近 47 萬元，平均年化收益率為 37%，收益未跑贏同期上證指數（56%），但足以跑贏銀行定期存款和許多基金收益。

資金權益波動劇烈，階段性最大回撤率達 54%，在如此情況下，亦能實現較好的正收益。回撤是資金盈利必須經歷的過程。

10 年交易時間，趨勢交易共 104 次，勝率僅為 24%，單次最大收益率達 300%，每一次止損就是為了保存實力等到有利時機的到來。

附表　　　　　　　　　　重要指標參數分析

帳戶交易時間（年）	交易次數（次）	成功次數（次）	勝率（%）	盈虧比	累積收益率（%）	平均年化收益率（%）	階段性回撤次數（次）	階段性最大回撤率（%）	單次最大收益（萬元）	單次最大收益率（%）	單次最大虧損（萬元）	單次交易最大回撤率（%）
10	104	25	24.04	2.58	368.87	36.89	2	-54.45	29.91	299.35	-1.26	-12.74

③一汽轎車（000800，見圖3-100）。

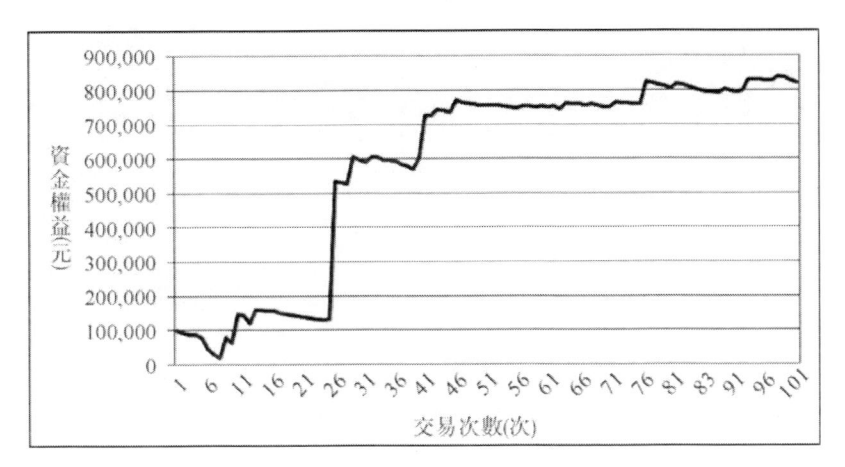

圖3-100 一汽轎車復盤10年資金波動較大

（數據截至2015年7月31日）

●復盤啟示：起始資金10萬元，一汽轎車復盤10年，資金權益達82萬元，平均年化收益率為72%，收益跑贏同期上證指數。

資金權益波動較大，階段性最大回撤率達79%，在如此情況下，亦能實現較高收益，關鍵是在回撤時期多少人能堅決做下去。

10年交易時間，趨勢交易共102次，勝率不到25%，單次最大收益率達403%。每一次趨勢機會都是通過小虧損嘗試出來的。

附表　　　　　　　　　重要指標參數分析

帳戶交易時間（年）	交易次數（次）	成功次數（次）	勝率（%）	盈虧比	累積收益率（%）	平均年化收益率（%）	階段性回撤次數（次）	階段性最大回撤率（%）	單次最大收益（萬元）	單次最大收益率（%）	單次最大虧損（萬元）	單次交易最大回撤率（%）
10	102	25	24.51	3.05	721.18	72.12	1	-79.41	40.25	402.98	-3.05	-30.52

④江鈴汽車（000550，見圖3-101）。

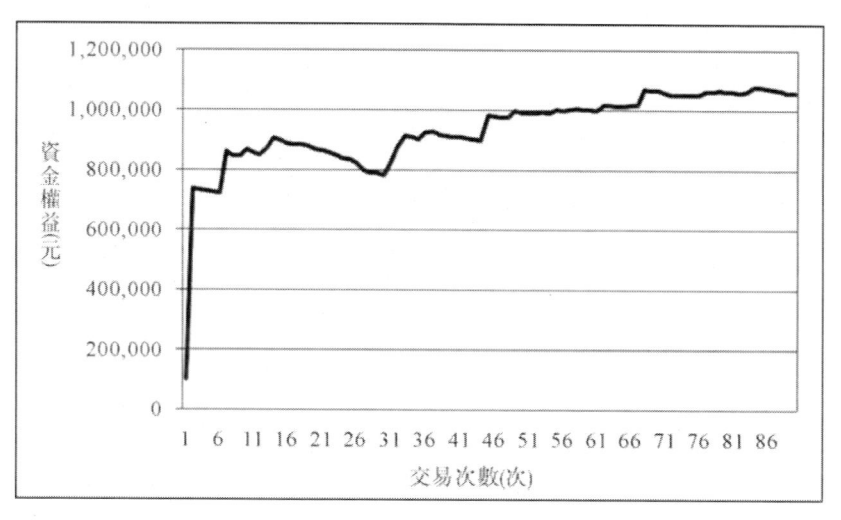

圖3-101　江鈴汽車復盤9年資金從10萬元到上百萬元

（數據截至2015年7月31日）

● 復盤啟示：起始資金10萬元，江鈴汽車復盤9年，資金權益106萬元，平均年化收益率為106%，收益可觀。

資金權益高位震盪，階段性最大回撤率為13%，走勢穩健。

10年交易時間，趨勢交易89次，勝率為31%，單次最大收益率達639%，趨勢交易不追求高的成功概率，而是追求穩定的年化收益率。

附表　　　　　　　　　　　重要指標參數分析

帳戶交易時間(年)	交易次數(次)	成功次數(次)	勝率(%)	盈虧比	累積收益率(%)	平均年化收益率(%)	階段性回撤次數(次)	階段性最大回撤率(%)	單次最大收益(萬元)	單次最大收益率(%)	單次最大虧損(萬元)	單次交易最大回撤率(%)
9	89	28	31.46	4.22	957.16	106.35	1	-13.09	63.83	638.91	-2.26	-22.73

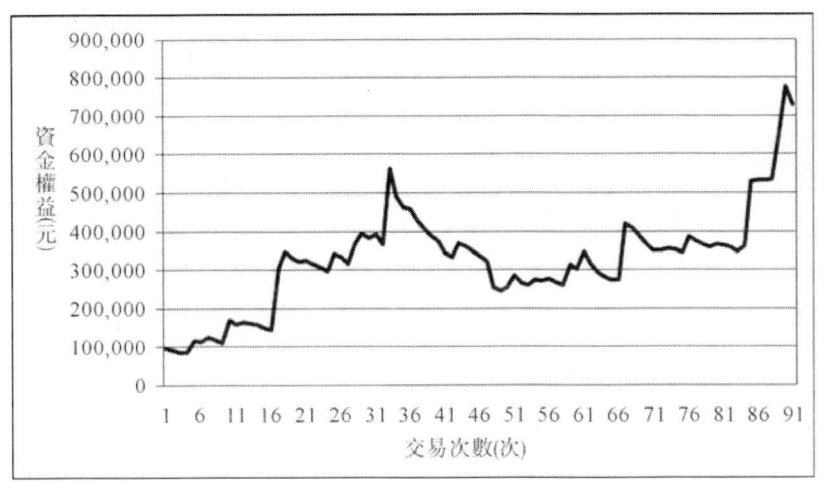

⑤中航機電（002013，見圖3-102）。

圖3-102　中航機電復盤10年資金震盪向上

（數據截至2015年7月31日）

●復盤啟示：起始資金10萬元，中航機電復盤10年，資金權益近73萬元，平均年化收益率為63%，收益跑贏同期上證指數。

資金權益波動較大，階段性最大回撤率達56%，資金回撤是趨勢交易過程中很正常的事，因為趨勢終有一天會來臨。

10年交易時間，趨勢交易共91次，平均1年不到10次，平均1個月不到1次，趨勢交易不會頻繁操作，不符合交易原則時便空倉等待，空倉也是一種交易。

附表　　　　　　　　　重要指標參數分析

帳戶交易時間(年)	交易次數(次)	成功次數(次)	勝率(%)	盈虧比	累積收益率(%)	平均年化收益率(%)	階段性回撤次數(次)	階段性最大回撤率(%)	單次最大收益(萬元)	單次最大收益率(%)	單次最大虧損(萬元)	單次交易最大回撤率(%)
10	91	30	32.97	1.75	627.72	62.77	2	-56.31	19.66	112.09	-7.49	-21.27

(3) 交易優化對比（見圖3-103）。

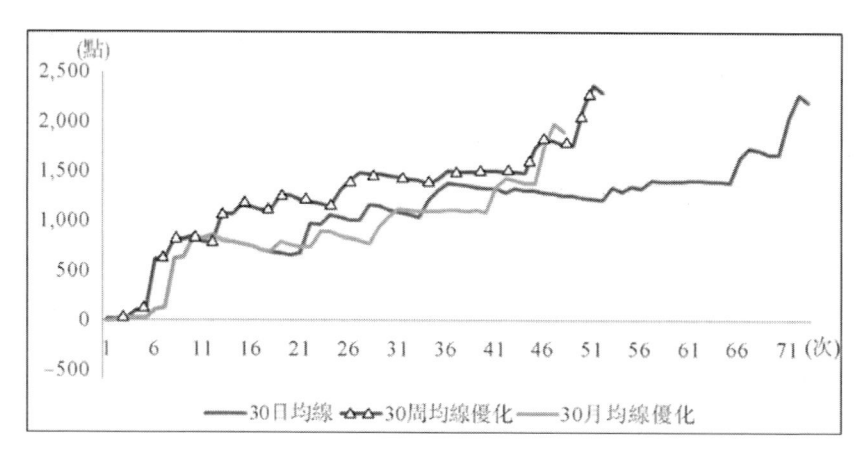

圖3-103　汽車板塊指數優化后盈虧曲線圖對比

● 優化啟示：通過30周均線、30月均線優化汽車板塊指數后，可以發現優化后階段性回撤率明顯下降，相對的收益也出現了下降，降低風險的同時也降低了利潤。

優化后交易次數明顯減少，這是因為當大週期走壞時，即使短週期符合交易原則也不會交易，規避風險為第一要務。

附表　　　　　　　　　　重要指標參數對比

參數 MA	帳戶 交易 時間 （年）	交易 次數 （次）	成功 次數 （次）	勝率 （%）	盈虧比	累積 收益率 （%）	平均 年化 收益率 （%）	階段性 回撤 次數 （次）	階段性 最大 回撤率 （%）	單次 最大 收益 （點）	單次 最大 收益率 （%）	單次 最大 虧損 （點）	單次 交易 最大 回撤率 （%）
30日均線	10	73	27	37	3.63	1,321.11	132.11	5	-23.00	500.5	180.49	-78.5	-6.57
30周均線	10	52	23	44	5.14	1,377.33	137.73	5	-9.29	500.5	180.49	-78.5	-5.94
30月均線	10	48	21	44	4.56	1,142.33	114.23	4	-18.48	500.5	180.49	-78.5	-6.57

11. 電腦設備板塊：成長性好，估值比拼業績

●10 年交易時間，電腦設備板塊指數平均年化收益率達到 114%，近年來走勢喜人，遠遠跑贏了同期大盤指數。

●10 年的時間裡，趨勢交易的次數僅為 82 次，勝率為 43%，單次最大收益率達到 155%，可見一旦趨勢形成，利潤將十分豐厚。

●電腦設備板塊指數單次最大回撤率僅為 6.8%，階段性最大回撤率為 43%，回撤幅度相對較大。

●選取樣本浪潮信息、航天信息、華東電腦、同方股份、長城電腦、長城信息做復盤分析。電腦設備板塊整體估值偏高，未來將進入業績兌現期。

●通過優化 30 周均線、30 月均線做復盤比較分析，會發現優化後資金收益曲線更穩定、風險控制也更好。

2005—2015 年電腦設備板塊指數與上證指數走勢圖如圖 3-104 所示：

圖 3-104　2005—2015 年電腦設備板塊指數與上證指數走勢圖

（1）電腦設備板塊指數（880489）復盤分析（見圖3-105）。

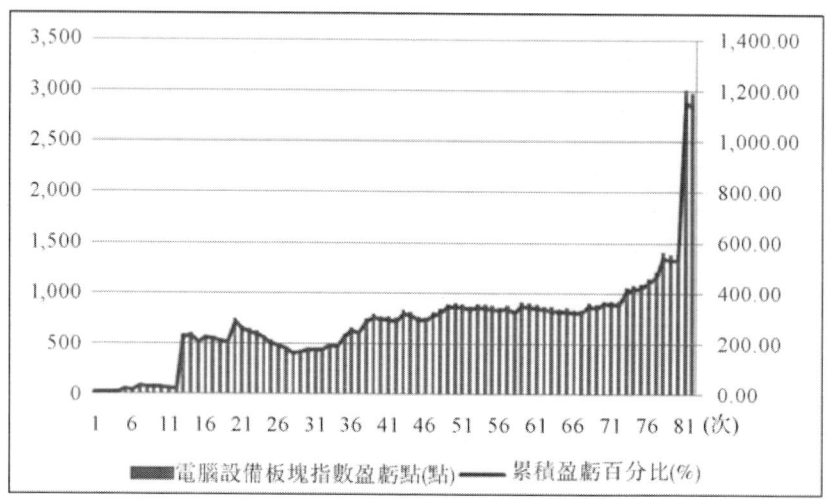

圖3-105　電腦設備板塊指數復盤10年資金震盪上行

（數據截至2015年7月31日）

●復盤啟示：電腦設備板塊指數起始點為262點，復盤10年，累積獲利2,984點，累積收益率達1,141%，平均年化收益率達114%，收益可觀。

資金權益波動較大，階段性最大回撤率為43%。交易如同戰爭，有戰爭就會有犧牲，交易也會有損失，以平常心面對虧損，體系內的虧損是嘗試機會付出的成本。

10年交易時間，成功規避了2008年全球經濟危機、2015年股災。破位時第一時間止損，就是為了防範大跌的風險。每次止損都當成真的，就能避免大跌的風險。

附表　　　　　　　　　　　重要指標參數分析

帳戶交易時間（年）	交易次數（次）	成功次數（次）	勝率（%）	盈虧比	累積收益率（%）	平均年化收益率（%）	階段性回撤次數（次）	階段性最大回撤率（%）	單次最大收益（點）	單次最大收益率（%）	單次最大虧損（點）	單次交易最大回撤率（%）
10	82	35	42.68	4.29	1,141.02	114.10	1	-43.10	1,629.45	155.18	-76.53	-6.83

(2)電腦設備板塊樣本個股分析。

①浪潮信息（000977，見圖3-106）。

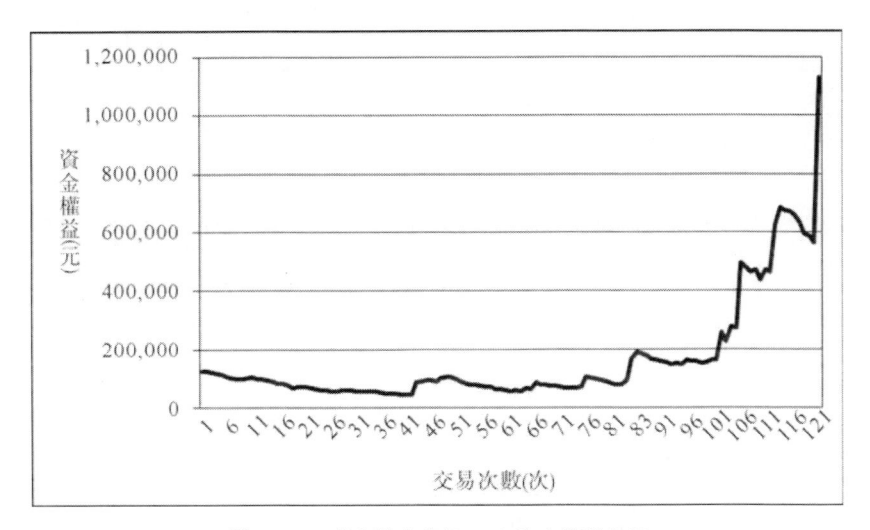

圖3-106　浪潮信息復盤11年資金震盪上行

（數據截至2015年7月31日）

●復盤啟示：起始資金10萬元，浪潮信息復盤11年，帳戶資金漲近110萬元，平均年化收益率為91%，收益可觀。

資金權益波動較大，單次交易最大回撤率為63%，震盪時間較長，這樣的趨勢機會等待時間較長，也是最考驗投資者心態的。

10年交易時間，成功規避了2008年全球經濟危機、2015年股災。破位時第一時間止損，就是為了防範大跌的風險。每次止損都當成真的，就能避免大跌的風險。

附表　　　　　　　　　　重要指標參數分析

帳戶交易時間(年)	交易次數(次)	成功次數(次)	勝率(%)	盈虧比	累積收益率(%)	平均年化收益率(%)	階段性回撤次數(次)	階段性最大回撤率(%)	單次最大收益(萬元)	單次最大收益率(%)	單次最大虧損(萬元)	單次交易最大回撤率(%)
11	125	39	31.20	3.12	1,000.99	91.00	2	-63.23	55.19	100.62	-3.76	-15.20

●詳解浪潮信息復盤歷程：2004—2015 年，浪潮信息 11 年時間整體呈現震盪上行的走勢，尤其是近幾年走勢非常迅猛，這與行業較高的成長性密不可分。移動互聯網浪潮的來襲，帶動了相關產業鏈的估值提升，中小市值的電子信息個股節節攀升。浪潮信息作為行業的龍頭股，績效回報很高。按照趨勢交易最基礎的 30 日均線交易法則，11 年時間，共交易 125 次，平均年化收益率為 91%，資金權益從 10 萬元攀升至上百萬元。

125 次趨勢交易操作主要分佈在股價震盪區間，即趨勢不明朗時期，這個時期需要不斷地去嘗試機會。浪潮信息震盪時間較長，這段時間是最考驗投資者心態的，只有堅持不放棄，趨勢交易者抓住這樣的龍頭股，**能承受多大的風險才能獲得多大的利潤**。

一旦趨勢形成就長期持有了，直到趨勢出現拐頭跡象才賣出。比如 2014 年 12 月 15 日，浪潮信息股價上 30 日均線買入，直到 2015 年 6 月 16 日才賣出，一次交易持有週期達半年之久，股價從 39.46 元漲到 79.32 元，單次交易獲利達 55 萬元。一次交易能獲得如此多的收益，這就是趨勢交易的魔力。體系能幫助我們在持股過程中克服「恐高心理」。浪潮信息單次交易收益率超過 50% 的有 6 次，分別出現在 2007 年 1 月、2009 年 12 月、2010 年 10 月、2012 年 12 月、2013 年 7 月、2014 年 12 月，這幾次收益為資金權益不斷上行奠定了基礎，也是行業高成長路徑的寫照。**趨勢交易不預測市場，但每次趨勢來臨時我們都在。**

浪潮信息單次最大虧損率為 15.2%，體系內的破位止損是鐵的紀律。浪潮信息總共交易 125 次，其中有 86 次出現虧損，虧損率在 5% 以下的有 64 次，佔比 74%。回撤虧損是趨勢交易必須經過的階段，也是盈利的必修課。交易如同戰爭，有戰爭就會有犧牲，交易也會有損失，以平常心面對虧損，體系內的虧損是嘗試機會付出的成本。**嚴格控制風險，讓趨勢交易者躲避了災難性的損失**，比如規避了 2008 年全球經濟危機、2015 年股災。2015 年 6 月 16 日浪潮信息股價破 30 日均線賣出，一直到 2015 年 7 月 31 日均未出現進場信號，從而在下跌中一直處於空倉狀態，保存了實力。

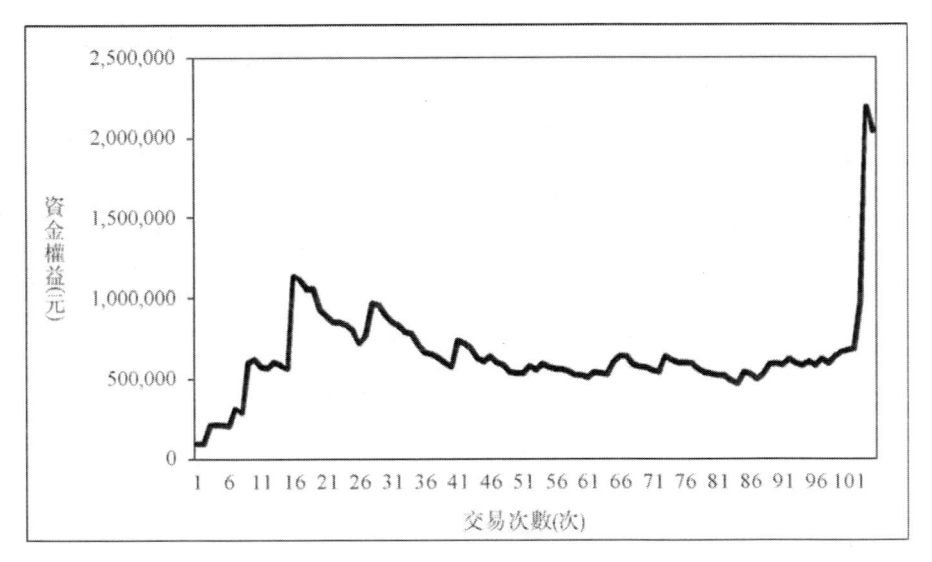

②航天信息（600271，見圖3-107）。

圖3-107 航天信息復盤10年資金從10萬元到上百萬元

（數據截至2015年7月31日）

● 復盤啟示：起始資金10萬元，航天信息復盤10年，帳戶資金近204萬元，平均年化收益率達194%，收益可觀。

資金權益大多數時間都在震盪，階段性最大回撤率為58%，波動較大。回撤是趨勢交易必須經過的階段，也是盈利的必修課。

10年交易時間，趨勢交易共105次，勝率為30%，單次最大獲利125萬元，可見一旦趨勢形成，利潤便勢不可擋。

附表　　　　　　　　　　重要指標參數分析

帳戶交易時間（年）	交易次數（次）	成功次數（次）	勝率（%）	盈虧比	累積收益率（%）	平均年化收益率（%）	階段性回撤次數（次）	階段性最大回撤率（%）	單次最大收益（萬元）	單次最大收益率（%）	單次最大虧損（萬元）	單次交易最大回撤率（%）
10	105	32	30.48	2.05	1,940.21	194.02	1	58.63	121.36	125.04	-14.79	-12.02

③華東電腦（600850，見圖3-108）。

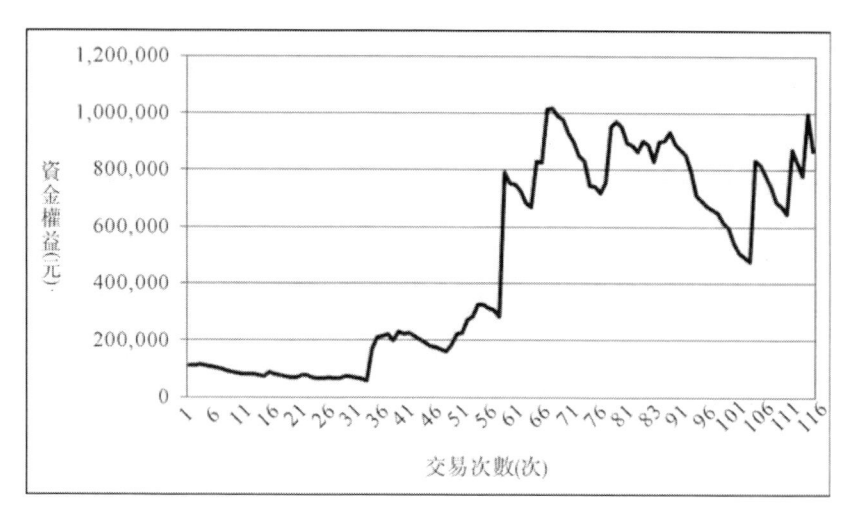

圖3-108　華東電腦復盤11年資金波動較大

（數據截至2015年7月31日）

●復盤啟示：起始資金10萬元，華東電腦復盤11年，帳戶資金近87萬元，平均年化收益率為70%，收益跑贏同期大盤指數。

資金權益寬幅震盪，階段性最大回撤率為49%，即便如此，也能保持較高的正收益。只要投資者照顧好了風險，盈利自然會照顧好投資者。

10年交易時間，趨勢交易118次，勝率為29%，單次最大獲利達184%。市場不可預測，趨勢機會是嘗試出來的。

附表　　　　　　　　　　重要指標參數分析

帳戶交易時間（年）	交易次數（次）	成功次數（次）	勝率（%）	盈虧比	累積收益率（%）	平均年化收益率（%）	階段性回撤次數（次）	階段性最大回撤率（%）	單次最大收益（萬元）	單次最大收益率（%）	單次最大虧損（萬元）	單次交易最大回撤率（%）
11	118	34	28.81	1.45	767.99	69.82	3	−48.75	51.05	184.09	−13.08	−13.16

④同方股份（600100，見圖3-109）。

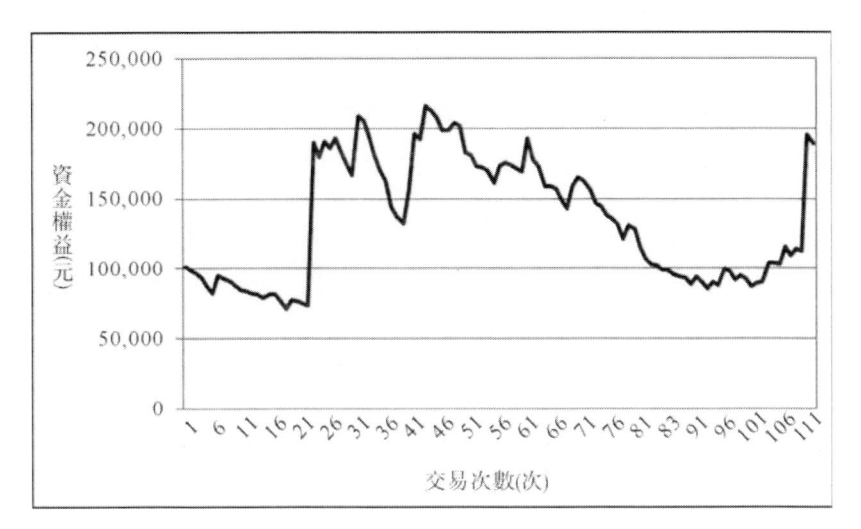

圖3-109 同方股份復盤10年資金波動較大

（數據截至2015年7月31日）

●復盤啟示：起始資金10萬元，同方股份復盤10年，帳戶資金為19萬元，平均年化收益率為9%，收益未跑贏上證復盤年化收益（56%）。

資金權益波動較大，階段性最大回撤率為60%，震盪時間較長，這樣的趨勢機會等待時間較長，也是最考驗投資者心態的。

10年交易時間，趨勢交易共113次，勝率不到27%，單次最大收益率達156%。趨勢機會是嘗試出來的，與其預測，不如行動。

附表　　　　　　　　　　　　重要指標參數分析

帳戶交易時間(年)	交易次數(次)	成功次數(次)	勝率(%)	盈虧比	累積收益率(%)	平均年化收益率(%)	階段性回撤次數(次)	階段性最大回撤率(%)	單次最大收益(萬元)	單次最大收益率(%)	單次最大虧損(萬元)	單次交易最大回撤率(%)
10	113	30	26.55	1.21	88.76	8.88	3	-60.18	11.53	155.97	-1.93	-11.37

⑤長城電腦（000066，見圖3-110）。

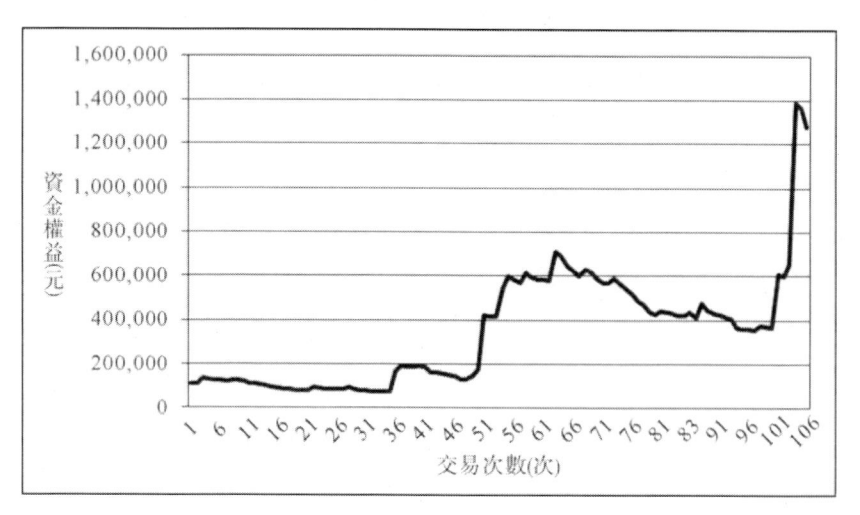

圖3-110　長城電腦復盤11年資金從10萬元到上百萬元

（數據截至2015年7月31日）

●復盤啟示：起始資金10萬元，長城電腦復盤11年，帳戶資金達到128萬元，平均年化收益率達107%，收益可觀。

資金權益寬幅震盪，階段性最大回撤率為49%，可是即使這樣，也能保存較高的正收益。投資者只有照顧好了風險，盈利才自然會照顧好投資者。

10年交易時間，趨勢交易共106次，勝率僅為27%，單次最大獲利近73萬元，無數次的小止損是為了抓住更好的獲利機會。

附表　　　　　　　　　　重要指標參數分析

帳戶交易時間（年）	交易次數（次）	成功次數（次）	勝率（%）	盈虧比	累積收益率（%）	平均年化收益率（%）	階段性回撤次數（次）	階段性最大回撤率（%）	單次最大收益（萬元）	單次最大收益率（%）	單次最大虧損（萬元）	單次交易最大回撤率（%）
11	106	29	27.36	2.33	1,180.53	107.32	3	-48.79	73.03	135.34	-8.58	-12.67

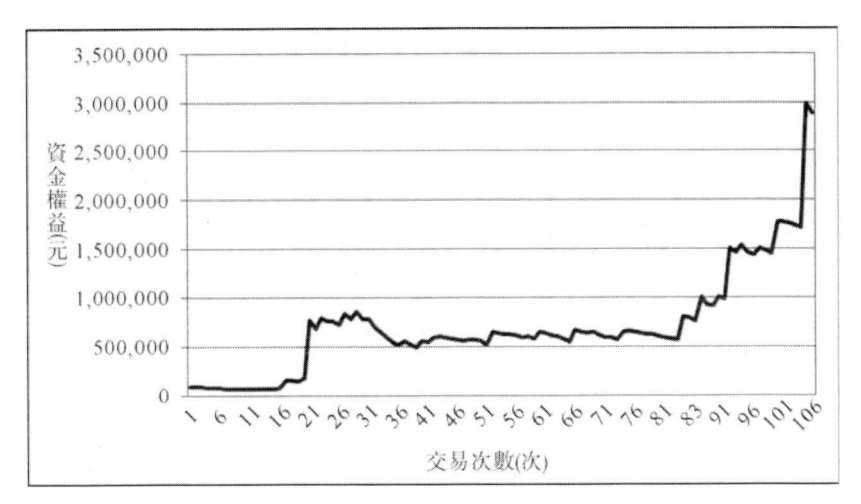

⑥長城信息（000748，見圖3-111）。

圖3-111　長城信息復盤10年資金從10萬元到200余萬元

（數據截至2015年4月23日）

●復盤啟示：起始資金10萬元，長城信息復盤10年，帳戶資金近289萬元，平均年化收益率達279%，收益十分可觀。

資金權益寬幅震盪，階段性最大回撤率為42%，震盪時間較長。成熟的交易者既要享受股價上漲帶來的利潤，也要經得起股價下跌時期的考驗。

10年交易時間，單次最大收益達126萬元，一次交易能達到如此收益，就是趨勢交易的魔力。體系能幫助我們在持股過程中克服「恐高心理」。

附表　　　　　　　　　　重要指標參數分析

帳戶交易時間(年)	交易次數(次)	成功次數(次)	勝率(%)	盈虧比	累積收益率(%)	平均年化收益率(%)	階段性回撤次數(次)	階段性最大回撤率(%)	單次最大收益(萬元)	單次最大收益率(%)	單次最大虧損(萬元)	單次交易最大回撤率(%)
10	106	31	29.25	2.68	2,786.46	278.65	2	-42.33	126.49	336.11	-10.18	-11.75

(3) 交易優化對比（見圖3-112）。

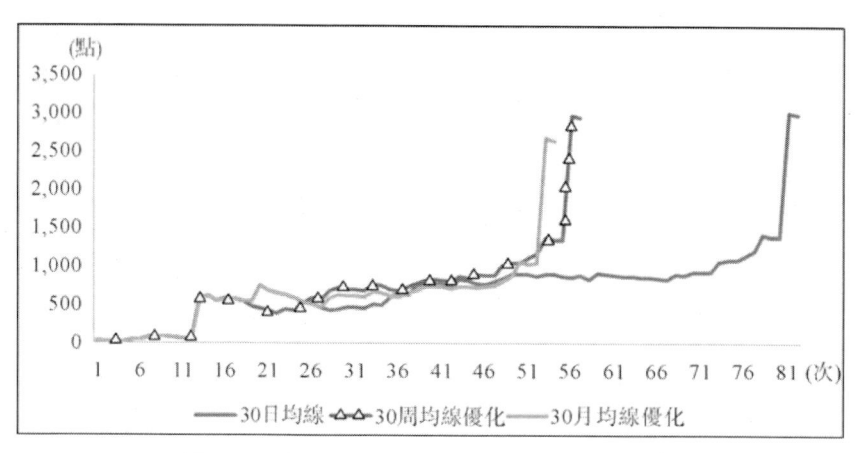

圖3-112 電腦設備板塊指數優化后盈虧曲線圖對比

●優化啟示：通過30周均線、30月均線優化電腦設備板塊指數后，可以發現優化后階段性回撤率下降，相對的收益也出現了下降，低風險對應低收益，降低風險的同時也減少了收益。

優化后交易次數明顯減少，這是因為當大週期走壞時，即使短週期符合也不會交易，規避風險為第一要務。

附表　　　　　　　　　　　重要指標參數對比

參數 MA	帳戶 交易 時間 (年)	交易 次數 (次)	成功 次數 (次)	勝率 (%)	盈虧比	累積 收益率 (%)	平均 年化 收益率 (%)	階段性 回撤 次數 (次)	階段性 最大 回撤率 (%)	單次 最大 收益 (點)	單次 最大 收益率 (%)	單次 最大 虧損 (點)	單次 交易 最大 回撤率 (%)
30日均線	10	82	35	42.68	4.29	1,141	114	1	-43.10	1,629	155	-77	-6.83
30周均線	10	57	27	47.37	6.12	1,126	113	1	-35.58	1,629	155	-77	-6.83
30月均線	10	54	23	42.59	5.06	1,010	101	1	-37.67	1,629	155	-77	-6.83

12. **軟件服務板塊：高增長，「東邊不亮西邊亮」**

●10 年的交易時間，軟件服務板塊指數平均年化收益率達到 309%，成績突出，遠遠跑贏了同期大盤指數。

●10 年的時間裡，趨勢交易的次數共 89 次，勝率為 35%，單次最大收益率達 153%，可見一旦趨勢形成，利潤將十分豐厚。

●軟件服務板塊指數單次最大回撤率僅為 4%，階段性最大回撤率為 11%，板塊走勢穩定，「東邊不亮西邊亮」。

●選取樣本新大陸、國電南瑞、東軟集團、浙大網新、中安消做復盤分析，個股波動稍大。

●通過優化 30 周均線、30 月均線做復盤比較分析，會發現優化后資金收益曲線更穩定、風險控制也更好。

2005—2015 年軟件服務板塊指數與上證指數走勢圖如圖 3-113 所示：

圖 3-113　2005—2015 年軟件服務板塊指數與上證指數走勢圖

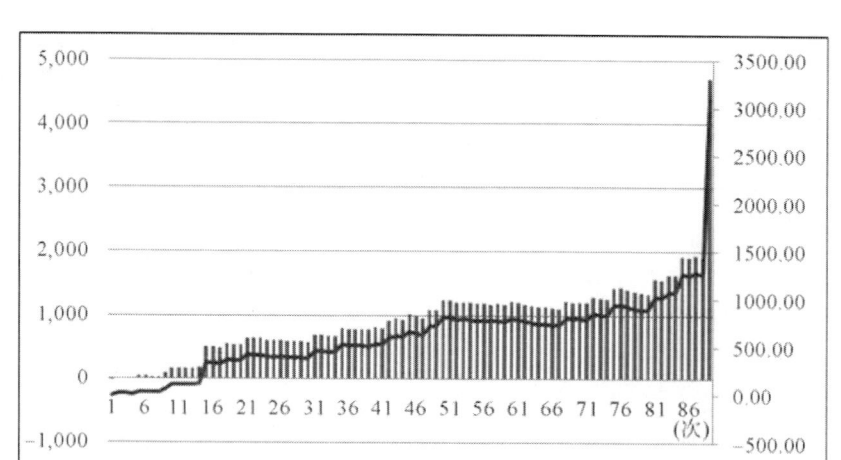

（1）軟件服務板塊指數（880493）復盤分析（見圖3-114）。

圖3-114　軟件服務板塊指數資金權益10年大幅穩定增長

（數據截至2015年7月31日）

●復盤啟示：軟件服務板塊指數起始點為152點，復盤10年，累積獲利4,708點，累積收益率達3,095%，平均年化收益率達309%。

復盤10年期間，階段性最大回撤率不過10%，回撤風險非常小，如果單從圖形上來觀察，其權益總體都是呈現出累積上漲的過程，回撤表現不明顯。

隨著互聯網的飛速發展，軟件服務也是不甘落后，10年期間穩定發展。2015年「互聯網+」概念的提出將軟件服務推向了高潮，資金權益在趨勢形成之後飛速增長，屬於典型的厚積薄發類型。

附表　　　　　　　　　　　重要指標參數分析

帳戶交易時間（年）	交易次數（次）	成功次數（次）	勝率（%）	盈虧比	累積收益率（%）	平均年化收益率（%）	階段性回撤次數（次）	階段性最大回撤率（%）	單次最大收益（點）	單次最大收益率（%）	單次最大虧損（點）	單次交易最大回撤率（%）
10	89	31	34.83	7.81	3,094.91	309.49	3	-10.76	2,798.03	152.63	-44.56	-3.98

（2）軟件服務板塊樣本個股分析。

①新大陸（000997，見圖3-115）。

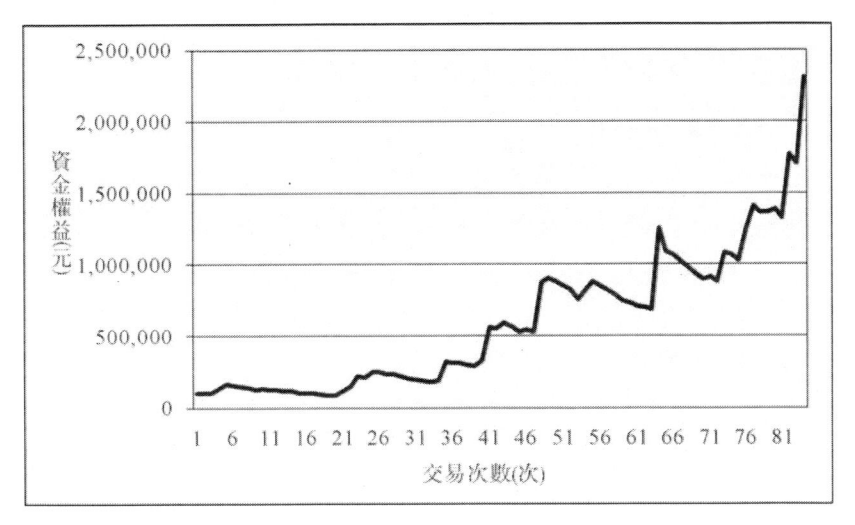

圖3-115 新大陸復盤10年資金從10萬元到上百萬元

（數據截至2015年7月31日）

●復盤啟示：起始資金10萬元，新大陸復盤10年，帳戶資金達到231萬元，平均年化收益率達221%，收益十分可觀。

新大陸在10年內的走勢與板塊指數大體走勢類似，前期都有穩定增長的過程，2014年牛市開始時便開始有強勢的表現，回撤次數也相對較少，走勢平穩。

附表　　　　　　　　　　重要指標參數分析

帳戶交易時間（年）	交易次數（次）	成功次數（次）	勝率（%）	盈虧比	累積收益率（%）	平均年化收益率（%）	階段性回撤次數（次）	階段性最大回撤率（%）	單次最大收益（萬元）	單次最大收益率（%）	單次最大虧損（萬元）	單次交易最大回撤率（%）
10	83	27	32.53	2.80	2,209.97	221.00	5	-47.30	60.14	82.46	-16.43	-13.12

●詳解新大陸復盤歷程：2005—2015 年，新大陸復盤 10 年走勢整體呈現震盪上行的走勢，尤其是近幾年走勢非常迅猛，這與行業較高的成長性密不可分。隨著互聯網的飛速發展，軟件服務也不甘落后，10 年期間發展迅速。新大陸業績穩定增長，績效回報較高，按照趨勢交易最基礎的 30 日均線交易法則，10 年共計交易 83 次，平均年化收益率高達221%，表現優異。

83 次趨勢交易操作主要分佈在股價震盪區間，即趨勢不明朗時期，這個時期需要不斷地去嘗試機會。新大陸復盤初期震盪時間較長，2004 年、2005 年操作次數為 19 次，資金權益從 10 萬元漲到 15 萬元，然後又從 15 萬元虧損到 8 萬元。原本都賺了，結果還會把賺的又賠了，本金也出現一定幅度的虧損，這種情況在趨勢交易裡也是常見的。**賺了又回吐，尤其是在資金入場初期會涉及本金的虧損，這比較考驗人的心態。**體系內的虧損是很正常的事，一定要有這樣的胸懷，才能堅持到趨勢真正來臨。

一旦趨勢機會來臨，趨勢交易者就輕鬆多了。比如 2012 年 12 月 17 日，新大陸股價上 30 日均線買入，直到 2013 年 8 月 23 日才賣出，一次交易持有週期達 8 個月之久，一次收益率為 82.46%。新大陸單次最大獲利 60 萬元，出現在 2015 年 5 月 11 日。一次交易能達到如此收益，這就是趨勢交易的魔力。**體系能幫助我們在持股過程中克服「恐高心理」。**新大陸單次交易收益率超過 50% 的有 4 次，分別出現在 2009 年 1 月、2009 年 9 月、2010 年 10 月、2012 年 12 月，這幾次收益為資金權益不斷上行奠定了基礎，也是行業高成長路徑的寫照。

當下跌風險來臨，股票破位第一時間賣出，截斷虧損。趨勢交易把風險放在了首位，先控制風險，再追求利潤。新大陸單次最大虧損率為 13.12%，體系內的破位止損是鐵的紀律。新大陸總共交易 83 次，其中有 56 次出現虧損。這 56 次中，單次虧損率超過 10% 的有 2 次，虧損率在 5%~10% 的有 11 次，虧損率在 5% 以下的有 43 次，占比近 77%。可見，**每次虧損幅度多數都是很小的，這樣就使得在不利時期趨勢交易者能生存下來，同時規避大的風險。**

②國電南瑞（600406，見圖 3-116）。

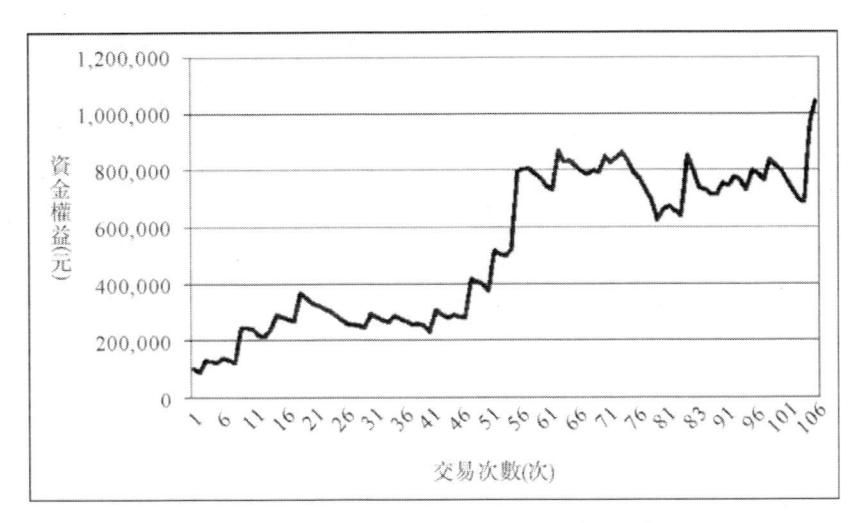

圖 3-116　國電南瑞復盤 10 年資金穩定推升上揚

（數據截至 2015 年 7 月 31 日）

●復盤啟示：起始資金 10 萬元，國電南瑞復盤 10 年，帳戶資金達 104 萬元，平均年化收益率達 94%，收益可觀。

10 年交易時間，資金總體呈現出穩定推升的態勢。階段性回撤次數較多，但回撤風險較小，風險與收益結合較好。

附表　　　　　　　　　　重要指標參數分析

帳戶交易時間（年）	交易次數（次）	成功次數（次）	勝率（%）	盈虧比	累積收益率（%）	平均年化收益率（%）	階段性回撤次數（次）	階段性最大回撤率（%）	單次最大收益（萬元）	單次最大收益率（%）	單次最大虧損（萬元）	單次交易最大回撤率（%）
10	106	34	32.08	1.76	943.56	94.36	6	-37.37	28.56	95.86	-6.65	-10.25

③東軟集團（600718，見圖3-117）。

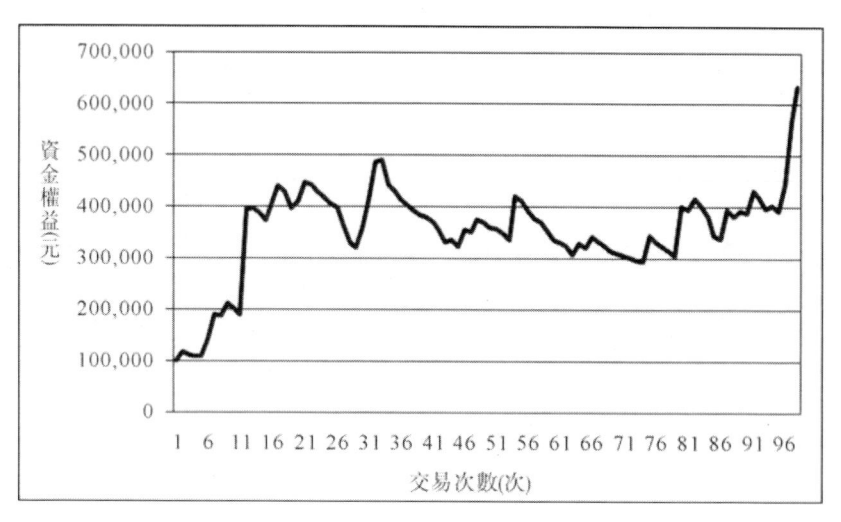

圖3-117 東軟集團復盤10年資金權益震盪時間較長

（數據截至2015年7月31日）

●復盤啟示：起始資金10萬元，東軟集團復盤10年，帳戶資金達到63萬元，平均年化收益率為53%。

10年交易時間，回撤次數較多，但階段性最大回撤率均未超過40%，並且經過第一次牛市後，趨勢形成累積了一定的資金，回撤完全在可控範圍之內，在長時期震盪下仍舊能夠保持良好的收益。

附表　　　　　　　　　重要指標參數分析

帳戶交易時間（年）	交易次數（次）	成功次數（次）	勝率（%）	盈虧比	累積收益率（%）	平均年化收益率（%）	階段性回撤次數（次）	階段性最大回撤率（%）	單次最大收益（萬元）	單次最大收益率（%）	單次最大虧損（萬元）	單次交易最大回撤率（%）
10	97	30	30.93	1.67	534.25	53.43	5	-34.26	20.50	108.31	-4.85	-9.88

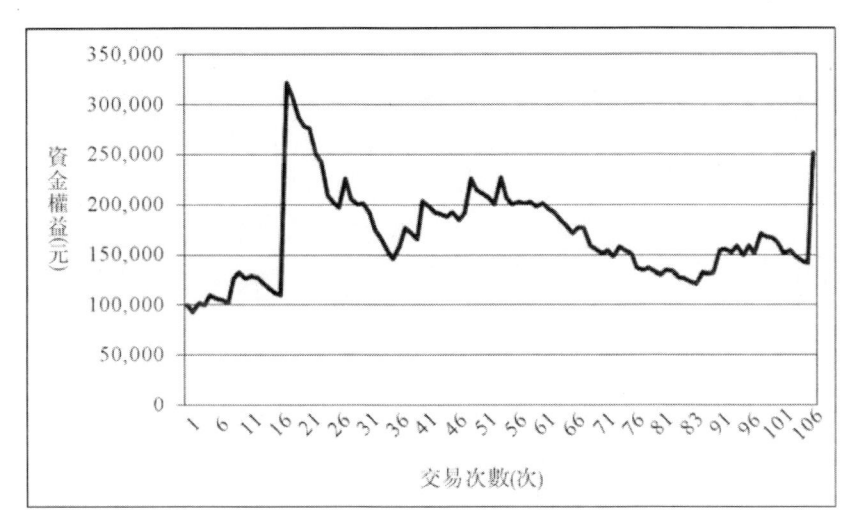

④浙大網新（600797，見圖 3-118）。

圖 3-118　浙大網新復盤 10 年資金震盪較大

（數據截至 2015 年 7 月 31 日）

●復盤啟示：起始資金 10 萬元，浙大網新復盤 10 年，帳戶資金達到 25 萬元，平均年化收益率為 15%。

該個股與板塊走勢之間出現較大差距，累積收益較低，回撤時間過長，回撤率也超過 50%。雖然按照體系操作 10 年累積有 15 萬元的利潤，但是收益明顯遜於同行業其他個股，可見一個合適的標的物可能取得更好的收益。

附表　　　　　　　　　　　重要指標參數分析

帳戶交易時間（年）	交易次數（次）	成功次數（次）	勝率（%）	益虧比	累積收益率（%）	平均年化收益率（%）	階段性回撤次數（次）	階段性最大回撤率（%）	單次最大收益（萬元）	單次最大收益率（%）	單次最大虧損（萬元）	單次交易最大回撤率（%）
10	106	32	30.19	1.30	151.52	15.15	4	-54.51	21.06	191.89	-3.29	-13.68

⑤中安消（600654，見圖3-119）。

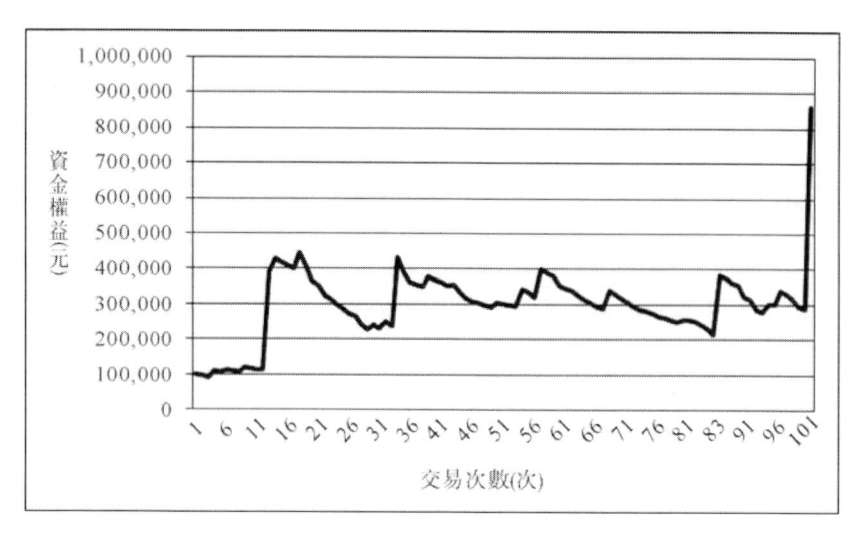

圖3-119　中安消復盤10年累積資金震盪後強勢上漲

（數據截至2015年7月31日）

●復盤啟示：起始資金10萬元，中安消復盤10年，帳戶資金達到86萬元，平均年化收益率為76%，收益可觀。

帳戶交易10年的過程中，較大的階段性回撤出現在2008年市場不好的情況之下，但回撤風險仍舊處於可控範圍，正是體系要求的嚴格止損，資金大部分時間都是在小幅震盪，帳戶也沒有出現大幅虧損。一直保持著跟蹤、不拋棄、不放棄，當真正的大趨勢形成之後，帳戶有足夠的資金作為累積，資金權益再上一個臺階。

附表　　　　　　　　　重要指標參數分析

帳戶交易時間（年）	交易次數（次）	成功次數（次）	勝率（%）	盈虧比	累積收益率（%）	平均年化收益率（%）	階段性回撤次數（次）	階段性最大回撤率（%）	單次最大收益（萬元）	單次最大收益率（%）	單次最大虧損（萬元）	單次交易最大回撤率（%）
10	100	21	21.00	1.85	762.19	76.22	4	-48.60	57.18	243.66	-4.58	-10.59

（3）交易優化對比（見圖3-120）。

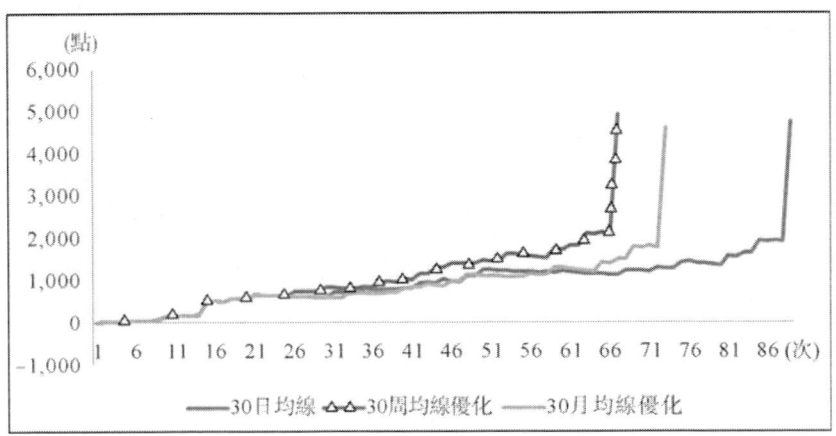

圖3-120　軟件服務板塊指數優化後盈虧曲線圖對比

●優化啟示：軟件服務板塊指數經過30周均線、30月均線的優化後，從圖形上看不出明顯的優化效果，變化不明顯。參數上主要是在盈虧比及操作成功率上有一定的提升。

優化中主要是規避風險較大的操作，而該板塊從30日均線的操作中可以看出，其本身風險就很小，回撤小、次數少，沒有明顯效果是因為其本身按照基本的操作就非常優秀，因此在累積資金上變化也不大。

在實際的操作當中，引入資金管理，在回撤及資金的累積效果上還會有一定的提升空間。

附表　　　　　　　　　　重要指標參數對比

參數 MA	帳戶交易時間（年）	交易次數（次）	成功次數（次）	勝率（%）	盈虧比	累積收益率（%）	平均年化收益率（%）	階段性回撤次數（次）	階段性最大回撤率（%）	單次最大收益（點）	單次最大收益率（%）	單次最大虧損（點）	單次交易最大回撤率（%）
30日均線	10	82	35	42.68	4.29	1,141	114	1	-43.10	1,629	155	-77	-6.83
30周均線	10	57	27	47.37	6.12	1,126	113	1	-35.58	1,629	155	-77	-6.83
30月均線	10	54	23	42.59	5.06	1,010	101	1	-37.67	1,629	155	-77	-6.83

13. 半導體板塊：收益穩步攀升，個股分化

● 10年的交易時間，半導體板塊指數平均年化收益率達到158%，遠遠跑贏了同期大盤指數。

● 10年交易時間裡，趨勢交易的次數共89次，雖然勝算率為32.6%，但是單次最大收益率就達到95%，可見一旦趨勢形成，利潤將十分豐厚。

● 半導體板塊指數單次最大回撤率僅為8%，階段性最大回撤率為31%。半導體行業技術更替快，加劇了該板塊波動幅度和個股分化。

● 選取樣本華微電子、超聲電子、士蘭微、太極實業、億晶光電、長電科技做復盤分析。

● 通過優化30周均線、30月均線做復盤比較分析，會發現優化后資金收益曲線更穩定、風險控制也更好。

2005—2015年半導體板塊指數與上證指數走勢圖如圖3-121所示：

圖3-121　2005—2015年半導體板塊指數與上證指數走勢圖

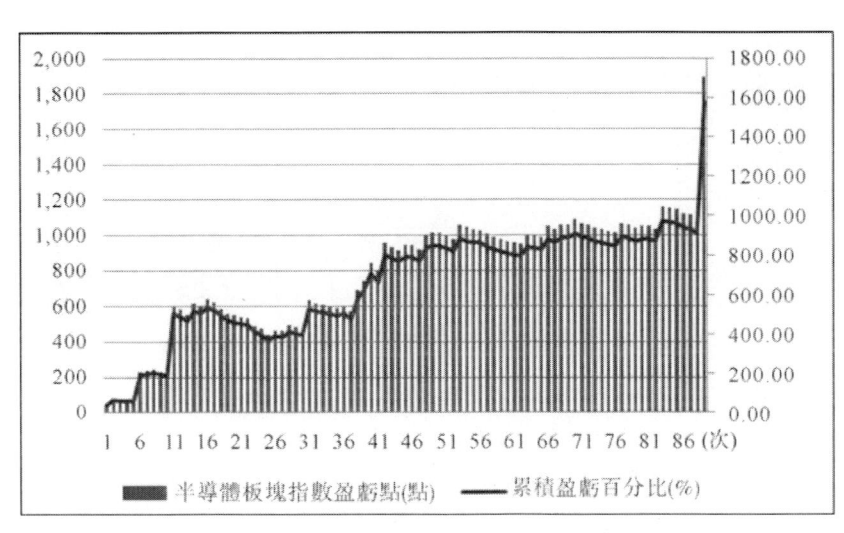

(1) 半導體板塊指數（880491）復盤分析（見圖3-122）。

圖3-122　半導體板塊指數復盤10年資金震盪上行

（數據截至2015年7月31日）

● 復盤啟示：半導體板塊指數起始點為200點，復盤10年，累積獲利1,891點，累積收益率達1,578%，平均年化收益率達158%，收益可觀。

資金權益震盪上行，階段性最大回撤率為30%左右，波動較大。

10年交易時間，成功規避了2008年全球經濟危機、2015年股災。破位時第一時間止損，就是為了防範大跌的風險。每次止損都當成真的，就能避免大跌的風險。

附表　　　　　　　　　　重要指標參數對比

帳戶交易時間（年）	交易次數（次）	成功次數（次）	勝率（%）	盈虧比	累積收益率（%）	平均年化收益率（%）	階段性回撤次數（次）	階段性最大回撤率（%）	單次最大收益（點）	單次最大收益率（%）	單次最大虧損（點）	單次交易最大回撤率（%）
10	89	29	32.58	3.18	1,577.60	157.76	2	−31.25	798.82	94.88	−47.97	−8.20

（2）半導體板塊樣本個股分析。

①華微電子（600360，見圖3-123）。

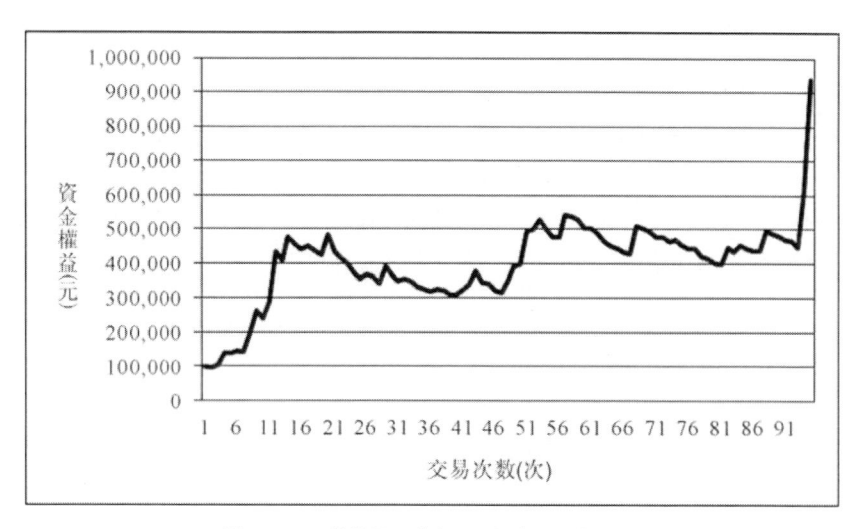

圖3-123　華微電子復盤10年資金震盪向上

（數據截至2015年7月31日）

●復盤啟示：起始資金10萬元，華微電子復盤10年，帳戶資金近94萬元，平均年化收益率為84%，收益遠遠跑贏同期大盤。

10年交易時間，成功規避了2008年全球經濟危機、2015年股災，股票破位時第一時間止損就是為了規避大跌的風險。

10年交易時間，抓住兩波趨勢機會，資金收益就不錯了。止損本身就是盈利的親兄弟，下跌永遠與上漲形影不離。止損出來，躲過風險；盈利來臨，持倉不動。

附表　　　　　　　　　　重要指標參數分析

帳戶交易時間（年）	交易次數（次）	成功次數（次）	勝率（%）	盈虧比	累積收益率（%）	平均年化收益率（%）	階段性回撤次數（次）	階段性最大回撤率（%）	單次最大收益（萬元）	單次最大收益率（%）	單次最大虧損（萬元）	單次交易最大回撤率（%）
10	95	32	33.68	2.06	838.10	83.81	3	-35.99	31.87	51.55	-4.77	-9.90

●詳解華微電子復盤歷程：2005—2015年，華微電子10年時間走勢整體呈現「上漲—下跌—上漲—震盪—上漲—回落」的過程，股性較為活躍，這與半導體行業的成長性密切相關。按照趨勢交易最基礎的30日均線交易法則，即上30日均線進，下30日均線出，10年時間裡，趨勢交易共計95次，成功概率為33.68%，平均年化收益率達83.81%，帳戶資金權益從10萬元漲至近百萬元。

趨勢交易操作95次，這95次主要分佈在股價震盪區間，即趨勢不明朗時期，這個時期需要不斷地去嘗試機會。趨勢交易每次都是用小止損去不斷嘗試機會，即使錯了也不會傷筋動骨，這樣就保證趨勢不利時能生存下來。華微電子有63次出現虧損，單項虧損率超過10%的沒有出現，虧損率在5%~10%的有11次，**虧損率在5%以內的有52次，占比達82.5%**。

當上升趨勢時，趨勢交易便很輕鬆，2006年、2015年總計操作8次。一旦趨勢形成就長期持有了，直到趨勢出現拐頭跡象才賣出。比如2006年11月27日，華微電子股價上30日均線，符合買入原則，該次交易要一直持有至2007年2月27日時才有賣出信號，此次交易持有時間長達3個月，一次收益率達49.06%。**賣出不代表趨勢交易不做它了，真正的洗盤騙不了趨勢交易者，因為當股價再次符合買入條件時，趨勢交易者會毫不猶豫地跟進去**。2015年2月11日股價符合原則進場，2015年5月7日破30日均線賣出；5月8日再次符合條件上30日均線買入，直到2015年6月25日賣出。這兩次交易分別獲利38.09%和51.55%，兩次交易直接推升資金權益從44.9萬元到93.8萬元。趨勢交易就是在趨勢形成時讓利潤奔跑。

下跌趨勢形成時，空倉耐心等待，空倉也是一種交易。**趨勢交易把風險放在了首位，先控制風險，再追求利潤**。正是因為養成了這種截斷虧損的習慣，讓我們在2008年全球經濟危機和2015年股災中全身而退，從而規避了大的損失。2015年6月25日華微電子股價跌破30日均線賣出，一直到2015年7月31日均未出現買入信號，從而在下跌中一直處於空倉狀態，保存了實力。

不管股價處於震盪、上漲、下跌，趨勢交易都做好了應對策略，以不變應萬變，追求穩定的、較好的年化收益率。

②超聲電子（000823，見圖 3-124）。

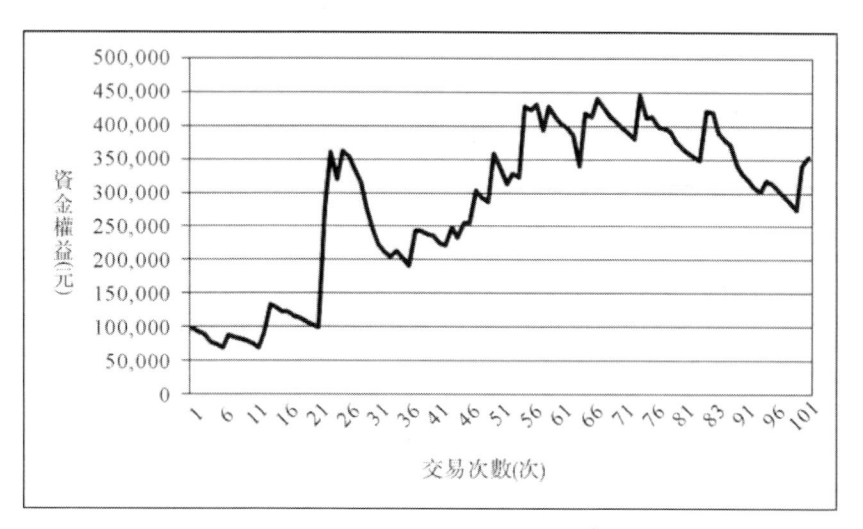

圖 3-124　超聲電子復盤 10 年資金寬幅震盪

（數據截至 2015 年 7 月 31 日）

●復盤啟示：起始資金 10 萬元，超聲電子復盤 10 年，帳戶資金達到 35 萬元，平均年化收益率為 25%，未跑贏同期上證復盤年化收益（56%），但足以跑贏銀行定期收益。

資金權益寬幅震盪，階段性最大回撤率為 47%，波動較大。

10 年交易時間，成功規避了 2008 年全球經濟危機、2015 年股災。破位時第一時間止損，就是為了防範大跌的風險。每次止損都當成真的，就能避免大跌的風險。

附表　　　　　　　　　　　　　重要指標參數分析

帳戶交易時間（年）	交易次數（次）	成功次數（次）	勝率（%）	盈虧比	累積收益率（%）	平均年化收益率（%）	階段性回撤次數（次）	階段性最大回撤率（%）	單次最大收益（萬元）	單次最大收益率（%）	單次最大虧損（萬元）	單次交易最大回撤率（%）
10	103	26	25.24	1.29	253.15	25.31	4	-46.99	18.05	182.45	-4.70	-12.68

③士蘭微（600460，見圖 3-125）。

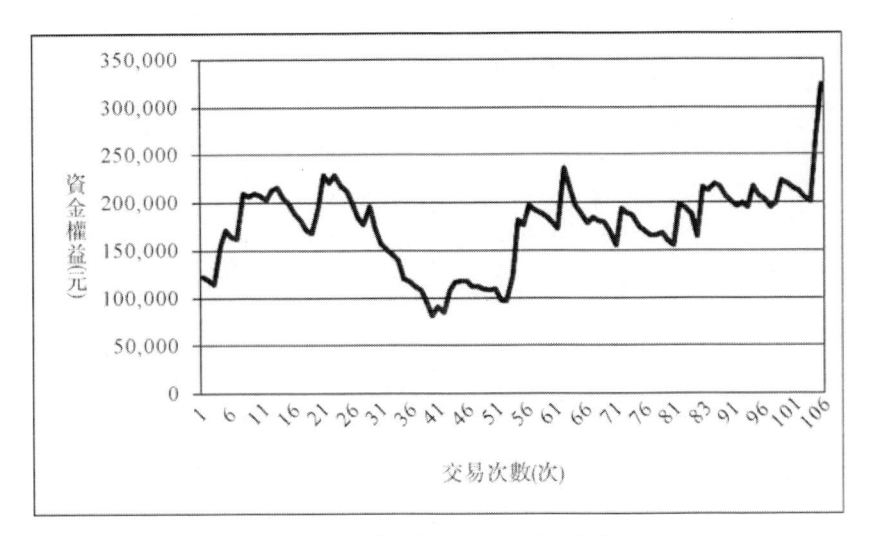

圖 3-125　士蘭微復盤 10 年資金波動較大

（數據截至 2015 年 7 月 31 日）

●復盤啟示：起始資金 10 萬元，士蘭微復盤 10 年，帳戶資金達到 32 萬元，平均年化收益率為 22%，收益未跑贏上證復盤年化收益（56%），但已顯著跑贏銀行定期收益。

資金權益曲線波動較大，階段性最大回撤率達 64%，但只要等待趨勢來臨，資金仍能實現正收益。

10 年交易時間，成功規避了 2008 年全球經濟危機、2015 年股災。破位時第一時間止損，就是為了防範大跌的風險。每次止損都當成真的，就能避免大跌的風險。

附表　　　　　　　　　重要指標參數分析

帳戶交易時間（年）	交易次數（次）	成功次數（次）	勝率（%）	盈虧比	累積收益率（%）	平均年化收益率（%）	階段性回撤次數（次）	階段性最大回撤率（%）	單次最大收益（萬元）	單次最大收益率（%）	單次最大虧損（萬元）	單次交易最大回撤率（%）
10	109	32	29.36	1.41	223.58	22.36	2	-64.32	6.80	48.58	-2.35	-14.71

④太極實業（600667，見圖 3-126）。

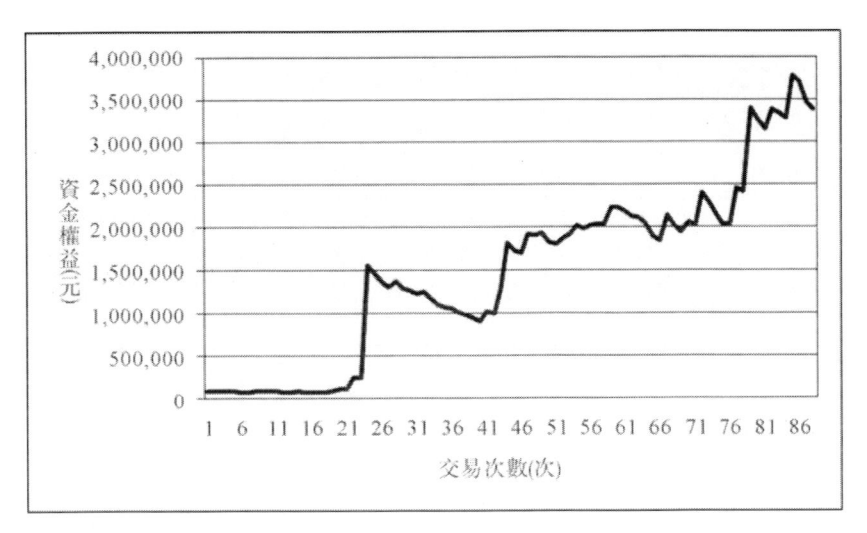

圖 3-126　太極實業復盤 10 年資金從 10 萬元到 300 余萬元

（數據截至 2015 年 7 月 31 日）

●復盤啟示：起始資金 10 萬元，太極實業復盤 10 年，帳戶資金達 338 萬元，平均年化收益率達 328%，收益十分可觀。

資金權益曲線波動較大，階段性最大回撤率達 42%，但不改資金上行態勢。虧損是按照屬於自己的體系做出來的，無須畏懼，因為收益很快就會到來。

10 年交易時間，趨勢交易共 88 次，勝率為 30%，但一旦趨勢形成，單次最大獲利為 130 余萬元，10 年時間資金權益從 10 萬元漲至 300 余萬元。

附表　　　　　　　　　重要指標參數分析

帳戶交易時間(年)	交易次數(次)	成功次數(次)	勝率(%)	盈虧比	累積收益率(%)	平均年化收益率(%)	階段性回撤次數(次)	階段性最大回撤率(%)	單次最大收益(萬元)	單次最大收益率(%)	單次最大虧損(萬元)	單次交易最大回撤率(%)
10	88	26	29.55	2.14	3,280.57	328.06	2	-41.88	130.56	519.90	-24.22	-7.52

⑤億晶光電（600537，見圖3-127）。

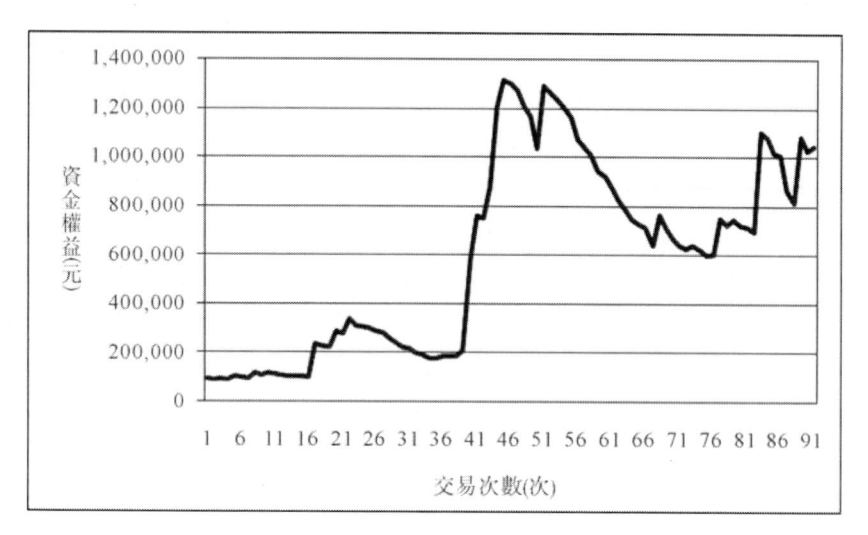

圖3-127　億晶光電復盤10年資金波動較大

（數據截至2015年7月31日）

●復盤啟示：起始資金10萬元，億晶光電復盤10年，帳戶資金達到104萬元，平均年化收益率為94%，收益可觀。

資金權益波動較大，階段性最大回撤率達53%，但只要堅持體系交易，資金亦能實現較高收益。體系能幫助我們克服內心的恐懼，度過不利時期。

10年交易時間，成功規避了2008年全球經濟危機、2015年股災。破位時第一時間止損，就是為了防範大跌的風險。每次止損都當成真的，就能避免大跌的風險。

附表　　　　　　　　　　重要指標參數分析

帳戶交易時間(年)	交易次數(次)	成功次數(次)	勝率(%)	盈虧比	累積收益率(%)	平均年化收益率(%)	階段性回撤次數(次)	階段性最大回撤率(%)	單次最大收益(萬元)	單次最大收益率(%)	單次最大虧損(萬元)	單次交易最大回撤率(%)
10	91	26	28.57	1.53	944.43	94.44	2	-53.37	40.75	175.09	-14.14	-14.03

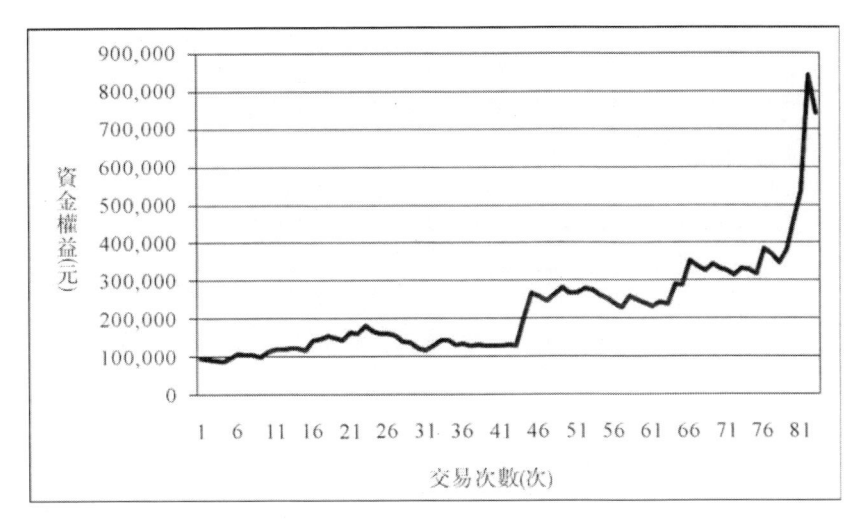

⑥長電科技（600584，見圖3-128）。

圖3-128　長電科技復盤10年資金震盪上行

（數據截至2015年7月31日）

●復盤啟示：起始資金10萬元，長電科技復盤10年，帳戶資金達74萬元，平均年化收益率為64%，收益遠遠跑贏同期大盤。

資金權益震盪上行，走勢相對穩定，風險較為可控。

10年交易時間，趨勢交易共83次，勝率為39%，趨勢交易不頻繁操作，止損次數多，但每次的止損額度都不大，這就保證了在不利時期能生存下來。

附表　　　　　　　　　　重要指標參數分析

帳戶交易時間（年）	交易次數（次）	成功次數（次）	勝率（%）	盈虧比	累積收益率（%）	平均年化收益率（%）	階段性回撤次數（次）	階段性最大回撤率（%）	單次最大收益（萬元）	單次最大收益率（%）	單次最大虧損（萬元）	單次交易最大回撤率（%）
10	83	32	38.55	2.38	641.06	64.11	2	-35.18	30.55	57.63	-10.01	-11.91

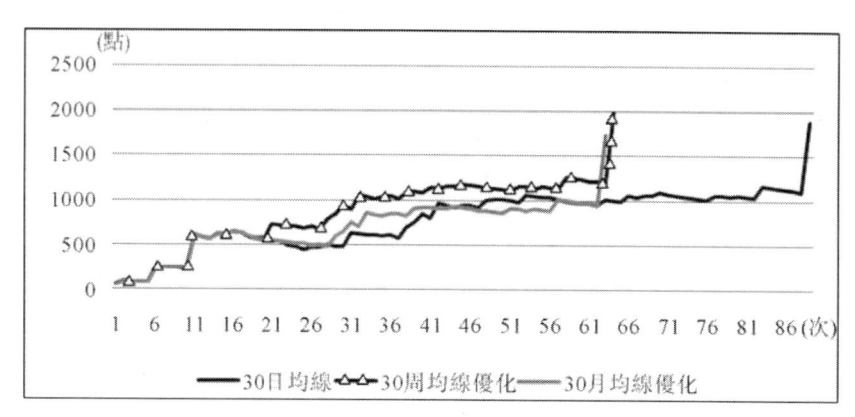

(3) 交易優化對比（見圖 3-129）。

圖 3-129 半導體板塊指數優化后盈虧曲線圖對比

●優化啟示：通過 30 周均線、30 月均線優化半導體板塊指數后，可以發現優化后階段性回撤率下降，相對的收益也出現了下降，低風險對應低收益，降低風險的同時也減少了利潤。

優化后交易次數明顯減少，這是因為當大週期走壞時，即使短週期符合也不會交易，規避風險為第一要務。

附表　　　　　　　　　　重要指標參數對比

參數 MA	帳戶交易時間（年）	交易次數（次）	成功次數（次）	勝率（%）	盈虧比	累積收益率（%）	平均年化收益率（%）	階段性回撤次數（次）	階段性最大回撤率（%）	單次最大收益（點）	單次最大收益率（%）	單次最大虧損（點）	單次交易最大回撤率（%）
30 日均線	10	89	29	32.58	3.18	1,578	158	2	-31.25	799	95	-48	-8.20
30 周均線	10	64	24	37.50	4.47	1,653	165	2	-11.25	799	95	-48	-6.13
30 月均線	10	63	22	34.92	3.95	1,445	144	2	-26.41	799	95	-48	-6.13

14. **元器件板塊：漸入成熟期，個股走勢好於板塊**

●10 年交易時間，元器件板塊指數平均年化收益率達到 58%，跑贏同期大盤指數。

●10 年時間裡，趨勢交易的次數共 92 次，雖然勝率為 35%，但單次最大收益率就達到了 113%，可見一旦趨勢形成，利潤將十分豐厚。

●元器件板塊指數單次最大回撤率僅為 9%，階段性最大回撤率為 31%，波動相對較大。

●選取樣本聯創光電、航天電器、科力遠、生益科技、天通股份、中科三環做復盤分析，個股走勢好於板塊。

●通過優化 30 周均線、30 月均線做復盤比較分析，會發現優化后資金收益曲線更穩定、風險控制也更好。

2005—2015 年元器件板塊指數與上證指數走勢圖如圖 3-130 所示：

圖 3-130　2005—2015 年元器件板塊指數與上證指數走勢圖

（1）元器件板塊指數（880492）復盤分析（見圖3-131）。

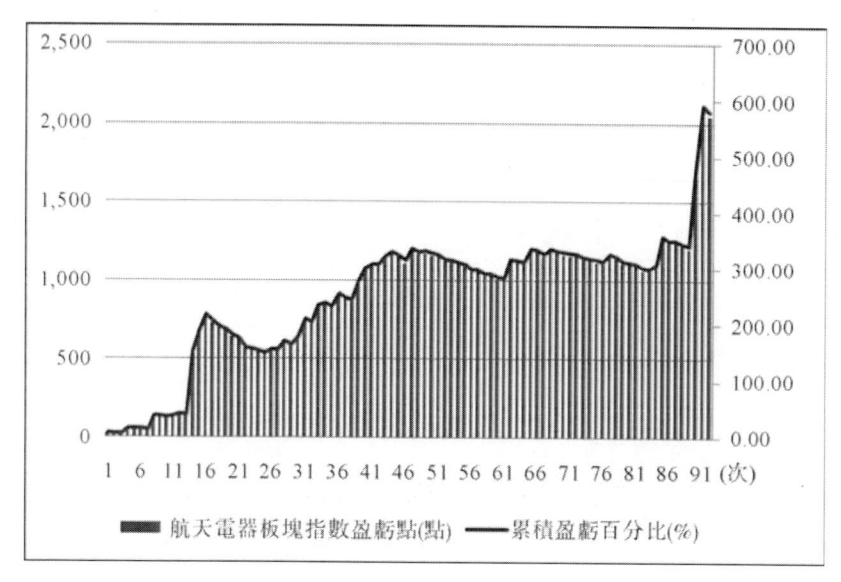

圖3-131　元器件板塊指數復盤10年資金穩健上行

（數據截至2015年7月31日）

● 復盤啟示：元器件板塊指數起始點為203點，復盤10年，累積獲利2,043點，累積收益率達580%，平均年化收益率為58%，收益跑贏同期大盤指數。

資金權益曲線穩健上行，階段性最大回撤率控制在30%左右，波動較大。

10年交易時間，成功規避了2008年全球經濟危機、2015年股災。破位時第一時間止損，就是為了防範大跌的風險。每次止損都當成真的，就能避免大跌的風險。

附表　　　　　　　　　　　　　　　重要指標參數分析

帳戶交易時間（年）	交易次數（次）	成功次數（次）	勝率（%）	盈虧比	累積收益率（%）	平均年化收益率（%）	階段性回撤次數（次）	階段性最大回撤率（%）	單次最大收益（點）	單次最大收益率（%）	單次最大虧損（點）	單次交易最大回撤率（%）
10	92	32	34.78	3.20	580.45	58.04	2	-31.29	461.97	112.78	-58.61	-9.08

（2）元器件板塊樣本個股分析。

①聯創光電（600363，見圖3-132）。

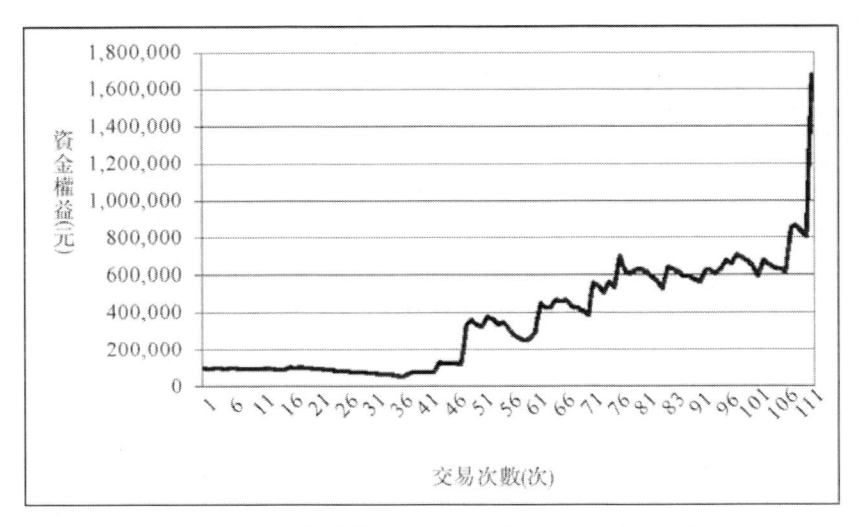

圖3-132 聯創光電復盤14年資金從10萬元到上百萬元

（數據截至2015年7月31日）

●復盤分析：起始資金10萬元，聯創光電復盤14年，資金權益達167萬元，平均年化收益率達112%，收益可觀。

資金權益震盪上行，體系內的回撤往往是獲利的開始。資金從2001年的10萬元虧損到2005年的5萬元左右，階段性最大回撤率高達50%，這段時間應該是最折磨人的，畢竟是本金的虧損，這比盈利后的回撤更考驗人性。即使這樣，抓住3波趨勢機會，資金亦能實現上百萬元的收益，這說明體系內的回撤並不可怕，體系可以幫助我們克服人性的弱點，只要堅持，就能等到趨勢利潤。

附表　　　　　　　　　　重要指標參數分析

帳戶交易時間(年)	交易次數(次)	成功次數(次)	勝率(%)	盈虧比	累積收益率(%)	平均年化收益率(%)	階段性回撤次數(次)	階段性最大回撤率(%)	單次最大收益(萬元)	單次最大收益率(%)	單次最大虧損(萬元)	單次交易最大回撤率(%)
14	115	33	28.70	2.56	1,571.70	112.26	3	-50.28	86.88	178.45	-8.12	-11.63

●詳解聯創光電復盤歷程：2001—2015 年，聯創光電復盤 14 年時間走勢整體呈現震盪上漲態勢，股價波動較大。元器件板塊個股經歷了高成長期，漸入成熟期。按照趨勢交易最基礎的 30 日均線交易法則，聯創光電復盤 14 年時間，共計交易 115 次，成功概率不足 30%，但平均年化收益率能達到 112.26%，表現優異。

115 次趨勢交易操作主要分佈在股價震盪區間，即趨勢不明朗時期，這個時期需要不斷地去嘗試機會。比如 2002 年、2004 年、2005 年、2012 年、2013 年聯創光電股票基本處於震盪格局，這 6 年時間操作次數總計為 51 次，佔比 44%。值得注意的是，初始資金從 2001 年的 10 萬元到 2005 年的虧損為 5 萬元左右，階段性最大回撤率高達 50.26%，這段時間應該是最折磨人的，畢竟是本金的虧損，這比盈利後的回撤更考驗人性。即使這樣，最終資金亦能實現百萬元的收益。**資金權益總會有一定幅度的回撤，關鍵是有多少人能夠承受。**

當股票趨勢形成，趨勢交易者就長期持有，直到趨勢出現拐頭跡象才賣出。聯創光電單次最大收益率為 178.45%，出現在 2007 年 1 月 5 日，股價上 30 日均線符合買入原則，直到 2007 年 6 月 10 日時賣出，該次交易持有時間達 5 個月。賣出不代表趨勢交易就不跟蹤它了，當股價再次符合買入條件時，又會毫不猶豫地再跟進去。比如 2015 年 2 月 11 日再次買入，直到 2015 年 6 月 19 日賣出，一次交易獲利達 86.88 萬元。**趨勢交易不預測價格頂部，趨勢機會是對忠誠者的獎賞。**

當下跌風險來臨，股票破位第一時間賣出，截斷虧損；下跌趨勢形成時，空倉耐心等待，空倉也是一種交易。趨勢交易把風險放在了首位，先控制風險，再追求利潤。聯創光電單次最大回撤率為 11.62%，第一時間截斷虧損是鐵的紀律。聯創光電總共交易 115 次，其中有 82 次出現虧損。這 82 次中，單次虧損率超過 10% 的有 2 次，虧損率在 5%~10% 的有 14 次，虧損率在 5% 以內的有 66 次，佔比達 80%。可見大多數的虧損都是很小的，每一次的小虧損都是為抓住趨勢機會做準備，就像詠春拳一樣，貼身近打，哪怕失敗仍然不離不棄，直到抓住機會並給對手致命一擊。

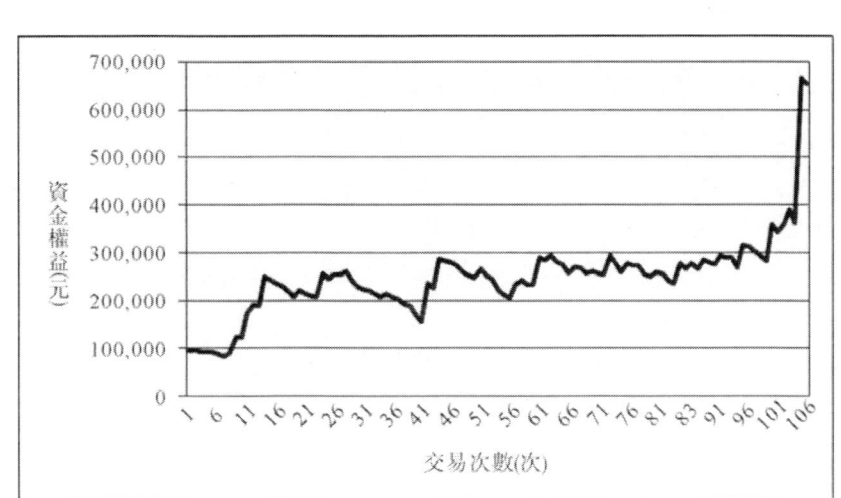

②航天電器（002025，見圖 3-133）。

圖 3-133　航天電器復盤 11 年資金橫盤向上

（數據截至 2015 年 7 月 31 日）

●復盤分析：起始資金 10 萬元，航天電器復盤 11 年，資金權益為 65 萬元，平均年化收益率為 50%，收益未跑贏同期上證復盤收益（56%），但遠遠跑贏銀行定期存款收益和許多基金收益。

資金權益橫盤時間較長，期間總會有一定幅度的回撤，關鍵是有多少人能承受。

11 年交易時間，趨勢交易共 107 次，勝率為 32%，單次交易最大獲利 30 萬元，最大虧損不到 3 萬元，小虧損是為尋找趨勢付出的成本。趨勢機會是嘗試出來的，而不是說出來的。

附表　　　　　　　　重要指標參數分析

帳戶交易時間（年）	交易次數（次）	成功次數（次）	勝率（%）	盈虧比	累積收益率（%）	平均年化收益率（%）	階段性回撤次數（次）	階段性最大回撤率（%）	單次最大收益（萬元）	單次最大收益率（%）	單次最大虧損（萬元）	單次交易最大回撤（%）
11	107	34	31.78	1.91	553.82	50.35	3	-39.62	30.31	84.00	-2.79	-10.03

③科力遠（600478，見圖3-134）。

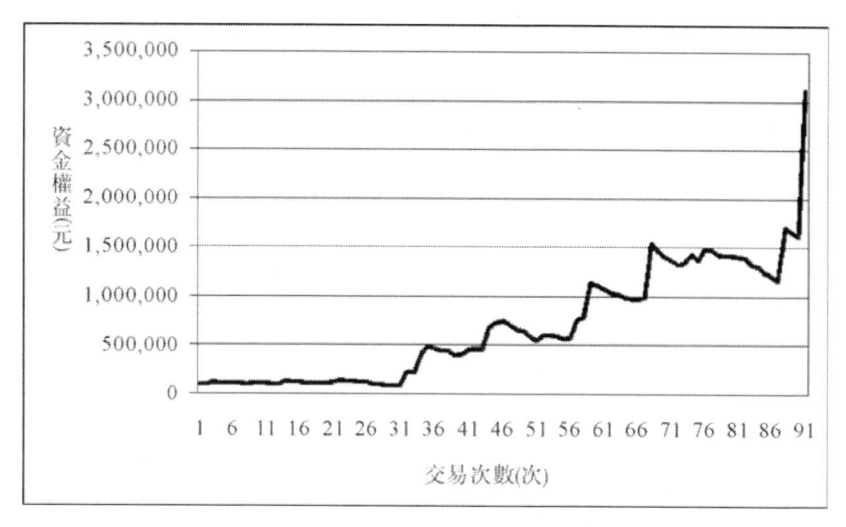

圖3-134 科力遠復盤12年資金從10萬元到200余萬元

（數據截至2015年7月31日）

● 復盤分析：起始資金10萬元，科力遠復盤12年，資金權益達312萬元，平均年化收益率達251%，表現突出。

資金權益震盪上行，階段性最大回撤率為40%，底部區間不斷抬高。回撤和上漲往往形影不離，經得起回撤，才能守得住上漲。

12年交易時間，趨勢交易共91次，平均1年不到10次，平均1個月不到1次，這就是趨勢交易，大多數時間都在空倉等待，就像狙擊手一樣，等待時機再出手。

附表　　　　　　　　　　重要指標參數分析

帳戶交易時間（年）	交易次數（次）	成功次數（次）	勝率（%）	盈虧比	累積收益率（%）	平均年化收益率（%）	階段性回撤次數（次）	階段性最大回撤率（%）	單次最大收益（萬元）	單次最大收益率（%）	單次最大虧損（萬元）	單次交易最大回撤率（%）
12	91	30	32.97	3.29	3,017.63	251.47	3	−39.54	150.36	170.51	−7.20	−18.99

④生益科技（600183，見圖3-135）。

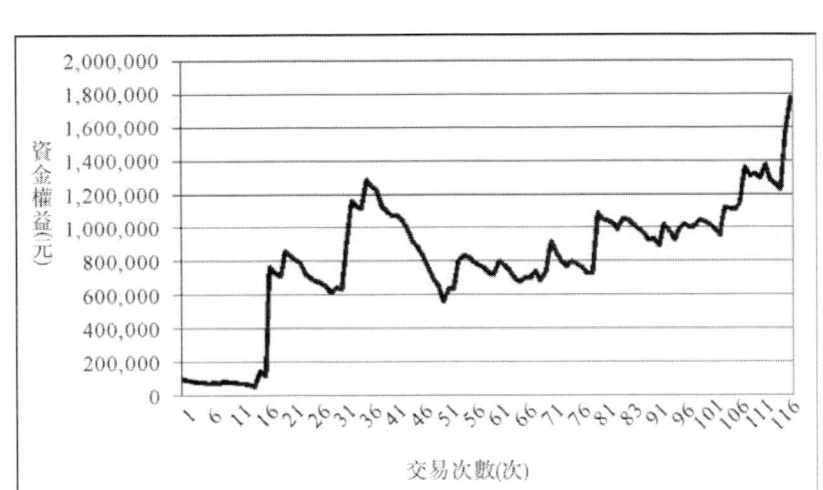

圖3-135　生益科技復盤11年資金從10萬元到上百萬元

（數據截至2015年7月31日）

●復盤分析：起始資金10萬元，生益科技復盤11年，資金權益近178萬元，平均年化收益率達152%，收益可觀。

資金權益震盪上行，途中階段性最大回撤率達57%，但不改變資金上行的態勢。趨勢交易是讓資金成為我們的工具，而不是讓我們成為金錢的奴隸。

11年交易時間，趨勢交易共120次，勝率為30%，單次交易最大收益率達559%，可見一旦形成趨勢，就可盡情獲利。

附表　　　　　　　　　　重要指標參數分析

帳戶交易時間（年）	交易次數（次）	成功次數（次）	勝率（%）	盈虧比	累積收益率（%）	平均年化收益率（%）	階段性回撤次數（次）	階段性最大回撤率（%）	單次最大收益（萬元）	單次最大收益率（%）	單次最大虧損（萬元）	單次交易最大回撤率（%）
11	120	36	30.00	1.69	1,676.65	152.42	3	-56.56	64.88	559.43	-10.25	-23.44

⑤天通股份（600330，見圖3-136）。

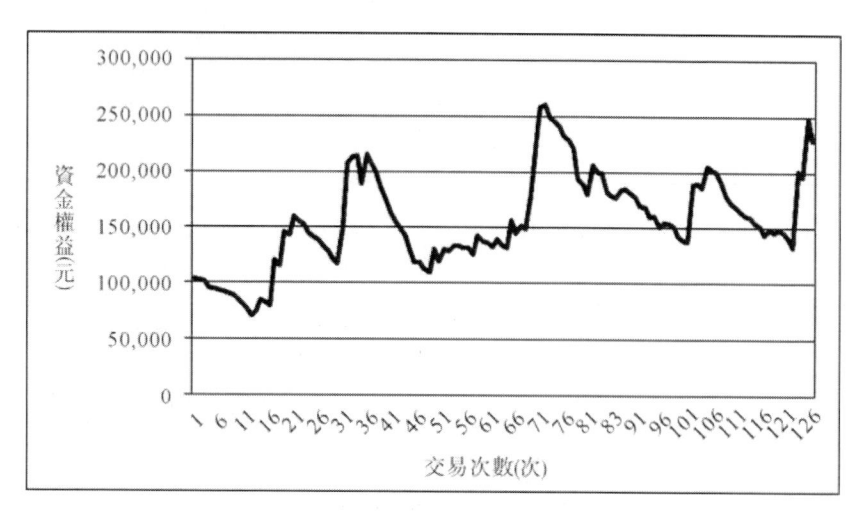

圖3-136　天通股份復盤11年資金波動大

（數據截至2015年7月31日）

● 復盤分析：起始資金10萬元，天通股份復盤11年，資金權益為23萬元，平均年化收益率為12%，收益未跑贏同期上證復盤收益（56%），但跑贏銀行定期存款收益。

資金權益寬幅震盪，階段性最大回撤率達49%，波動較大，震盪是趨勢醞釀的必經之路。

11年交易時間，趨勢交易共130次，這樣的交易次數在趨勢復盤中已算較高了，頻繁的操作抑制了趨勢利潤的累積。在震盪中，趨勢交易的次數往往較多，一定程度上消耗了趨勢利潤的累積，從而影響整體收益。

附表　　　　　　　　　　重要指標參數分析

帳戶交易時間（年）	交易次數（次）	成功次數（次）	勝率（%）	盈虧比	累積收益率（%）	平均年化收益率（%）	階段性回撤次數（次）	階段性最大回撤率（%）	單次最大收益（萬元）	單次最大收益率（%）	單次最大虧損（萬元）	單次交易最大回撤率（%）
11	130	34	26.15	1.23	127.37	11.58	3	-48.91	6.83	51.60	-2.76	-12.52

⑥中科三環（000970，見圖 3-137）。

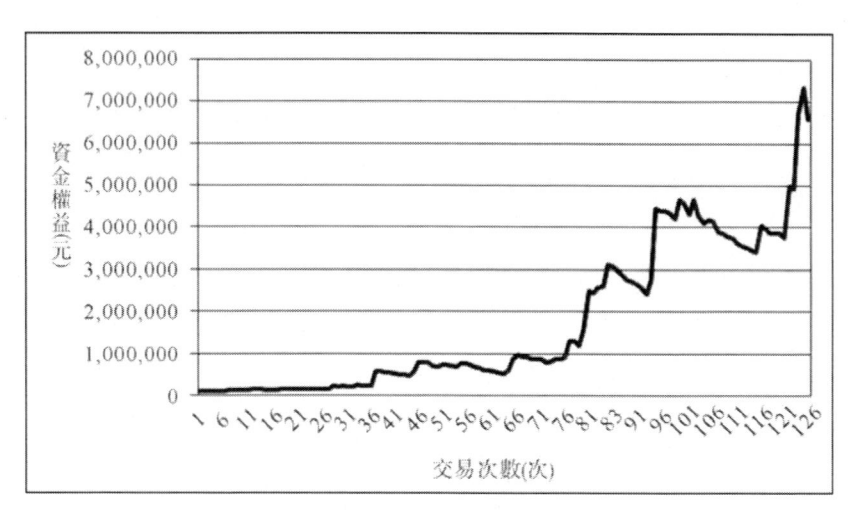

图 3-137　中科三環復盤 15 年資金從 10 萬元到 600 餘萬元

（數據截至 2015 年 7 月 31 日）

●復盤分析：起始資金 10 萬元，中科三環復盤 15 年，資金權益達 658 萬元，平均年化收益率達 432%，成績優異。

資金權益震盪上行，階段性最大回撤率控制在 30% 左右，走勢相對穩定。

15 年交易時間，趨勢交易勝率為 31%，單次交易最大獲利 178 萬元。每一次的止損都是為抓住趨勢機會做準備，就像詠春拳一樣，貼身近打，哪怕失敗仍然不離不棄，直到抓住機會並給對手致命一擊。

附表　　　　　　　　　　重要指標參數分析

帳戶交易時間（年）	交易次數（次）	成功次數（次）	勝率（%）	盈虧比	累積收益率（%）	平均年化收益率（%）	階段性回撤次數（次）	階段性最大回撤率（%）	單次最大收益（萬元）	單次最大收益率（%）	單次最大虧損（萬元）	單次交易最大回撤（%）
15	129	40	31.01	2.36	6,481.92	432.13	3	-34.23	177.77	155.88	-74.92	-10.56

（3）交易優化對比（見圖3-138）。

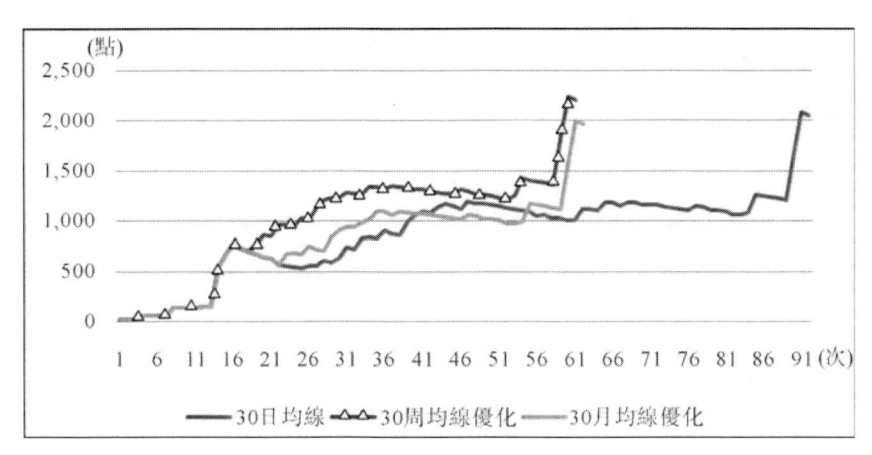

圖 3-138　元器件板塊指數優化后盈虧曲線圖對比

●優化啟示：通過30周均線、30月均線優化元器件板塊指數后，可以發現優化后階段性回撤率下降明顯，但收益波動不明顯，以30周均線為優。

優化后交易次數明顯減少，這是因為當大週期走壞時，即使短週期符合也不會交易，規避風險為第一要務。

附表　　　　　　　　　　重要指標參數對比

參數 MA	帳戶 交易 時間 （年）	交易 次數 （次）	成功 次數 （次）	勝率 （%）	盈虧比	累積 收益率 （%）	平均 年化 收益率 （%）	階段性 回撤 次數 （次）	階段性 最大 回撤率 （%）	單次 最大 收益 （點）	單次 最大 收益率 （%）	單次 最大 虧損 （點）	單次 交易 最大 回撤率 （%）
30日均線	10	92	32	34.78	3.20	580	58	2	-31.29	462	113	-59	-9.08
30周均線	10	61	25	40.98	5.73	625	63	2	-9.10	462	113	-41	-4.85
30月均線	10	62	24	38.71	4.36	555	55	2	-26.34	462	113	-59	-9.08

15. 化工板塊：受原油價格波動影響，週期性強

● 10 年交易時間，化工板塊指數平均年化收益率達到 111%，遠遠跑贏同期大盤指數。

● 10 年的時間裡，趨勢交易的次數共 82 次，雖然勝率為 38%，但單次最大收益率達到 152%，可見一旦趨勢形成，利潤將十分豐厚。

● 化工板塊指數單次最大回撤率僅為 7%，階段性最大回撤率為 28%，受原油價格影響而上下波動。

● 選取樣本魯西化工、昌九生化、紅太陽、沙隆達 A、山東海化做復盤分析，傳統企業回撤幅度較大。

● 通過優化 30 周均線、30 月均線做復盤比較分析，發現優化后資金收益曲線更穩定、風險控制也更好。

2005—2015 年化工板塊指數與上證指數走勢圖如圖 3-139 所示：

圖 3-139　2005—2015 年化工板塊指數與上證指數走勢圖

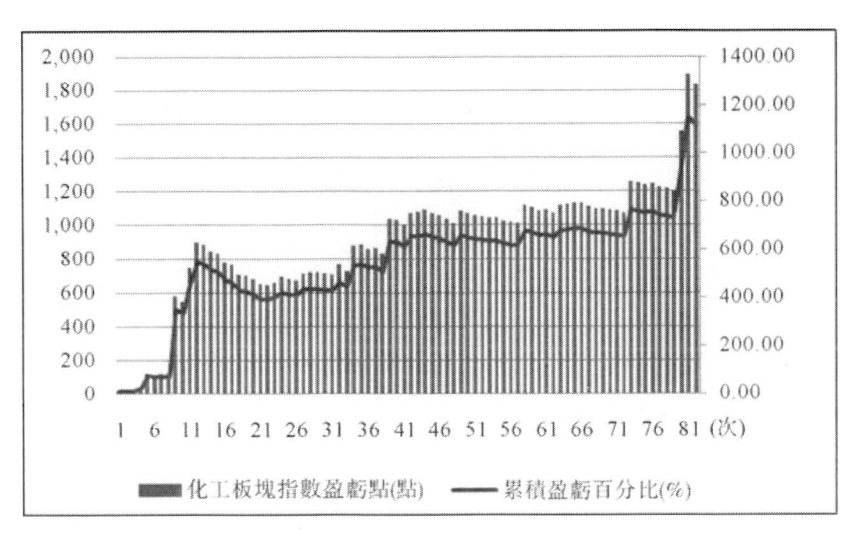

(1) 化工板塊指數（880335）復盤分析（見圖 3-140）。

圖 3-140　化工板塊指數復盤 10 年資金權益震盪上揚

（數據截至 2015 年 7 月 31 日）

●復盤啟示：化工板塊指數起始點為 165 點，復盤 10 年，累積獲利為 1,834 點，累積收益率達 1,111%，平均年化收益率達 111%，收益十分可觀。

盈虧權益呈穩步上升的趨勢，兩次趨勢的形成保證了可觀的收益，階段性回撤較小，回撤風險較低。兩次趨勢形成均有較強的上漲力量，板塊總體表現優秀。

附表　　　　　　　　　重要指標參數分析

帳戶交易時間(年)	交易次數(次)	成功次數(次)	勝率(%)	盈虧比	累積收益率(%)	平均年化收益率(%)	階段性回撤次數(次)	階段性最大回撤率(%)	單次最大收益(點)	單次最大收益率(%)	單次最大虧損(點)	單次交易最大回撤率(%)
10	82	31	37.80	3.21	1,111.52	111.15	4	-28.33	457	151.83	-61	-7.11

（2）化工板塊樣本個股分析。

①魯西化工（000830，見圖3-141）。

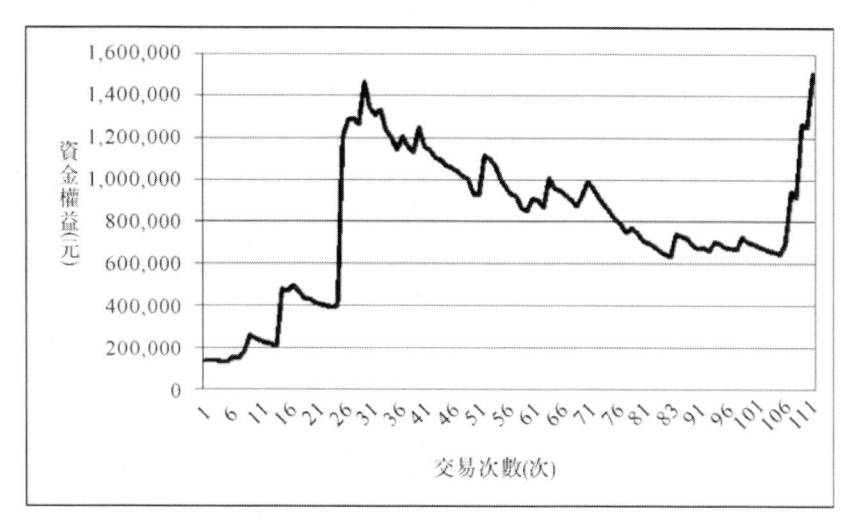

圖 3-141　魯西化工復盤 10 年資金從 10 萬元到上百萬元

（數據截至 2015 年 7 月 31 日）

●復盤啟示：起始資金 10 萬元，魯西化工復盤 10 年，帳戶累積資金達 150 萬元，平均年化收益率達 140%，收益十分可觀。

10 年時間內，兩次主要趨勢的形成累積了大部分資金，曾有單次操作收益率達到 201% 的情況，這就是趨勢符合時的最大化利潤率。

該個股出現了較長時間的震盪回撤，實際操作中有很大的優化空間，尤其是加入大週期的優化之後，會減少一部分操作。當大週期走壞時空倉，降低回撤幅度，從而使收益更加穩定。

附表　　　　　　　　　　重要指標參數分析

帳戶交易時間（年）	交易次數（次）	成功次數（次）	勝率（%）	盈虧比	累積收益率（%）	平均年化收益率（%）	階段性回撤次數（次）	階段性最大回撤率（%）	單次最大收益（萬元）	單次最大收益率（%）	單次最大虧損（萬元）	單次交易最大回撤率（%）
10	112	29	25.89	1.70	1,405.21	140.52	2	-55.29	80.17	201.86	-11.51	-7.88

●詳解魯西化工復盤歷程：魯西化工復盤時採用的數據是 2005—2015 年的歷史數據，這 10 年間的走勢整體呈現「上漲—下跌—震盪—上漲」的過程，股價起伏不定，因此要想每次都預測交易成功是不可能的。交易方法具有操作性，上 30 日均線進，下 30 日均線出。魯西化工 10 年期間趨勢交易共 112 次，勝率僅為 26%，但平均年化收益率達到 140.52%，收益十分可觀。

112 次趨勢交易操作主要的收益集中在兩次趨勢形成的時候。當上升趨勢時，趨勢交易便很輕鬆，比如 2005 年 12 月 23 日，魯西化工股價上 30 日均線，符合買入原則，一直持續到 2006 年 6 月 9 日才符合原則賣出，該次交易收益率達到 130.88%。2007 年 1 月 5 日也滿足交易原則，股價上 30 日均線，在持有了 5 個月後，最終一次收益率達到 201.86%。一旦趨勢形成就長期持有，直到趨勢出現拐頭跡象才賣出。賣出不代表不做它了，當股價再次符合買入條件時，趨勢交易會毫不猶豫地跟進去。比如 2007 年 7 月 25 日和 2007 年 9 月 13 日均發出買入信號。

當下跌風險來臨時，股票破位第一時間賣出，截斷虧損；下跌趨勢形成時，空倉耐心等待，空倉也是一種交易。趨勢交易把風險放在了首位，先控制風險，再追求利潤。魯西化工單次最大虧損率為 7.88%，階段性最大回撤率為 55.29%，波動較大。魯西化工總共交易 112 次，交易較為頻繁，其中 83 次出現虧損。這 83 次中，單次虧損率超過 10% 的一次也沒有，虧損率在 5%～10% 的有 10 次，虧損率在 5% 以下的有 73 次，占比達到 88%。可見，**每次趨勢交易都用小的止損法去嘗試機會，雖然虧損次數多，但是在跟蹤趨勢交易的過程中一旦抓住機會，最后得到的利潤還是很可觀的，這些小止損也就微不足道了。**

②昌九生化（600228，見圖 3-142）。

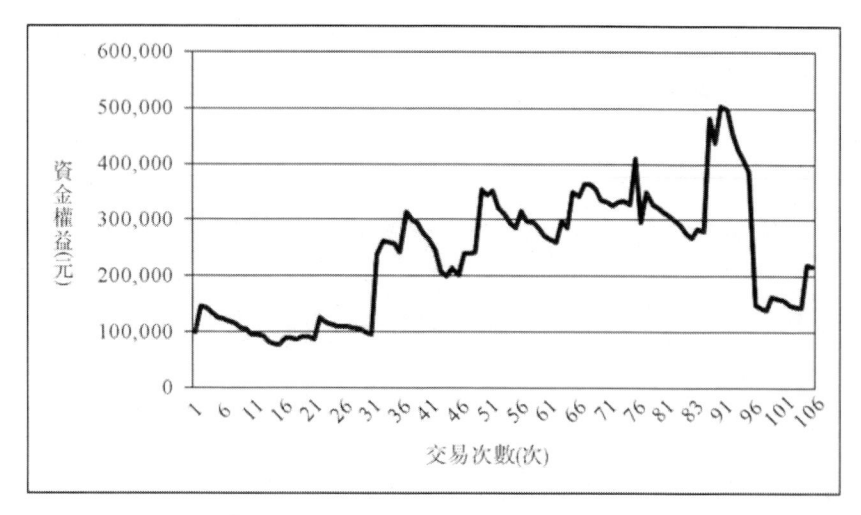

圖 3-142　昌九生化復盤 10 年資金震盪上揚

（數據截至 2015 年 7 月 31 日）

●復盤啟示：起始資金 10 萬元，昌九生化復盤 10 年，帳戶累積資金為 21 萬元，平均年化收益率為 11%。

10 年交易期間，累積交易次數超過 100 次，相對較多。階段性回撤次數較多，回撤風險較大。該個股在 2013 年 11 月出現不可預知的因素，11 月 1 日買入持倉後，第二個交易日開始就連續出現 10 個一字跌停板，期間無法進行止損，階段性最大回撤率超過 70%。由於出現不可抗力的未知因素導致了資金的大幅度回撤，所以 10 年交易時間累積收益為 11 萬元。

需要指出的是，類似這樣的連續 10 個一字跌停板是極為罕見的，而如此慘跌下能實現正收益也說明了體系的強大生命力。

附表　　　　　　　　　　重要指標參數分析

帳戶交易時間(年)	交易次數(次)	成功次數(次)	勝率(%)	盈虧比	累積收益率(%)	平均年化收益率(%)	階段性回撤次數(次)	階段性最大回撤率(%)	單次最大收益(萬元)	單次最大收益率(%)	單次最大虧損(萬元)	單次交易最大回撤率(%)
10	109	27	24.77	1.11	116.73	11.67	5	-72.67	20.20	150.23	-23.85	-61.79

③紅太陽（000525，見圖3-143）。

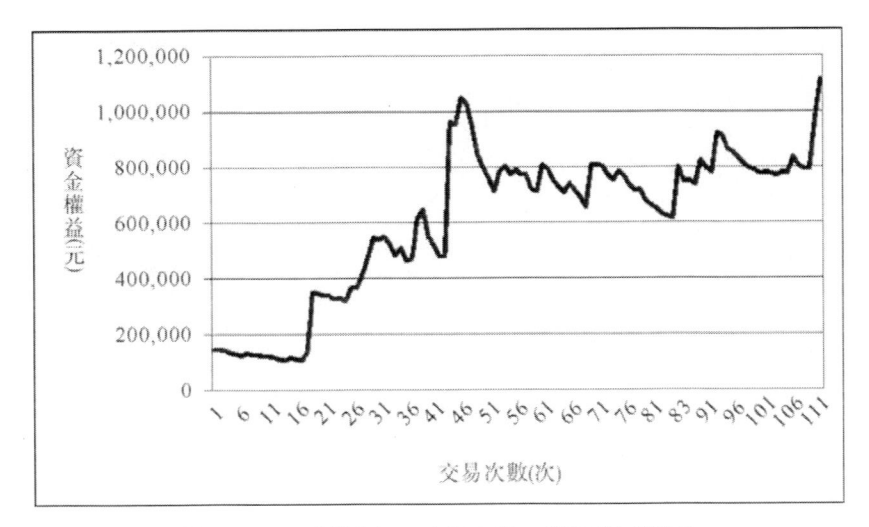

圖3-143　紅太陽復盤10年資金從10萬元到上百萬元

（數據截至2015年7月31日）

●復盤啟示：起始資金10萬元，紅太陽復盤10年，帳戶累積資金111萬元，平均年化收益率達101%，收益十分可觀。

10年交易時間內資金從10萬元到上百萬元，收益相當可觀，如果折算為複利則能夠達到27%的年複利率，也就是說每年都能夠保證在前一年的基礎上賺取27%的利潤。此處只是按照最基本的30日均線進行操作，回撤上漲波動均比較大，優化的空間也相對較大。

附表　　　　　　　　　　重要指標參數分析

帳戶交易時間（年）	交易次數（次）	成功次數（次）	勝率（%）	盈虧比	累積收益率（%）	平均年化收益率（%）	階段性回撤次數（次）	階段性最大回撤率（%）	單次最大收益（萬元）	單次最大收益率（%）	單次最大虧損（萬元）	單次交易最大回撤率（%）
10	112	36	32.14	1.64	1,010.46	101.05	4	-40.29	48.08	155.48	-10.43	-14.70

④沙隆達 A（000553，見圖 3-144）。

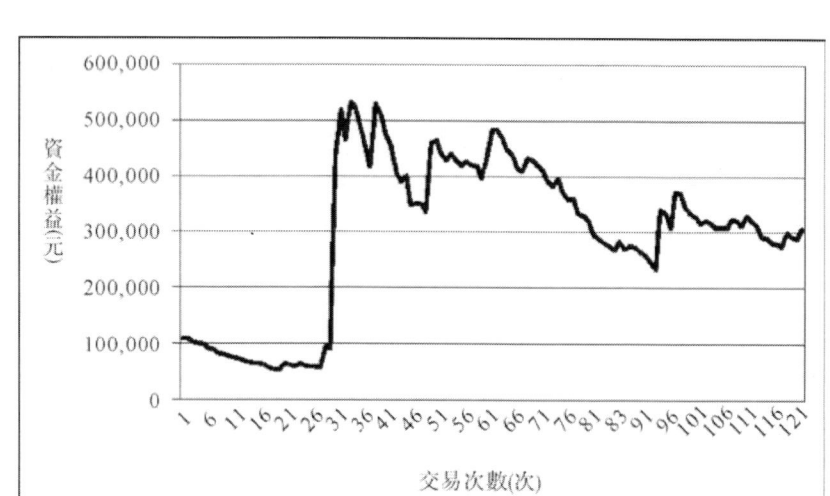

圖 3-144　沙隆達 A 復盤 11 年資金震盪上揚

（數據截至 2015 年 7 月 31 日）

●復盤啟示：起始資金 10 萬元，沙隆達 A 復盤 11 年，帳戶累積資金 30 萬元，平均年化收益為 18%。

單次交易最大收益率達到了 378%，這再次顯示一旦趨勢形成之後，收益是會迅速累積拉升的。但是在資金累積到一定程度後也要警惕出現較長時間的階段性回撤，使最終累積收益相對較低。如果加入資金倉位管理和大週期的再次優化後，回撤風險會有所降低，收益方面也會相對平緩。

附表　　　　　　　　　　　重要指標參數分析

帳戶交易時間（年）	交易次數（次）	成功次數（次）	勝率（%）	盈虧比	累積收益率（%）	平均年化收益率（%）	階段性回撤次數（次）	階段性最大回撤率（%）	單次最大收益（萬元）	單次最大收益率（%）	單次最大虧損（萬元）	單次交易最大回撤率（%）
11	123	29	23.58	1.20	206.77	18.80	4	−52.09	34.42	378.39	−5.38	−13.16

⑤山東海化（000822，見圖3-145）。

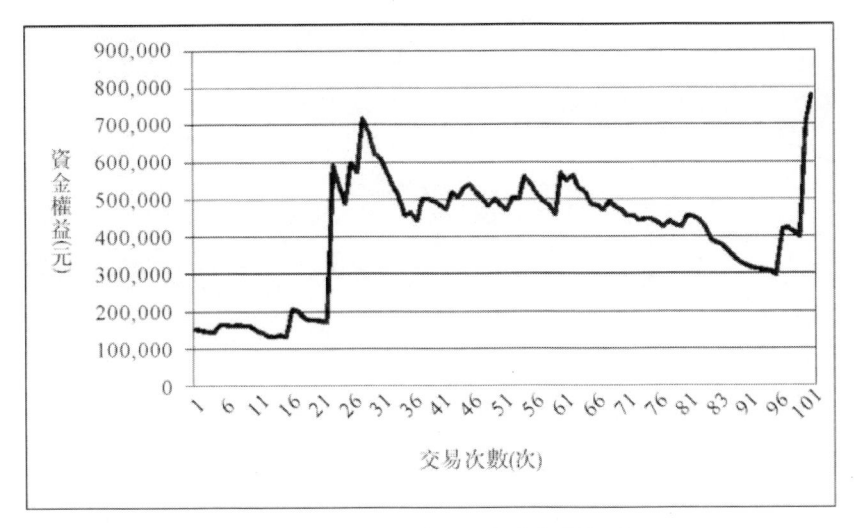

圖3-145 山東海化復盤11年資金震盪上揚

（數據截至2015年7月31日）

●復盤啟示：起始資金10萬元，山東海化復盤11年，帳戶累積資金為77萬元，平均年化收益率為61%，收益可觀。

主要資金的累積來自兩次趨勢的形成，兩次趨勢之間出現了回撤震盪的階段，而該階段可以通過大週期進行優化，如果再加入資金管理，該部分回撤風險將再次降低。

附表　　　　　　　　　重要指標參數分析

帳戶交易時間(年)	交易次數(次)	成功次數(次)	勝率(%)	盈虧比	累積收益率(%)	平均年化收益率(%)	階段性回撤次數(次)	階段性最大回撤率(%)	單次最大收益(萬元)	單次最大收益率(%)	單次最大虧損(萬元)	單次交易最大回撤率(%)
11	104	27	25.96	1.61	678.87	61.72	3	-47.95	41.86	244.45	-5.61	-10.74

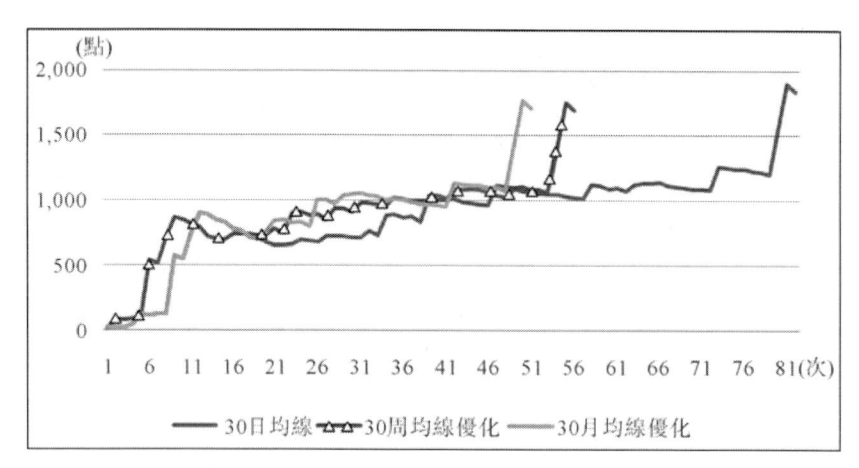

(3) 交易優化對比（見圖3-146）。

圖3-146 化工板塊指數優化後盈虧曲線圖對比

●優化啟示：化工板塊指數在經過30周均線和30月均線大週期的優化之後，規避了回撤較大的操作時間段，總體回撤風險降低，而規避風險的同時，也捨棄了一部分利潤。

優化的過程中總體大的走勢不會改變，最為明顯的就是3種類型的交易均主要經過兩次重要的大幅趨勢上漲，也就是說規避大的風險，捨棄掉的並不是大的利潤，因此即使優化後累積收益有所降低，但幅度也較小。

附表　　　　　　　　　　重要指標參數對比

參數 MA	帳戶 交易 時間 (年)	交易 次數 (次)	成功 次數 (次)	勝率 (%)	盈虧比	累積 收益率 (%)	平均 年化 收益率 (%)	階段性 回撤 次數 (次)	階段性 最大 回撤率 (%)	單次 最大 收益 (點)	單次 最大 收益率 (%)	單次 最大 虧損 (點)	單次 交易 最大 回撤率 (%)
30日均線	10	82	31	37.80	3.21	1,112	111	4	-28.33	457	152	-61	-7.11
30周均線	9	56	25	44.64	3.97	883	98	3	-19.15	457	152	-81	-14.29
30月均線	10	51	20	39.22	3.99	1,036	104	3	-22.67	457	152	-61	-7.11

16. 化纖板塊：波動較大，重在個股

●10年交易時間，化纖板塊指數平均年化收益率達到58%，跑贏同期大盤指數。

●10年交易時間，趨勢交易的次數共83次，雖然勝率為31%，但是單次最大收益率達到229%，可見一旦趨勢形成，利潤將十分豐厚。

●化纖板塊指數單次最大回撤率僅為8%，但階段性最大回撤率為40%，相比其他板塊波動稍大。

●選取樣本江南高纖、國投安信、華西股份、美達股份、南京化纖做復盤分析，收益明顯好於板塊。

●通過優化30周均線、30月均線做復盤比較分析，會發現優化后資金收益曲線更穩定、風險控制也更好。

2005—2015年化纖板塊指數與上證指數走勢圖如圖3-147所示：

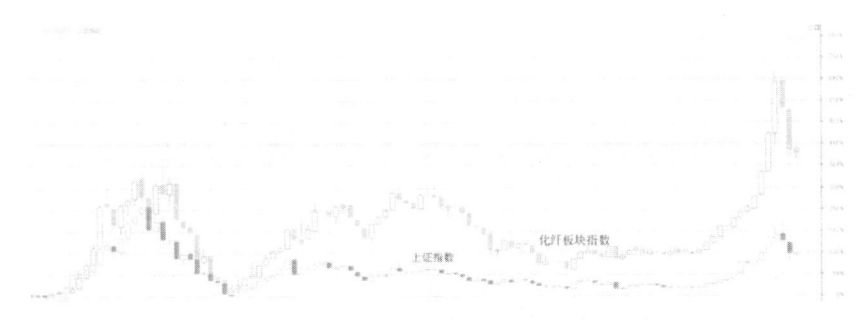

圖3-147　2005—2015年化纖板塊指數與上證指數走勢圖

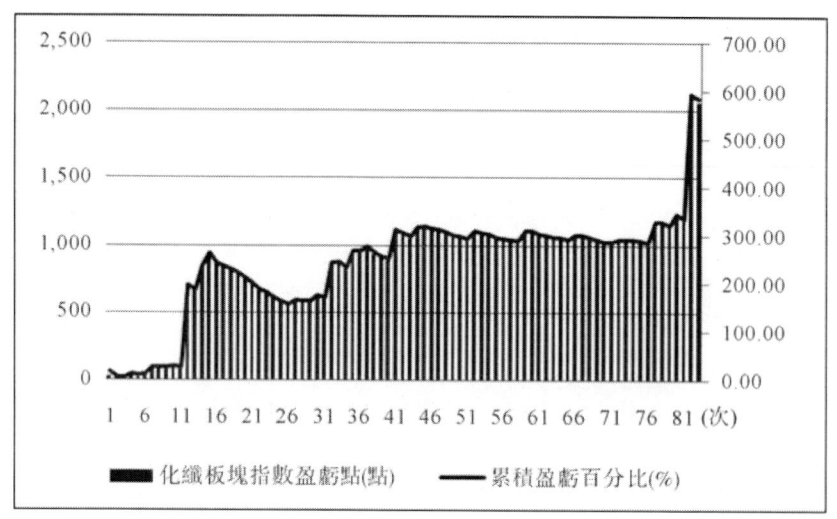

（1）化纖板塊指數（880330）復盤分析（見圖3-148）。

圖3-148 化纖板塊指數復盤10年資金穩健攀升

（數據截至2015年7月31日）

●復盤啟示：化纖板塊指數起始點為146點，復盤10年，累積獲利為2,057點，累積收益率達584%，平均年化收益率為58%，收益跑贏同期大盤指數。

資金權益波動較大，階段性最大回撤率為40%，單次最大獲利為906點，抓住一次趨勢機會便滿盤皆贏。

10年交易時間，成功規避了2008年全球經濟危機、2015年股災。破位時第一時間止損，就是為了防範大跌的風險。每次止損都當成真的，就能避免大跌的風險。

附表　　　　　　　　　　重要指標參數對比

帳戶交易時間(年)	交易次數(次)	成功次數(次)	勝率(%)	盈虧比	累積收益率(%)	平均年化收益率(%)	階段性回撤次數(次)	階段性最大回撤率(%)	單次最大收益(點)	單次最大收益率(%)	單次最大虧損(點)	單次交易最大回撤率(%)
10	83	26	31.33	3.00	584.34	58.43	1	-40.37	906.42	228.52	-70.48	-8.02

(2) 化纖板塊樣本個股分析。

①江南高纖（600527，見圖 3-149）。

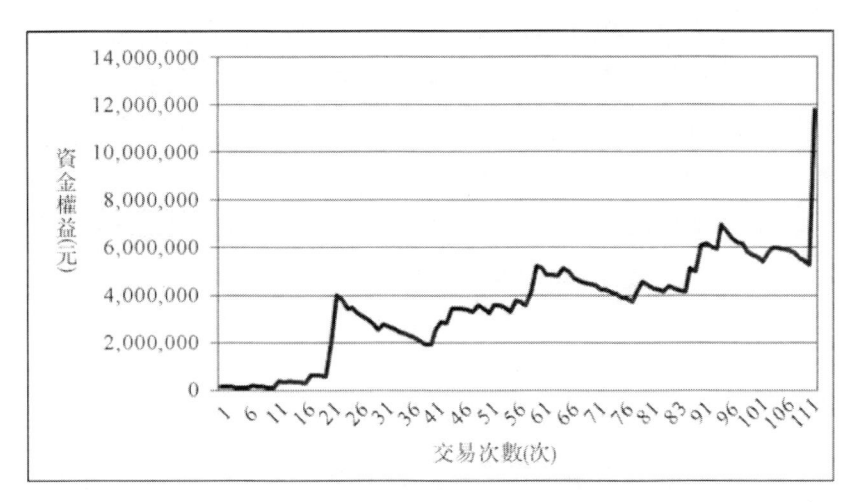

圖 3-149　江南高纖復盤 11 年資金從 10 萬元到上千萬元

（數據截至 2015 年 7 月 31 日）

●復盤啟示：起始資金 10 萬元，江南高纖復盤 11 年，帳戶資金達到 1,175 萬元，平均年化收益率高達 1,059%，收益十分喜人。

資金權益波動較大，階段性最大回撤率為 52%，即使這樣，只要抓住 3 波趨勢機會，資金仍能實現上千萬元的收益，這就是趨勢交易的魔力。

10 年交易時間，成功規避了 2008 年全球經濟危機、2015 年股災。破位時第一時間止損，就是為了防範大跌的風險。每次止損都當成真的，就能避免大跌的風險。

附表　　　　　　　　　　重要指標參數分析

帳戶交易時間(年)	交易次數(次)	成功次數(次)	勝率(%)	盈虧比	累積收益率(%)	平均年化收益率(%)	階段性回撤次數(次)	階段性最大回撤率(%)	單次最大收益(萬元)	單次最大收益率(%)	單次最大虧損(萬元)	單次交易最大回撤率(%)
11	114	29	25.44	2.33	11,650.10	1,059.50	3	−51.86	649.01	233.68	−37.41	−13.88

●詳解江南高纖復盤歷程：2004—2015 年，江南高纖復盤 11 年時間走勢整體呈現震盪上漲態勢，底部區間不斷抬高，股性活躍度強於行業平均水平。按照趨勢交易最基礎的 30 日均線交易法則，江南高纖復盤收益實現了華麗的轉身，從起始資金 10 萬元，在復盤 11 年后，資金權益成為上千萬元，成為 3%裡的一員（隨機復盤統計的 161 只個股中資金從 10 萬元到上千萬元的占比為 3%）。11 年時間裡，趨勢交易共計交易 114 次，成功概率僅為 25%，但平均年化收益率能達到 1,059%，這樣的成績非常樂觀。

江南高纖股性活躍，波動較大，雖然階段性最大回撤率達到 51.86%，但每次階段性回撤時間不長，整體處於震盪上漲格局，並且底部區間不斷抬高。趨勢交易操作共 114 次，這 114 次主要分佈在股價震盪區間，即趨勢不明朗時期，這個時期需要不斷地去嘗試機會。**趨勢交易不預測市場，趨勢機會是嘗試出來的，震盪時期是趨勢交易繞不過去的坎，也是成功的必經之路。**

一旦趨勢形成就長期持有了，直到趨勢出現拐頭跡象才賣出。比如 2006 年 9 月 27 日，江南高纖股價上 30 日均線，符合買入原則，這次交易要一直持有到 2007 年 3 月 1 日時才有賣出信號，此次交易持有時間長達 6 個月，一次收益率高達 233.68%。賣出不代表趨勢交易就不做它了，真正的洗盤騙不了趨勢交易者，因為當股價再次符合買入條件時，趨勢交易者會毫不猶豫地跟進去。比如 2007 年 3 月 2 日再次買入，一直持有到 2007 年 6 月 21 日，持有 3 個月，收益率達 98.12%。就這連續的兩次獲利，資金權益從 60 萬元漲到了 402 萬元，也為后續的高增長奠定了良好的基礎。2015 年 2 月的一次趨勢機會再次把資金推升到了一個新的高位，123.52%的收益率造就了資金從 526 萬元躍升至 1,175 萬元。**趨勢機會不需要太多次，真正的 3 次趨勢機會足以使資金傲視群雄。**

江南高纖單次最大虧損率為 13.88%，**趨勢交易體系的止損是很小的，第一時間截斷虧損是鐵的紀律**。江南高纖總共交易 114 次，其中有 85 次出現虧損。這 85 次中，單次虧損率超過 10%的有 3 次，虧損率在 5%～10%的有 21 次，虧損率在 5%以下的有 61 次，占比近 72%。可見，趨勢交易每次都是用小止損去不斷嘗試機會，即使錯了也不會傷筋動骨，這樣就保證了在趨勢不符合時能生存下來，一旦抓住了真正的趨勢機會，這些小止損也就微不足道了。

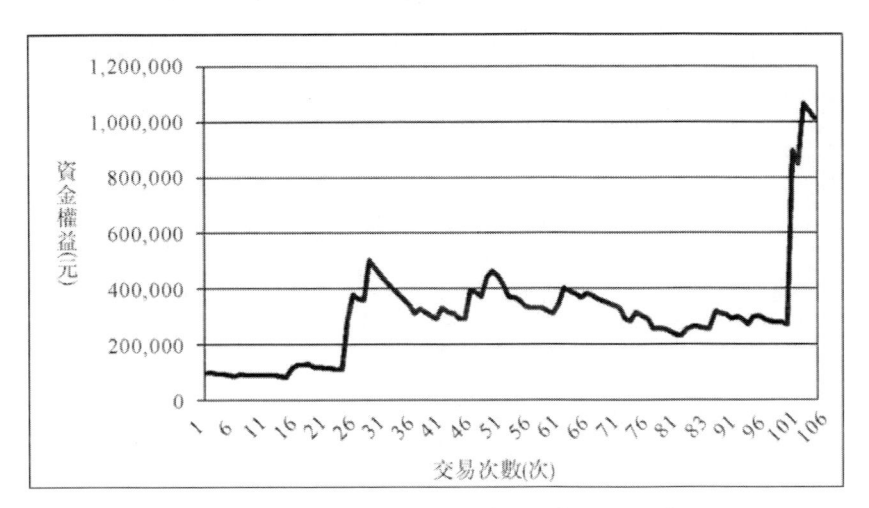

②國投安信（600061，見圖3-150）。

圖3-150　國投安信復盤10年資金從10萬元到上百萬元

（數據截至2015年7月31日）

●復盤啟示：起始資金10萬元，國投安信復盤10年，帳戶資金達到101萬元，平均年化收益率91%，收益跑贏同期大盤指數。

資金權益寬幅震盪，階段性最大回撤率為42%，波動較大。

10年交易時間，趨勢交易共110次，勝率為25%，單次最大收益率為232%，可見一旦趨勢形成，獲利便揚帆起航。

附表　　　　　　　　　　重要指標參數分析

帳戶交易時間（年）	交易次數（次）	成功次數（次）	勝率（%）	盈虧比	累積收益率（%）	平均年化收益率（%）	階段性回撤次數（次）	階段性最大回撤率（%）	單次最大收益（萬元）	單次最大收益率（%）	單次最大虧損（萬元）	單次交易最大回撤率（%）
10	110	27	24.55	1.97	912.75	91.27	3	-42.08	62.53	231.74	-4.69	-12.39

③華西股份（000936，見圖3-151）。

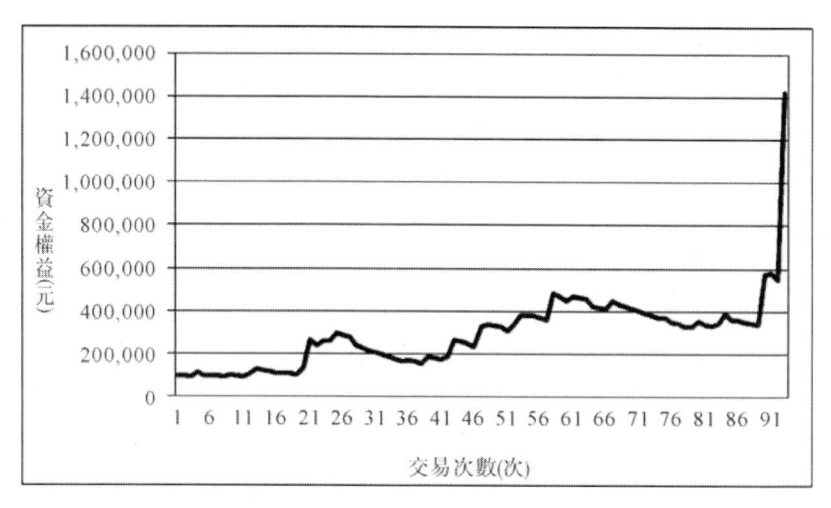

圖3-151　華西股份復盤10年資金從10萬元到上百萬元

（數據截至2015年7月31日）

●復盤啟示：起始資金10萬元，華西股份復盤10年，帳戶資金達142萬元，平均年化收益率達132%，收益可觀。

資金權益寬幅震盪，階段性最大回撤率為47%，波動性較大。

10年交易時間，趨勢交易共93次，勝率為28%，但單次最大收益為87萬元，可見一旦趨勢形成，利潤便可再上一個臺階。

附表　　　　　　　　　　重要指標參數分析

帳戶交易時間（年）	交易次數（次）	成功次數（次）	勝率（%）	盈虧比	累積收益率（%）	平均年化收益率（%）	階段性回撤次數（次）	階段性最大回撤率（%）	單次最大收益（萬元）	單次最大收益率（%）	單次最大虧損（萬元）	單次交易最大回撤率（%）
10	93	26	27.96	3.01	1,322.73	132.27	2	-47.05	87.44	159.79	-4.10	-14.66

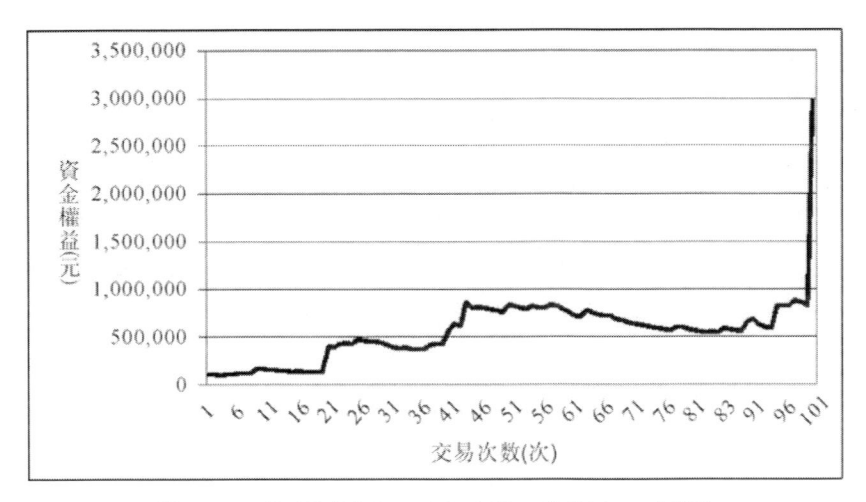

④美達股份（000782，見圖3-152）。

圖 3-152　美達股份復盤 10 年資金從 10 萬元到 200 多萬元

（數據截至 2015 年 7 月 31 日）

●復盤啟示：起始資金 10 萬元，美達股份復盤 10 年，帳戶資金達到 297 萬元，平均年化收益率達 287%，收益可觀。

10 年交易時間，趨勢交易共 102 次，勝率僅為 31%，但單次最大獲利達 215 萬元，一次交易便能獲得如此收益，這就是趨勢交易，每一次機會的嘗試、失敗、再嘗試，就是為了等待這樣的趨勢，哪怕要等一年、等兩年……都是值得的。

附表　　　　　　　　　　重要指標參數分析

帳戶交易時間（年）	交易次數（次）	成功次數（次）	勝率（%）	盈虧比	累積收益率（%）	平均年化收益率（%）	階段性回撤次數（次）	階段性最大回撤率（%）	單次最大收益（萬元）	單次最大收益率（%）	單次最大虧損（萬元）	單次交易最大回撤率（%）
10	102	32	31.37	3.89	2,874.78	287.48	1	-37.14	215.49	263.20	-5.84	-10.83

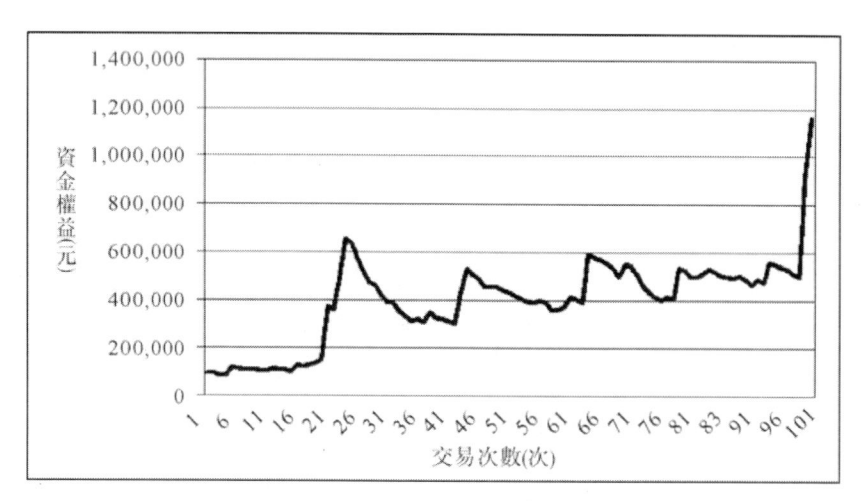

⑤南京化纖（600889，見圖 3-153）。

圖 3-153　南京化纖復盤 10 年資金從 10 萬元到上百萬元

（數據截至 2015 年 7 月 31 日）

●復盤啟示：起始資金 10 萬元，南京化纖復盤 10 年，帳戶資金達到 116 萬元，平均年化收益率為 106%，收益可觀。

資金權益寬幅震盪，階段性最大回撤率為 54%，波動性較大，但只要抓住兩波趨勢機會，資金便實現上百萬元的收益。

10 年交易時間，成功規避了 2008 年全球經濟危機、2015 年股災。破位時第一時間止損，就是為了防範大跌的風險。每次止損都當成真的，就能避免大跌的風險。

附表　　　　　　　　　　　重要指標參數分析

帳戶交易時間（年）	交易次數（次）	成功次數（次）	勝率（%）	盈虧比	累積收益率（%）	平均年化收益率（%）	階段性回撤次數（次）	階段性最大回撤率（%）	單次最大收益（萬元）	單次最大收益率（%）	單次最大虧損（萬元）	單次交易最大回撤率（%）
10	101	30	29.70	1.96	1,061.53	106.15	2	-53.61	40.95	146.79	-5.84	-10.03

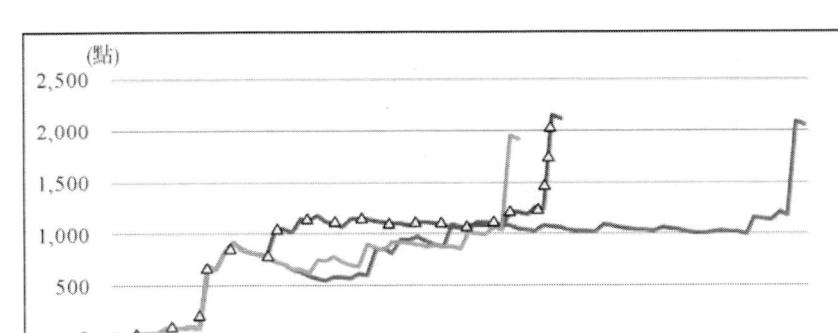

(3) 交易優化對比（見圖3-154）。

圖 3-154　化纖板塊指數優化后盈虧曲線圖對比

●優化啟示：通過30周均線、30月均線優化化纖板塊指數后，可以發現優化后階段性回撤率下降，而收益相對變化幅度不大。

優化后交易次數明顯減少，這是因為當大週期走壞時，即使短週期符合也不會交易，規避風險為第一要務。

實際操作中，趨勢交易會根據趨勢線、水平線、資金管理等措施來進一步優化，以使在控制風險下實現利潤最大化。

附表　　　　　　　　　　　重要指標參數對比

參數 MA	帳戶交易時間（年）	交易次數（次）	成功次數（次）	勝率（%）	盈虧比	累積收益率（%）	平均年化收益率（%）	階段性回撤次數（次）	階段性最大回撤率（%）	單次最大收益（點）	單次最大收益率（%）	單次最大虧損（點）	單次交易最大回撤率（%）
30日均線	10	83	26	31.33	3.00	584	58	1	-40.37	2,089	229	-70	-8.02
30周均線	10	54	21	38.89	4.82	601	60	1	-40.37	2,148	229	-70	-6.82
30月均線	10	49	18	36.73	3.90	545	55	1	-32.58	1,951	229	-70	-6.96

(三) 第三部分　公共事業類

1. 交通設施板塊：跑輸大盤，震盪時間較長

●10年的交易時間，交通設施板塊指數平均年化收益率為42.7%，跑輸同期大盤指數。

●10年的時間裡，趨勢交易的次數為79次，雖然勝率為34%，但單次最大收益率就達到126%，可見一旦趨勢形成，利潤將十分豐厚。

●交通設施板塊指數單次最大回撤率僅為6.27%，階段性最大回撤率為23%，震盪時間較長。

●選取樣本中原高速、楚天高速、皖通高速、白雲機場、深高速做復盤分析。

●通過優化30周均線、30月均線做復盤比較分析，會發現優化後資金收益曲線更穩定、風險控制也更好。

2005—2015年交通設施板塊指數與上證指數走勢圖如圖3-155所示：

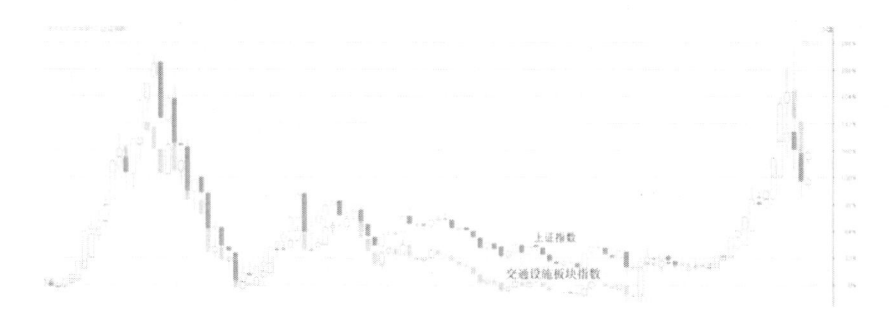

圖3-155　2005—2015年交通設施板塊指數與上證指數走勢圖

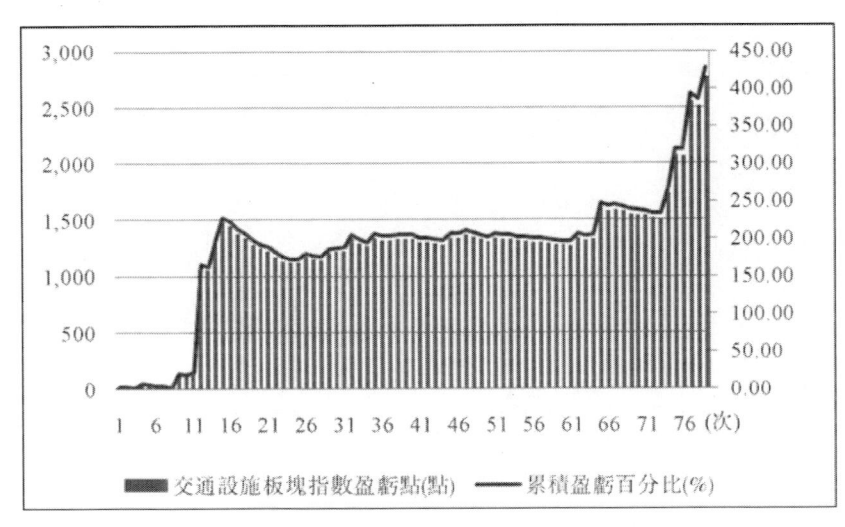

(1) 交通設施板塊指數（880465）復盤分析（見圖3-156）。

圖3-156　交通設施板塊指數復盤10年資金收益震盪上揚

（數據截至2015年7月31日）

●復盤啟示：交通設施板塊指數起始點為650點，復盤10年，累積獲利2,776點，累積收益率達427%，平均年化收益率為42%，收益比較穩定，但弱於大盤總體走勢。

交通設施板塊指數橫盤時間較長，回撤風險非常小，同時資金累積收益相對其他板塊較弱，但兩次趨勢形成還是取得了不錯的投資成果。

10年交易時間，成功規避了2008年全球經濟危機、2015年股災，風險控制效果明顯。

附表　　　　　　　　　　重要指標參數分析

帳戶交易時間(年)	交易次數(次)	成功次數(次)	勝率(%)	盈虧比	累積收益率(%)	平均年化收益率(%)	階段性回撤次數(次)	階段性最大回撤率(%)	單次最大收益(點)	單次最大收益率(%)	單次最大虧損(點)	單次交易最大回撤率(%)
10	79	27	34.18	4.08	427.08	42.71	2	-23.19	928	126.43	-67	-6.27

（2）交通設施板塊樣本個股分析。

①中原高速（600020，見圖3-157）。

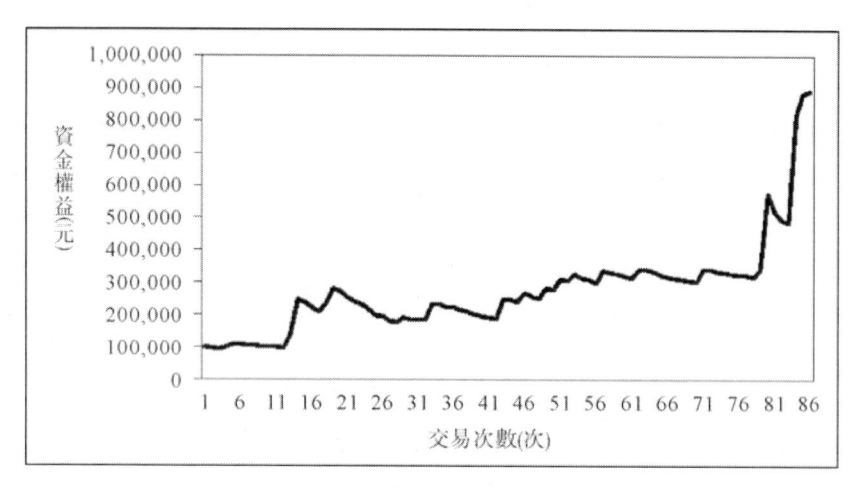

圖3-157　中原高速復盤10年資金穩中累積上揚

（數據截至2015年7月31日）

●復盤啟示：起始資金10萬元，中原高速復盤10年，帳戶資金達到88萬元，平均年化收益率為78%。

回撤幅度非常小，風險控制良好。

10年的交易過程中，資金橫盤及小幅上漲占據大幅時間段，最后一波趨勢形成后，資金迅速累積上漲，因此趨勢交易體系是需要忠誠來捍衛的。也許前面9年還看不到成效，如果堅持不到第10年，也不會看到勝利的果實，因此在趨勢交易當中堅持是非常重要的。

附表　　　　　　　　　　　重要指標參數分析

帳戶交易時間（年）	交易次數（次）	成功次數（次）	勝率（%）	盈虧比	累積收益率（%）	平均年化收益率（%）	階段性回撤次數（次）	階段性最大回撤率（%）	單次最大收益（萬元）	單次最大收益率（%）	單次最大虧損（萬元）	單次交易最大回撤率（%）
10	86	25	29.07	2.77	789.08	78.91	3	-32.06	33.39	82.20	-5.50	-9.57

●詳解中原高速復盤歷程：中原高速屬於在交通設施板塊當中表現比較優秀的個股。總體來說，近10年的交通板塊指數是為數不多的板塊指數中弱於上證指數的，其震盪時間比較長，收益相對較低。中原高速累積收益在所選取的5個標的中算很高的。整體收益超過交通板塊指數。通過10年的交易，累積資金達到88萬元，平均年化收益率為78%，回撤風險較小，階段性回撤率為32%，主要發生於2007年牛市之後的下跌，而且本身股價在該階段的下跌幅度達到了76%，因此我們32%的回撤是相對較小的。

嘗試是交易當中不可或缺的一環。我們的交易無法斷定合適的買點在什麼位置，每次交易嚴格來說都是一次嘗試，尤其是趨勢處於不明朗階段的時候，更是需要不斷地去嘗試。2010年4月12日我們止損操作之后個股行情出現明顯的下行趨勢，而我們不會去預測，按照體系也是完全不用操作的。到2010年7月20日行情似乎有止跌的跡象，而當日股價突破30日均線，我們需要進場去嘗試。從此節點開始便出現長期的震盪期，交易次數占比為34%。中原高速在震盪區間總體呈現出小幅推升的趨勢，這是因為我們其實在該區間段有不少小的向好的趨勢，持續時間較短。從歷史來看，似乎我們是在做向上的小波段一樣，我們並非刻意挑選這樣的向上波段，只是趨勢跟蹤的一個特點就是：**往往向好的趨勢形成時，我們都在這裡面，大跌出現時，我們總是能夠及時撤離，保存實力**。

不單純追求成功率，關注累積收益才是我們的重點。前面說到每次交易我們都看成一次嘗試。中原高速在牛市過后的下跌以及后期的橫盤震盪區間的嘗試出現較多的失敗，但只要嚴格按照體系止損，損失是很小的。86次交易當中，失敗次數為61次，而實際超過5%的跌幅的僅8次，最高虧損率也才為9%，87%的虧損率都低於5%。反過來在收益方面，雖然只成功交易了25次，但是只有2次的收益低於5%，單次20%以上的收益為6次，比例達到了24%。2014年8月29日和2015年2月26日的兩次操作收益率均超過60%，而由於兩次操作之間並未出現大的回撤，資金的複利力量得到了很好的體現，資金大幅度增長。因此，我們在不足30%的成功率的條件下，能夠取得789%的累積收益也就不足為奇了。

②楚天高速（600035，見圖 3-158）。

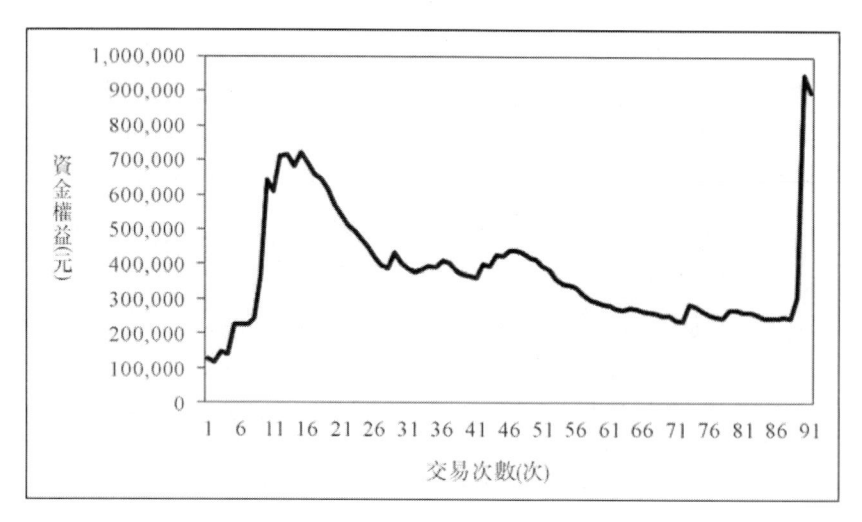

圖 3-158　楚天高速復盤 10 年資金波動較大

（數據截至 2015 年 7 月 31 日）

●復盤啟示：起始資金 10 萬元，楚天高速復盤 10 年，帳戶資金達到 89 萬元，平均年化收益率為 79%，收益可觀。

階段性資金回撤時間較長，回撤幅度較大，階段性最大回撤率近 50%。

在 10 年的交易過程中，經歷了第一次趨勢累積資金之后，便開始出現長期的資金回撤過程，但由於回撤風險仍處可控範圍內，加之第一波趨勢當中有資金的累積，在回撤中保存了實力，於是等到了第二次強力趨勢拉升的時機。

附表　　　　　　　　　　重要指標參數分析

帳戶交易時間（年）	交易次數（次）	成功次數（次）	勝率（%）	盈虧比	累積收益率（%）	平均年化收益率（%）	階段性回撤次數（次）	階段性最大回撤率（%）	單次最大收益（萬元）	單次最大收益率（%）	單次最大虧損（萬元）	單次交易最大回撤率（%）
10	91	26	28.57	1.92	799.08	79.91	2	-49.46	64.30	210.58	-4.97	-7.86

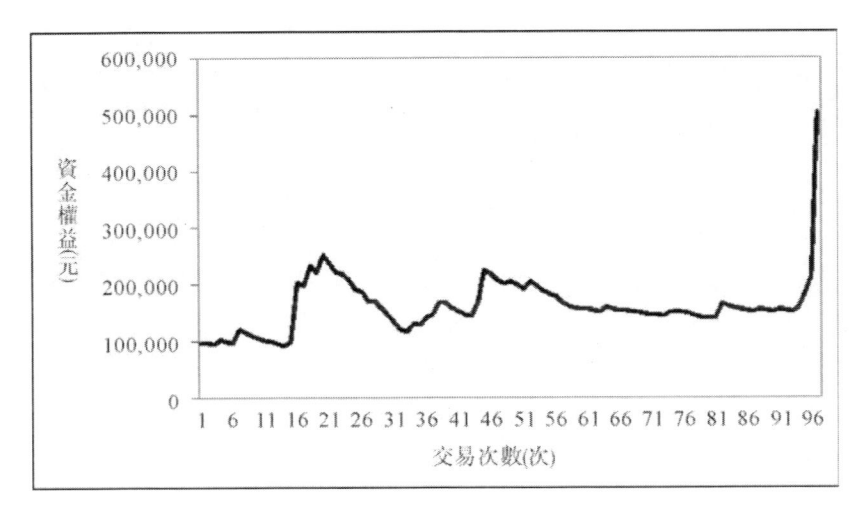

③皖通高速（600012，見圖3-159）。

圖3-159　皖通高速復盤10年小回撤大收益

（數據截至2015年7月31日）

●復盤啟示：起始資金10萬元，皖通高速復盤10年，帳戶累積資金達到50萬元，平均年化收益率為40%。

回撤次數較少，橫盤時間較長，走勢相對平穩，總體走勢弱於大盤。

該個股在10年的交易過程中，資金並未出現大幅度回撤，途中也沒有巨幅拉升的過程，直至等到末段趨勢的形成才累積了可觀的利潤，這也告訴我們只要堅持好自己的體系，不輕易去改變，即使成功概率不足30%，趨勢交易最后也能夠取得良好的投資效果。

附表　　　　　　　　　　　重要指標參數分析

帳戶交易時間(年)	交易次數(次)	成功次數(次)	勝率(%)	盈虧比	累積收益率(%)	平均年化收益率(%)	階段性回撤次數(次)	階段性最大回撤率(%)	單次最大收益(萬元)	單次最大收益率(%)	單次最大虧損(萬元)	單次交易最大回撤率(%)
10	97	28	28.87	2.13	403.77	40.38	3	-53.98	29.15	137.47	-1.78	-9.99

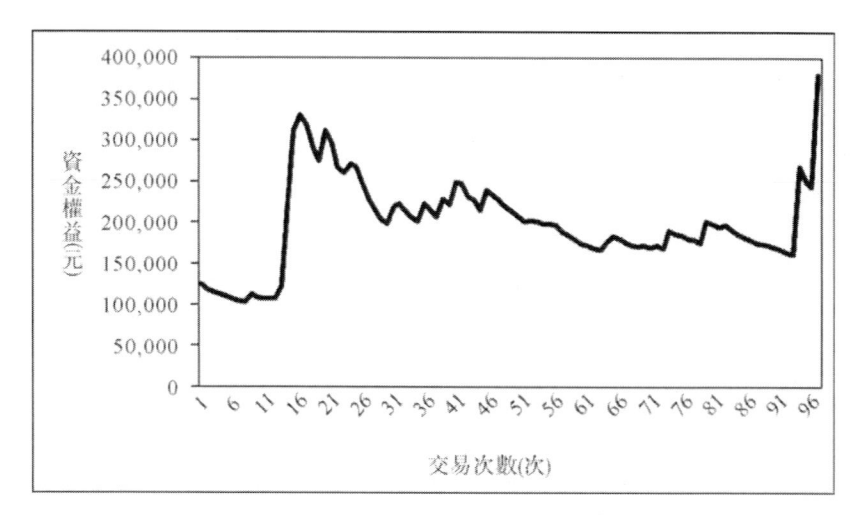

④白雲機場（600004，見圖 3-160）。

圖 3-160　白雲機場復盤 10 年資金權益震盪上揚

（數據截至 2015 年 7 月 31 日）

●復盤啟示：起始資金 10 萬元，白雲機場復盤 10 年，帳戶資金達到 38 萬元，平均年化收益率為 28%。

資金階段性回撤過程時間較長，但回撤幅度較小，因為趨勢交易不是去猜測趨勢的形成，而是符合體系就進行操作，破位之後第一時間出場，所以可能在回撤過程中止損的次數較多，以控制風險為主。因為總體回撤較小，一次嘗試成功之後，資金也能實現較高的收益。

附表　　　　　　　　　　重要指標參數分析

帳戶交易時間(年)	交易次數(次)	成功次數(次)	勝率(%)	盈虧比	累積收益率(%)	平均年化收益率(%)	階段性回撤次數(次)	階段性最大回撤率(%)	單次最大收益(萬元)	單次最大收益率(%)	單次最大虧損(萬元)	單次交易最大回撤率(%)
10	100	24	24.00	1.61	279.52	27.95	3	−40.08	13.61	87.17	−2.93	−9.33

⑤深高速（600548，見圖3-161）。

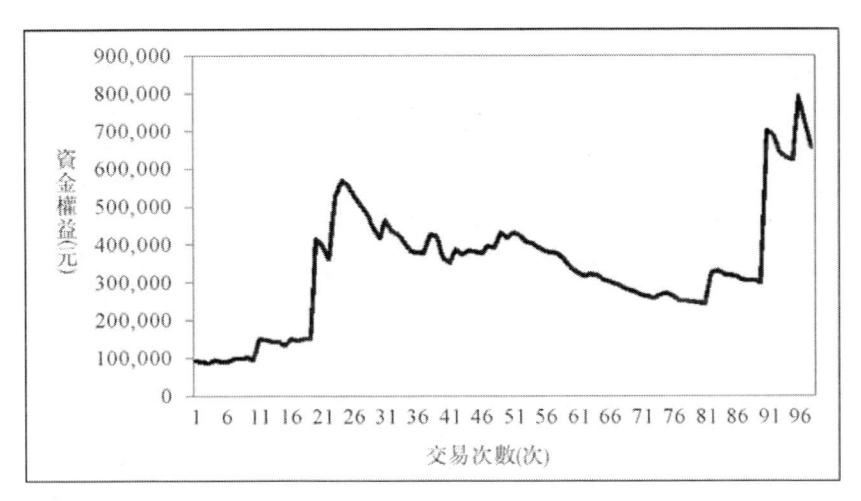

圖3-161　深高速復盤10年資金震盪向上

（數據截至2015年7月31日）

●復盤啟示：起始資金10萬元，深高速復盤10年，帳戶資金達到65萬元，平均年化收益率為55%。

資金階段性回撤過程時間較長，但回撤幅度較小，而在趨勢跟蹤中形成的主要的兩次趨勢保證了帳戶投資的成功。

附表　　　　　　　　　　重要指標參數分析

帳戶交易時間（年）	交易次數（次）	成功次數（次）	勝率（%）	盈虧比	累積收益率（%）	平均年化收益率（%）	階段性回撤次數（次）	階段性最大回撤率（%）	單次最大收益（萬元）	單次最大收益率（%）	單次最大虧損（萬元）	單次交易最大回撤率（%）
10	98	24	24.49	1.61	555.08	55.51	3	-42.95	40.08	172.15	-6.93	-14.65

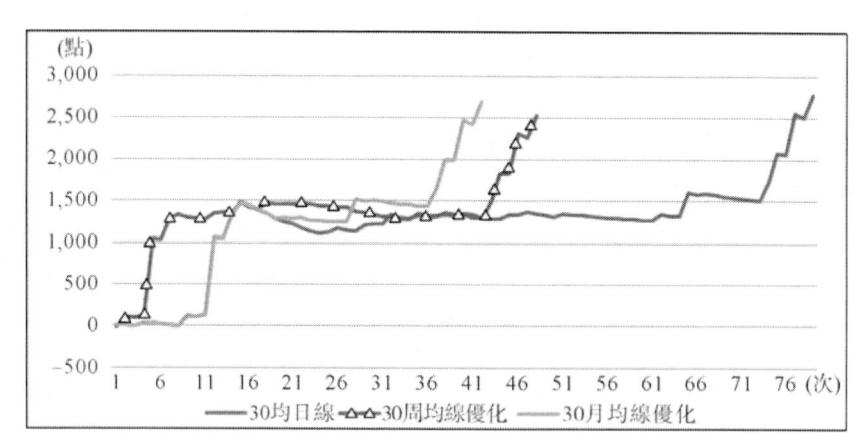

(3)交易優化對比（見圖3-162）。

圖3-162　交通設施板塊指數優化后盈虧曲線圖對比

●優化啟示：通過30周均線、30月均線優化交通設施板塊指數後，可以發現交易次數大幅度減少，風險控制良好。

交通設施板塊總體來說收益相對其他板塊較差，但其相對的回撤風險也較小，因此優化程度不是十分突出，在實際的操作當中應加入資金的倉位管理，以達到提高收益的效果。

附表　　　　　　　　　　　　　重要指標參數對比

參數 MA	帳戶 交易 時間 （年）	交易 次數 （次）	成功 次數 （次）	勝率 （%）	盈虧比	累積 收益率 （%）	平均 年化 收益率 （%）	階段性 回撤 次數 （次）	階段性 最大 回撤率 （%）	單次 最大 收益 （點）	單次 最大 收益率 （%）	單次 最大 虧損 （點）	單次 交易 最大 回撤率 （%）
30日均線	10	79	27	34.18	4.08	427	43	2	-23.19	928	126	-67	-6.27
30周均線	9	48	20	41.67	5.95	421	47	2	-11.61	928	126	-46	-4.56
30月均線	10	42	15	35.71	6.70	415	41	2	-15.59	928	126	-67	-4.19

2. 電力板塊：穩定性強，優選清潔能源

●10 年的交易時間，電力板塊指數平均年化收益率達到 60%，跑贏同期大盤指數，整體走勢基本同步於大盤。

●10 年的時間裡，趨勢交易的次數共 85 次，雖然勝率僅為 35%，但單次最大收益率達到 184%，可見一旦趨勢形成，利潤將十分豐厚。

●電力板塊指數單次最大回撤率僅為 7%，階段性最大回撤率為 16%，整體回撤幅度較小。

●選取樣本凱迪電力、甘肅電投、京能電力、韶能股份、通寶能源做復盤分析，水電等清潔能源表現突出。

●通過優化 30 周均線、30 月均線做復盤比較分析，會發現優化後資金收益曲線更穩定、風險控制也更好。

2005—2015 年電力板塊指數與上證指數走勢圖如圖 3-163 所示：

圖 3-163　2005—2015 年電力板塊指數與上證指數走勢圖

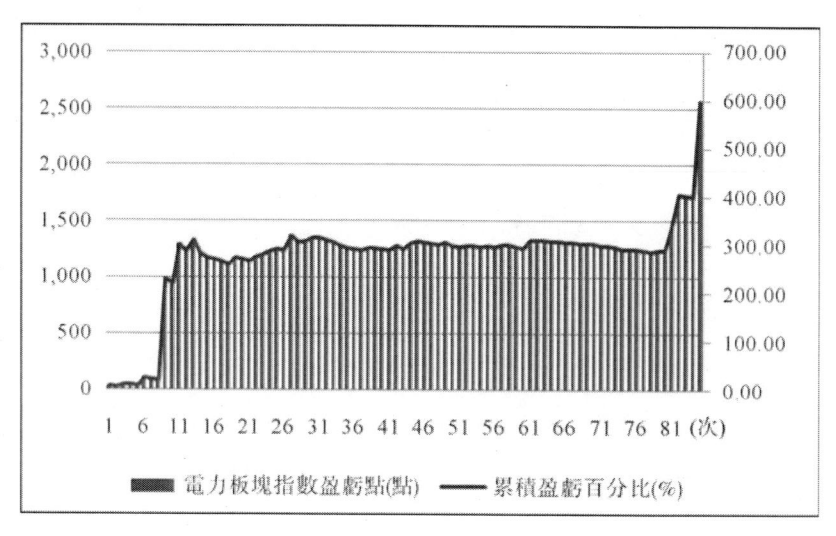

（1）電力板塊指數（880305）復盤分析（見圖3-164）。

圖3-164 電力板塊指數復盤10年小回撤大增長

（數據截至2015年7月31日）

●復盤啟示：電力板塊指數起始點為429點，復盤10年，累積獲利2,568點，累積收益率為598%，平均年化收益率為59%。

資金回撤風險很小，總體橫盤時間較長，2007年和2014年兩次牛市的的行情走出了可觀的趨勢，累積收益大幅增長。

附表　　　　　　　　　重要指標參數分析

帳戶交易時間（年）	交易次數（次）	成功次數（次）	勝率（%）	盈虧比	累積收益率（%）	平均年化收益率（%）	階段性回撤次數（次）	階段性最大回撤率（%）	單次最大收益（萬元）	單次最大收益率（%）	單次最大虧損（萬元）	單次交易最大回撤率（%）
10	85	30	35.29	3.92	598.60	59.86	2	-16.27	891	183.71	-113	-7.05

（2）電力板塊樣本個股分析。

①凱迪電力（000939，見圖3-165）。

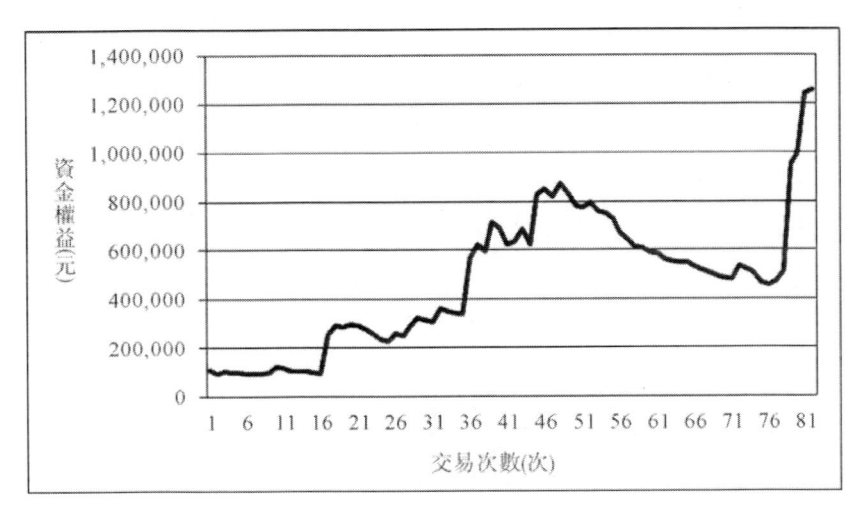

圖3-165　凱迪電力復盤10年資金從10萬元到上百萬元

（數據截至2015年7月31日）

●復盤啟示：起始資金10萬元，凱迪電力復盤10年，最終累積資金達125萬元，平均年化收益率為115%，總體收益十分可觀。

10年交易過程中，資金大部分時間呈現穩定上漲的趨勢，但2012年後出現一次較大的階段性回撤虧損了部分資金。體系內的資金虧損往往是盈利的開始，最後一次趨勢形成後，資金再次強力上漲。

附表　　　　　　　　　　　重要指標參數分析

帳戶交易時間（年）	交易次數（次）	成功次數（次）	勝率（%）	盈虧比	累積收益率（%）	平均年化收益率（%）	階段性回撤次數（次）	階段性最大回撤率（%）	單次最大收益（萬元）	單次最大收益率（%）	單次最大虧損（萬元）	單次交易最大回撤率（%）
10	82	28	34.15	2.32	1,155.87	115.59	2	-46.64	43.72	159.75	-6.80	-9.82

●詳解凱迪電力復盤歷程：凱迪電力復盤時採用的數據是2005—2015年的歷史數據。凱迪電力10年走勢整體呈現「上漲—下跌—上漲」的過程，股價起伏不定，要想每次都能預測成功是不可能發生的事，即使每次預測成功了，也不等於交易就成功了。10年時間裡，趨勢交易共計82次，成功的概率為34%，平均年化收益率達到116%，總的收益十分可觀，最重要的是這種成績是普遍股民都能實現得了的，交易所遵循的操作方法是上30日均線進，下30日均線出，該交易原則大家都能做到，關鍵是能否堅持做到。

趨勢交易操作共82次，主要分佈在股價震盪區間，即**趨勢不明朗時期，這個時期需要不斷地嘗試機會**。比如2012年和2013年，這兩年凱迪電力基本處於震盪時期，這兩年時間操作次數共28次，佔比超過34%，這段時間對於趨勢交易而言是最難的，但只要認識到虧損是很正常的，調整好心態，也很容易等到趨勢來臨。

當上升趨勢時，趨勢交易很輕鬆，因此從2005—2011年交易並不算頻繁，因為整體處於上升期間。**一旦趨勢形成就長期持有了，直到趨勢出現拐頭跡象才賣出**。比如2007年1月15日，凱迪電力股價上30日均線，符合買入原則，直到2007年6月25日時才有賣出信號，該次交易持有時間長達5個月，一次收益率高達159.75%。賣出不代表趨勢交易不做它了，真正的洗盤騙不了趨勢交易者，因為當股價再次符合買入條件時，趨勢交易就會毫不猶豫地跟進去。比如2007年7月25日、2007年12月3日均會發出買入信號。凱迪電力算是電力行業走勢比較好的，因為它屬於新能源，綠色發電佔業務的70%。

當下跌風險來臨時，股票破位第一時間賣出，截斷虧損；下跌趨勢形成時，空倉耐心等待，空倉也是一種交易。趨勢交易把風險放在了首位，先控制風險，再追求利潤。凱迪電力回撤很小，凱迪電力單次最大虧損為9.82%，第一時間截斷虧損是鐵的紀律。凱迪電力總共交易82次，其中54次出現虧損。這54次中，單次虧損率超過10%的一次也沒有，反應了電力行業的穩定性很好；虧損率在5%~10%的有9次；虧損率在5%以下的有45次，佔比達到83%。可見趨勢交易每次都是用小止損法不斷嘗試機會，即使錯了也不會傷筋動骨，這樣就保證了在趨勢不符合時能生存下來，一旦抓住了真正的趨勢機會，這些小止損就微不足道了。

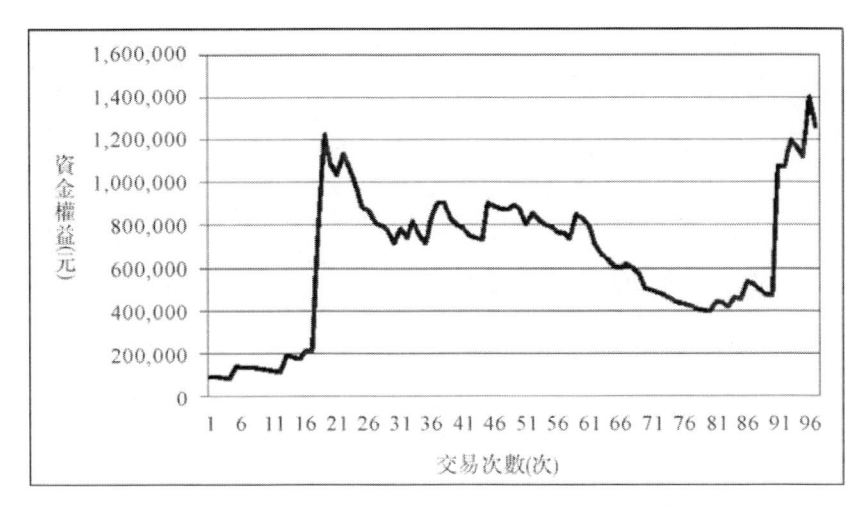

②甘肅電投（000791，見圖3-166）。

圖3-166 甘肅電投復盤10年資金從10萬元到上百萬元

（數據截至2015年7月31日）

●復盤啟示：起始資金10萬元，甘肅電投復盤10年，帳戶資金達到126萬元，平均年化收益率為116%，收益十分可觀。

資金回撤時間區間段較長，趨勢形成之后上漲力量十分強大。

10年交易時間，第一次趨勢來臨時累積了大量的資金，2008年后資金呈現回撤下降的趨勢，但仍然能夠保證一定量的利潤。待2014年牛市再次來臨時，由於在前期累積了一定量資金，資金複利效果開始顯現，累積資金大幅上漲。

附表　　　　　　　　　　重要指標參數分析

帳戶交易時間（年）	交易次數（次）	成功次數（次）	勝率（%）	盈虧比	累積收益率（%）	平均年化收益率（%）	階段性回撤次數（次）	階段性最大回撤率（%）	單次最大收益（萬元）	單次最大收益率（%）	單次最大虧損（萬元）	單次交易最大回撤率（%）
10	97	22	22.68	1.57	1,157.93	115.79	2	-56.45	61.05	281.73	-14.26	-11.77

③京能電力（600578，見圖3-167）。

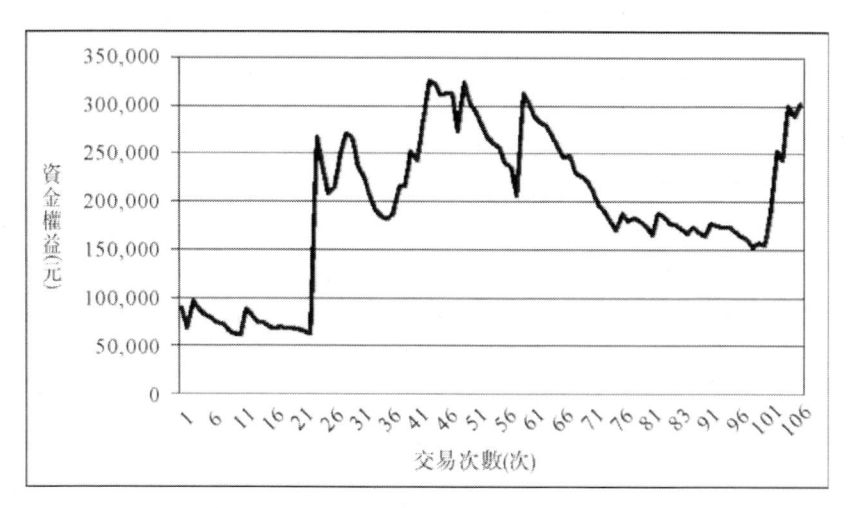

圖3-167　京能電力復盤10年資金震盪上揚

（數據截至2015年7月31日）

●復盤啟示：起始資金10萬元，京能電力復盤10年，累積資金30萬元，平均年化收益率為20%。

資金權益振幅較大，累積收益弱於其板塊指數，個股與個股、個股與板塊的差距得到了體現，但按照體系進行操作，投資算是可以的，只是存在收益多少的區別。

附表　　　　　　　　　重要指標參數分析

帳戶交易時間（年）	交易次數（次）	成功次數（次）	勝率（%）	盈虧比	累積收益率（%）	平均年化收益率（%）	階段性回撤次數（次）	階段性最大回撤率（%）	單次最大收益（萬元）	單次最大收益率（%）	單次最大虧損（萬元）	單次交易最大回撤率（%）
10	106	28	26.42	1.30	202.37	20.24	3	-51.19	20.52	329.48	-4.05	-23.09

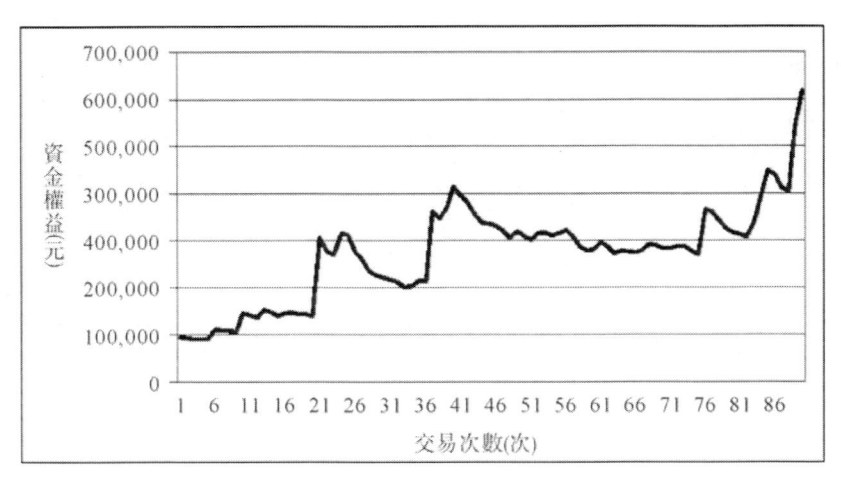

④韶能股份（000601，見圖 3-168）。

圖 3-168　韶能股份復盤 10 年資金震盪上揚

（數據截至 2015 年 7 月 31 日）

●復盤啟示：起始資金 10 萬元，韶能股份復盤 10 年，最終累積資金為 61 萬元，平均年化收益率為 51%。

該個股在 10 年的交易過程當中，回撤風險較小，資金呈現穩步上漲的趨勢。

附表　　　　　　　　　　重要指標參數分析

帳戶交易時間（年）	交易次數（次）	成功次數（次）	勝率（%）	盈虧比	累積收益率（%）	平均年化收益率（%）	階段性回撤次數（次）	階段性最大回撤率（%）	單次最大收益（萬元）	單次最大收益率（%）	單次最大虧損（萬元）	單次交易最大回撤率（%）
10	90	32	35.56	1.95	517.16	51.72	3	-33.00	16.52	118.49	-3.56	-11.42

⑤通寶能源（600780，見圖 3-169）。

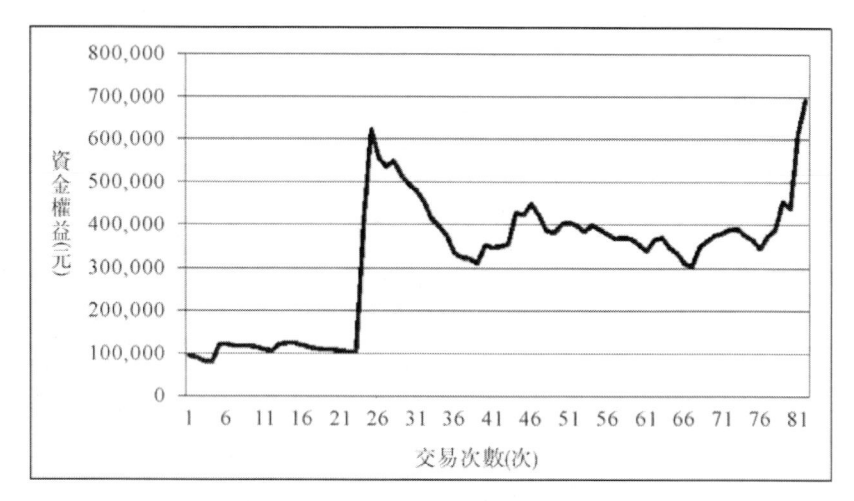

圖 3-169　通寶能源復盤 10 年資金震盪向上

（數據截至 2015 年 7 月 31 日）

● 復盤啟示：起始資金 10 萬元，通寶能源復盤 10 年，最終累積資金為 69 萬元，平均年化收益率為 59%。

10 年交易期間內主要有一次比較大的階段性回撤達 50%，但是由於風險仍舊在可控範圍內且交易過程中跟蹤上了兩次重要的趨勢拉升，因此最后收益也比較可觀。

附表　　　　　　　　　　重要指標參數分析

帳戶交易時間（年）	交易次數（次）	成功次數（次）	勝率（%）	盈虧比	累積收益率（%）	平均年化收益率（%）	階段性回撤次數（次）	階段性最大回撤率（%）	單次最大收益（萬元）	單次最大收益率（%）	單次最大虧損（萬元）	單次交易最大回撤（%）
10	82	30	36.59	1.88	594.26	59.43	3	−49.93	29.70	283.04	−6.55	−11.66

(3) 交易優化對比（見圖3-170）。

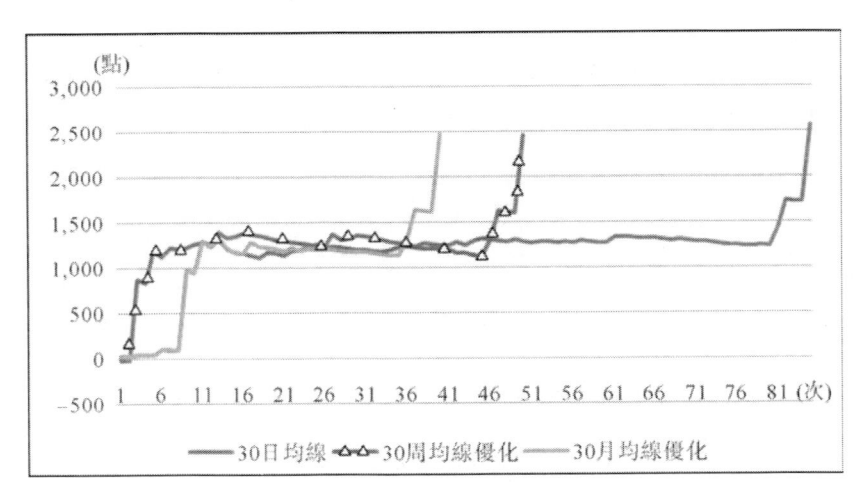

圖3-170 電力板塊指數優化后盈虧曲線圖對比

●優化啟示：通過30周均線、30月均線優化電力板塊指數后，可以發現優化后階段性回撤率大幅度下降，尤其在經過30月均線的優化后，操作次數減少、成功率提升、累積收益大幅提升，優化效果十分明顯。

控制風險是優化的一個主要目的，在大條件不滿足時，應規避風險，不進行操作，但有時通過優化之後風險降低的同時還能夠提高累積收益，這樣的優化達到了最佳效果。

附表　　　　　　　　　　重要指標參數對比

參數 MA	帳戶交易時間（年）	交易次數（次）	成功次數（次）	勝率（%）	盈虧比	累積收益率（%）	平均年化收益率（%）	階段性回撤次數（次）	階段性最大回撤率（%）	單次最大收益（點）	單次最大收益率（%）	單次最大虧損（點）	單次交易最大回撤率（%）
30日均線	10	85	30	35.29	3.92	599	60	2	-16.27	891	184	-113	-7.05
30周均線	10	50	17	34.00	5.44	476	48	3	-19.44	891	184	-60	-5.49
30月均線	10	40	13	32.50	5.78	1,939	194	2	-12.42	891	184	-113	-7.05

3. 通信設備板塊：投資重心轉向服務終端

● 10 年的交易時間，通信設備板塊指數平均年化收益率達到 122%，表現較好，跑贏了同期大盤指數。

● 10 年的時間裡，趨勢交易的次數共 76 次，雖然勝率為 42%，但單次最大收益率達到 98%，可見一旦趨勢形成，利潤將十分豐厚。

● 通信設備板塊指數單次最大回撤率僅為 5.1%，階段性最大回撤率為 13%，波動較小。

● 選取樣本航天通信、中國天楹、波導股份、中興通訊、東信和平做復盤分析，服務端個股明顯強於設備端個股。

● 通過優化 30 周均線、30 月均線做復盤比較分析，會發現優化后資金收益曲線更穩定、風險控制也更好。

2005—2015 年通信設備板塊指數與上證指數走勢圖如圖 3-171 所示：

圖 3-171　2005—2015 年通信設備板塊指數與上證指數走勢圖

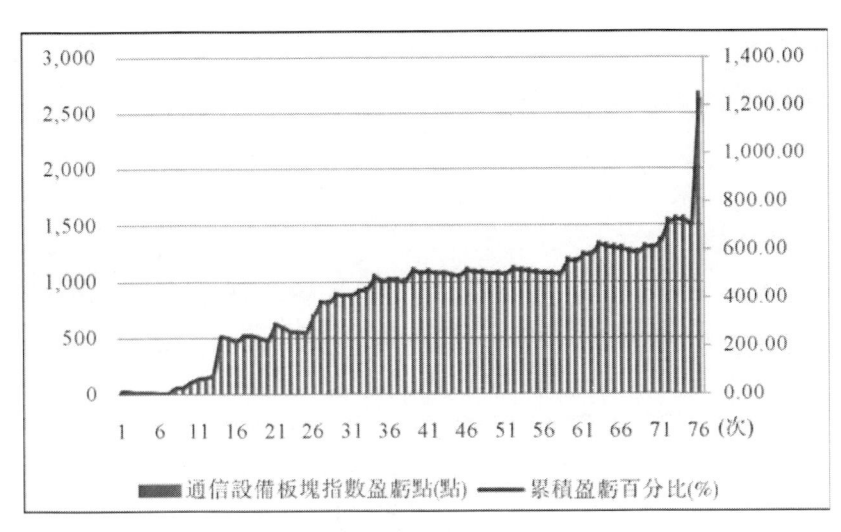

(1) 通信設備板塊指數（880490）復盤分析（見圖3-172）。

圖3-172　通信設備板塊復盤10年資金穩健攀升

（數據截至2015年7月31日）

●復盤啟示：通信設備板塊指數起始點為220點，復盤10年，累積獲利2,692點，累積收益率達1,224%，平均年化收益率為122%，收益可觀。

資金權益波動較小，階段性最大回撤率僅為13%，走勢穩健。

10年交易時間，成功規避了2008年全球經濟危機、2015年股災。破位時第一時間止損，就是為了防範大跌的風險。每次止損都當成真的，就能避免大跌的風險。

附表　　　　　　　　　　重要指標參數分析

帳戶交易時間（年）	交易次數（次）	成功次數（次）	勝率（%）	盈虧比	累積收益率（%）	平均年化收益率（%）	階段性回撤次數（次）	階段性最大回撤率（%）	單次最大收益（點）	單次最大收益率（%）	單次最大虧損（點）	單次交易最大回撤率（%）
10	76	32	42.11	5.41	1,223.64	122.36	2	-13.44	1,156	97.88	-52	-5.11

（2）通信設備板塊樣本個股分析。

①航天通信（600677，見圖3-173）。

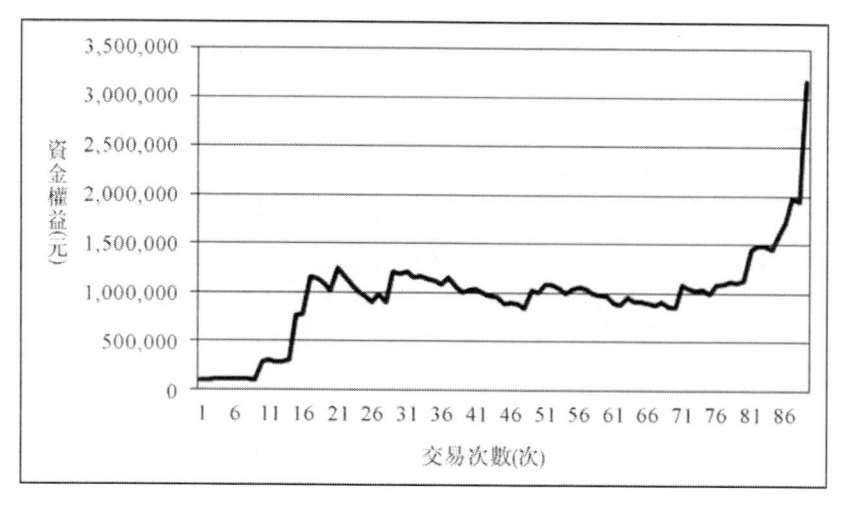

圖3-173　航天通信復盤10年資金從10萬元到300余萬元

（數據截至2015年7月31日）

●復盤啟示：起始資金10萬元，航天通信復盤10年，帳戶資金漲至近317萬元，平均年化收益率達307%，表現優異。

航天通信走勢相對穩定，單次交易最大回撤率僅為8%，風險較為可控。

10年交易時間，航天通信單次最大收益近123萬元，一次交易能達到如此收益，就是趨勢交易的魔力。體系能幫助我們在持股過程中克服「恐高心理」。

附表　　　　　　　　　重要指標參數分析

帳戶交易時間(年)	交易次數(次)	成功次數(次)	勝率(%)	盈虧比	累積收益率(%)	平均年化收益率(%)	階段性回撤次數(次)	階段性最大回撤率(%)	單次最大收益(萬元)	單次最大收益率(%)	單次最大虧損(萬元)	單次交易最大回撤率(%)
10	89	37	41.57	2.74	3,070.09	307.01	2	-32.86	122.87	181.61	-8.33	-7.66

●詳解航天通信復盤歷程：通信設備近 10 年漲勢較好，板塊指數操作勝率超過 40%。通信設備經過近 10 年的發展，基礎設備方面得到了較好發展，隨著基礎設施逐步完善，加之「互聯網+」概念的提出，通信服務終端在未來還有較大的發展空間。航天通信走勢大體與板塊指數走勢相同。具體來說航天通信呈現出「上漲—下跌—橫盤—上漲」的趨勢。

航天通信將把止損放在第一位做到了極致。在我們的復盤操作當中，資金從 2007 年 12 月 5 日的平倉之後出現長期的階段性回撤，該階段的資金階段性回撤率為 32%，而對應的個股從 2007 年 12 月 5 日平倉價格跌至 2008 年 11 月 6 日最低價，跌幅達到了 87%。期間大部分時間處於空倉階段。期間大盤行情也處於下行階段，我們也不知道「底」在何處，我們能做的就是按照體系進行嘗試。即使大環境處於下行階段我們也在該階段有過參與，實際回撤的資金相對少了很多，這樣就為下一次真正趨勢的形成保存了實力，為強力的上漲奠定了基礎。

航天通信在操作上風險控制良好，單次操作最大虧損為 7%。單次收益超過 100% 的有兩次，收益非常可觀。不僅如此，單次收益超過 20% 而又低於 100% 的次數也達到了 6 次，屬於小虧大賺。橫盤比例為 34%，震盪時間還是比較長。股市存在的不確定性在復盤過程中也得到了體現，在最後的一次操作當中，2014 年 12 月 5 日買入持倉，但 2014 年 12 月 16 日之後便開始停牌，沒人知道其復盤過後是利空還是利好，這個時候只能是以不變應萬變。恰逢其所處的位置是牛市當中加速上漲的過程，2015 年 5 月 25 日復盤之後連續出現 9 個「一字漲停」，資金得到大幅提升。此種情況是不可預知的，趨勢交易也不可避免這種情況的出現。**我們能夠做的就是繼續堅持體系，不受外界因素的困擾，做好自己的交易，追求最終的收益率**。

航天通信復盤 10 年，累積收益率達到 3,070%，操作成功率高，回撤風險低。成功率低不一定收益就差，但如果成功率高的話，對應的收益就將相當可觀，因為我們失敗操作的次數當中虧損較小，但操作成功的次數當中收益是相對較大的，所以成功率達到了 41%，10 萬元初始資金最終累積達到 317 萬元就不足為奇了。面對回撤與上漲我們都應該保持寵辱不驚的心態，因為我們堅信，只要堅持好自己的體系，最終的結果都是可觀的。

②中國天楹（000035，見圖3-174）。

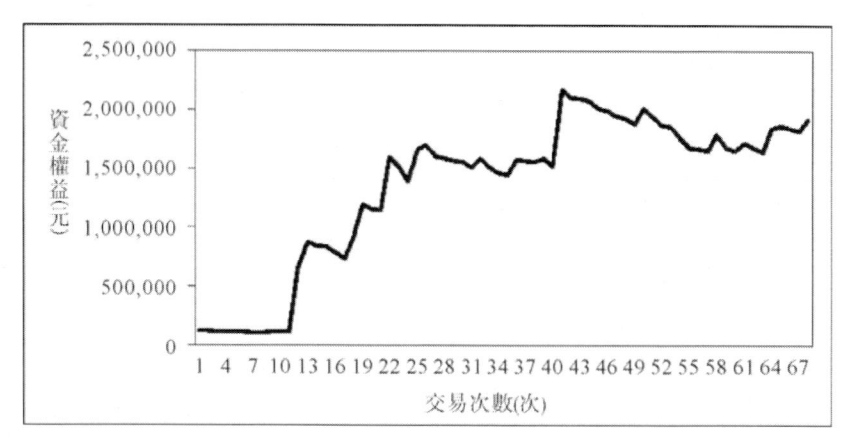

圖3-174　中國天楹復盤10年收益震盪上升

（數據截至2015年3月2日）

●復盤啟示：起始資金10萬元，中國天楹復盤10年，帳戶資金達192萬元，平均年化收益率達182%，收益可觀。

中國天楹資金權益震盪上升，底部區間不斷抬高，資金曲線較為穩健。

10年交易時間，中國天楹交易共68次，勝率為31%，單次最大收益率達467%，可見一旦趨勢形成，獲利便勢不可擋。

附表　　　　　　　　　重要指標參數分析

帳戶交易時間(年)	交易次數(次)	成功次數(次)	勝率(%)	盈虧比	累積收益率(%)	平均年化收益率(%)	階段性回撤次數(次)	階段性最大回撤率(%)	單次最大收益(萬元)	單次最大收益率(%)	單次最大虧損(萬元)	單次交易最大回撤(%)
10	68	21	30.88	2.05	1,815.59	181.56	3	-24.29	64.81	467.23	-12.31	-8.16

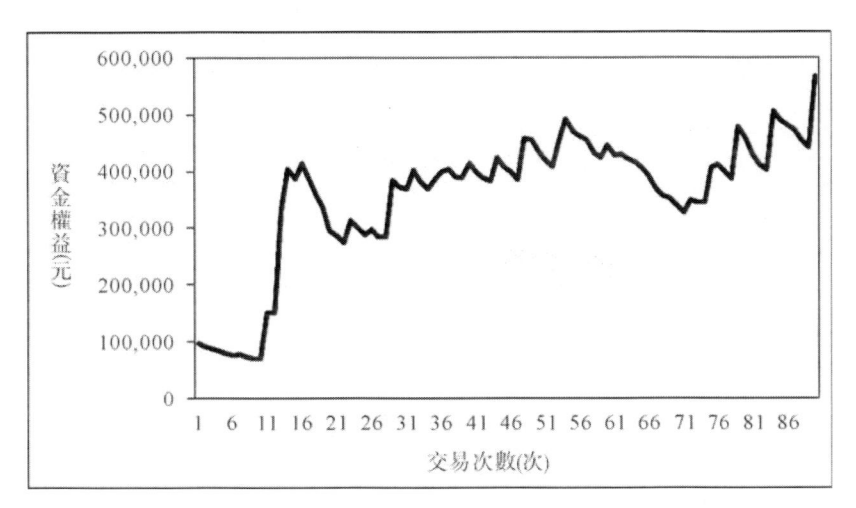

③波導股份（600130，見圖3-175）。

图3-175　波導股份復盤10年資金震盪向上

（數據截至2015年3月4日）

●復盤啟示：起始資金10萬元，波導股份復盤10年，帳戶資金近57萬元，平均年化收益率為47%，收益未跑贏上證復盤年化收益（56%），但已遠遠跑贏銀行定期收益及許多基金收益。

波導股份大部分時間都在寬幅震盪，可是即使這樣，也能保證較高的正收益。

10年交易時間，波導股份交易共90次，勝率為27%，單次最大獲利達119%。市場不可預測，趨勢機會是嘗試出來的。

附表　　　　　　　　　　重要指標參數分析

帳戶交易時間(年)	交易次數(次)	成功次數(次)	勝率(%)	盈虧比	累積收益率(%)	平均年化收益率(%)	階段性回撤次數(次)	階段性最大回撤率(%)	單次最大收益(萬元)	單次最大收益率(%)	單次最大虧損(萬元)	單次交易最大回撤率(%)
10	90	25	27.78	1.61	467.83	46.78	2	-33.66	17.95	118.75	-4.21	-12.47

④中興通訊（000063，見圖 3-176）。

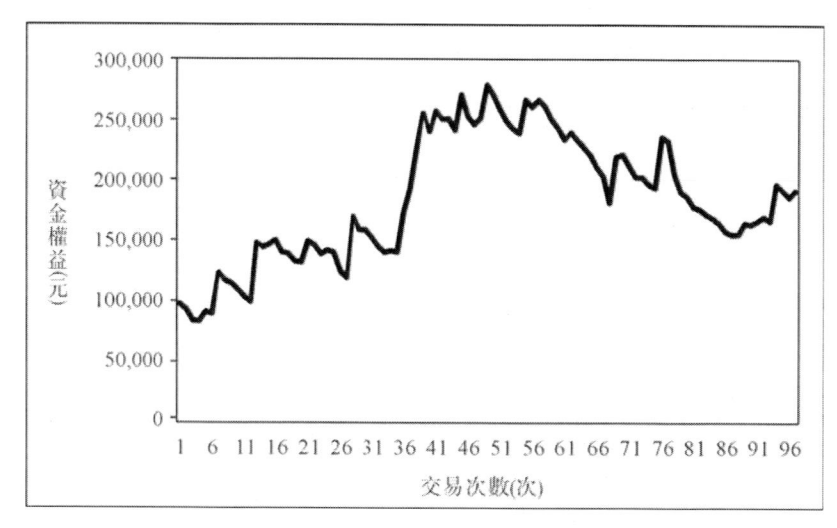

圖 3-176　中興通訊復盤 10 年資金波動較大

（數據截至 2015 年 7 月 31 日）

●復盤啟示：起始資金 10 萬元，中興通訊復盤 10 年，帳戶資金達到 19 萬元，平均年化收益率為 9%，收益未跑贏上證復盤年化收益（56%），但已跑贏銀行定期收益。

中興通訊資金權益波動較大，階段性最大回撤率為 44%。體系內的資金回撤往往是盈利的開始。

10 年交易時間，成功規避了 2008 年全球經濟危機、2015 年股災。破位時第一時間止損，就是為了防範大跌的風險。每次止損都當成真的，就能避免大跌的風險。

附表　　　　　　　　　　重要指標參數分析

帳戶交易時間(年)	交易次數(次)	成功次數(次)	勝率(%)	盈虧比	累積收益率(%)	平均年化收益率(%)	階段性回撤次數(次)	階段性最大回撤率(%)	單次最大收益(萬元)	單次最大收益率(%)	單次最大虧損(萬元)	單次交易最大回撤(%)
10	97	30	30.93	1.21	91.56	9.16	2	-44.29	5.37	48.24	-2.73	-11.82

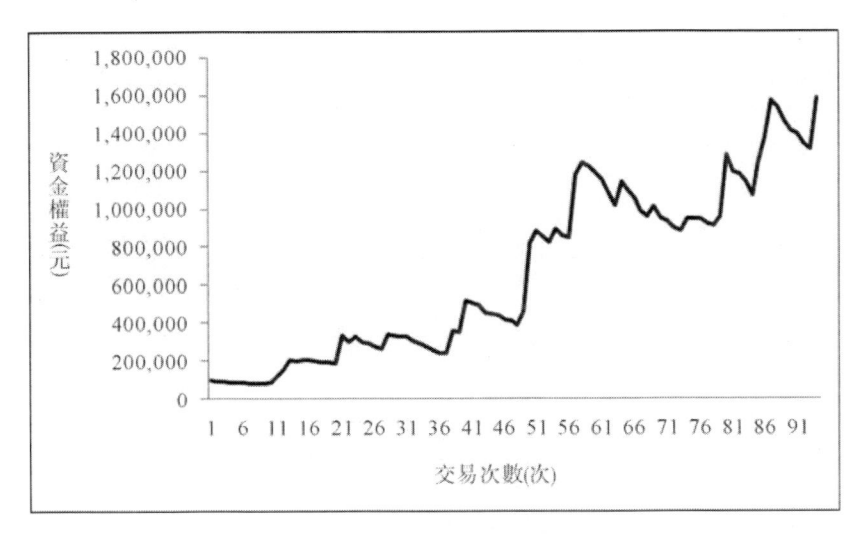

⑤東信和平（002017，見圖3-177）。

圖3-177 東信和平復盤10年資金穩步攀升

（數據截至2015年3月3日）

●復盤啟示：起始資金10萬元，東信和平復盤10年，帳戶資金達158萬元，平均年化收益率為148%，收益可觀。

東信和平資金權益穩步攀升，階段性最大回撤控制在30%以內，穩定性較強。

10年交易時間，東信和平交易共94次，勝率為29%，單次最大獲利達79%。市場不可預測，趨勢機會是嘗試出來的。

附表　　　　　　　　重要指標參數分析

帳戶交易時間（年）	交易次數（次）	成功次數（次）	勝率（%）	盈虧比	累積收益率（%）	平均年化收益率（%）	階段性回撤次數（次）	階段性最大回撤率（%）	單次最大收益（萬元）	單次最大收益率（%）	單次最大虧損（萬元）	單次交易最大回撤率（%）
10	94	27	28.72	1.96	1,480.37	148.04	3	-29.19	36.13	79.26	-8.73	-9.74

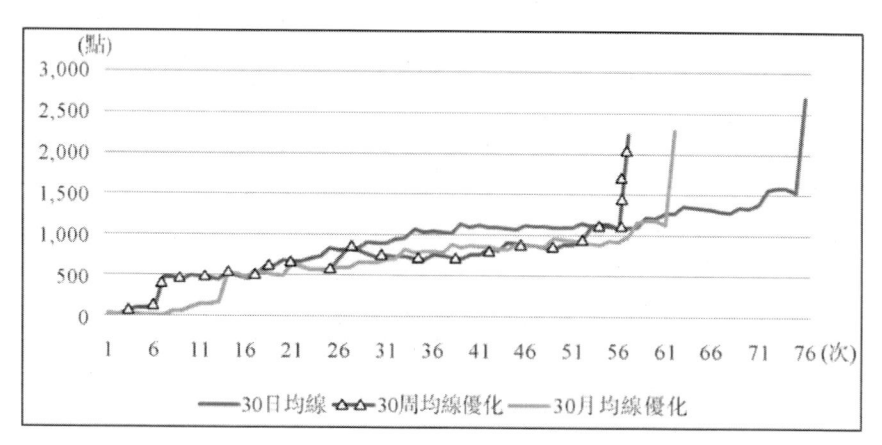

(3)交易優化對比（見圖3-178）。

圖 3-178　通信設備板塊指數優化后盈虧曲線圖對比

●優化啟示：通過30周均線、30月均線優化通信設備板塊指數后，可以發現優化后階段性回撤率下降。相對的收益也出現了下降，低風險對應低收益，降低風險同時也降低了利潤。

實際操作中，趨勢交易會根據趨勢線、水平線、資金管理等措施來進一步優化，以使在控制風險下利潤最大化。

附表　　　　　　　　　　　　　重要指標參數對比

參數 MA	帳戶交易時間（年）	交易次數（次）	成功次數（次）	勝率（%）	盈虧比	累積收益率（%）	平均年化收益率（%）	階段性回撤次數（次）	階段性最大回撤率（%）	單次最大收益（點）	單次最大收益率（%）	單次最大虧損（點）	單次交易最大回撤率（%）
30日均線	10	76	32	42.11	5.41	1,224	122	2	-13.44	1,156	98	-52	-5.11
30周均線	9	57	27	47.37	4.96	784	87	1	-17.00	1,156	98	-52	-5.11
30月均線	10	62	27	43.55	5.37	1,039	104	2	-12.03	1,156	98	-52	-5.11

（四）第四部分　消費類

1. **食品飲料板塊：收益上行，走勢穩健**

●10 年的交易時間，食品飲料板塊指數平均年化收益率達到 109%，走勢穩健，跑贏同期大盤指數。

●10 年的時間裡，趨勢交易的次數共 90 次，勝率為 36%，單次最大收益率達到 92%，可見一旦趨勢形成，利潤將十分豐厚。

●食品飲料板塊指數單次最大回撤率僅為 6%，階段性最大回撤率為 31%。

●選取樣本伊利股份、光明乳業、梅花生物、中糧屯河、維維股份做復盤分析。

●通過優化 30 周均線、30 月均線做復盤比較分析，會發現優化后資金收益曲線更穩定、風險控制也更好。

2005—2015 年食品飲料板塊指數與上證指數走勢圖如圖 3-179 所示：

圖 3-179　2005—2015 年食品飲料板塊指數與上證指數走勢圖

(1) 食品飲料板塊指數（880372）復盤分析（見圖 3-180）。

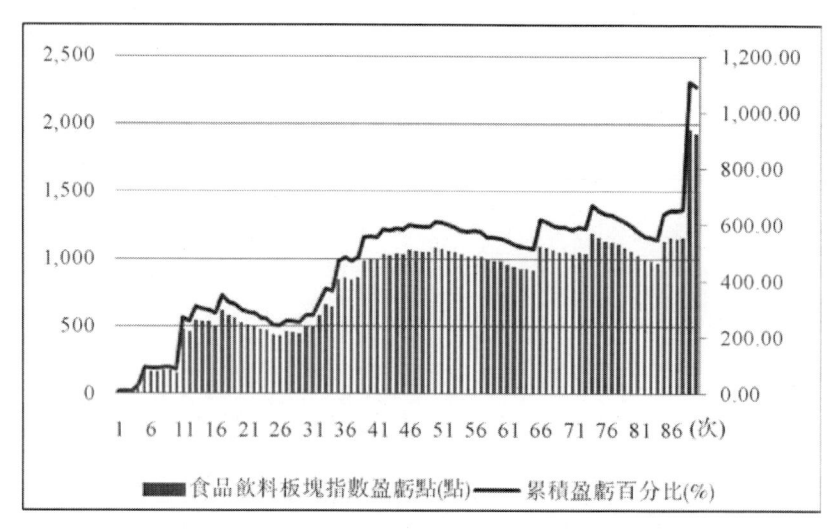

圖 3-180　食品飲料板塊指數復盤 10 年資金震盪中穩定攀升

（數據截至 2015 年 7 月 31 日）

● 復盤啟示：食品飲料板塊指數起始點為 176 點，復盤 10 年，累積獲利 1,929 點，累積收益率達 1,093%，平均年化收益率為 109%。

該板塊和其他大部分板塊走勢差異相對較大，橫盤時間較短，回撤次數較多，在圖形上就呈現出大幅震盪向上的趨勢。

食品飲料板塊也是和人們日常生活緊密相關的板塊，受經濟發展、人們消費觀念等因素的影響。單從交易體系來看，其在回撤相比其他板塊較大的情況下仍然能夠保證超過 10 倍的收益，表現非常不錯，更具備優化的價值和空間。

附表　　　　　　　　　　　　　重要指標參數分析

帳戶交易時間（年）	交易次數（次）	成功次數（次）	勝率（%）	盈虧比	累積收益率（%）	平均年化收益率（%）	階段性回撤次數（次）	階段性最大回撤率（%）	單次最大收益（點）	單次最大收益率（%）	單次最大虧損（點）	單次交易最大回撤（%）
10	90	32	35.56	3.25	1,093.01	109.30	4	-31.04	802.13	91.78	-40.65	-5.59

（2）食品飲料板塊樣本個股分析。

①伊利股份（600887，見圖3-181）。

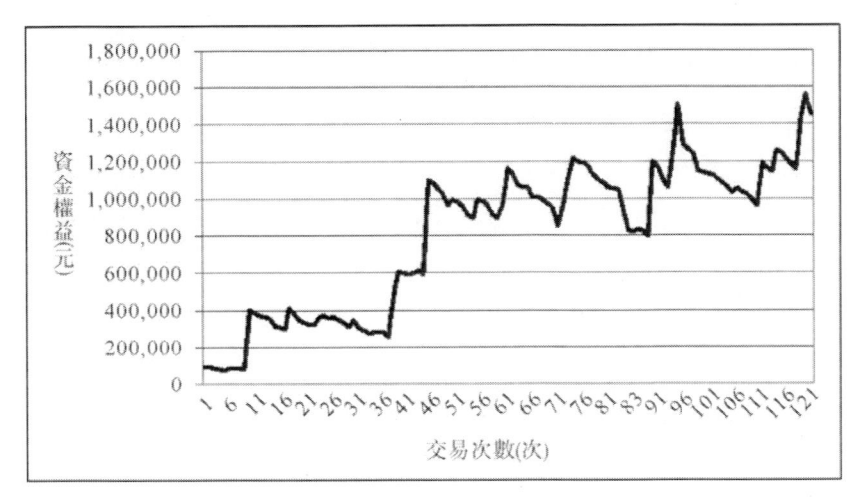

圖3-181 伊利股份復盤10年資金劇烈波動中上漲

（數據截至2015年7月31日）

●復盤啟示：起始資金10萬元，伊利股份復盤10年，帳戶資金達到144萬元，平均年化收益率為135%，收益十分可觀。

從資金權益曲線圖中可以看出其最大的特點就是震盪幅度大、時間長，但是漲幅也相對強勢，其資金在強力拉升及資金回撤的過程中累積向上推升。單次收益有超過388%的情況，趨勢形成之後的漲勢很強。可以提升優化的地方在於多達8次的階段性回撤，通過體系上的週期優化能夠很好地改善這一現象。

附表　　　　　　　　　　　重要指標參數分析

帳戶交易時間（年）	交易次數（次）	成功次數（次）	勝率（%）	盈虧比	累積收益率（%）	平均年化收益率（%）	階段性回撤次數（次）	階段性最大回撤率（%）	單次最大收益（萬元）	單次最大收益率（%）	單次最大虧損（萬元）	單次交易最大回撤率（%）
10	123	29	23.58	1.55	1,349.98	135.00	8	-36.45	50.73	388.36	-21.85	-14.52

●詳解伊利股份復盤歷程：2005—2015年，伊利股份復盤10年時間走勢整體呈現震盪上行的走勢，底部區間不斷抬高。食品飲料具有較強的消費屬性，階段性回撤較小，績效回報較好。按照趨勢交易最基礎的30日均線交易法則，伊利股份10年時間共計交易123次，平均年化收益率為135%，階段性最大回撤率在30%左右，收益和風險取得了較好的平衡。

這123次趨勢交易操作主要分佈在股價震盪區間，即趨勢不明朗時期，這個時期需要不斷地去嘗試機會。伊利股份每次震盪時間不長，但震盪次數較多，比如2006年、2007年、2010年、2013年基本處於震盪期，4年時間交易共計55次，占比為45%。**在震盪期，趨勢交易操作虧損的次數較多，但每次虧損幅度很小**。數據顯示，伊利股份虧損94次，單次最大虧損率為14.52%，單次虧損率超過10%的有6次，虧損率在5%~10%的有14次，虧損率在5%以內的有74次，占比近78%。

一旦趨勢機會來臨，趨勢交易者便長期持有，直到趨勢出現拐頭跡象。比如2005年12月15日，伊利股份股價上30日均線買入，直到2006年7月12日才賣出，一次交易持有週期長達近8個月，收益率達388.36%。該次交易後，資金權益從8萬元到40萬元。伊利股份單次最大獲利50萬元，出現在2009年8月21日買入，直到2009年12月日賣出。這次交易後，資金權益已躍升至上百萬元。伊利股份單次交易收益率超過50%的有4次，分別出現在2005年12月、2009年1月、2009年8月、2012年12月，4次重要趨勢推升資金權益從40萬元到120萬元，這就是複利的威力。

下跌趨勢形成時，空倉耐心等待，空倉也是一種交易。**在下跌趨勢中，趨勢交易者所虧損的錢是很少的，保存了實力**。從2008年1月到10月期間，伊利股份股價跌幅達90%，但趨勢交易僅操作了4次，資金回撤不超過20%，這個規避風險的效果已經很明顯了。

不管股價處於震盪、上漲，還是下跌狀態中，趨勢交易都做好了應對策略，以不變應萬變，追求穩定的、較好的年化收益率。

②光明乳業（600597，見圖3-182）。

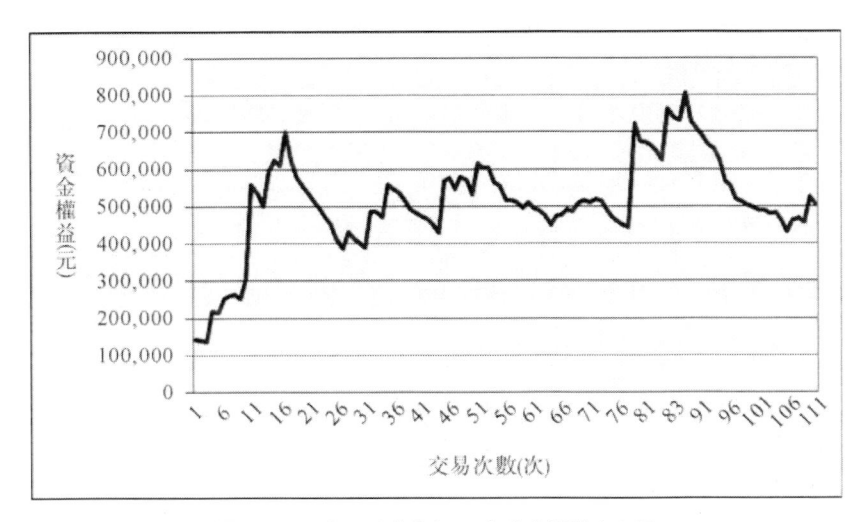

圖3-182　光明乳業復盤10年資金震盪中上揚

（數據截至2015年7月31日）

●復盤啟示：起始資金10萬元，光明乳業復盤10年，帳戶資金達到50萬元，平均年化收益率為40%。

通過資金權益曲線圖可以發現，在第一次趨勢交易當中累積了較為豐厚的利潤，但是之後進入回撤並進入長期橫盤小幅度震盪的階段。回撤次數相對較多，這一點和所處板塊指數相契合。實際交易當中應該對回撤位置加以優化。

附表　　　　　　　　　　重要指標參數分析

帳戶交易時間（年）	交易次數（次）	成功次數（次）	勝率（%）	盈虧比	累積收益率（%）	平均年化收益率（%）	階段性回撤次數（次）	階段性最大回撤率（%）	單次最大收益（萬元）	單次最大收益率（%）	單次最大虧損（萬元）	單次交易最大回撤率（%）
10	111	32	28.83	1.28	406.69	40.67	6	-46.12	27.82	83.02	-7.52	-10.75

③梅花生物（600873，見圖3-183）。

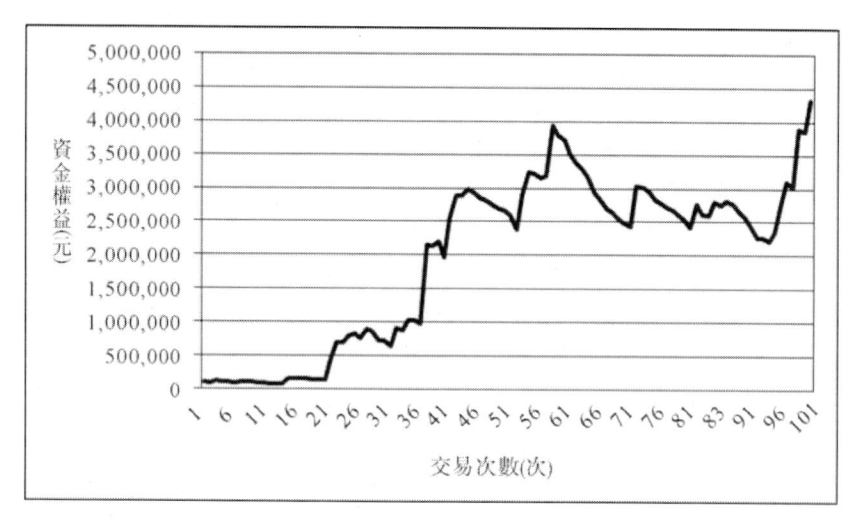

圖3-183　梅花生物復盤10年資金漲勢強勁

（數據截至2015年7月31日）

●復盤啟示：起始資金10萬元，梅花生物復盤10年，帳戶資金達到431萬元，平均年化收益率達421%，漲勢優秀。

梅花生物10年交易過程中成功規避了2008年全球經濟危機和2015年股災的影響，在相應時間段，資金並未出現大幅度回撤的現象。在這種快速下跌的過程中體現出了較高的抗風險的能力，並且個股跟蹤的趨勢性良好，回撤率相對較小，最基本的30日均線交易能夠達到400萬元以上的收益，已算非常優秀。

附表　　　　　　　　　　重要指標參數分析

帳戶交易時間（年）	交易次數（次）	成功次數（次）	勝率（%）	盈虧比	累積收益率（%）	平均年化收益率（%）	階段性回撤次數（次）	階段性最大回撤率（%）	單次最大收益（萬元）	單次最大收益率（%）	單次最大虧損（萬元）	單次交易最大回撤率（%）
10	102	29	28.43	1.93	4,217.23	421.72	6	-38.42	117.94	233.19	-23.33	-15.59

④中糧屯河（600737，見圖3-184）。

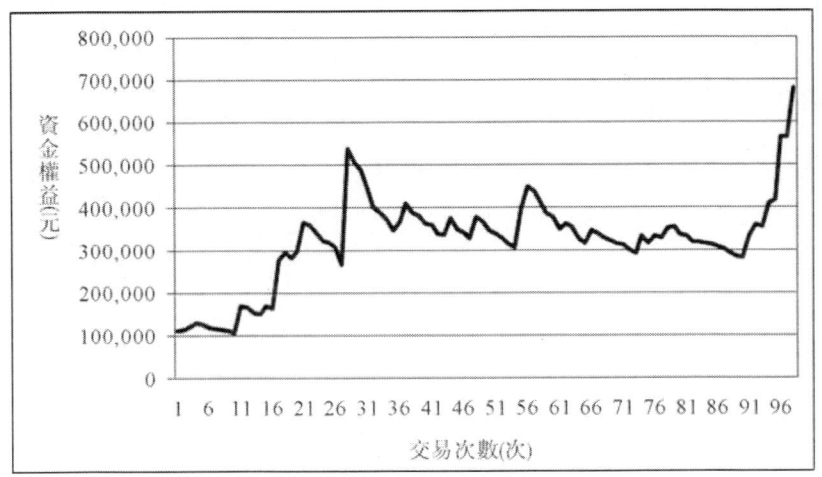

圖3-184 中糧屯河復盤10年資金漲勢可觀

（數據截至2015年7月31日）

● 復盤啟示：起始資金10萬元，中糧屯河復盤10年，帳戶資金達到68萬元，平均年化收益率為58%，收益可觀。

通過資金權益曲線圖可以發現，其10年交易當中總體漲勢較好。第一次大趨勢交易成功之後，出現了較大的階段性回撤，后期又出現較長時間的震盪，震盪區間有時候不可避免，每一次趨勢形成均需要震盪過程來醞釀。

附表　　　　　　　　　　重要指標參數分析

帳戶交易時間（年）	交易次數（次）	成功次數（次）	勝率（%）	盈虧比	累積收益率（%）	平均年化收益率（%）	階段性回撤次數（次）	階段性最大回撤率（%）	單次最大收益（萬元）	單次最大收益率（%）	單次最大虧損（萬元）	單次交易最大回撤率（%）
10	98	29	29.59	1.69	581.00	58.10	4	-43.05	27.35	102.44	-5.08	-13.64

⑤維維股份（600300，見圖3-185）。

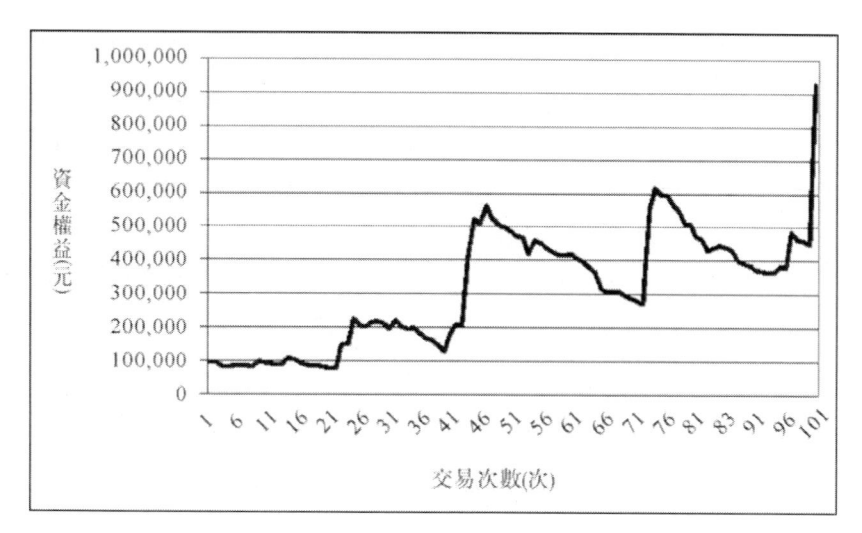

圖3-185　維維股份復盤10年資金在大幅波動中上漲

（數據截至2015年7月31日）

●復盤啟示：起始資金10萬元，維維股份復盤10年，帳戶資金達到92萬元，平均年化收益率為82%，收益可觀。

該個股如果單從累積收益來看投資效果不錯。通過圖形可以看出其最鮮明的特點，即漲勢強勁，同時回撤較大。資金大漲之後都有較大的回撤，若能夠減少回撤的幅度還能夠將累積資金推向一個較高的平臺，因為就其漲勢來看是相對較好的。

附表　　　　　　　　　　重要指標參數分析

帳戶交易時間（年）	交易次數（次）	成功次數（次）	勝率（%）	盈虧比	累積收益率（%）	平均年化收益率（%）	階段性回撤次數（次）	階段性最大回撤率（%）	單次最大收益（萬元）	單次最大收益率（%）	單次最大虧損（萬元）	單次交易最大回撤率（%）
10	102	24	23.53	1.95	825.50	82.55	4	-52.02	47.68	106.38	-4.84	-13.39

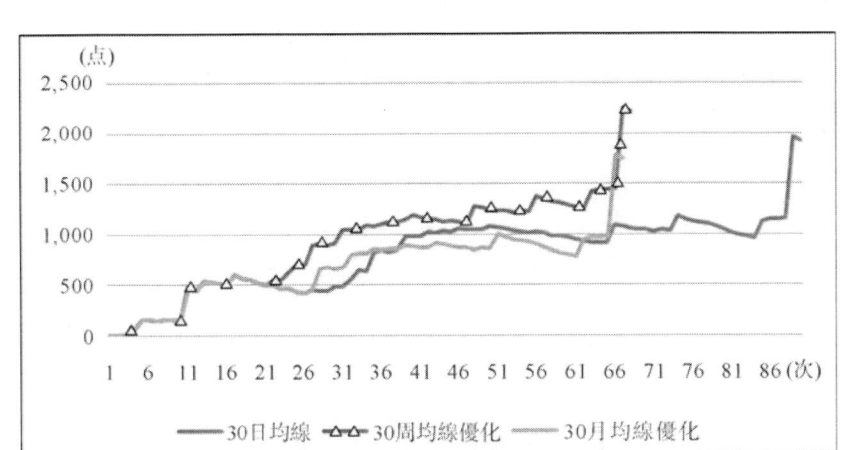

(3) 交易優化對比（見圖3-186）。

圖3-186 食品飲料板塊指數優化后盈虧曲線圖對比

● 優化啟示：食品飲料板塊指數通過30周均線、30月均線的優化后，主要體現在回撤風險有了更好的控制。

板塊指數相對個股波動較小，但是其優化方向也相對具有代表性。該板塊個股的波動性相對較大，而往往波動性較大的也更具優化的空間，交易的優化並不一定很明顯，資金有大幅增長。

優化是相對的，沒有絕對的標準。重要的是通過體系交易在結合交易過程中倉位的管理找到風險與收益的平衡點。

附表　　　　　　　　　　　重要指標參數分析

參數 MA	帳戶交易時間（年）	交易次數（次）	成功次數（次）	勝率（%）	盈虧比	累積收益率（%）	平均年化收益率（%）	階段性回撤次數（次）	階段性最大回撤率（%）	單次最大收益（點）	單次最大收益率（%）	單次最大虧損（點）	單次交易最大回撤率（%）
30日均線	10	90	32	35.56	3.25	1,093	109	4	−31.04	802	92	−41	−5.59
30周均線	10	68	31	45.59	4.96	1,259	126	4	−17.28	802	92	−41	−4.85
30月均線	10	67	27	40.30	3.69	994	99	3	−31.04	802	92	−41	−5.59

2. 傳媒娛樂板塊：黑馬發力，受益消費升級

●10年的交易時間，傳媒娛樂板塊指數平均年化收益率達到114%，受益消費升級，近年來走勢搶眼，遠遠跑贏同期大盤指數。

●10年的時間裡，趨勢交易的次數共90次，勝率為39%，單次最大收益率達到87%，可見一旦趨勢形成，利潤將十分豐厚。

●傳媒娛樂板塊指數單次最大回撤率僅為7.5%，階段性最大回撤率為21%，抗風險能力好。

●選取樣本長城動漫、浙報傳媒、大地傳媒、電廣傳媒、華聞傳媒做復盤分析。

●通過優化30周均線、30月均線做復盤比較分析，會發現優化后資金收益曲線更穩定，風險控制也更好。

2005—2015年傳媒娛樂板塊指數與上證指數走勢圖如圖3-187所示：

圖3-187　2005—2015年傳媒娛樂板塊指數與上證指數走勢圖

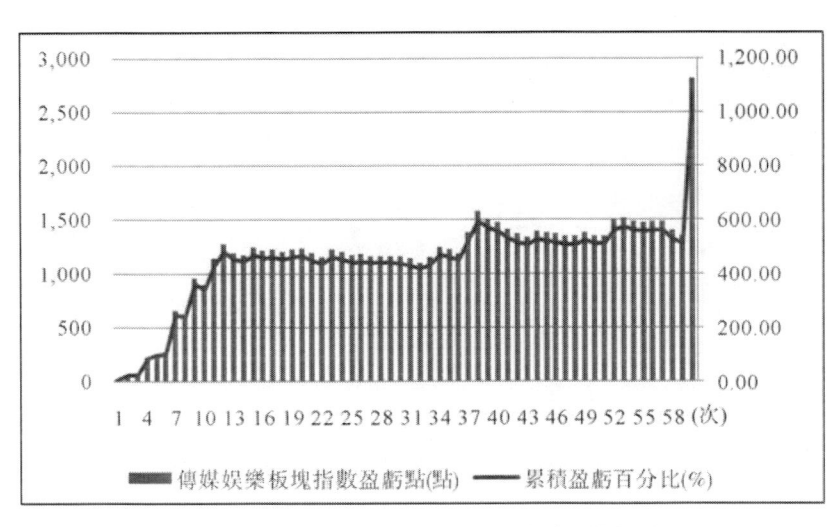

(1) 傳媒娛樂板塊指數（880418）復盤分析（見圖3-188）。

圖3-188　傳媒娛樂板塊指數復盤10年資金震盪上揚

（數據截至2015年7月31日）

●復盤啟示：傳媒娛樂板塊指數起始點為265點，復盤10年，累積獲利3,020點，累積收益率達1,140%，平均年化收益率為114%，表現優異。

橫盤時間較長，資金的累積主要在兩次牛市的趨勢當中完成，橫盤過程中也有小幅收益的累積，回撤較小。

板塊指數更具代表性，從收益曲線圖中可以看出，在遵守體系的條件下控制好風險，可以達到低風險、高收益的最為理想的效果。

附表　　　　　　　　　重要指標參數分析

帳戶交易時間（年）	交易次數（次）	成功次數（次）	勝率（%）	盈虧比	累積收益率（%）	平均年化收益率（%）	階段性回撤次數（次）	階段性最大回撤率（%）	單次最大收益（點）	單次最大收益率（%）	單次最大虧損（點）	單次交易最大回撤率（%）
10	90	35	38.89	3.21	1,139.62	113.96	2	-20.58	1,459	86.69	-86	-7.46

（2）傳媒娛樂板塊樣本個股分析。

①長城動漫（000835，見圖3-189）。

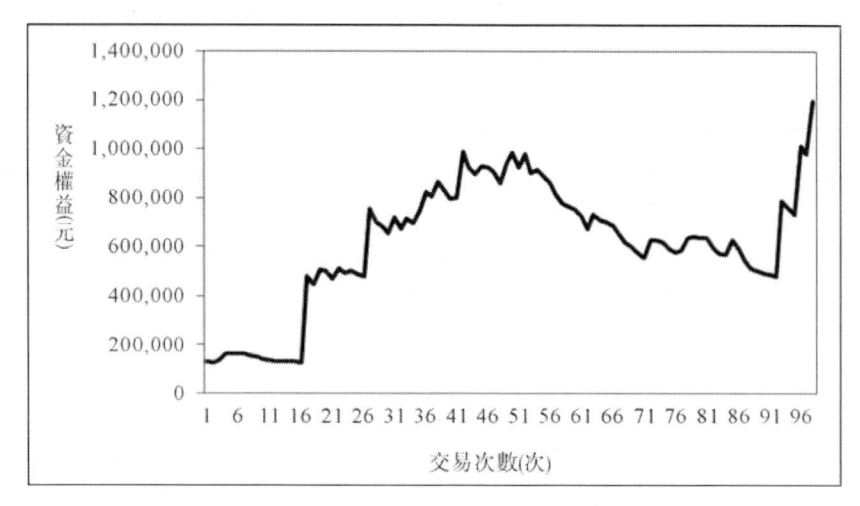

圖3-189　長城動漫復盤10年資金從10萬元到上百萬元

（數據截至2015年7月31日）

●復盤啟示：起始資金10萬元，長城動漫復盤10年，帳戶資金達到119萬元，平均年化收益率為109%，收益可觀。

資金權益曲線圖呈現震盪向上的趨勢，抓住兩次重要的趨勢就能夠完成大部分的目標利潤。

10年交易時間，成功規避了2008年全球經濟危機、2015年股災，未出現資金的大幅度回撤的情況，尤其是2015年的股災，小週期破位後就不再進行操作，很好地規避了風險，保存了實力。

附表　　　　　　　　　　重要指標參數分析

帳戶交易時間（年）	交易次數（次）	成功次數（次）	勝率（%）	盈虧比	累積收益率（%）	平均年化收益率（%）	階段性回撤次數（次）	階段性最大回撤率（%）	單次最大收益（萬元）	單次最大收益率（%）	單次最大虧損（萬元）	單次交易回撤率（%）
10	98	32	32.65	1.73	1,093.19	109.32	4	-44.08	35.15	277.78	-7.68	-8.05

●详解长城动漫复盘历程：传媒娱乐版块在近10年得到了良好的发展，随着大众消费水平的提高更是到了一个飞速发展的时期。动漫在近些年的发展势头同样迅猛，动漫周边产品同样具备良好的后续市场。作为传媒娱乐版块当中的动漫代表，长城动漫在10年的操作中表现优秀，资金从10万元达到了百万元。

长城动漫资金权益曲线图呈现出小幅震荡、大幅上扬的趋势。**趋势形成即可满盘皆赢**。在2006年12月20日之前，我们的累积盈亏「只不过」27%，但经过该次交易之后，单次收益达到了277%，累积收益达到了378%。细心的人可能会发现，**复利的威力是巨大的**。赚取的部分资金在该次行情中同样产生了收益。资金在2010年2月创造了阶段性新高后，便开始了长期回撤，从2010年3月31日平仓之后出现阶段性回撤，阶段性回撤率达到44%，直至2014年才出现反转的情况。正是之后真正的趋势来临了，我们发现资金又在较短的时间内不断创造出历史新高。

回撤也是交易的一部分。2010—2014年长期的阶段性回撤对交易者来说也是巨大的考验，但只要相信自己的体系、坚持自己的体系，那一切也就云淡风轻了。因为在趋势交易当中回撤也是交易的重要组成部分，每一次交易都是一次尝试，我们不是追求短期的可观收益，我们追求的是最终的平均年化收益。

合理控制风险才能够让黎明来临，才能够在市场当中跟踪到真正的趋势。2008年6月4日，我们以13.62元/股平仓之后，行情已经出现下行，最低价为3.26元/股，股价跌幅为76%，而我们在该区间同样有3次操作，但实际持仓时间均较短，因为我们只要是股票破位，就会在第一时间平仓，该区间我们的资金由75万元亏损到65万元，比例为13%。及时截断亏损就是一种成功。类似情况还有2015年的股灾，2015年6月18日平仓之后，出现暴跌情况的14个交易日，总跌幅达到了53%，而我们之后没有进行任何操作。从10年交易历史数据来看，最大单次亏损仅为8%，而在成功交易获利的32次交易当中，我们有8次的单次收益远高于20%，占盈利次数的25%。亏损是为了更好地获利，是为了换取更大的盈利机会。

只有合理地控制风险，踩准趋势的节奏，我们才能在交易当中占据主动，创造良好的最终收益。

②浙報傳媒（600633，見圖3-190）。

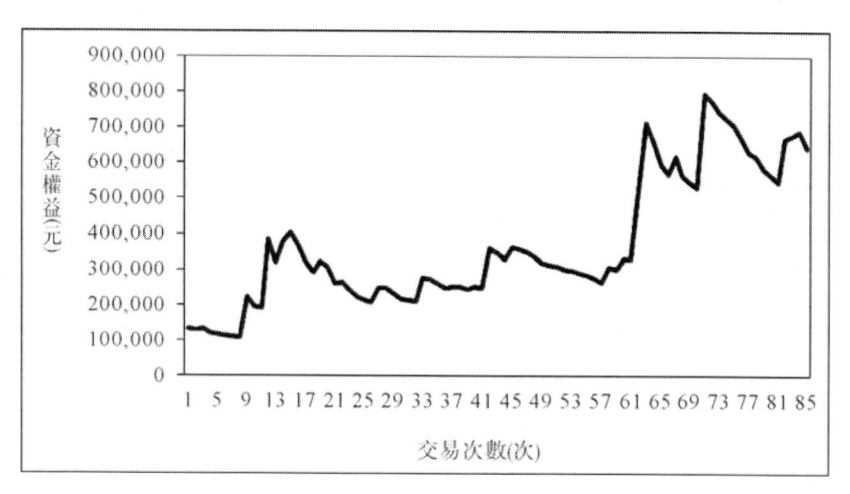

图 3-190　浙報傳媒復盤 10 年資金震盪增長

（數據截至2015年7月31日）

● 復盤啟示：起始資金 10 萬元，浙報傳媒復盤 10 年，帳戶資金達到 64 萬元，平均年化收益率為 54%。

資金經過第一次的突破後進入橫盤階段，回撤風險較小。

10 年交易時間，成功規避了 2008 年全球經濟危機、2015 年股災，第一時間截斷虧損才能夠最終讓利潤奔跑。

附表　　　　　　　　重要指標參數分析

帳戶交易時間(年)	交易次數(次)	成功次數(次)	勝率(%)	盈虧比	累積收益率(%)	平均年化收益率(%)	階段性回撤次數(次)	階段性最大回撤率(%)	單次最大收益(萬元)	單次最大收益率(%)	單次最大虧損(萬元)	單次交易最大回撤率(%)
10	85	24	28.24	1.49	541.9	54.19	3	-49.93	29.70	283.04	-6.55	-11.66

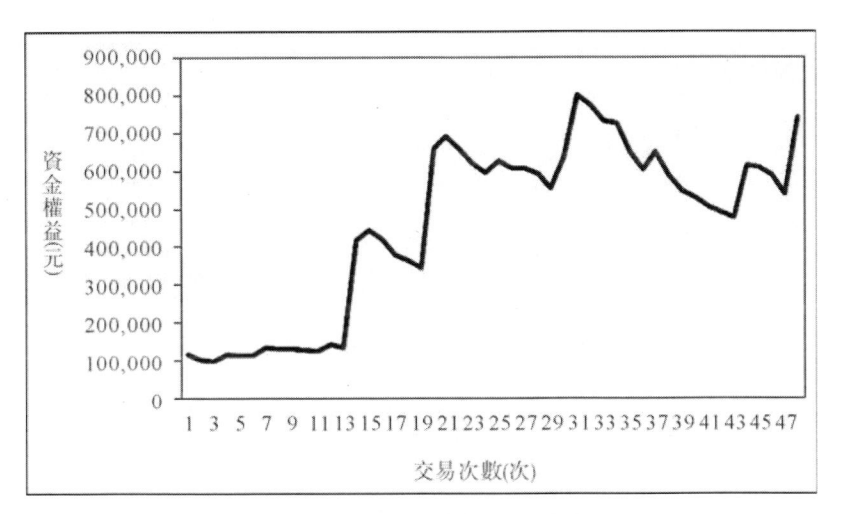

③大地傳媒（000719，見圖3-191）。

圖3-191　大地傳媒復盤10年資金在震盪中突破上漲

（數據截至2015年7月31日）

●復盤啟示：起始資金10萬元，大地傳媒復盤10年，帳戶資金達到73萬元，平均年化收益率為64%。

該個股很好地體現了回撤是盈利的開始，每次出現回撤後都有一次強力資金累積的行情出現。

10年交易時間，經歷了2008年全球經濟危機、2015年的股災，得益於體系的及時止損，利潤在不斷地奔跑上揚。

附表　　　　　　　　　　重要指標參數分析

帳戶交易時間(年)	交易次數(次)	成功次數(次)	勝率(%)	盈虧比	累積收益率(%)	平均年化收益率(%)	階段性回撤次數(次)	階段性最大回撤率(%)	單次最大收益(萬元)	單次最大收益率(%)	單次最大虧損(萬元)	單次交易最大回撤率(%)
10	48	16	33.33	1.84	639.56	63.96	3	-40.69	31.51	209.17	-7.62	-12.42

④電廣傳媒（000917，見圖 3-192）。

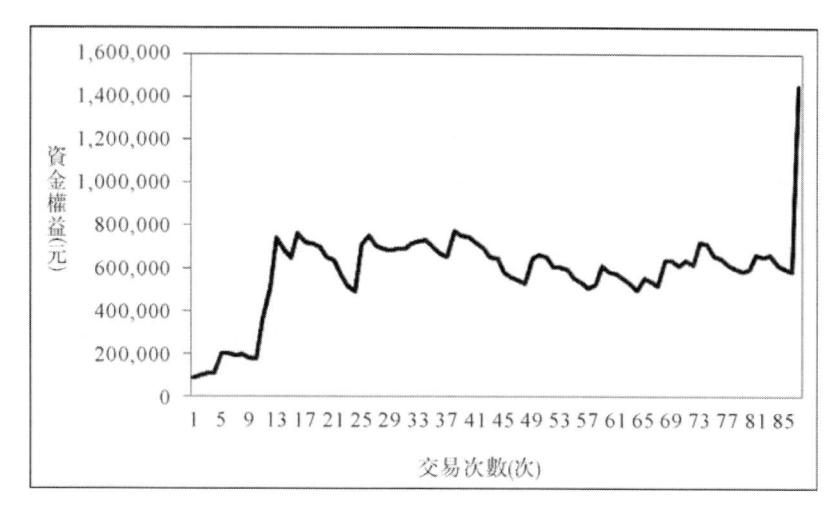

圖 3-192　電廣傳媒復盤 10 年低回撤高收益

（數據截至 2015 年 7 月 31 日）

●復盤啟示：起始資金 10 萬元，電廣傳媒復盤 10 年，帳戶資金達到 145 萬元，平均年化收益率為 135%。

該個股在第一次趨勢盈利之後進入小幅回撤震盪階段，第二次趨勢形成之后累積資金迅速拉升。

10 年交易時間，成功規避了 2008 年全球經濟危機、2015 年股災，控制風險的同時，資金不斷突破上漲。

附表　　　　　　　　　　　　　重要指標參數分析

帳戶交易時間（年）	交易次數（次）	成功次數（次）	勝率（%）	盈虧比	累積收益率（%）	平均年化收益率（%）	階段性回撤次數（次）	階段性最大回撤率（%）	單次最大收益（萬元）	單次最大收益率（%）	單次最大虧損（萬元）	單次交易最大回撤（%）
10	87	28	32.18	1.97	1,351.14	135.11	3	-36.10	86.86	149.57	-6.80	-13.81

⑤華聞傳媒（000793，見圖3-193）。

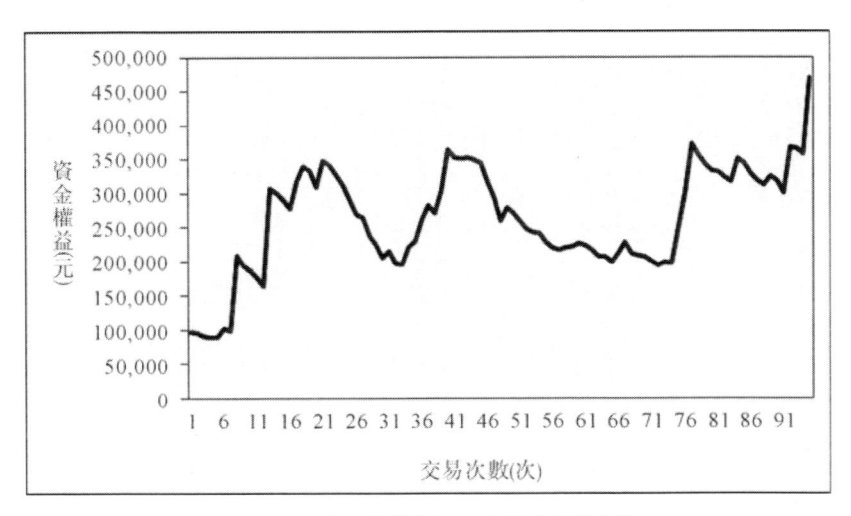

圖3-193　華聞傳媒復盤10年資金震盪上揚

（數據截至2015年5月25日）

●復盤啟示：起始資金10萬元，華聞傳媒復盤10年，帳戶資金達到47萬元，平均年化收益率為37%。

資金權益震盪幅度相對較大，但總體呈現震盪上揚的趨勢。

附表　　　　　　　　　　重要指標參數分析

帳戶交易時間(年)	交易次數(次)	成功次數(次)	勝率(%)	盈虧比	累積收益率(%)	平均年化收益率(%)	階段性回撤次數(次)	階段性最大回撤率(%)	單次最大收益(萬元)	單次最大收益率(%)	單次最大虧損(萬元)	單次交易最大回撤率(%)
10	95	28	29.47	1.57	369.71	36.97	3	-42.81	14.13	110.71	-3.56	-12.06

(3) 交易優化對比（見圖 3-194）。

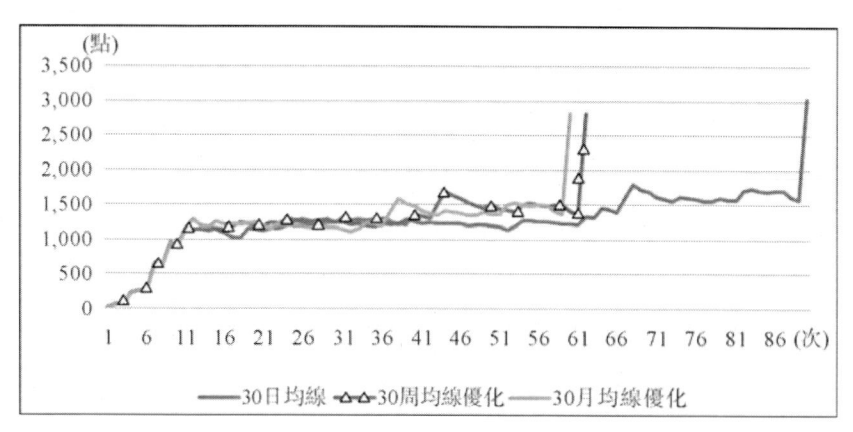

圖 3-194　傳媒娛樂板塊指數優化後盈虧曲線圖對比

●優化啟示：通過 30 周均線、30 月均線優化傳媒娛樂板塊指數後，可以發現優化后階段性回撤率下降，降低風險的同時也捨棄了一定的利潤。

優化後交易次數明顯減少，資金權益曲線圖更加趨於平穩上揚，風險與利潤的關係得到了最好的優化。

附表　　　　　　　　　　　重要指標參數對比

參數 MA	帳戶交易時間（年）	交易次數（次）	成功次數（次）	勝率（%）	盈虧比	累積收益率（%）	平均年化收益率（%）	階段性回撤次數（次）	階段性最大回撤率（%）	單次最大收益（點）	單次最大收益率（%）	單次最大虧損（點）	單次交易最大回撤率（%）
30 日均線	10	90	35	38.89	3.21	1,140	114	2	-20.58	1,459	87	-86	-7.46
30 周均線	10	62	28	45.16	3.86	1,063	106	2	-19.54	1,459	87	-86	-5.79
30 月均線	10	60	26	43.33	3.78	1,062	106	2	-13.87	1,459	87	-86	-5.58

3. 農林牧漁板塊：個股波動較大，具有季節性

●10 年的交易時間，農林牧漁板塊指數平均年化收益率達到 113%，跑贏同期大盤指數。

●10 年的時間裡，趨勢交易的次數共 96 次，勝率為 27%，單次最大收益率達到 140%，可見一旦趨勢形成，利潤將十分豐厚。

●農林牧漁板塊指數單次最大回撤率僅為 9%，階段性最大回撤率較小，僅為 16.8%，整體穩定性較好。

●選取樣本農發種業、北大荒、香梨股份、萬向德農、新農開發做復盤分析，個股波動較大，具有季節性。

●通過優化 30 周均線、30 月均線做復盤比較分析，會發現優化后資金收益曲線更穩定，風險控制也更好。

2005—2015 年農林牧漁板塊指數與上證指數走勢圖如圖 3-195 所示：

圖 3-195　2005—2015 年農林牧漁板塊指數與上證指數走勢圖

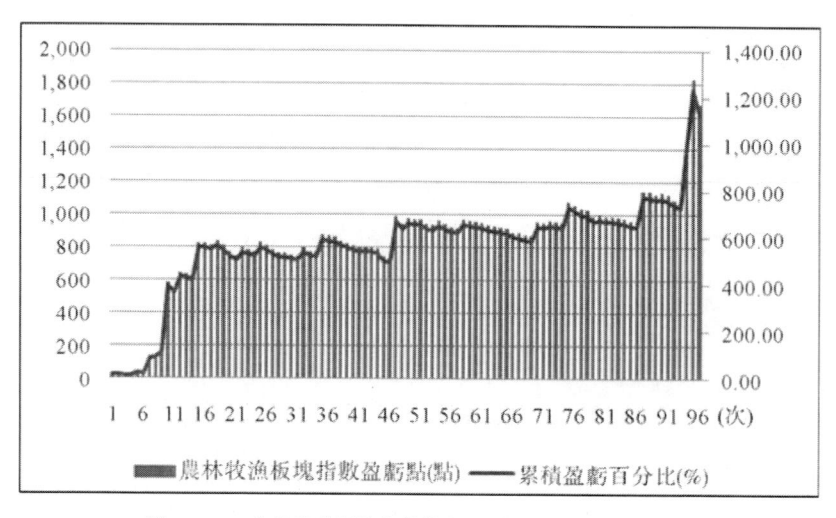

（1）農林牧漁板塊指數（880360）復盤分析（見圖3-196）。

圖3-196　農林牧漁板塊指數復盤10年累積收益穩定上漲

（數據截至2015年7月31日）

●復盤啟示：農林牧漁板塊指數起始點為148點，復盤10年，累積獲利1,671點，累積收益率為1,129%，平均年化收益率為113%，表現優異。

資金總體呈現震盪上揚的趨勢，資金大幅拉升主要集中在2007年與2014年開始的牛市，回撤率小，風險管理良好。

附表　　　　　　　　　　重要指標參數分析

帳戶交易時間（年）	交易次數（次）	成功次數（次）	勝率（%）	盈虧比	累積收益率（%）	平均年化收益率（%）	階段性回撤次數（次）	階段性最大回撤率（%）	單次最大收益（點）	單次最大收益率（%）	單次最大虧損（點）	單次交易最大回撤率（%）
10	96	26	27.08	2.53	1,129.05	112.91	4	−16.82	423	139.60	−153	−9.32

(2) 農林牧漁板塊樣本個股分析。

①農發種業（600313，見圖 3-197）。

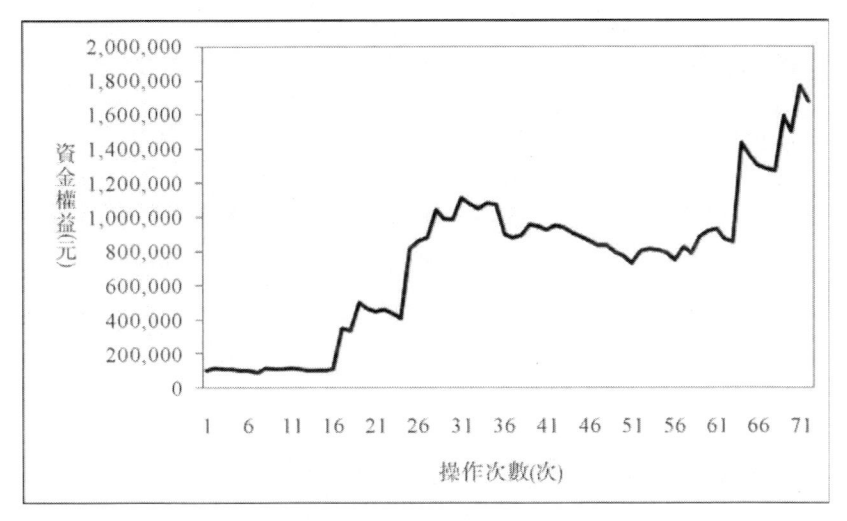

圖 3-197　農發種業復盤 10 年資金從 10 萬元到上百萬元

（數據截至 2015 年 7 月 31 日）

●復盤啟示：起始資金 10 萬元，農發種業復盤 10 年，帳戶資金達到 167 萬元，平均年化收益率為 157%，累積收益良好。

帳戶在 10 年的交易過程當中，資金總體呈現小幅震盪，強力突破上漲的態勢。階段性最大回撤率較小、操作次數少，36% 的成功率在趨勢交易中已經算是很高了。收益可觀，回撤風險小，屬於風險與利潤的優質結合的個股。

附表　　　　　　　　　　重要指標參數分析

帳戶交易時間（年）	交易次數（次）	成功次數（次）	勝率（%）	盈虧比	累積收益率（%）	平均年化收益率（%）	階段性回撤次數（次）	階段性最大回撤率（%）	單次最大收益（萬元）	單次最大收益率（%）	單次最大虧損（萬元）	單次交易最大回撤率（%）
10	71	26	36.62	2.27	1,575.46	157.55	2	-34.70	57.43	224.95	-17.61	-16.45

●詳解農發種業復盤歷程：農林牧漁板塊受季節性的影響較大，傳統農林牧漁向現代化、產業化的繼續轉換是其日後重點的發展方向。農林牧漁板塊走勢穩定，回撤較小，收益可觀。農發種業復盤10年，走勢良好，收益可觀。

農發種業資金呈現出穩步推升的趨勢。總體走勢為「上漲—橫盤—上漲—下跌—上漲—下跌—上漲」。走勢變化頻繁，但實際波動較小，階段性回撤次數為2次，最大回撤率為34%。10年交易次數為71次，成功率為36%，累積收益為157萬元。在趨勢交易當中從最終的收益以及過程當中的風險控制來看，該個股的操作性是非常好的。

等待趨勢是不變的主題，第一時間止損是永恆的法則。我們在2005年8月5日建倉初戰告捷之後便開始出現少量的虧損，在資金權益圖形上表現為橫盤的現象。2005年9月至2006年6月期間交易次數很少，資金基本上沒有太大的變化，而通過個股在該期間的行情可以看出，個股在該區間也是處於橫盤小幅震盪的情況，趨勢交易在該區間段不可能取得大的收益，同時交易過程中將止損始終放在第一位，因此也不會出現大的虧損。趨勢交易在橫盤震盪中往往會出現高買低賣的情況，因此行情橫盤和下行的過程不是趨勢交易的主題，我們要等的始終是向好的趨勢。

大量的買賣操作往往會增加失敗的概率。本書的交易的股票都有一個共性，即交易次數相對較少。農發種業10年交易次數僅為71次，平均每年的交易次數為7次。在我們的交易體系當中必須牢記：**符合條件才進行操作，等待也是交易的一部分。**

趨勢來臨，滿盤皆贏。農發種業的資金累積主要由4次較為明顯的趨勢形成。這4次趨勢當中均有單次收益頗豐的現象。其中，在單次收益率高達224%也是存在的。在2006年12月8日建倉至2007年6月6日平倉，持倉時間達到了半年，收益也是71次交易當中最大的。我們操作成功當中的26次，單次收益率超過20%的達到了7次，占比為27%。在虧損方面，跌幅低於5%的占比高達85%，我們虧損次數較多，但虧損幅度是非常小的，單次交易最大虧損率為16%，而且是出現了極端情況。該個股從2010年4月29日開始停牌，2011年10月19日復盤當日漲幅高達20.97%，原本股價處於30日均線以下，但由於特殊情況的巨幅拉升，股價高於30日均線均價，可以開倉，結果第二日出現「一字跌停」，連續3次中間無法止損，因此虧損較大。實際操作當中，該種情況是可以避免的。

②北大荒（600598，見圖 3-198）。

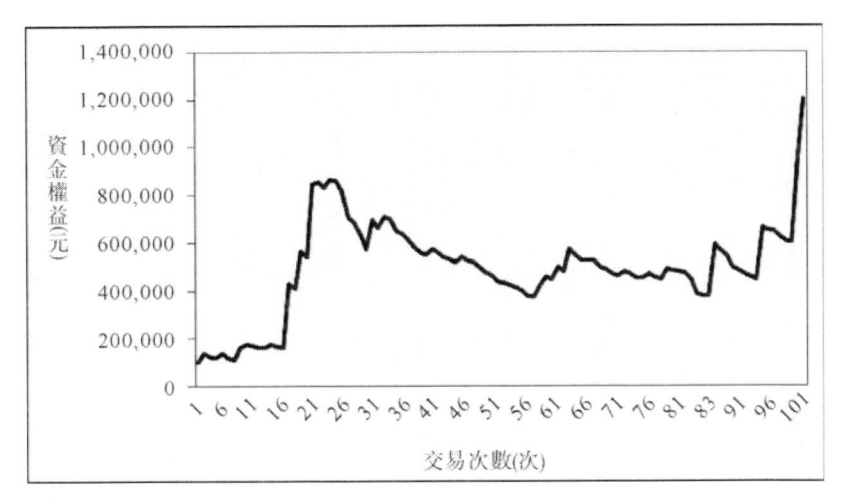

圖 3-198　北大荒復盤 10 年資金從 10 萬元到上百萬元

（數據截至 2015 年 7 月 31 日）

● 復盤啟示：起始資金 10 萬元，北大荒復盤 10 年，帳戶資金達到 119 萬元，平均年化收益率為 109%，收益可觀。

階段性回撤次數較少，累積資金在震盪中上揚。

該個股階段性回撤時間較長且幅度較大，但其總體能夠保證良好的收益得益於在大跌出現時及時截斷虧損，在跟蹤中把握好時機，一旦趨勢形成，資金就會大幅迅速增長。

附表　　　　　　　　　　重要指標參數分析

帳戶交易時間（年）	交易次數（次）	成功次數（次）	勝率（%）	盈虧比	累積收益率（%）	平均年化收益率（%）	階段性回撤次數（次）	階段性最大回撤率（%）	單次最大收益（萬元）	單次最大收益率（%）	單次最大虧損（萬元）	單次交易最大回撤率（%）
10	101	26	25.74	1.82	1,097.49	109.75	2	-56.17	36.22	163.51	-10.97	-13.50

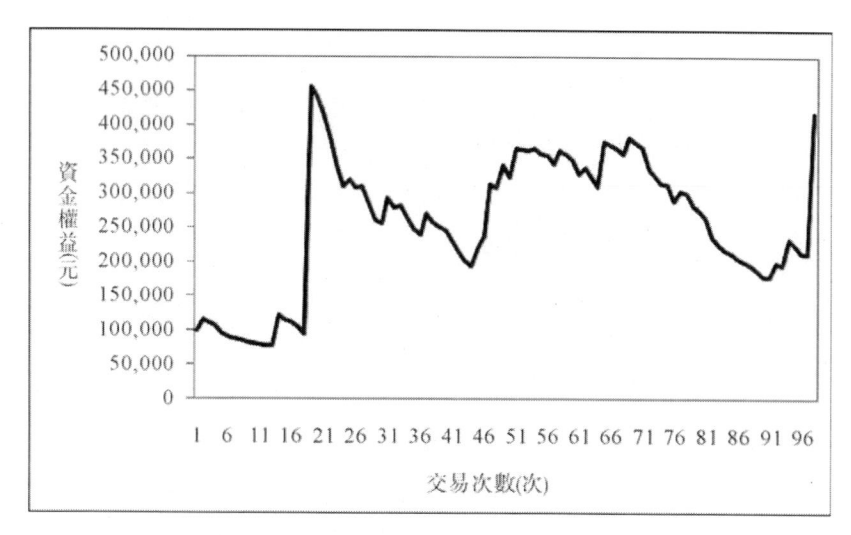

③香梨股份（600506，見圖3-199）。

圖3-199　香梨股份復盤10年資金震盪上揚

（數據截至2015年7月31日）

●復盤啟示：起始資金10萬元，香梨股份復盤10年，帳戶資金達到42萬元，平均年化收益率為32%。

香梨股份在操作的過程當中資金的累積與回撤幅度較大，兩次階段性回撤都超過了50%，這就要求交易者要有良好的心理素質，客觀、理性地面對資金的回撤。在資金回撤的過程中也基本上能夠保證一定的收益，而且隨著最後一次趨勢的來臨，最終的收益還是相對可觀。標的物很重要，但只要堅持自己的交易體系，總能夠取得良好的投資效果。

附表　　　　　　　　　　　重要指標參數分析

帳戶交易時間（年）	交易次數（次）	成功次數（次）	勝率（%）	盈虧比	累積收益率（%）	平均年化收益率（%）	階段性回撤次數（次）	階段性最大回撤率（%）	單次最大收益（萬元）	單次最大收益率（%）	單次最大虧損（萬元）	單次交易最大回撤率（%）
10	97	22	22.68	1.41	318.51	31.85	3	-56.19	36.10	381.49	-4.12	-10.82

第三章　交易體系的運用

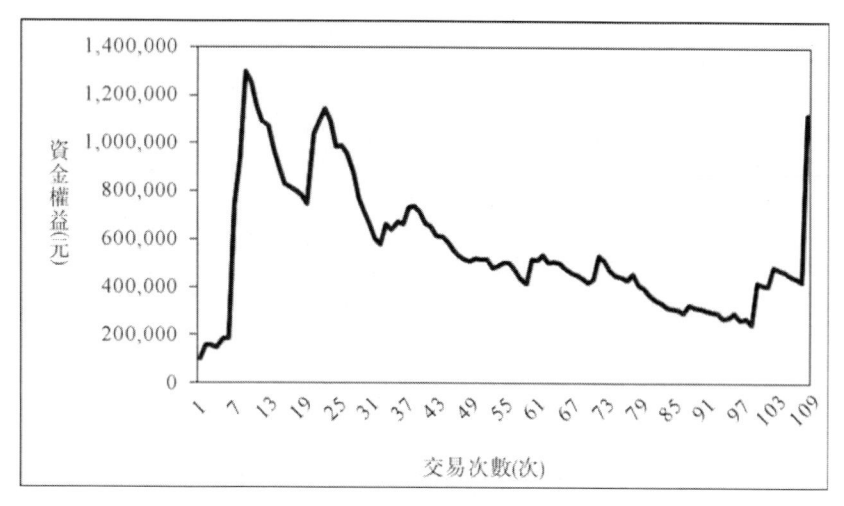

④萬向德農（600371，見圖3-200）。

圖3-200　萬向德農復盤10年資金從10萬元到上百萬元

（數據截至2015年7月31日）

●復盤啟示：起始資金10萬元，萬向德農復盤10年，帳戶資金達到112萬元，平均年化收益率為102%，收益可觀。

階段性回撤較大，資金的累積主要依靠兩波趨勢行情完成。由於復盤是按照最基本的30日均線週期完成，因此在符合小週期時進行操作，止損的情況出現得較為頻繁，資金回撤幅度較大。最基本的操作能夠保證1,022%的累積收益還是比較可觀的，如果在此基礎上增加了優化之後，投資會達到更好的效果。

附表　　　　　　　　　　　重要指標參數分析

帳戶交易時間(年)	交易次數(次)	成功次數(次)	勝率(%)	盈虧比	累積收益率(%)	平均年化收益率(%)	階段性回撤次數(次)	階段性最大回撤率(%)	單次最大收益(萬元)	單次最大收益率(%)	單次最大虧損(萬元)	單次交易最大回撤率(%)
10	108	30	27.78	1.48	1,022.46	102.25	3	-66.79	70.08	302.23	-10.92	-11.87

⑤新農開發（600359，見圖3-201）。

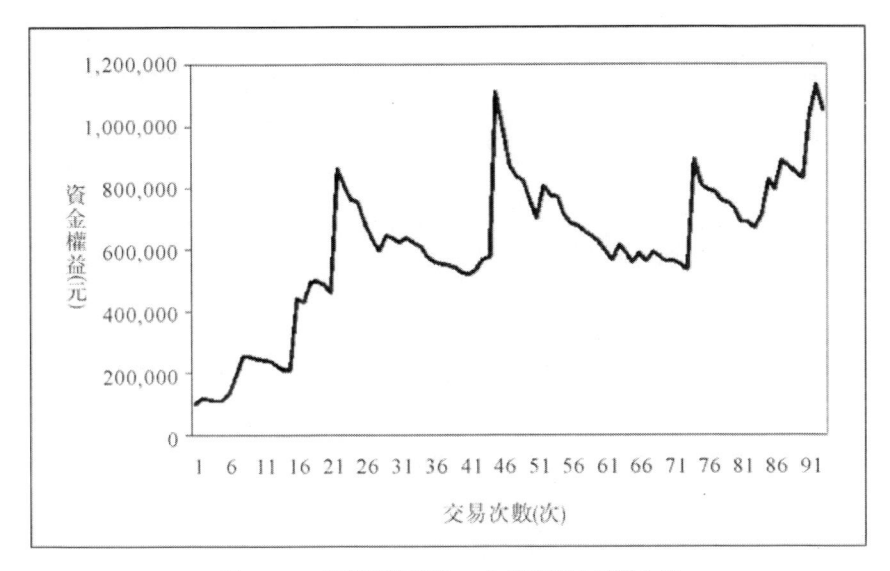

圖3-201　新農開發復盤10年累積資金震盪上揚

（數據截至2015年7月31日）

●復盤啟示：起始資金10萬元，新農開發復盤10年，帳戶資金達到105萬元，平均年化收益率為95%，收益可觀。

資金呈現震盪向上累積的趨勢，雖然52%的階段性回撤率較大，但是在10年的交易過程中走出了4次主要的趨勢行情，在資金回撤過程中壓力相對較小，最終投資效果也比較理想。

附表　　　　　　　　　　重要指標參數分析

帳戶交易時間(年)	交易次數(次)	成功次數(次)	勝率(%)	盈虧比	累積收益率(%)	平均年化收益率(%)	階段性回撤次數(次)	階段性最大回撤率(%)	單次最大收益(萬元)	單次最大收益率(%)	單次最大虧損(萬元)	單次交易最大回撤率(%)
10	92	27	29.35	1.56	949.46	94.95	2	-51.81	53.28	111.25	-12.21	-12.29

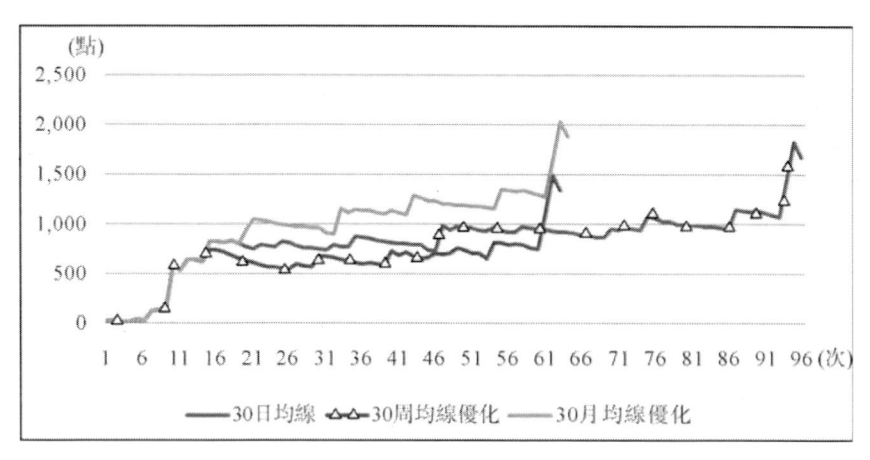

(3) 交易優化對比（見圖 3-202）。

圖 3-202　農林牧漁板塊指數優化後盈虧曲線圖對比

●優化啟示：通過 30 周均線、30 月均線優化農林牧漁板塊指數後，可以發現優化後階段性最大回撤率下降，尤其是 30 月均線優化效果十分明顯，累積收益增加，並且階段性回撤率不足 10%。

優化後交易次數明顯減少，資金曲線圖呈現更加平滑向上的走勢。

10 年的交易時間內，資金主要在兩次趨勢中完成累積，其餘時間主要進入橫盤緩慢上漲的階段，因此在趨勢交易當中需要長期堅持，控制好風險的同時把握住了趨勢形成的機會，就能夠投資成功。

附表　　　　　　　　　　　　　重要指標參數對比

參數 MA	帳戶交易時間（年）	交易次數（次）	成功次數（次）	勝率（%）	盈虧比	累積收益率（%）	平均年化收益率（%）	階段性回撤次數（次）	階段性最大回撤率（%）	單次最大收益（點）	單次最大收益率（%）	單次最大虧損（點）	單次交易最大回撤率（%）
30 日均線	10	96	26	27.08	2.53	1,129	113	4	-16.78	423	140	-153	-9.32
30 周均線	10	63	21	33.33	2.60	907	91	2	-19.00	423	140	-153	-9.32
30 月均線	10	64	21	32.81	3.49	1,268	127	3	-9.68	423	140	-153	-9.32

4. 醫藥板塊:「牛股集中營」,兼具「避風港」優勢

●10 年交易時間,醫藥板塊指數平均年化收益率達到 161%,顯著跑贏同期大盤。

●10 年交易時間,趨勢交易次數為 75 次,單次最大收益率達 149%,個股獲利平均每年呈現翻倍增長,可謂「牛股集中營」。

●醫藥板塊指數單次最大回撤率僅為 5.8%,階段性最大回撤率為 12.5%,是趨勢交易中抗跌能力超強的板塊指數。

●選取樣本海王生物、國龍科技、豐原藥業、東阿阿膠、麗珠集團、雲南白藥做復盤分析,走勢向好。

●通過優化 30 周均線、30 月均線做復盤比較分析,會發現優化后資金收益曲線更穩定,風險控制也更好。

2005—2015 年醫藥板塊指數與上證指數走勢圖如圖 3-203 所示:

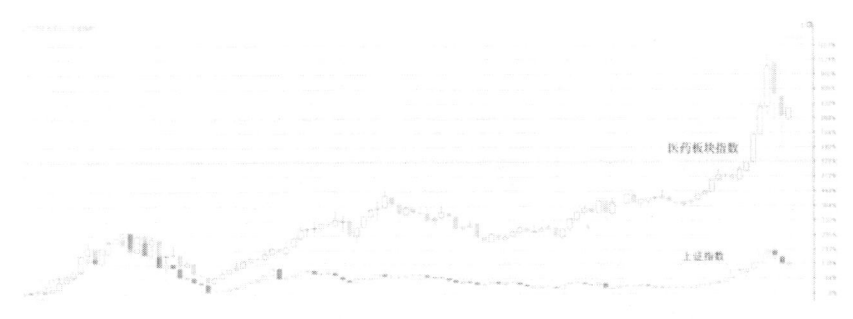

圖 3-203　2005—2015 年醫藥板塊指數與上證指數走勢圖

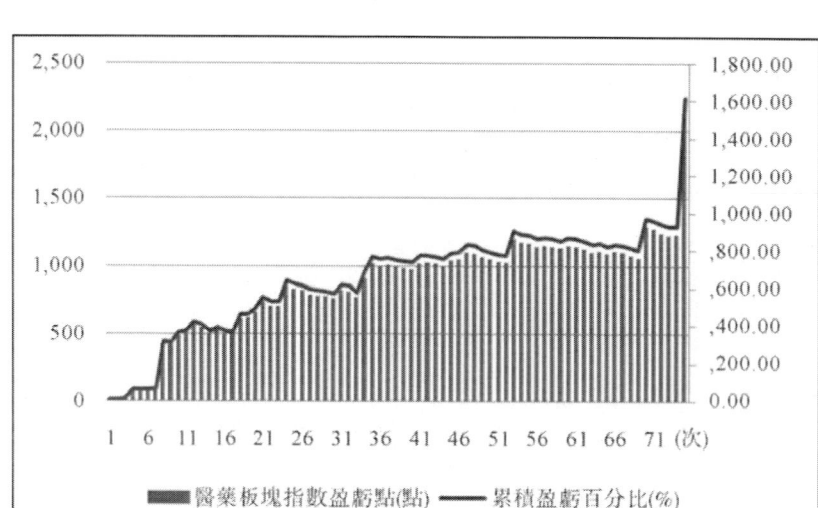

(1) 醫藥板塊指數（880400）復盤分析（見圖3-204）。

圖3-204　醫藥板塊指數復盤10年資金穩健攀升

（數據截至2015年7月31日）

●復盤啟示：醫藥指數起始點為132點，復盤10年，累積獲利為2,131點，累積收益率達1,614%，平均年化收益率達161%，收益可觀。

資金權益逐步走高，階段性最大回撤率僅為13%，走勢穩健，抗風險能力較強。

10年交易時間，成功規避了2008年全球經濟危機、2015年股災。破位時第一時間止損，就是為了防範大跌的風險。每次止損都當成真的，就能避免大跌的風險。

附表　　　　　　　　　　　重要指標參數分析

帳戶交易時間（年）	交易次數（次）	成功次數（次）	勝率（%）	盈虧比	累積收益率（%）	平均年化收益率（%）	階段性回撤次數（次）	階段性最大回撤率（%）	單次最大收益（點）	單次最大收益率（%）	單次最大虧損（點）	單次交易最大回撤率（%）
10	75	31	41.33	4.04	1,614.39	161.44	3	-12.54	903	149.10	-43	-5.79

(2) 醫藥板塊樣本個股分析。

①海王生物（000078，見圖3-205）。

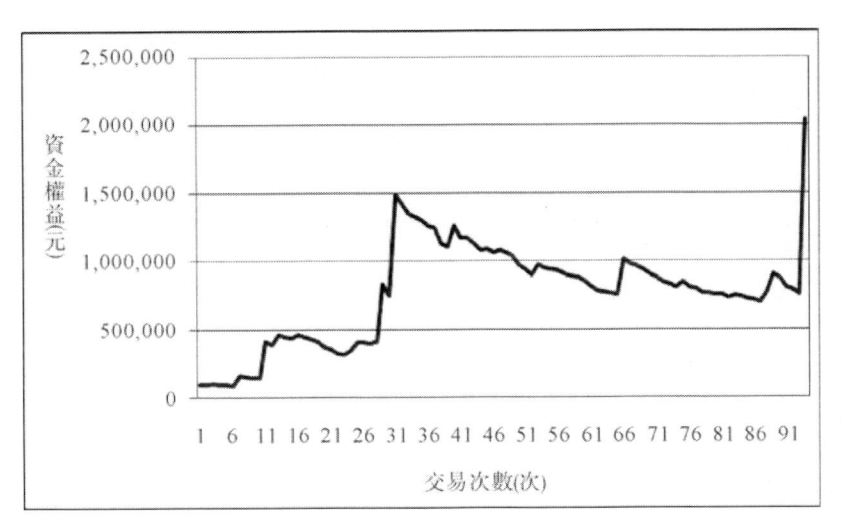

圖 3-205　海王生物復盤 10 年資金從 10 萬元到上百萬元

（數據截至 2015 年 7 月 31 日）

●復盤啟示：起始資金 10 萬元，海王生物復盤 10 年，帳戶資金達到 203 萬元，平均年化收益率達 193%，收益可觀。

資金權益波動較大，階段性最大回撤率為 53%，交易勝率僅為 23%，但單次最大獲利達 128 萬元，說明回撤並不可怕，只要每次都能保存實力，並有機會等到有利的趨勢，抓住有利時機，自然就會拿下「盈利高地」。

10 年交易時間，成功規避了 2008 年全球經濟危機、2015 年股災。破位時第一時間止損，就是為了防範大跌的風險。每次止損都當成真的，就能避免大跌的風險。

附表　　　　　　　　　　重要指標參數分析

帳戶交易時間（年）	交易次數（次）	成功次數（次）	勝率（%）	盈虧比	累積收益率（%）	平均年化收益率（%）	階段性回撤次數（次）	階段性最大回撤率（%）	單次最大收益（萬元）	單次最大收益率（%）	單次最大虧損（萬元）	單次交易最大回撤率（%）
10	94	22	23.40	2.06	1,933.09	193.31	2	-52.74	127.83	194.58	-11.34	-10.41

● 詳解海王生物復盤歷程：醫藥板塊近 10 年的漲勢是十分強勁，12%的階段性回撤已經是非常小了，板塊平均年化收益率能夠達到 161%，這是一個非常驚人的數字了。由於醫藥本身就是人們日常生活中不可或缺的一部分，加之近年來人們健康意識的不斷提升和醫療改革的進行，醫藥板塊前景也是被普遍看好，因此在最近的一次牛市當中漲勢也是非常強勁的。我們選擇分析的海王生物更是在收益上超過了板塊指數。

海王生物總體呈現出「上漲—震盪—上漲—回撤—上漲」的趨勢，資金呈現出在震盪回撤中強力拉升的趨勢，而較長、較大的階段性回撤之後能夠出現漲勢強勁的向好趨勢。

3 次上漲主要集中於 2007 年、2009 年、2014 年的 3 次向好的趨勢當中。3 次趨勢當中都有超過 100%的收益，最大收益集中在 2007 年的牛市當中，單次最大收益達到了 194%。從圖形上看該漲勢似乎還沒有 2009 年的漲勢強勁。一方面是因為 2009 年兩次單次較大收益當中一次為 100%，另一次達到了 97%；另一方面是因為前期累積資金后，複利效果會在后期表現得更加明顯。2009 年隨著醫療改革的不斷推進，醫藥板塊的利好相對較多，因此醫療板塊在該階段相比其他版塊的漲幅更加明顯。海王生物則屬於當中優秀的代表之一。2014 年啟動的牛市自不必說，海王生物單次最大收益達到 169%，繼續保持強勢的上漲勢頭。

海王生物從 2010 年 2 月開始就進入漫長的回撤階段，一直到 2014 年 6 月才開始出現真正的反轉，這也和大盤在該階段的走勢大體一致，總的大環境不見好轉，個股也進入資金回撤階段。從 2009 年 11 月 4 日出現的高點至 2012 年 12 月 4 日出現的低點，該期間段的回撤幅度達到了 78%。而我們實際操作中的最大階段性回撤也出現在該期間段，最大回撤率為 52%。雖然回撤率較大，但是相對來說風險得到了較好的控制。較高的收益往往對應著較高的風險，海王生物有 3 次單次交易收益超過 100%，單次收益超過 50%的也有 2 次，這個數據已經相當不錯了。我們的單次最大虧損為 10%，即使交易成功率不足 25%，但經歷長時間的階段性回撤，最終也能夠得到非常可觀的利潤，**資金相對處於小幅回撤、大幅增長的趨勢**。

只有堅持趨勢跟蹤，才能夠在大跌的時候及時截斷虧損，也才能夠在上漲趨勢形成時揚帆起航。

②國農科技（000004，見圖3-206）。

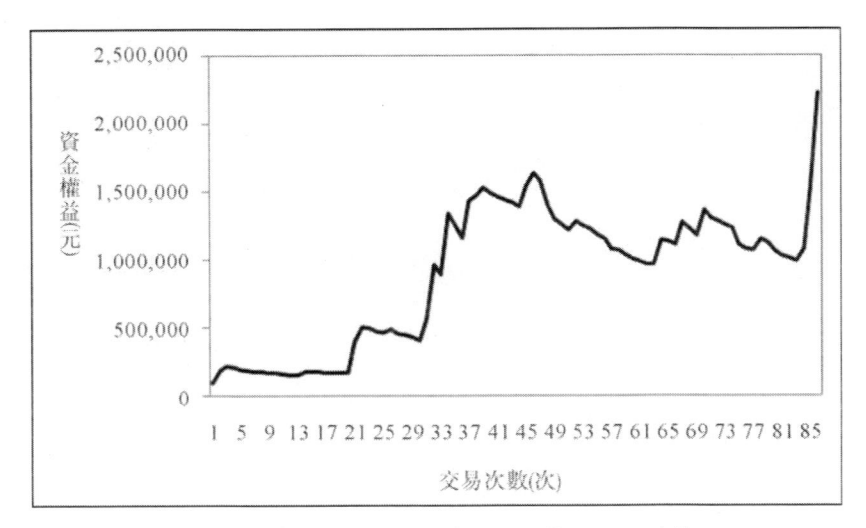

圖3-206　國農科技復盤10年資金從10萬元到200餘萬元

（數據截至2015年4月22日）

●復盤啟示：起始資金10萬元，國農科技復盤10年，帳戶資金達到222萬元，平均年化收益率達212%，收益可觀。

資金權益波動較大，階段性最大回撤率為41%。交易如同呼吸，不可能光吸入而不呼出，坦然看待體系內的每一次回撤。

10年交易時間，趨勢交易共86次，勝率僅為27%，但單次最大獲利近70萬元，可見一旦趨勢形成，獲益就水到渠成了。

附表　　　　　　　　　　重要指標參數分析

帳戶交易時間(年)	交易次數(次)	成功次數(次)	勝率(%)	盈虧比	累積收益率(%)	平均年化收益率(%)	階段性回撤次數(次)	階段性最大回撤率(%)	單次最大收益(萬元)	單次最大收益率(%)	單次最大虧損(萬元)	單次交易最大回撤率(%)
10	86	23	26.74	2.09	2,122.68	212.57	3	−41.46	69.50	133.06	−18.43	−11.70

③豐原藥業（000153，見圖3-207）。

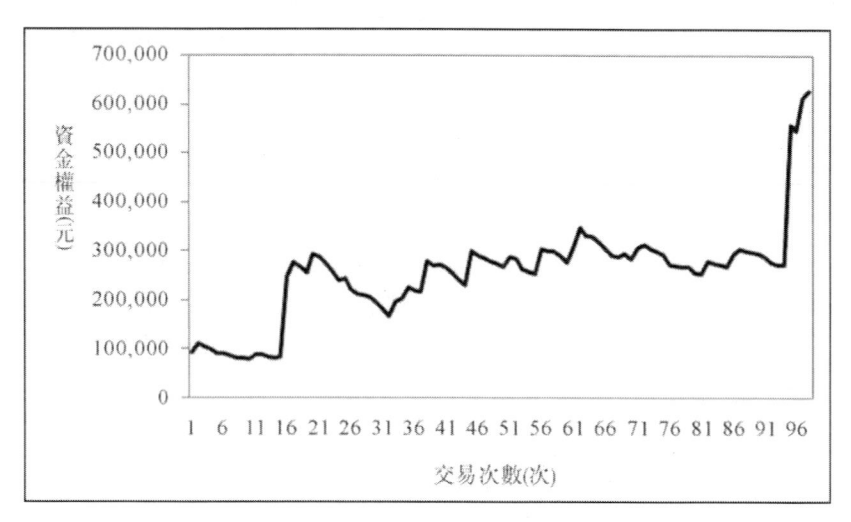

圖3-207　豐原藥業復盤10年資金波動大

（數據截至2015年4月23日）

●復盤啟示：起始資金10萬元，豐原藥業復盤10年，帳戶資金近63萬元，平均年化收益率為52%，收益未跑贏同期大盤指數。

資金橫盤時間較長，階段性最大回撤率為42%。回撤往往是盈利的開始。

10年交易時間，趨勢交易98次，勝率僅為28%，但單次最大收益率達195%，可見一旦趨勢形成，獲利便是順理成章了。

附表　　　　　　　　　　　　重要指標參數分析

帳戶交易時間（年）	交易次數（次）	成功次數（次）	勝率（%）	盈虧比	累積收益率（%）	平均年化收益率（%）	階段性回撤次數（次）	階段性最大回撤率（%）	單次最大收益（萬元）	單次最大收益率（%）	單次最大虧損（萬元）	單次交易最大回撤率（%）
10	98	27	27.55	1.98	525.95	52.59	3	-42.03	28.61	195.49	-2.27	-9.47

④東阿阿膠（000423，見圖3-208）。

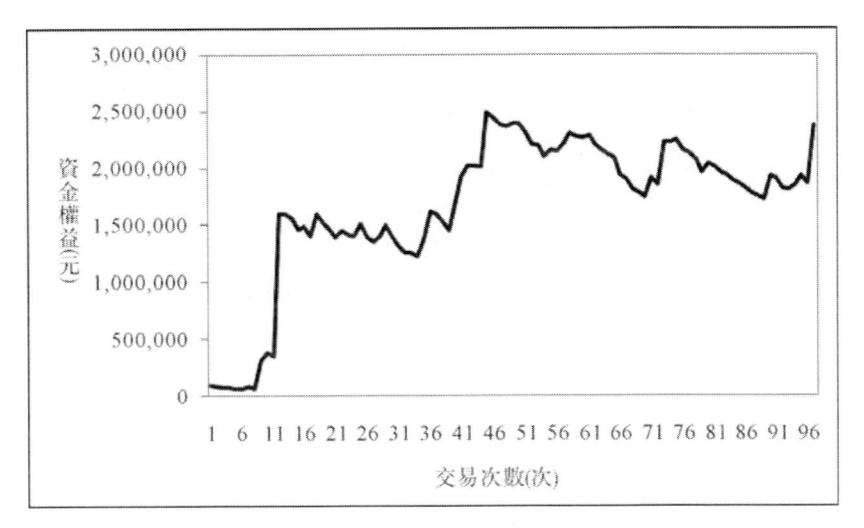

圖3-208　東阿阿膠復盤10年資金從10萬元到200餘萬元

（數據截至2015年4月24日）

●復盤啟示：起始資金10萬元，東阿阿膠復盤10年，帳戶資金漲至近237萬元，平均年化收益率達227%，收益可觀。

資金權益寬幅震盪時間較長，但只要抓住兩波趨勢機會，資金仍然能漲至200餘萬元。

10年交易時間，趨勢交易共97次，勝率為32%，但單次最大獲利達124萬元，可見一旦趨勢形成，利潤便揚帆起航。

附表　　　　　　　　　　重要指標參數分析

帳戶交易時間（年）	交易次數（次）	成功次數（次）	勝率（%）	盈虧比	累積收益率（%）	平均年化收益率（%）	階段性回撤次數（次）	階段性最大回撤率（%）	單次最大收益（萬元）	單次最大收益率（%）	單次最大虧損（萬元）	單次交易最大回撤率（%）
10	97	31	31.96	1.75	2,272.99	227.30	2	-30.61	124.85	377.45	-15.04	-23.71

⑤麗珠集團（000513，見圖3-209）。

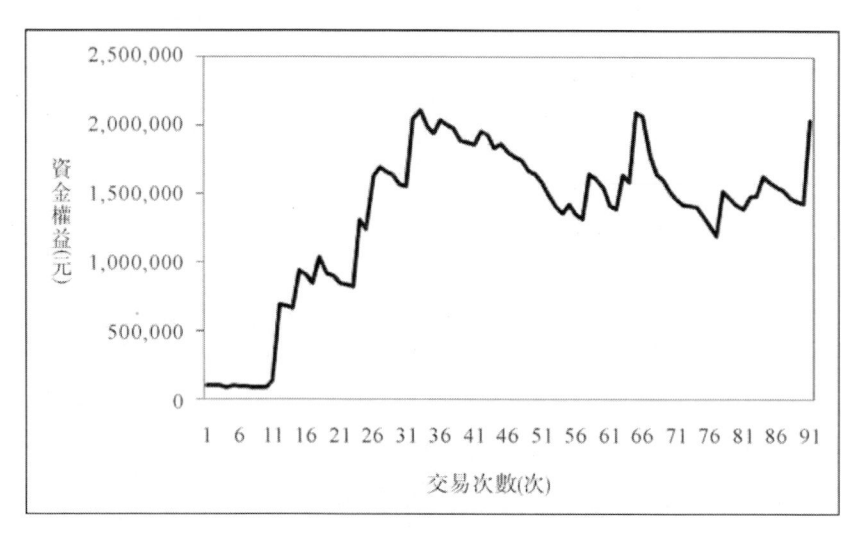

圖3-209　麗珠集團復盤10年資金震盪向上

（數據截至2015年4月24日）

●復盤啟示：起始資金10萬元，麗珠集團復盤10年，帳戶資金漲至近204萬元，平均年化收益率達194%，收益可觀。

資金權益震盪向上，底部區間不斷抬高，資金波動較大。

10年交易時間，趨勢交易共91次，勝率僅為27%，但單次最大收益率達409%，可見一旦趨勢形成，利潤便勢不可擋。

附表　　　　　　　　　　　重要指標參數分析

帳戶交易時間(年)	交易次數(次)	成功次數(次)	勝率(%)	盈虧比	累積收益率(%)	平均年化收益率(%)	階段性回撤次數(次)	階段性最大回撤率(%)	單次最大收益(萬元)	單次最大收益率(%)	單次最大虧損(萬元)	單次交易最大回撤率(%)
10	91	25	27.47	1.61	1,935.63	193.56	2	-43.56	60.26	409.26	-28.94	-14.02

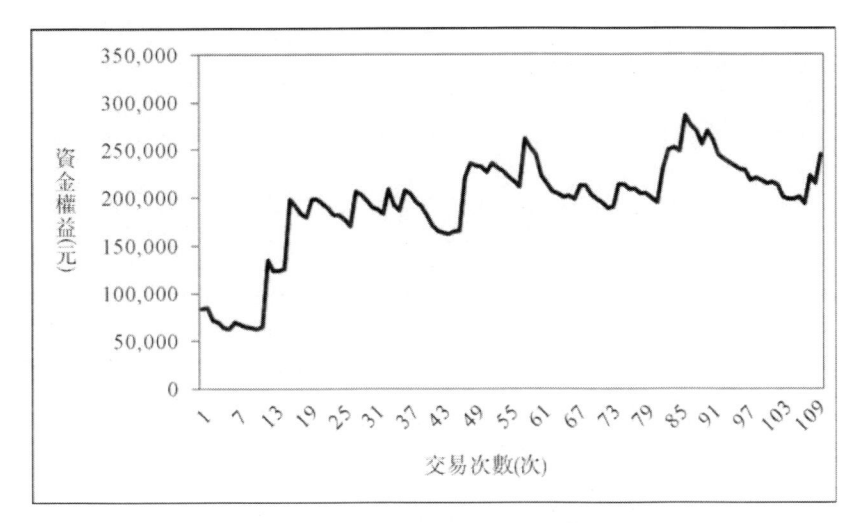

⑥雲南白藥（000538，見圖 3-210）。

圖 3-210　雲南白藥復盤 10 年收益震盪向上

（數據截至 2015 年 4 月 27 日）

●復盤啟示：起始資金 10 萬元，雲南白藥復盤 10 年，帳戶資金近 25 萬元，平均年化收益率為 15%，收益未跑贏同期大盤指數（56%），但已跑贏銀行定期存款收益率。

資金權益波動較大，單次最大收益率為 105%，底部區間不斷抬高。

10 年交易時間，趨勢交易共 114 次，這樣的交易次數在趨勢復盤中已屬偏高，不利於趨勢利潤的累積，收益也相對較低。

附表　　　　　　　　　　重要指標參數分析

帳戶交易時間（年）	交易次數（次）	成功次數（次）	勝率（%）	盈虧比	累積收益率（%）	平均年化收益率（%）	階段性回撤次數（次）	階段性最大回撤率（%）	單次最大收益（萬元）	單次最大收益率（%）	單次最大虧損（萬元）	單次交易最大回撤率（%）
10	114	33	28.95	1.32	145.14	14.51	4	-36.94	7.25	105.74	-2.20	-15.66

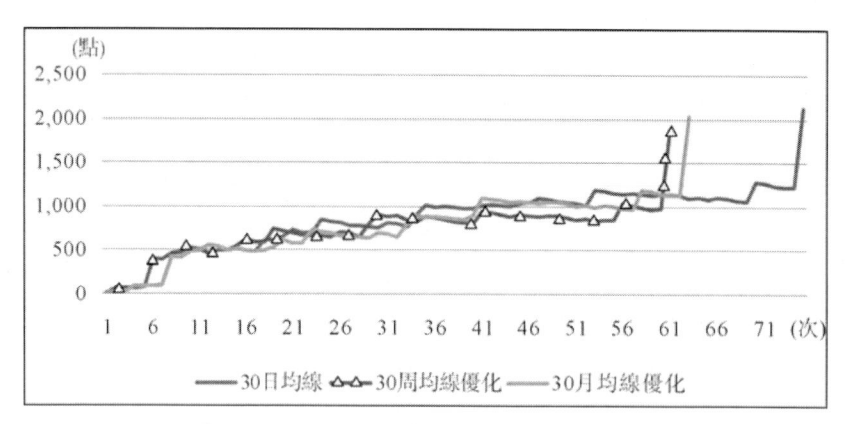

(3) 交易優化對比 (見圖3-211)。

圖3-211 醫藥板塊指數優化后盈虧曲線圖對比

● 優化啟示：通過30周均線、30月均線優化醫藥板塊指數后，可以發現優化后收益和風險變化不大，這主要是因為醫藥板塊消費屬性強，業績穩定，不容易受經濟週期波動的影響，週期性特徵不明顯，走勢穩步向上。

對於此類穩健板塊，大週期多處於向好態勢下運行，嚴格按照趨勢原則交易即可。對於看盤時間較少的朋友，只要不破大週期，一直持有也可以。

附表　　　　　　　　　　　重要指標參數對比

參數 MA	帳戶交易時間(年)	交易次數(次)	成功次數(次)	勝率(%)	盈虧比	累積收益率(%)	平均年化收益率(%)	階段性回撤次數(次)	階段性最大回撤率(%)	單次最大收益(點)	單次最大收益率(%)	單次最大虧損(點)	單次交易最大回撤率(%)
30日均線	10	75	31	41.33	4.04	1,614.39	161.44	3	-12.54	903.00	149.10	-43.00	-5.79
30周均線	9	61	25	40.98	3.93	1,276.87	141.87	3	-12.72	903.00	149.10	-44.00	-5.79
30月均線	10	63	26	41.27	4.43	1,543.94	154.39	3	-12.86	903.00	149.10	-43.00	-5.79

5. 旅遊板塊：走勢向好，創新商業模式

●10年交易時間，旅遊板塊指數平均年化收益率達到112%，走勢向好，跑贏同期大盤指數。

●10年交易時間，趨勢交易次數共106次，雖然勝率僅為28%，但單次最大收益率達到86%，可見一旦趨勢形成，利潤將十分豐厚。

●旅遊板塊指數單次最大回撤率為13%，階段性最大回撤率為28%，風險控制在合理區間相對較大。

●選取樣本麗江旅遊、大連聖亞、峨眉山A、桂林旅遊、黃山旅遊、中青旅做復盤分析，在線旅遊與旅遊服務類向好。

●通過優化30周均線、30月均線做復盤比較分析，會發現優化後資金收益曲線更穩定，風險控制也更好。

2005—2015年旅遊板塊指數與上證指數走勢圖如圖3-212所示：

圖3-212　2005—2015年旅遊板塊指數與上證指數走勢圖

（1）旅遊板塊指數（880424）復盤分析（見圖3-213）。

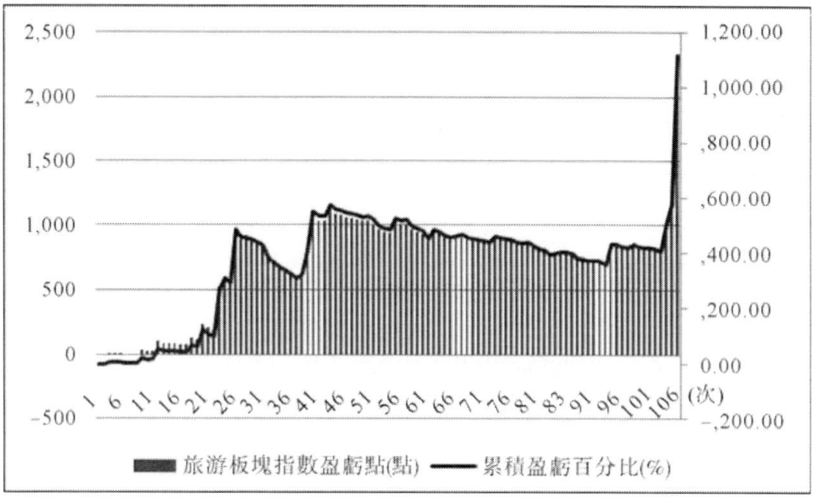

圖3-213　旅遊板塊指數復盤10年資金穩健上行

（數據截至2015年7月31日）

●復盤啟示：旅遊板塊指數起始點為195點，復盤10年，累積獲利2,174點，累積收益率達1,117%，平均年化收益率達112%，收益可觀。

資金權益曲線波動較小，階段性最大回撤率控制在30%以內，走勢穩健。

10年交易時間，成功規避了2008年全球經濟危機、2015年股災。破位時第一時間止損，就是為了防範大跌的風險。每次止損都當成真的，就能避免大跌的風險。

附表　　　　　　　　　　　　重要指標參數分析

帳戶交易時間（年）	交易次數（次）	成功次數（次）	勝率（%）	盈虧比	累積收益率（%）	平均年化收益率（%）	階段性回撤次數（次）	階段性最大回撤率（%）	單次最大收益（點）	單次最大收益率（%）	單次最大虧損（點）	單次交易最大回撤率（%）
10	106	29	27.36	2.75	1,116.64	111.66	2	−28.53	1,050.95	86.06	−87.14	−12.73

（2）旅遊板塊樣本個股分析。

①麗江旅遊（002033，見圖 3-214）。

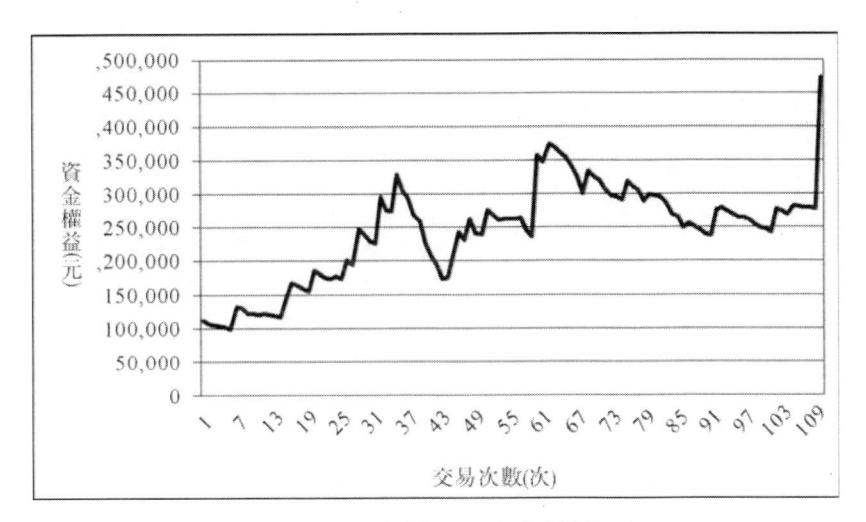

圖 3-214　麗江旅遊復盤 10 年資金震盪上行

（數據截至 2015 年 7 月 31 日）

●復盤啟示：起始資金 10 萬元，麗江旅遊復盤 10 年，資金權益為 47 萬元，平均年化收益率為 37%，未跑贏同期大盤指數復盤收益（56%），但顯著跑贏銀行定期收益。

資金權益震盪上行，階段性最大回撤率達 47%，體系內的回撤往往是盈利的開始。

10 年交易時間，趨勢交易勝率為 27%，單次交易最大獲利為 20 萬元，最大虧損為 3 萬元，小虧損是為尋找趨勢付出的成本。趨勢機會是嘗試出來的，而不是說出來的。

附表　　　　　　　　　　重要指標參數分析

帳戶交易時間（年）	交易次數（次）	成功次數	勝率（%）	盈虧比	累積收益率（%）	平均年化收益率（%）	階段性回撤次數（次）	階段性最大回撤率（%）	單次最大收益（萬元）	單次最大收益率（%）	單次最大虧損（萬元）	單次交易最大回撤率（%）
10	112	30	26.79	1.61	373.79	37.38	2	-47.22	19.77	71.80	-3.40	-13.18

●詳解麗江旅遊復盤歷程：2005—2015 年，麗江旅遊復盤 10 年走勢整體呈現「上漲—下跌—上漲—震盪—上漲」的態勢，底部區間不斷抬高。旅遊類個股具有一定的消費屬性，業績穩定向好。按照趨勢交易最基礎的 30 日均線交易法則，麗江旅遊復盤 10 年，共計交易 112 次，成功概率不足 30%，但平均年化收益率能達到 37.38%。

112 次趨勢交易操作主要分佈在股價震盪區間，即**趨勢不明朗時期，這個時期需要不斷地去嘗試機會**。比如 2005 年、2011 年、2013 年麗江旅遊股票基本處於震盪格局，這 3 年時間操作次數總計為 39 次，占比為 35%。趨勢機會是嘗試出來的，震盪時期是趨勢交易繞不過去的坎，也是成功的必經之路。

一旦趨勢形成就長期持有了，直到趨勢出現拐頭跡象才賣出。麗江旅遊走勢比較穩健，緩慢推升，單次收益率超過 50% 的僅有兩次，一定程度上影響了該股的累積收益率。一次是在 2010 年 7 月 7 日，麗江旅遊股價上 30 日均線，符合買入原則，直到 2010 年 11 月 12 日時賣出，此次交易持有時間為 3 個月，一次收益率達 52.01%。另一次是在 2015 年 3 月 9 日買入，持有到 2015 年 6 月 18 日股價跌破 30 日均線時賣出，此次收益率為 71.80%，也是麗江旅遊復盤 10 年中單次收益率最高的一次。趨勢交易不預測頂部，但趨勢機會來臨時我們都在。

當下跌風險來臨，股票破位第一時間賣出，截斷虧損；下跌趨勢形成時，空倉耐心等待，空倉也是一種交易。趨勢交易把風險放在了首位，先控制風險，再追求利潤。麗江旅遊單次最大虧損率為 13.18%，趨勢交易體系的止損是很小的，第一時間截斷虧損是鐵的紀律。麗江旅遊總共交易 112 次，其中有 82 次出現虧損。這 82 次中，單次虧損率超過 10% 的僅有 1 次，虧損率在 5%～10% 的有 13 次，虧損率在 5% 以內的有 68 次，占比近 83%。小虧損是為尋找趨勢機會付出的成本，小虧損保證在市場不符合體系時能生存下來，小虧損是為了養成截斷虧損的習慣，這樣才能規避災難性的損失。

不管股價處於震盪、上漲，還是下跌狀態中，趨勢交易都做好了應對策略，以不變應萬變，追求穩定的、較好的年化收益率。

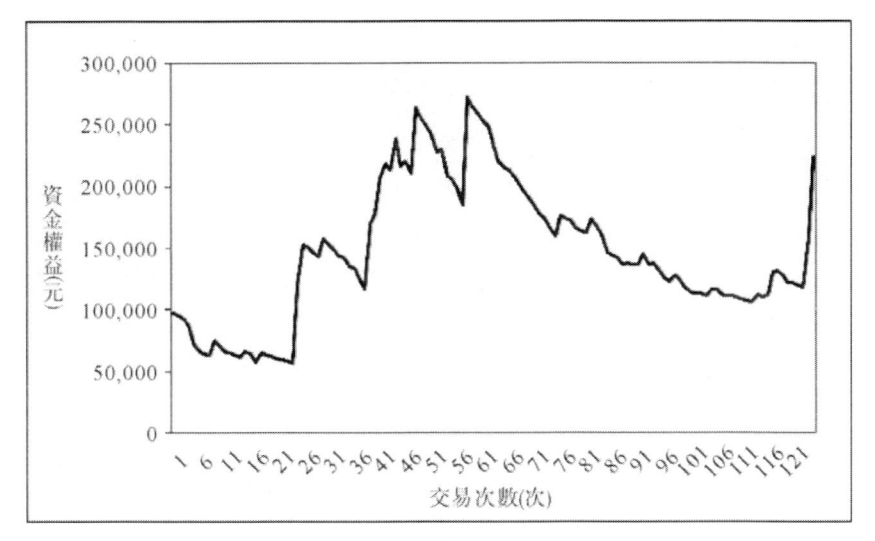

②大連聖亞（600593，見圖3-215）。

圖3-215　大連聖亞復盤10年資金波動大

（數據截至2015年7月31日）

●復盤啟示：起始資金10萬元，大連聖亞復盤10年，資金權益近22萬元，平均年化收益率約為12%，弱於同期大盤。

資金權益寬幅震盪，階段性最大回撤率達60%，波動較大。

10年交易時間，趨勢交易共125次，這樣的交易次數在趨勢復盤中已經算是較高了，頻繁的操作不利於趨勢利潤的累積，同時也說明個股大多數的時間都處於震盪中，趨勢機會不是那麼的明顯。

附表　　　　　　　　　　重要指標參數分析

帳戶交易時間（年）	交易次數（次）	成功次數	勝率（%）	盈虧比	累積收益率（%）	平均年化收益率（%）	階段性回撤次數（次）	階段性最大回撤率（%）	單次最大收益（萬元）	單次最大收益率（%）	單次最大虧損（萬元）	單次交易最大回撤率（%）
10	125	33	26.40	1.27	123.91	12.39	3	-60.62	8.75	110.78	-2.28	-18.63

③峨眉山 A（000888，見圖 3-216）。

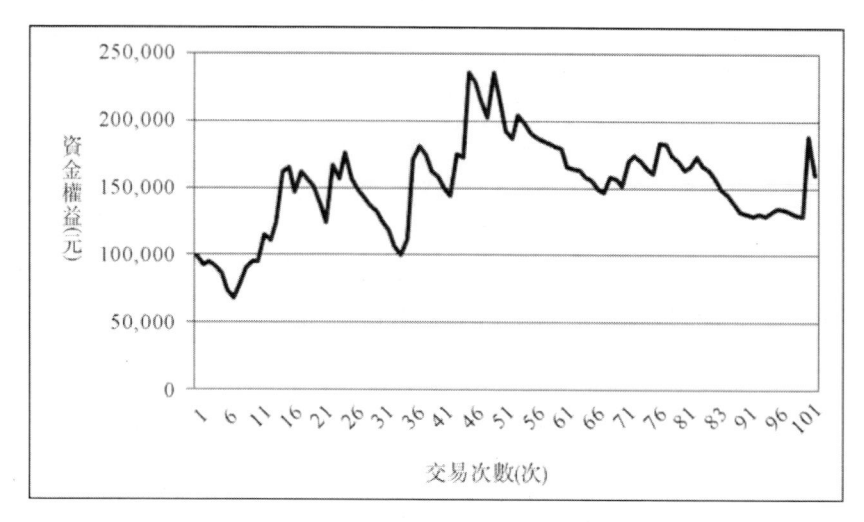

圖 3-216　峨眉山 A 復盤 10 年資金波動大

（數據截至 2015 年 7 月 31 日）

●復盤啟示：起始資金 10 萬元，峨眉山 A 復盤 10 年，資金權益近 16 萬元，平均年化收益率為 6%，收益一般，基本和銀行定期存款收益持平。

資金權益寬幅震盪，階段性最大回撤率達 43%，波動較大。

10 年交易時間，成功規避了 2008 年全球經濟危機、2015 年股災。破位時第一時間止損，就是為了防範大跌的風險。每次止損都當成真的，就能避免大跌的風險。

附表　　　　　　　　　　重要指標參數分析

帳戶交易時間（年）	交易次數（次）	成功次數（次）	勝率（%）	盈虧比	累積收益率（%）	平均年化收益率（%）	階段性回撤次數（次）	階段性最大回撤率（%）	單次最大收益（萬元）	單次最大收益率（%）	單次最大虧損（萬元）	單次交易最大回撤率（%）
10	101	29	28.71	1.12	59.34	5.93	4	-43.10	6.31	53.36	-2.86	-15.33

④桂林旅遊（000978，見圖3-217）。

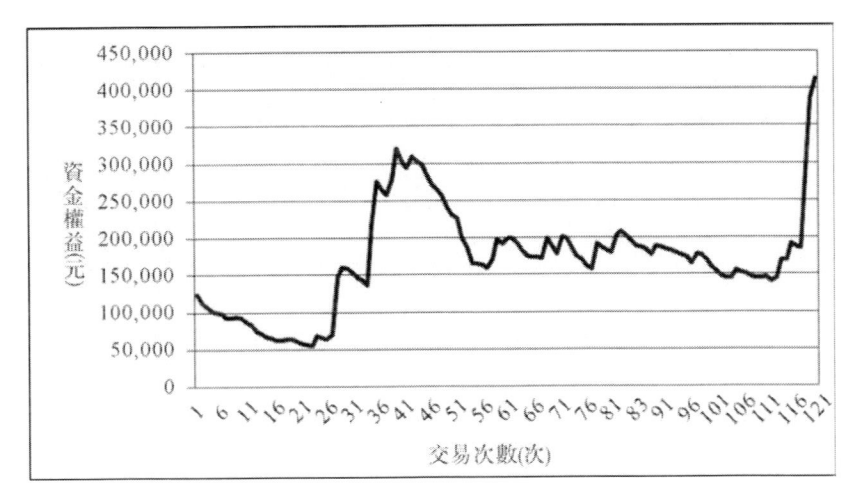

圖3-217　桂林旅遊復盤11年資金震盪上行

（數據截至2015年7月31日）

●復盤啟示：起始資金10萬元，桂林旅遊復盤11年，資金權益近41萬元，平均年化收益率為28%，收益未跑贏同期上證復盤收益（56%），但足以跑贏銀行定期存款收益。

資金權益寬幅震盪，階段性最大回撤率達51%，波動較大。回撤將考驗趨勢交易者的忠誠度，從而淘汰不堅定者。

11年交易時間，成功規避了2008年全球經濟危機、2015年股災。破位時第一時間止損，就是為了防範大跌的風險。每次止損都當成真的，就能避免大跌的風險。

附表　　　　　　　　　　重要指標參數分析

帳戶交易時間（年）	交易次數（次）	成功次數（次）	勝率（%）	盈虧比	累積收益率（%）	平均年化收益率（%）	階段性回撤次數（次）	階段性最大回撤率（%）	單次最大收益（萬元）	單次最大收益率（%）	單次最大虧損（萬元）	單次交易最大回撤率（%）
11	125	32	25.60	1.60	312.77	28.43	2	-50.74	11.23	111.23	-2.62	-12.09

⑤黃山旅遊（600054，見圖 3-218）。

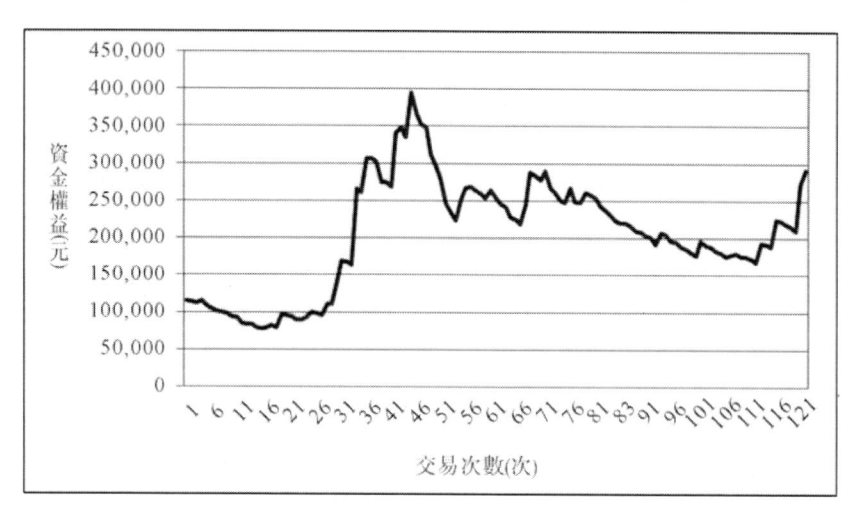

圖 3-218　黃山旅遊復盤 11 年資金波動大

（數據截至 2015 年 7 月 31 日）

●復盤啟示：起始資金 10 萬元，黃山旅遊復盤 11 年，資金權益為 29 萬元，平均年化收益率為 17%，收益未跑贏同期上證復盤收益（56%），但跑贏銀行定期存款收益。

資金權益寬幅震盪，階段性最大回撤率達 43%，波動較大，但底部區間不斷抬高，震盪是趨勢醞釀的必經之路。

11 年交易時間，趨勢交易 125 次，這樣的交易次數在趨勢復盤中已結算是較高了，頻繁的操作不利於趨勢利潤的累積。

附表　　　　　　　　　　重要指標參數分析

帳戶交易時間（年）	交易次數（次）	成功次數（次）	勝率（%）	盈虧比	累積收益率（%）	平均年化收益率（%）	階段性回撤次數（次）	階段性最大回撤率（%）	單次最大收益（萬元）	單次最大收益率（%）	單次最大虧損（萬元）	單次交易最大回撤率（%）
11	125	33	26.40	1.33	190.31	17.30	2	-43.41	10.16	62.49	-3.58	-12.03

⑥中青旅（600138，見圖3-219）。

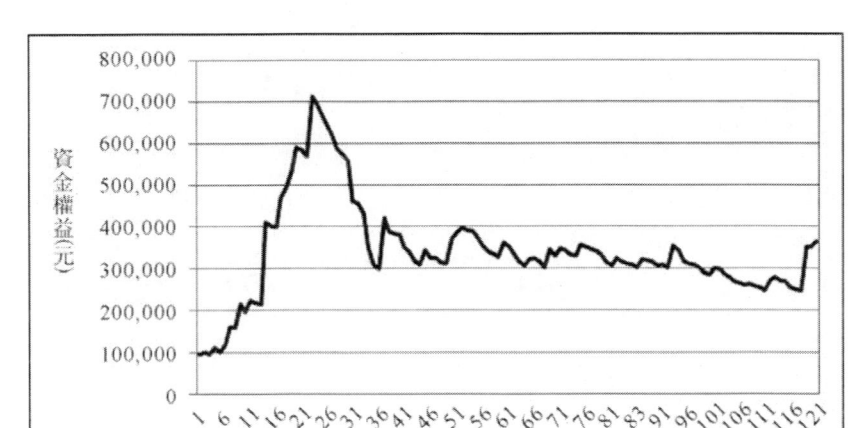

圖3-219　中青旅復盤10年資金波動較大

（數據截至2015年7月31日）

●復盤啟示：起始資金10萬元，中青旅復盤10年，資金權益為36萬元，平均年化收益率為26%，收益未跑贏同期大盤指數復盤收益（56%），但跑贏銀行定期存款收益。

資金權益波動較大，階段性最大回撤率達58%，震盪時間較長。趨勢交易需要耐得住寂寞，這樣才能守得雲開見月明，交易也是一種修行。

10年交易時間，趨勢交易共121次，這樣的交易次數在趨勢復盤中已經算是較高了，頻繁的操作不利於趨勢利潤的累積。

附表　　　　　　　　　重要指標參數分析

帳戶交易時間(年)	交易次數(次)	成功次數(次)	勝率(%)	盈虧比	累積收益率(%)	平均年化收益率(%)	階段性回撤次數(次)	階段性最大回撤率(%)	單次最大收益(萬元)	單次最大收益率(%)	單次最大虧損(萬元)	單次交易最大回撤率(%)
10	121	35	28.93	1.24	263.62	26.36	1	-58.33	19.75	92.78	-9.77	-18.82

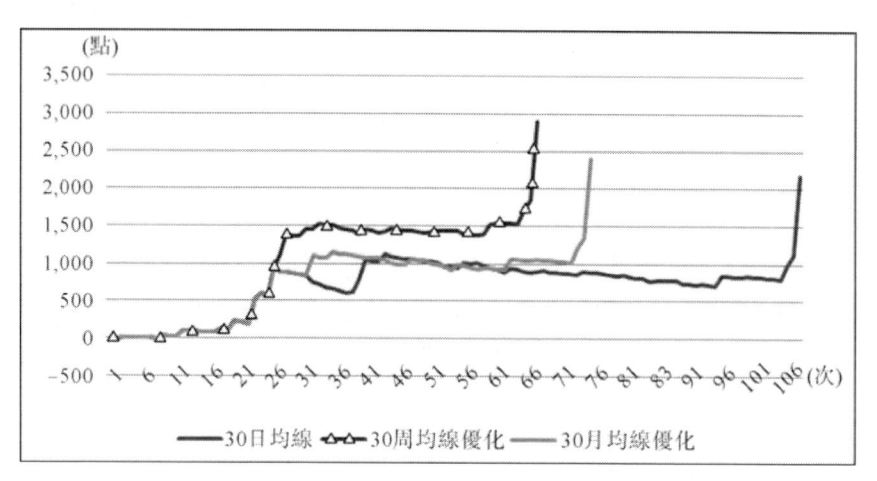

(3) 交易優化對比（見圖3-220）。

圖3-220 旅遊板塊指數優化后盈虧曲線圖對比

●優化啟示：通過30周均線、30月均線優化旅遊板塊指數后，可以發現優化后階段性回撤率下降明顯，平均年化收益率也呈現了上升態勢，這是比較理想的效果。

優化后交易次數明顯減少，這是因為當大週期走壞時，即使短週期符合也不會交易，規避風險為第一要務。

附表　　　　　　　　　　　　　重要指標參數對比

參數 MA	帳戶交易時間（年）	交易次數（次）	成功次數（次）	勝率（%）	盈虧比	累積收益率（%）	平均年化收益率（%）	階段性回撤次數（次）	階段性最大回撤率（%）	單次最大收益（點）	單次最大收益率（%）	單次最大虧損（點）	單次交易最大回撤率（%）
30日均線	10	106	29	27.36	2.75	1,117	112	2	-28.53	1,051	86	-87	-12.73
30周均線	10	66	27	40.91	6.89	1,487	149	1	-9.46	1,051	86	-51	-5.48
30月均線	8	74	22	29.73	4.20	1,230	154	2	-14.34	1,051	86	-57	-6.08

6. 商業連鎖板塊：震盪上行，回撤率較小

●10 年交易時間，商業連鎖板塊指數平均年化收益率達到 146%，跑贏同期大盤指數。

●10 年交易時間，趨勢交易的次數共 74 次，勝率為 40.5%，單次最大收益率達到 90.7%，可見一旦趨勢形成，利潤將十分豐厚。

●商業連鎖板塊指數單次最大回撤率僅為 6%，階段性最大回撤率為 13%，穩定性強。

●選取樣本重慶百貨、中央商場、百大集團、成商集團、友好集團做復盤分析。

●通過優化 30 周均線、30 月均線做復盤比較分析，會發現優化后資金收益曲線更穩定，風險控制也更好。

2005—2015 年商業連鎖板塊指數與上證指數走勢圖如圖 3-221 所示：

圖 3-221　2005—2015 年商業連鎖板塊指數與上證指數走勢圖

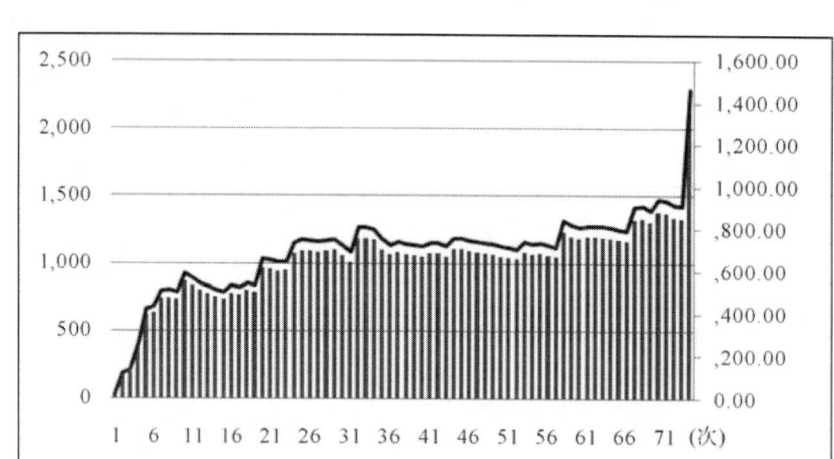

(1) 商業連鎖板塊指數（880406）復盤分析（見圖3-222）。

圖 3-222　商業連鎖板塊復盤 10 年資金穩健爬升

（數據截至 2015 年 7 月 31 日）

●復盤啟示：商業連鎖板塊指數起始點為 146 點，復盤 10 年，累積獲利 2,136 點，累積收益率達 1,463%，平均年化收益率為 146%，收益可觀。

資金權益波動較小，階段性最大回撤率僅為 13%，走勢穩健，具有較強的消費屬性。

10 年交易時間，成功規避了 2008 年全球經濟危機、2015 年股災。破位時第一時間止損，就是為了防範大跌的風險。每次止損都當成真的，就能避免大跌的風險。

附表　　　　　　　　　　　重要指標參數分析

帳戶交易時間（年）	交易次數（次）	成功次數（次）	勝率（%）	盈虧比	累積收益率（%）	平均年化收益率（%）	階段性回撤次數（次）	階段性最大回撤率（%）	單次最大收益（點）	單次最大收益率（%）	單次最大虧損（點）	單次交易最大回撤率（%）
10	74	30	40.54	3.85	1,463.01	146.30	2	-13.34	808	90.74	-69	-6.05

(2) 商業連鎖板塊樣本個股分析。

①重慶百貨（600729，見圖3-223）。

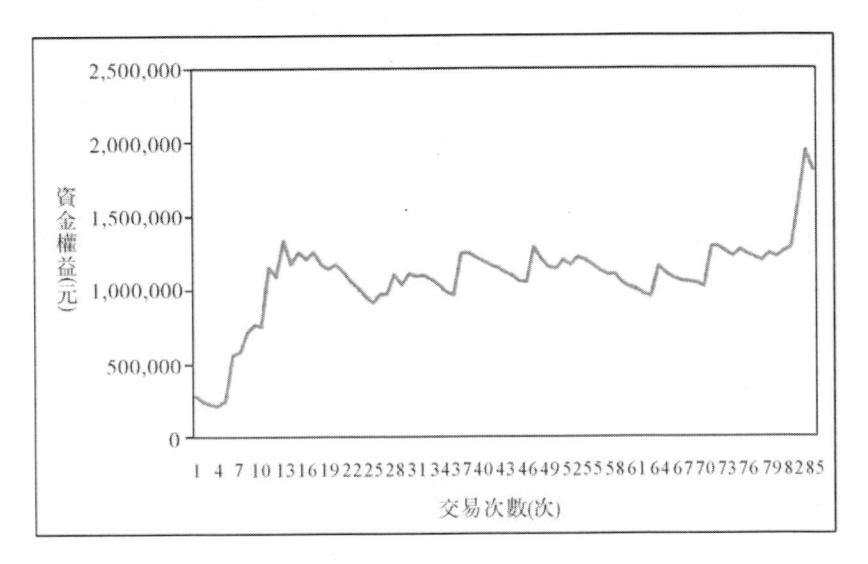

圖3-223 重慶百貨復盤10年資金橫盤向上

（數據截至2015年7月31日）

● 復盤啟示：起始資金10萬元，重慶百貨復盤10年，帳戶資金達到181萬元，平均年化收益率達171%，收益可觀。

重慶百貨走勢較為穩健，橫盤時間較長，但只要抓住兩波趨勢機會，10年資金收益便相當高了，這是給予堅持者的獎賞。

10年交易時間，成功規避了2008年全球經濟危機、2015年股災。破位時第一時間止損，就是為了防範大跌的風險。每次止損都當成真的，就能避免大跌的風險。

附表　　　　　　　　　　重要指標分析

帳戶交易時間（年）	交易次數（次）	成功次數（次）	勝率（%）	盈虧比	累積收益率（%）	平均年化收益率（%）	階段性回撤次數（次）	階段性最大回撤率（%）	單次最大收益（萬元）	單次最大收益率（%）	單次最大虧損（萬元）	單次交易最大回撤率（%）
10	85	30	35.29	1.84	1,711.64	171.16	3	-31.14	39.40	194.61	-16.25	-14.12

●詳解重慶百貨復盤歷程：商業連鎖板塊走勢比較穩定，並未出現規律性的大的週期性回撤，主要受消費情況的影響，從業績上來說相對穩定，不容易出現大幅度的波動。我們選取的重慶百貨大體與商業連鎖板塊指數走勢相同，整體呈現出「上漲—下跌—震盪—上漲」的趨勢。

重慶百貨第一次的交易就啟示我們：**買點很重要**。復盤均以 2005—2015 年為標準，所以我們復盤的時候並未刻意地去從圖形上選擇好的買點。在 2005 年 6 月 8 日買入持倉至 2005 年 10 月 26 日這段時間內，單次收益達到了 194%。資金從剛投入的 10 萬元變成了 29 萬元。這為后期的上漲奠定了基數基礎，所以買點是非常重要的，實際操作過程中更要嚴格遵守交易規則，**錯過了符合的買點就不能一味地去追逐**。

重慶百貨給我們的第二個啟示：**複利的威力很強大**。得益於我們的第一次交易，我們的基礎資金得到了翻倍的增長，等到了經歷第二次達到 117% 單次高收益時，賺取利潤的部分也得到了翻倍的增長，因此資金才會在不到一年的時間內從 10 萬元累積到 57 萬元。

截斷虧損體現得較為明顯在於行情出現明顯反轉的時候。通過歷史數據可以發現，重慶百貨在經歷了 2007 年一波牛市之后，在 2008 年 1 月開始出現行情反轉的節點，但是當時我們並不知曉。我們從 2008 年 1 月至 2008 年 11 月 7 日創出階段性新低區間一共進行了 5 次操作，均為失敗，但是累積虧損僅為 18%，而個股股價在該區間段跌幅達到了 74%。在 2015 年的大跌當中我們也成功規避了大跌的風險，最后一次操作我們在 2015 年 6 月 25 日破 30 日均線止損空倉，單次虧損為 7%，而這波下跌才剛剛開始，從 6 月 25 日最低價到階段性新低的價位，跌幅達到了 42%。**及時止損讓我們用小虧損規避了大風險**。

假如說沒有我們的體系，如果在下跌過程中不斷地去猜測底部，不斷地去抄底，再次下跌，再次不斷地補倉，沒有止損的依據，也不懂得止損，資金就會被牢牢地套住。

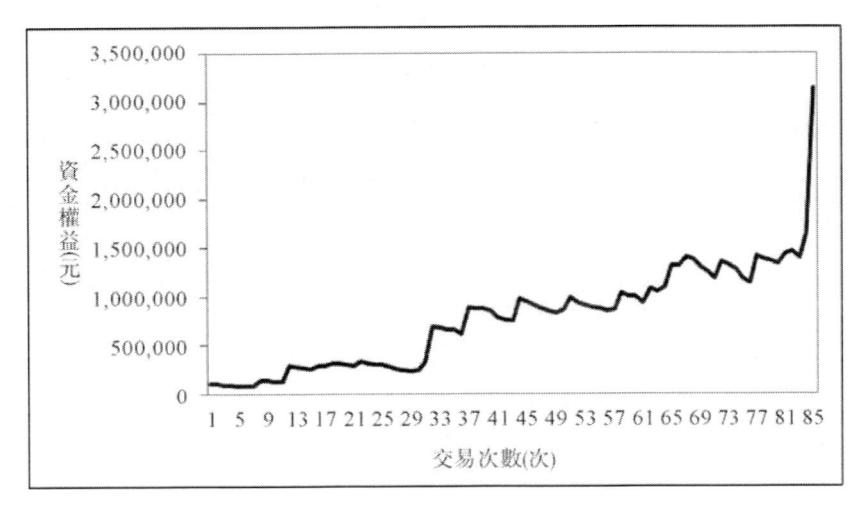

②中央商場（600280，見圖3-224）。

圖3-224 中央商場復盤10年收益震盪上升

（數據截至2015年7月31日）

● 復盤啟示：起始資金10萬元，中央商場復盤10年，帳戶資金達到313萬元，平均年化收益率達303%，表現優異。

中央商場資金權益震盪上升，底部區間不斷抬高，資金曲線較為穩健。

10年交易時間，成功規避了2008年全球經濟危機、2015年股災。破位時第一時間止損，就是為了防範大跌的風險。每次止損都當成真的，就能避免大跌的風險。

附表　　　　　　　　重要指標參數分析

帳戶交易時間(年)	交易次數(次)	成功次數(次)	勝率(%)	盈虧比	累積收益率(%)	平均年化收益率(%)	階段性回撤次數(次)	階段性最大回撤率(%)	單次最大收益(萬元)	單次最大收益率(%)	單次最大虧損(萬元)	單次交易最大回撤率(%)
10	85	29	34.12	3.10	3,031.80	303.18	3	-26.99	148.16	120.92	-9.37	-8.02

③百大集團（600865，見圖3-225）。

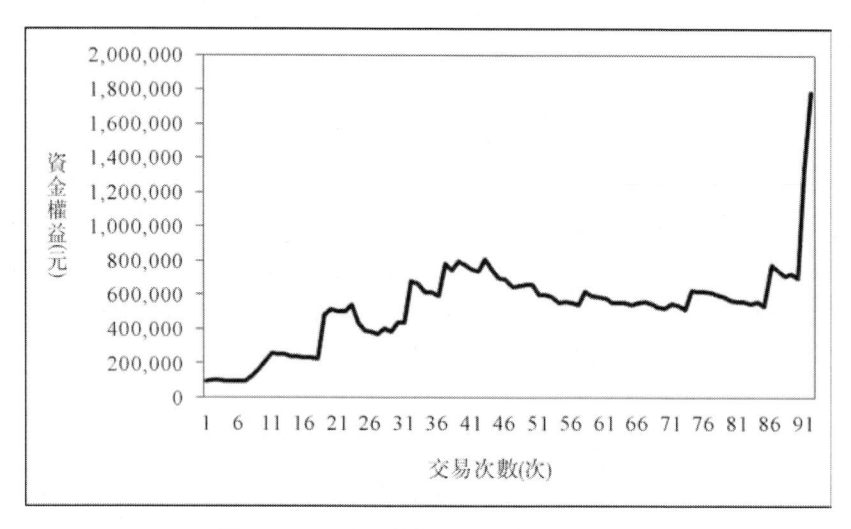

圖3-225 百大集團復盤10年資金震盪向上

（數據截至2015年7月31日）

●復盤啟示：起始資金10萬元，百大集團復盤10年，帳戶資金達到178萬元，平均年化收益率達168%，收益可觀。

在商業百貨板塊中，百大集團資金權益曲線波動相對較大，階段性最大回撤率達36%，單次交易最大回撤率為20%。

10年交易時間，成功規避了2008年全球經濟危機、2015年股災。破位時第一時間止損，就是為了防範大跌的風險。每次止損都當成真的，就能避免大跌的風險。

附表　　　　　　　　　　重要指標參數分析

帳戶交易時間(年)	交易次數(次)	成功次數(次)	勝率(%)	盈虧比	累積收益率(%)	平均年化收益率(%)	階段性回撤次數(次)	階段性最大回撤率(%)	單次最大收益(萬元)	單次最大收益率(%)	單次最大虧損(萬元)	單次交易最大回撤率(%)
10	92	29	31.52	2.59	1,684.26	168.43	3	-36.21	64.19	111.73	-10.76	-19.82

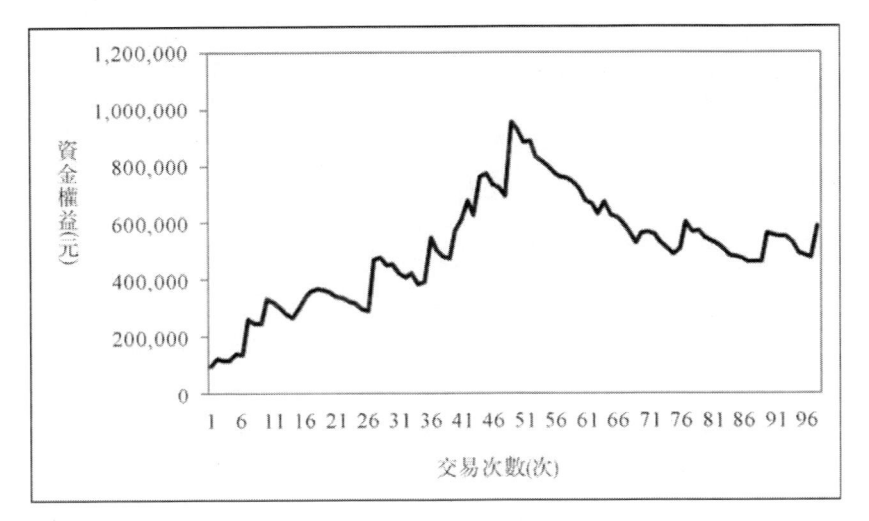

④成商集團（600828，見圖3-226）。

圖3-226　成商集團復盤10年資金波動較大

（數據截至2015年7月31日）

●復盤啟示：起始資金10萬元，成商集團復盤10年，帳戶資金達到59萬元，平均年化收益率為49%，收益未跑贏上證復盤年化收益（56%），但已顯著跑贏銀行定期收益和許多基金收益。

成商集團資金權益曲線波動較大，階段性最大回撤率達51%，但只要等待趨勢來臨，資金仍能實現較高的正收益。

10年交易時間，成功規避了2008年全球經濟危機、2015年股災。破位時第一時間止損，就是為了防範大跌的風險。每次止損都當成真的，就能避免大跌的風險。

附表　　　　　　　　　　　重要指標參數分析

帳戶交易時間(年)	交易次數(次)	成功次數(次)	勝率(%)	盈虧比	累積收益率(%)	平均年化收益率(%)	階段性回撤次數(次)	階段性最大回撤率(%)	單次最大收益(萬元)	單次最大收益率(%)	單次最大虧損(萬元)	單次交易最大回撤率(%)
10	98	30	30.61	1.39	490.75	49.08	3	-51.44	25.78	92.89	-5.26	-8.77

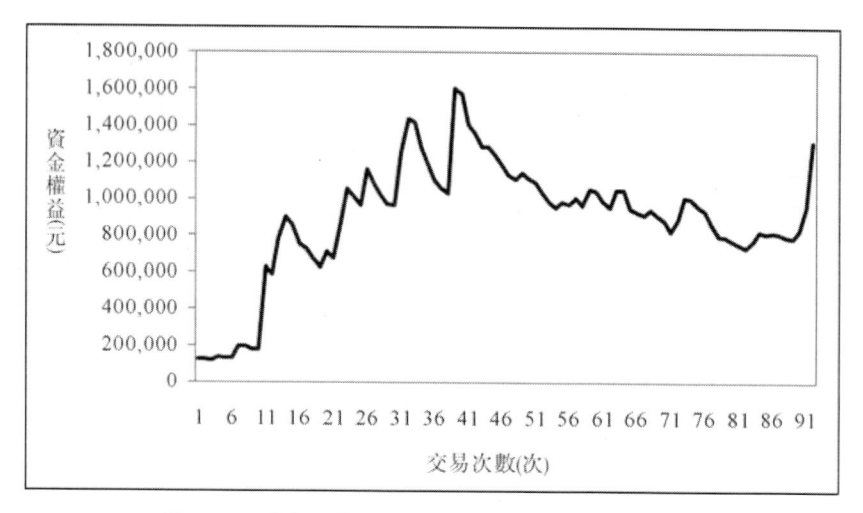

⑤友好集團（600778，見圖3-227）。

圖3-227　友好集團復盤10年資金從10萬元到上百萬元

（數據截至2015年5月11日）

●復盤啟示：起始資金10萬元，友好集團復盤10年，帳戶資金達到131萬元，平均年化收益率達121%，收益可觀。

友好集團資金權益曲線波動較大，階段性最大回撤率達54%，但只要抓住3波趨勢機會，資金便能從10萬元做到上百萬元。體系內的資金回撤往往是盈利的開始。

10年交易時間，成功規避了2008年全球經濟危機、2015年股災。破位時第一時間止損，就是為了防範大跌的風險。每次止損都當成真的，就能避免大跌的風險。

附表　　　　　　　　　　　　重要指標分析

帳戶交易時間（年）	交易次數（次）	成功次數（次）	勝率（%）	盈虧比	累積收益率（%）	平均年化收益率（%）	階段性回撤次數（次）	階段性最大回撤率（%）	單次最大收益（萬元）	單次最大收益率（%）	單次最大虧損（萬元）	單次交易最大回撤率（%）
10	92	29	31.52	1.49	1,209.14	120.91	4	−54.37	57.25	249.90	−16.80	−12.34

(3) 交易優化對比（見圖 3-228）。

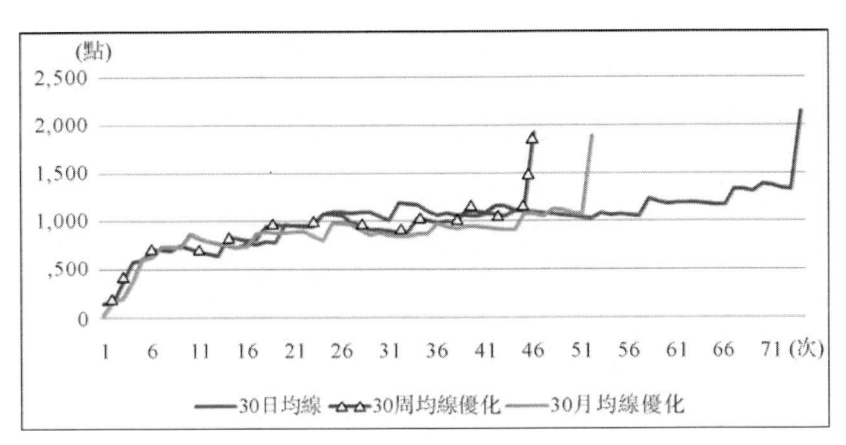

圖 3-228　商業連鎖板塊指數優化后盈虧曲線圖對比

●優化啟示：通過 30 周均線、30 月均線優化商業連鎖板塊指數后，可以發現優化后收益和風險變化不大，這主要是因為商業連鎖板塊消費屬性較強，業績穩定，不容易受經濟週期波動的影響，週期性特徵不明顯，走勢呈現穩步向上。

優化后交易次數明顯減少，勝率提升，在一定程度上穩定了利潤。

附表　　　　　　　　　　重要指標參數對比

參數 MA	帳戶交易時間（年）	交易次數（次）	成功次數（次）	勝率（%）	盈虧比	累積收益率（%）	平均年化收益率（%）	階段性回撤次數（次）	階段性最大回撤率（%）	單次最大收益（點）	單次最大收益率（%）	單次最大虧損（點）	單次交易最大回撤率（%）
30 日均線	10	74	30	40.54	3.85	1,463	146	2	-13.34	808	91	-69	-6.05
30 周均線	9	46	22	47.83	5.07	1,128	125	2	-16.70	808	82	-69	-6.05
30 月均線	10	52	24	46.15	4.44	1,288	129	3	-14.27	808	91	-69	-6.05

7. 醫療保健板塊：表現優異，成長性強

●十年交易時間，醫療保健板塊指數平均年化收益率達到 396%，表現優異，遠遠跑贏了同期大盤指數。

●十年時間裡，趨勢交易的次數共 85 次，雖然勝率為 33%，但單次最大收益率就達到了 187%，可見一旦趨勢形成，利潤將十分豐厚。

●醫療保健板塊指數單次最大回撤率僅為 8%，階段性最大回撤率為 38.69%。

●選取樣本華潤萬東、通策醫療、運盛醫療、宜華健康、新華醫療做復盤分析，走勢向好。

●通過優化 30 周均線、30 月均線做復盤比較分析，會發現優化後資金收益曲線更穩定、風險控制也更好。

2005—2015 年醫療保健板塊指數與上證指數走勢圖如圖 3-229 所示：

圖 3-229　2005—2015 年醫療保健板塊指數與上證指數走勢圖

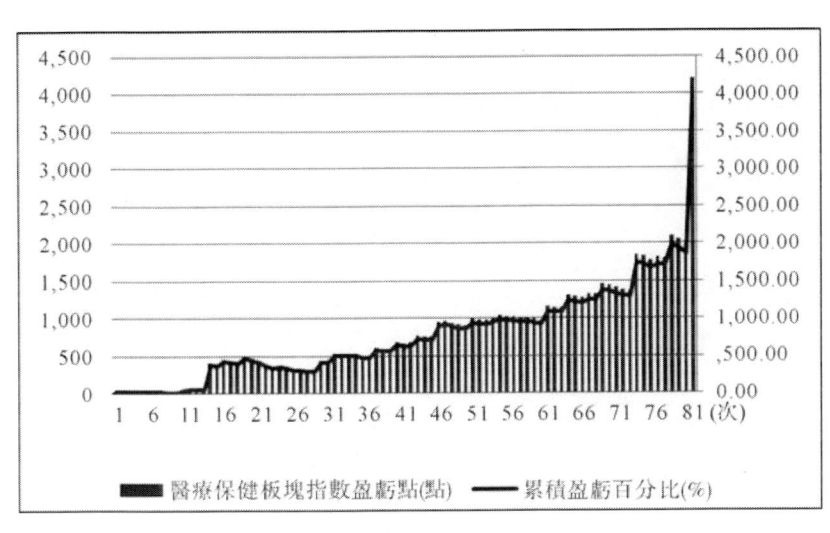

（1）醫療保健板塊指數（880398）復盤分析（見圖3-230）。

圖3-230 醫療保健板塊復盤10年資金穩健攀升

（數據截至2015年7月31日）

● 復盤啟示：醫療保健板塊指數起始點為106點，復盤10年，累積獲利4,201點，累積收益率達3,963%，平均年化收益率達396%，收益十分喜人。

資金權益逐步走高，走勢穩健，單次最大獲利為2,227點，抓住一次趨勢機會便滿盤皆贏。

10年交易時間，成功規避了2008年全球經濟危機、2015年股災。破位時第一時間止損，就是為了防範大跌的風險。每次止損都當成真的，就能避免大跌的風險。

附表　　　　　　　　　　重要指標參數分析

帳戶交易時間（年）	交易次數（次）	成功次數（次）	勝率（%）	盈虧比	累積收益率（%）	平均年化收益率（%）	階段性回撤次數（次）	階段性最大回撤率（%）	單次最大收益（點）	單次最大收益率（%）	單次最大虧損（點）	單次交易最大回撤率（%）
10	85	28	32.94	5.85	3,963.21	396.32	1	-38.69	2,227	186.91	-82	-7.96

(2) 醫療保健板塊樣本個股分析。

①華潤萬東（600055，見圖3-231）。

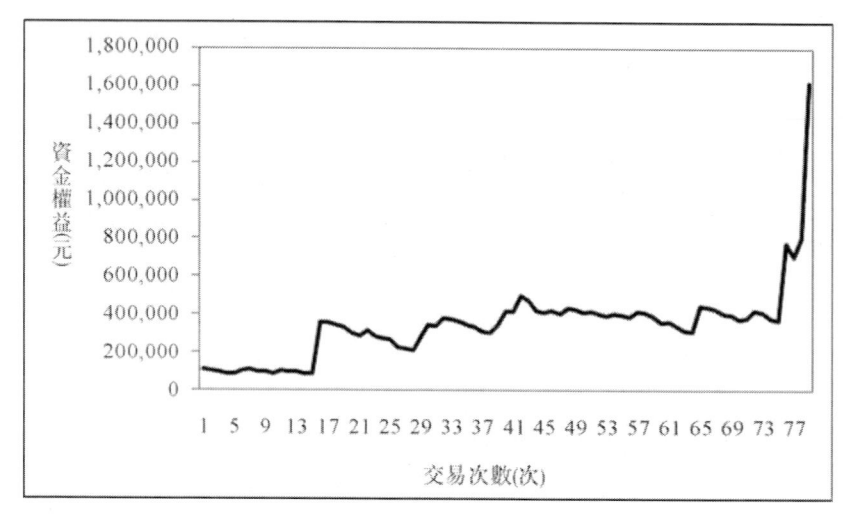

圖3-231　華潤萬東復盤10年收益震盪上升

（數據截至2015年7月31日）

●復盤啟示：起始資金10萬元，華潤萬東復盤10年，帳戶資金達到162萬元，平均年化收益率達152%，收益可觀。

資金權益震盪上升，底部區間不斷抬高，資金曲線較為穩健。

10年交易時間，趨勢交易共79次，勝率為31%，單次最大收益率達307%，可見一旦趨勢形成，利潤便勢不可擋。

附表　　　　　　　　　　重要指標參數分析

帳戶交易時間(年)	交易次數(次)	成功次數(次)	勝率(%)	盈虧比	累積收益率(%)	平均年化收益率(%)	階段性回撤次數(次)	階段性最大回撤率(%)	單次最大收益(萬元)	單次最大收益率(%)	單次最大虧損(萬元)	單次交易最大回撤率(%)
10	79	25	31.65	2.92	1,519.01	151.90	3	-38.79	81.00	307.14	-6.87	-14.37

●詳解華潤萬東復盤歷程：醫療保健板塊作為醫藥板塊的「兄弟板塊」，10 年時間內總體表現十分優秀，完全超越醫藥板塊，在 30 個復盤板塊當中收益最高，板塊累積收益率達 3,963%，平均年複利達到了驚人的 45%。醫療保健板塊總體呈現出持續推升上揚的趨勢。近年來隨著醫療改革的不斷推進，加之我國的醫療衛生水平較發達國家的有一定的差距，看病難等一系列問題一直存在，因此在醫療保健這方面的市場是很大的。特別是隨著人口結構的變化，老齡化越來越受到重視，伴隨著經濟的發展、醫療技術的不斷提升，醫療保健板塊在今後仍是值得重點關注的。

華潤萬東與醫療保健板塊指數類似，10 年時間整體呈現出持續向上推升的過程。其大體的走勢可以概括為「上漲—下跌—上漲—震盪—上漲」。由於上漲非常強勢，資金曲線圖就體現出持續上揚的態勢。

在趨勢交易當中，操作成功率不會太高，關鍵是能夠抓住幾次趨勢就行，不以成功率論成敗，只以最終收益定英雄。華潤萬東 10 年交易次數不足 80 次，這也屬於趨勢交易的典型。從 10 萬元初始資金做到了 161 萬元，我們得到的最終結果是非常優秀的。

上漲過程中 3 次重要趨勢奠定了良好的基調。在普漲的 2007 年的牛市當中，其單次收益能夠達到 307%。在 2006 年 12 月 14 日前，帳戶累積收益已經經過 15 次交易，累積收益為 -11%，也就是說這個時候帳戶是虧損的。但是從 2006 年 12 月 14 日建倉到 2007 年 6 月 21 日平倉，單次收益達 307%，累積收益 260%，一次交易扭虧為盈。虧損次數為 54 次，雖然我們虧損的次數較多，但是我們用這些小的虧損進行了嘗試，換來了更高的收益率。除去上漲和明顯下跌的區間，仍舊存在橫盤震盪的區間，時間段主要集中於 2010 年 5 月至 2012 年 3 月，在操作次數上所占比例為 20%。操作過程中回撤與橫盤都是不可避免的，不可能每次交易都踩在趨勢形成的開端。通過分析最終的數據可以發現，華潤萬東上漲、下跌、橫盤所占比例分別為 32%、20%、48%。只是我們實際在下跌和橫盤過程中嚴格按照體系及時止損，虧損與最終的收益相比就顯得相對較少了。10 年復盤的結果告訴我們：**自己所堅持的體系是不會騙人的，堅持要放在第一位。**

②通策醫療（600763，見圖 3-232）。

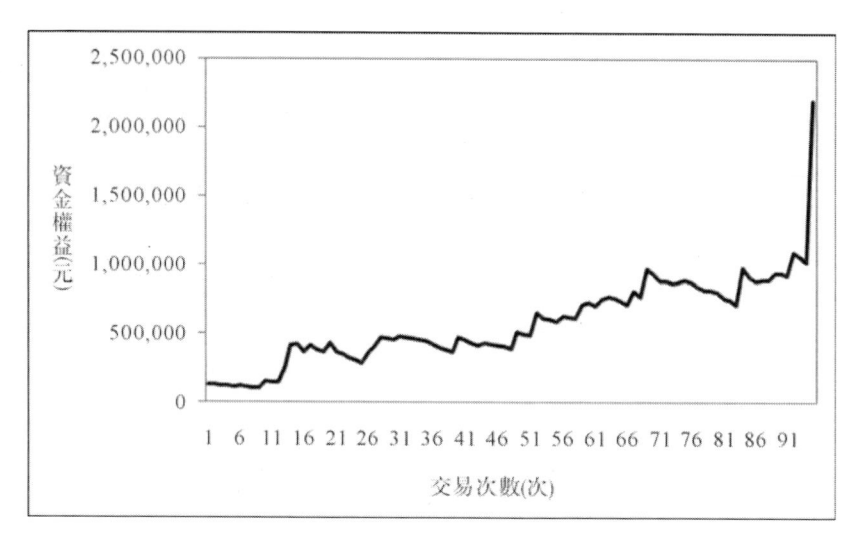

圖 3-232　通策醫療復盤 10 年資金從 10 萬元到 200 余萬元

（數據截至 2015 年 5 月 22 日）

● 復盤啟示：起始資金 10 萬元，通策醫療復盤 10 年，帳戶資金達到 220 萬元，平均年化收益率達 210%，收益可觀。

資金權益走勢穩健，階段性最大回撤率控制在 30% 以內，波動性較小。

10 年交易時間，趨勢交易共 95 次，勝率為 33%，單次最大收益達 117 萬元，可見一旦趨勢形成，利潤便揚帆起航。

附表　　　　　　　　　　　重要指標參數分析

帳戶交易時間（年）	交易次數（次）	成功次數（次）	勝率（%）	盈虧比	累積收益率（%）	平均年化收益率（%）	階段性回撤次數（次）	階段性最大回撤率（%）	單次最大收益（萬元）	單次最大收益率（%）	單次最大虧損（萬元）	單次交易最大回撤（%）
10	95	32	33.68	2.69	2,100.15	210.01	3	-28.22	117.64	115.40	-6.59	-15.30

③運盛醫療（600767，見圖3-233）。

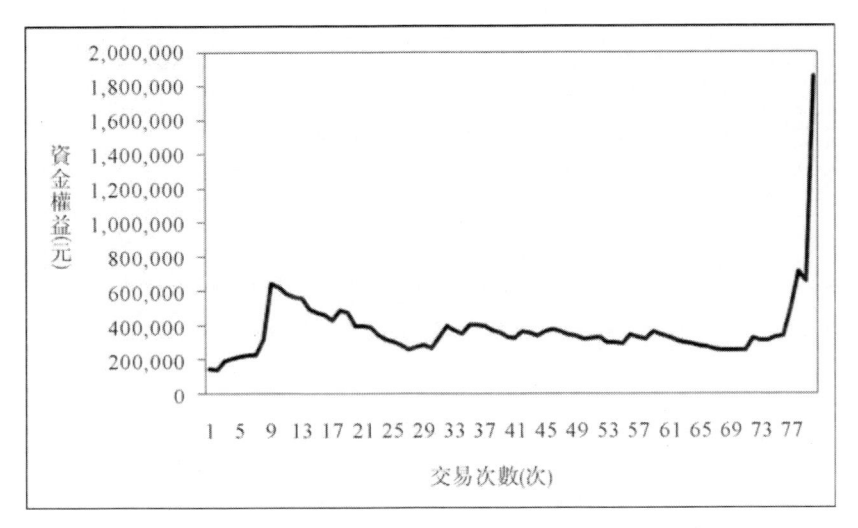

圖3-233　運盛醫療復盤10年資金從10萬元到上百萬元

（數據截至2015年7月31日）

●復盤啟示：起始資金10萬元，運盛醫療復盤10年，帳戶資金達到185萬元，平均年化收益率達175%，收益可觀。

資金權益波動較大，階段性最大回撤率為58%，即使這樣，只要抓住兩波趨勢機會，資金仍能實現上百萬元，這就是趨勢交易的魔力。

10年交易時間，成功規避了2008年全球經濟危機、2015年股災。破位時第一時間止損，就是為了防範大跌的風險。每次止損都當成真的，就能避免大跌的風險。

附表　　　　　　　　　　重要指標參數分析

帳戶交易時間(年)	交易次數(次)	成功次數(次)	勝率(%)	盈虧比	累積收益率(%)	平均年化收益率(%)	階段性回撤次數(次)	階段性最大回撤率(%)	單次最大收益(萬元)	單次最大收益率(%)	單次最大虧損(萬元)	單次交易最大回撤率(%)
10	80	28	35.00	2.90	1,753.63	175.36	2	-58.29	119.77	182.85	-7.69	-16.28

④宜華健康（000150，見圖 3-234）。

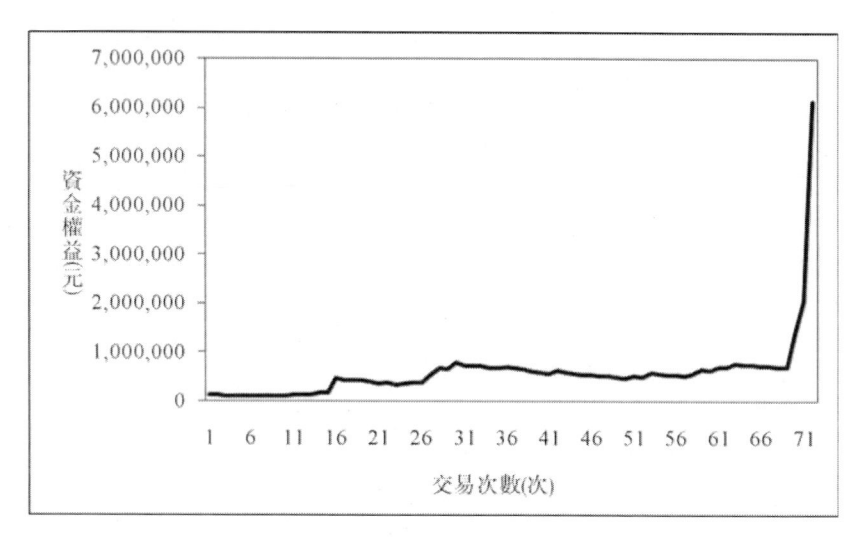

圖 3-234　宜華健康復盤 10 年資金從 10 萬元到 600 余萬元

（數據截至 2015 年 1 月 20 日）

●復盤啟示：起始資金 10 萬元，宜華健康復盤 10 年，帳戶資金達到 612 萬元，平均年化收益率達 602%，收益十分喜人。

10 年交易時間，趨勢交易共 72 次，勝率為 32%，單次最大獲利 407 萬元，一次交易便能獲得如此收益，這就是趨勢交易，每一次機會的嘗試、失敗、再嘗試，就是為了等待這樣的趨勢，哪怕要等一年、等兩年……都是值得的。

附表　　　　　　　　　　重要指標參數分析

帳戶交易時間（年）	交易次數（次）	成功次數（次）	勝率（%）	盈虧比	累積收益率（%）	平均年化收益率（%）	階段性回撤次數（次）	階段性最大回撤率（%）	單次最大收益（萬元）	單次最大收益率（%）	單次最大虧損（萬元）	單次交易最大回撤率（%）
10	72	23	31.94	8.30	6,027.08	602.71	2	-35.75	407.85	199.42	-5.36	-10.98

⑤新華醫療（600587，見圖 3-235）。

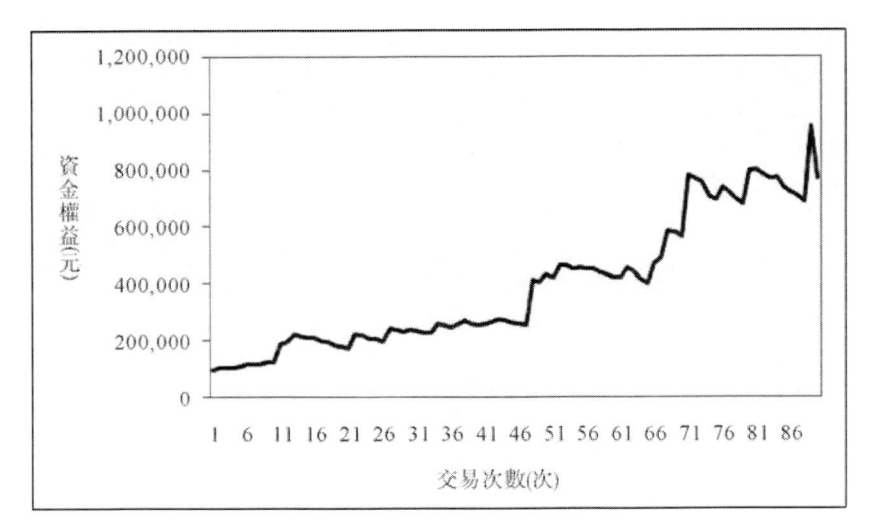

圖 3-235　新華醫療復盤 10 年資金穩健上升

（數據截至 2015 年 1 月 20 日）

●復盤啟示：起始資金 10 萬元，新華醫療復盤 10 年，帳戶資金達到 77 萬元，平均年化收益率為 67%，收益跑贏同期大盤指數。

資金權益走勢穩健，階段性最大回撤率僅為 18%，波動性較小。

10 年交易時間，趨勢交易共 90 次，勝率為 42%，對於趨勢交易而言，勝率 42% 已經算是相當不錯了，但是高勝率並不能代表較高的利潤，因此入市前我們應想好是來驗證觀點的，還是來追求穩定的年化收益的。

附表　　　　　　　　　　　重要指標參數分析

帳戶交易時間(年)	交易次數(次)	成功次數(次)	勝率(%)	盈虧比	累積收益率(%)	平均年化收益率(%)	階段性回撤次數(次)	階段性最大回撤率(%)	單次最大收益(萬元)	單次最大收益率(%)	單次最大虧損(萬元)	單次交易最大回撤率(%)
10	90	38	42.22	1.91	670.10	67.01	4	-18.04	26.59	62.02	-18.30	-19.28

（3）交易優化對比（見圖3-236）。

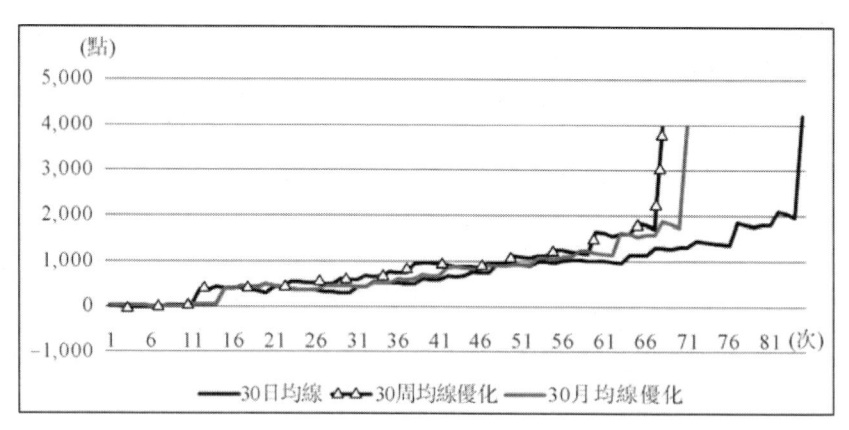

圖 3-236　醫療保健板塊指數優化后盈虧曲線圖對比

●優化啟示：通過30周均線、30月均線優化醫療保健板塊指數后，可以發現優化后階段性回撤率下降明顯，相比較而言，盈利並未受太大影響。

醫療保健板塊一方面消費屬性較強，成長性高，收益可觀；另一方面較高的成長性也帶來了較大的波動性。優化后交易次數減少，管控風險效果明顯。

附表　　　　　　　　　　　重要指標參數對比

參數 MA	帳戶 交易 時間 (年)	交易 次數 (次)	成功 次數 (次)	勝率 (%)	盈虧比	累積 收益率 (%)	平均 年化 收益率 (%)	階段性 回撤 次數 (次)	階段性 最大 回撤率 (%)	單次 最大 收益 (點)	單次 最大 收益率 (%)	單次 最大 虧損 (點)	單次 交易 最大 回撤率 (%)
30日均線	10	85	28	32.94	5.85	3,963	396	1	-38.69	2,227	187	-82	-7.96
30周均線	9	68	23	33.82	6.27	2,930	326	3	-21.50	2,227	187	-82	-7.96
30月均線	10	71	24	33.80	6.40	3,760	376	3	-26.98	2,227	187	-82	-7.96

8. 家用電器板塊：求變中突破上行

●10 年交易時間，家用電器板塊指數平均年化收益率達到 128%，求變中不斷突破上行，跑贏了同期大盤指數。

●10 年時間裡，趨勢交易的次數共 87 次，勝率為 36%，單次最大收益率達到 197%，可見一旦趨勢形成，利潤將十分豐厚。

●家用電器板塊指數單次最大回撤率為 8.72%，階段性最大回撤率為 42%，回撤幅度相對較大。

●選取樣本佛山照明、海信電器、四川長虹、萬家樂、陽光照明做復盤分析，智能家居、綠色照明向好。

●通過優化 30 周均線、30 月均線做復盤比較分析，會發現優化後資金收益曲線更穩定，風險控制也更好。

2005—2015 年家用電器板塊指數與上證指數走勢圖如圖 3-237 所示：

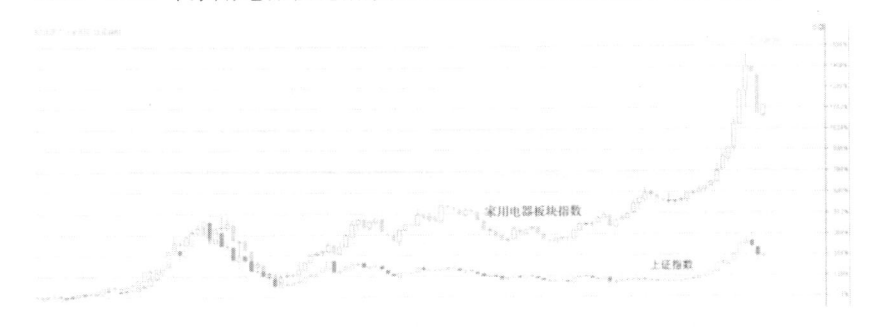

圖 3-237　2005—2015 年家用電器板塊指數與上證指數走勢圖

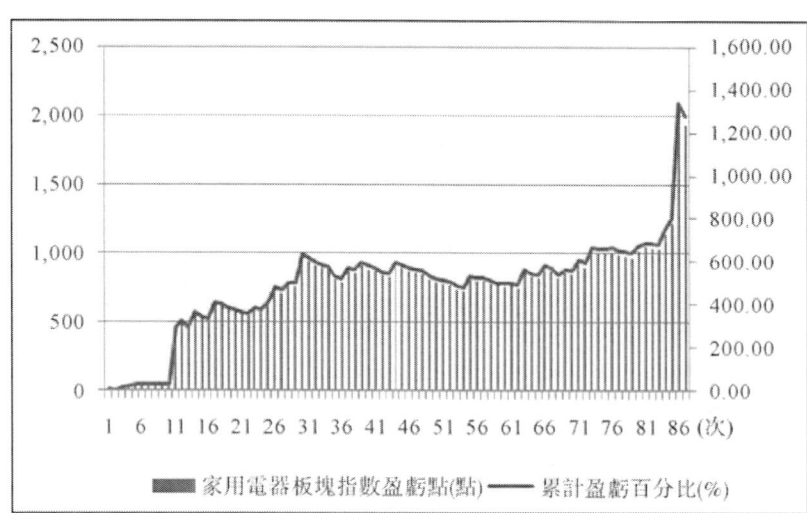

（1）家用電器板塊指數（880387）復盤分析（見圖3-238）。

圖3-238　家用電器板塊指數復盤10年權益震盪上揚

（數據截至2015年7月31日）

●復盤啟示：家用電器板塊指數起始點為151點，復盤10年，累積獲利1,938點，累積收益率達1,283%，平均年化收益率達128%，收益可觀。

和大部分板塊類似，家用電器板塊資金權益的上漲在兩次行情當中趨勢性較為明顯。在2007年牛市以後，累積資金權益呈現小幅震盪。2014年開始又有較為優秀的表現，上漲趨勢較強。近年來，隨著智能家電不斷推廣，人們生活質量的提高，該領域有不錯的發展空間。

附表　　　　　　　　　　　　　重要指標參數分析

帳戶交易時間（年）	交易次數（次）	成功次數（次）	勝率（%）	盈虧比	累積收益率（%）	平均年化收益率（%）	階段性回撤次數（次）	階段性最大回撤率（%）	單次最大收益（點）	單次最大收益率（%）	單次最大虧損（點）	單次交易最大回撤率（%）
10	87	31	35.63	2.49	1,283.44	128.34	2	−41.94	809	197.06	−91	−8.72

(2) 家用電器板塊樣本個股分析。

①佛山照明（000541，見圖3-239）。

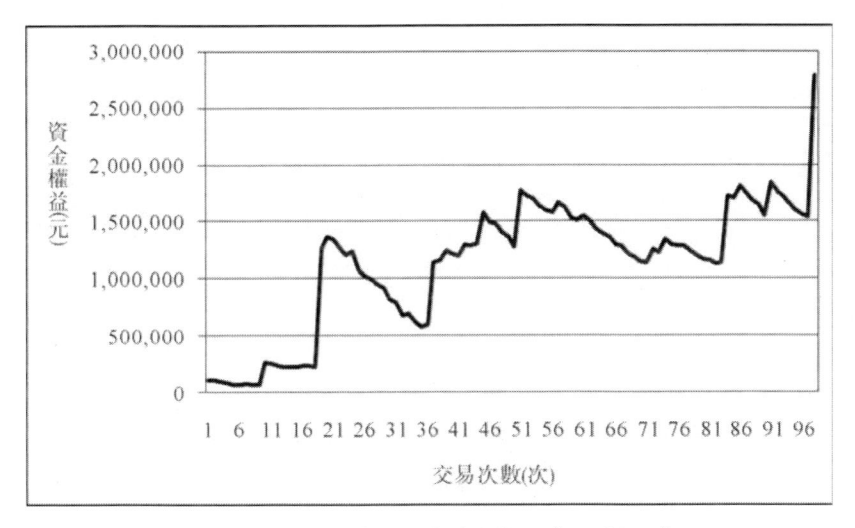

圖 3-239　佛山照明復盤 10 年資金從 10 萬元到上百萬元

（數據截至 2015 年 7 月 31 日）

●復盤啟示：起始資金 10 萬元，佛山照明復盤 10 年，帳戶累積資金達 278 萬元，平均年化收益率達 268%，收益十分可觀。

10 年的交易時間裡，主要經歷了兩次超過 40% 的階段性回撤，如果在該部分進行優化，減少回撤之后，保留了更多的基礎資金，待下一次趨勢來臨時還能夠將收益再次提升一定的比例。

附表　　　　　　　　　　重要指標參數分析

帳戶交易時間(年)	交易次數(次)	成功次數(次)	勝率(%)	盈虧比	累積收益率(%)	平均年化收益率(%)	階段性回撤次數(次)	階段性最大回撤率(%)	單次最大收益(萬元)	單次最大收益率(%)	單次最大虧損(萬元)	單次交易最大回撤率(%)
10	98	25	25.51	1.92	2,684.46	268.45	4	-57.94	124.09	470.81	-17.09	-19.51

●詳解佛山照明復盤歷程：佛山照明復盤時採用的數據是從 2005—2015 年的歷史數據，佛山照明 10 年時間走勢整體呈現上揚趨勢，期間有過 3 次明顯的上漲。按照趨勢交易最基礎的 30 日均線交易法則，上 30 日均線進，下 30 日均線出，佛山照明共交易 98 次。

當下跌風險來臨時，股票破位第一時間賣出，截斷虧損；當下跌趨勢形成時，空倉耐心等待，空倉也是一種交易。趨勢交易把風險放在了首位，先控制風險，再追求利潤。佛山照明交易中出現 73 次虧損，單次最大虧損率為 19.51%，買入時間是在 2005 年 6 月 13 日，賣出時間是在 2005 年 6 月 15 日。一旦破位立即賣出，截斷虧損，等到滿足交易條件再次入，否則就空倉等待。這 73 次交易中，單次虧損率超過 10% 的有 4 次，虧損率在 5%～10% 的有 14 次，虧損率在 5% 以下的有 55 次，佔比達到 75%。可見，**虧損次數雖多，但每次趨勢交易都是用小止損去嘗試機會，一旦抓住了真正的趨勢機會，這些小虧損也就微不足道了。**

交易過程中，當面臨上升趨勢時，趨勢交易便很輕鬆了。比如 2006 年、2007 年總計操作 14 次，一旦趨勢形成就長期持有了，直到趨勢出現拐頭跡象才賣出。2005 年 12 月 7 日，佛山照明股價上 30 日均線，符合買入原則，直到 2006 年 7 月 13 日時才有賣出信號，僅此次交易持有時間長達 7 個月，一次收益率高達 275.24%。最高的單次收益率達到 470.81%，在 2007 年 1 月 4 日符合原則買入，2007 年 6 月 29 日下 30 日均線賣出。可見一旦趨勢形成，利潤是相當可觀的。

不管股價是處於震盪、上漲，還是下跌的狀態中，都應保持良好的心態，跟隨交易體系，以不變應萬變。

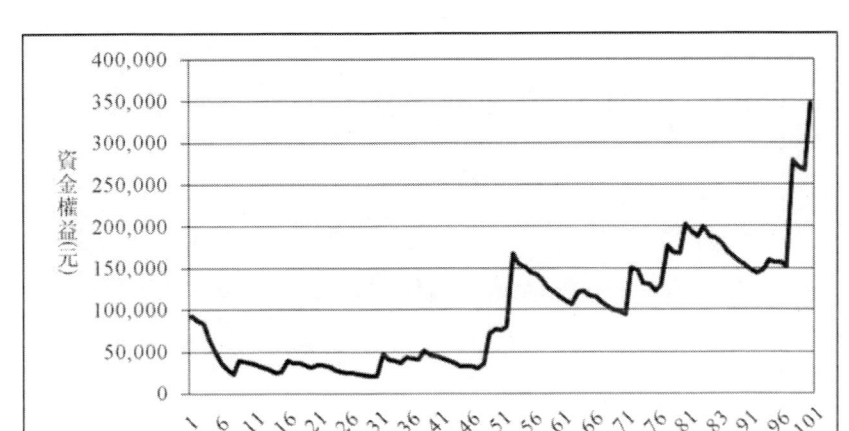

②海信電器（600060，見圖3-240）。

圖3-240　海信電器復盤10年資金震盪上揚

（數據截至2015年7月31日）

●復盤啟示：起始資金10萬元，海信電器復盤10年，帳戶累積資金達34萬元，平均年化收益率為24%。

與大部分其他個股不同，海信電器在交易的起始階段就開始出現資金的虧損，回撤幅度超過30%。通過資金權益曲線圖可以發現，后期總體累積漲勢良好，如果通過進一步優化，剔除帳戶前期的部分操作，其總體收益會達到更加理想的效果。

附表　　　　　　　　　　重要指標參數分析

帳戶交易時間(年)	交易次數(次)	成功次數	勝率(%)	盈虧比	累積收益率(%)	平均年化收益率(%)	階段性回撤次數(次)	階段性最大回撤率(%)	單次最大收益(萬元)	單次最大收益率(%)	單次最大虧損(萬元)	單次交易最大回撤率(%)
10	105	23	21.90	1.67	246.79	24.68	3	-44.01	12.70	131.18	-1.83	-25.94

③四川長虹（600839，見圖3-241）。

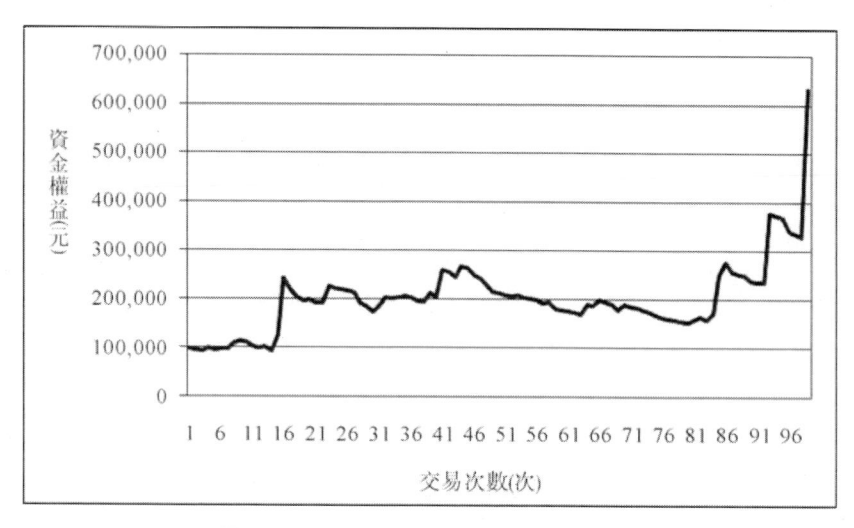

圖3-241　四川長虹復盤10年資金震盪上揚

（數據截至2015年7月31日）

●復盤啟示：起始資金10萬元，四川長虹復盤10年，帳戶累積資金為63萬元，平均年化收益率為53%。

資金總體呈現小幅震盪、大幅拉升的趨勢，再次印證一旦趨勢形成，收益是十分可觀的。

附表　　　　　　　　　　　重要指標參數分析

帳戶交易時間（年）	交易次數（次）	成功次數	勝率（%）	盈虧比	累積收益率（%）	平均年化收益率（%）	階段性回撤次數（次）	階段性最大回撤率（%）	單次最大收益（萬元）	單次最大收益率（%）	單次最大虧損（萬元）	單次交易最大回撤率（%）
10	99	28	28.28	2.20	531.59	53.16	3	-43.33	30.37	93.55	-2.69	-9.74

④萬家樂（000533，見圖3-242）。

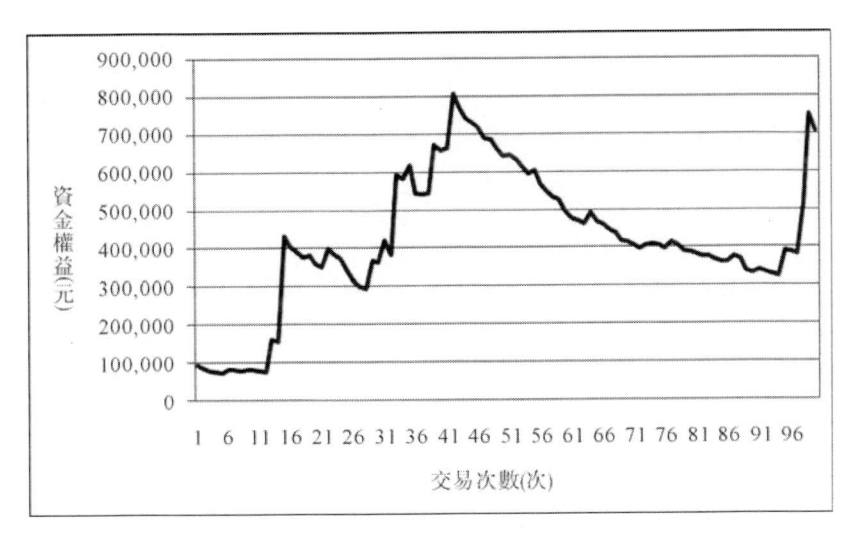

圖3-242　萬家樂復盤10年資金震盪上揚

（數據截至2015年7月31日）

●復盤啟示：起始資金10萬元，萬家樂復盤10年，帳戶累積資金為70萬元，平均年化收益率為60%。

資金的回撤週期較長，2010年開始資金總體呈現出持續回撤的趨勢，4年時間的階段性回撤率接近60%。10年收益約60萬元，看似收益不錯，但優化的空間還是很多的，尤其是出現長週期階段性回撤的過程，通過資金管理和大週期規避交易，可以大幅度降低回撤，增加累積收益。

附表　　　　　　　　　　　　重要指標參數分析

帳戶交易時間（年）	交易次數（次）	成功次數（次）	勝率（%）	盈虧比	累積收益率（%）	平均年化收益率（%）	階段性回撤次數（次）	階段性最大回撤率（%）	單次最大收益（萬元）	單次最大收益率（%）	單次最大虧損（萬元）	單次交易最大回撤率（%）
10	100	26	26.00	1.60	605.12	60.51	2	-59.90	27.76	179.18	-7.20	-11.68

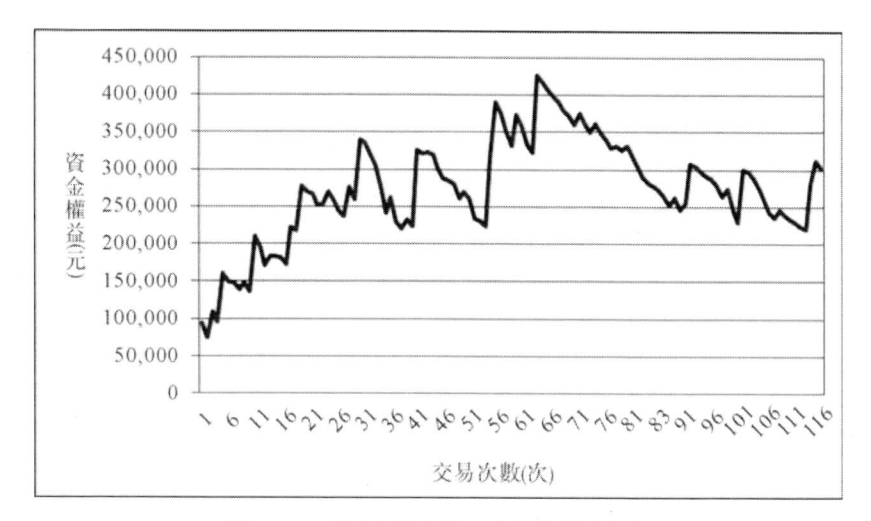

⑤陽光照明（600261，見圖3-243）。

圖3-243　陽光照明復盤10年資金震盪上揚

（數據截至2015年7月31日）

●復盤啟示：起始資金10萬元，陽光照明復盤10年，帳戶累積資金為30萬元，平均年化收益率為20%。

10年的交易時間裡，該個股是明顯弱於家用電器板塊指數的，階段性回撤次數過多是其累積收益較低的原因之一。交易次數共119次，相對其他個股操作次數來說偏高，頻繁操作不利於資金累積收益。

資金權益曲線圖總體呈現大幅震盪、緩慢推升的態勢，由於其回撤次數太多，即使經過週期上的優化，資金的累積提升程度也不會太大，只是在回撤的控制上有一定的提升。

附表　　　　　　　　　　重要指標參數分析

帳戶交易時間（年）	交易次數（次）	成功次數（次）	勝率（%）	盈虧比	累積收益率（%）	平均年化收益率（%）	階段性回撤次數（次）	階段性最大回撤率（%）	單次最大收益（萬元）	單次最大收益率（%）	單次最大虧損（萬元）	單次交易最大回撤率（%）
10	119	32	26.89	1.20	201.39	20.14	6	-34.75	10.40	66.32	-3.56	-20.23

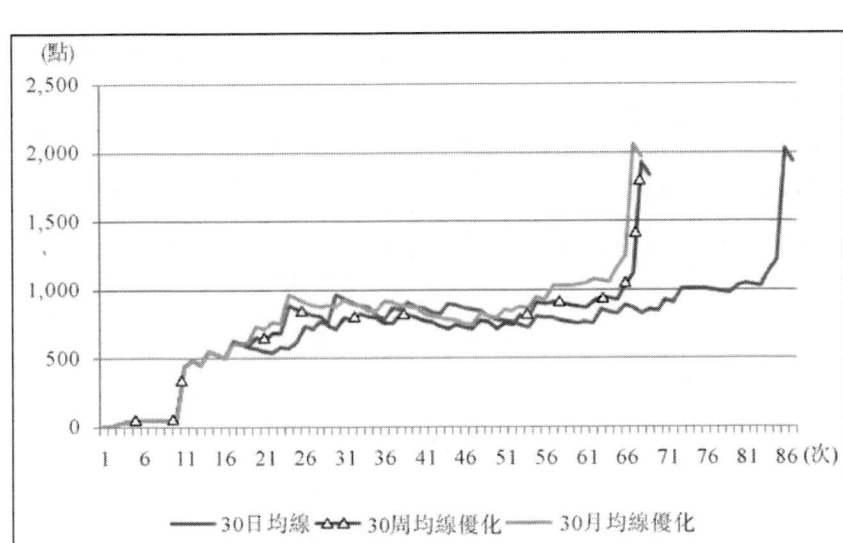

(3) 交易優化對比（見圖3-244）。

圖3-244 家用電器板塊指數優化後盈虧曲線圖對比

●優化啟示：家用電器板塊指數在經過30周均線和30月均線大週期的優化之後，操作成功率大幅度提升，經過30月均線優化後操作成功率甚至達到40%。在回撤的控制上，最大回撤率能夠從未優化前的40%控制在20%。這已經非常不錯了，經過30周均線的優化後，回撤率降到了最低，但是其累積收益也降低了一半以上。30月均線優化在收益和回撤上達到了最為理想的狀態。

在實際交易中，優化也並不一定是完全從單一的週期進行優化操作的，而是就各週期與循環位置的綜合考慮進行操作，並結合倉位的管理，這樣才能夠將優化效果做到最好。

附表　　　　　　　　　　重要指標參數對比

參數 MA	帳戶交易時間（年）	交易次數（次）	成功次數（次）	勝率（%）	盈虧比	累積收益率（%）	平均年化收益率（%）	階段性回撤次數（次）	階段性最大回撤率（%）	單次最大收益（點）	單次最大收益率（%）	單次最大虧損（點）	單次交易最大回撤率
30日均線	10	87	31	35.63	2.49	1,283.44	128.34	2	-41.94	809	197.06	-91	-8.72
30周均線	10	69	27	39.13	3.23	520.74	52.07	2	-19.55	809	197.06	-91	-8.72
30月均線	10	68	28	41.18	3.89	1,299.34	129.93	1	-22.63	809	197.06	-91	-6.21

9. 紡織服飾板塊：表現穩定，消費屬性

●10年交易時間，紡織服飾板塊指數平均年化收益率達到61%，跑贏同期大盤指數。

●10年交易時間，趨勢交易的次數共90次，勝率為30%，單次最大收益率達到228%，可見一旦趨勢形成，利潤將十分豐厚。

●紡織服飾板塊指數單次最大回撤率為6.8%，階段性最大回撤率為24%，波動幅度相對較小。

●選取樣本中銀絨業、海瀾之家、江蘇陽光、東方金鈺、老鳳祥做復盤分析。

●通過優化30周均線、30月均線做復盤比較分析，會發現優化后資金收益曲線更穩定，風險控制也更好。

2005—2015年紡織服飾板塊指數與上證指數走勢圖如圖3-245所示：

圖3-245　2005—2015年紡織服飾板塊指數與上證指數走勢圖

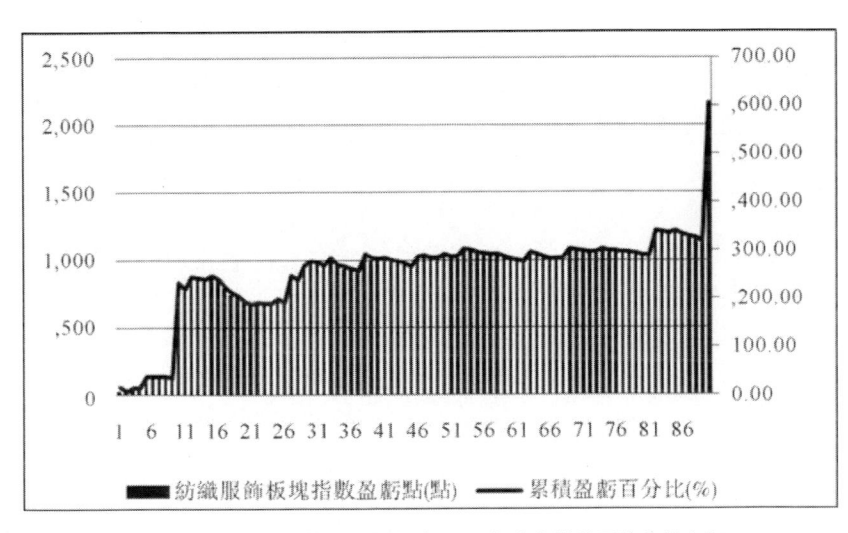

(1) 紡織服飾板塊指數（880367）復盤分析（見圖3-246）。

圖3-246 紡織服飾板塊指數復盤10年資金權益累積收益良好

（數據截至2015年7月31日）

●復盤啟示：紡織服飾板塊指數起始點為179點，復盤10年，累積獲利2,130點，累積收益率達605%，平均年化收益率為60%，比同期上證指數稍強。

相對其他板塊指數，紡織服飾板塊指數整體回撤率較小僅為24%，走勢穩健。大部分時間處於橫盤階段，長時間資金權益幾乎沒有變化。資金權益的累積也主要在兩次趨勢中完成。

紡織服飾板塊屬於較為傳統的消費產業，和市場經濟的發展息息相關，其平均年化收益率接近大盤指數，屬於風險低、收益一般的類型。

附表　　　　　　　　　　重要指標參數分析

帳戶交易時間（年）	交易次數（次）	成功次數（次）	勝率（%）	盈虧比	累積收益率（%）	平均年化收益率（%）	階段性回撤次數（次）	階段性最大回撤率（%）	單次最大收益（點）	單次最大收益率（%）	單次最大虧損（點）	單次交易最大回撤率
10	90	27	30.00	3.30	605.21	60.52	2	−24.41	1,013.4	228.02	−57.4	−6.83

（2）紡織服飾板塊樣本個股分析。

①中銀絨業（000982，見圖3-247）。

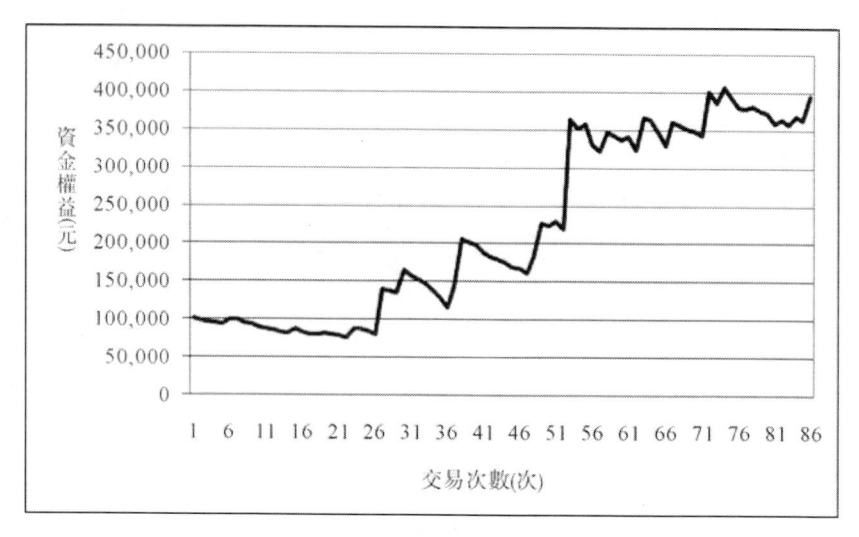

圖3-247　中銀絨業資金穩定上漲

（數據截至2015年7月31日）

●復盤啟示：起始資金10萬元，中銀絨業復盤11年，帳戶資金達到39萬元，平均年化收益率為27%。

通過10年的交易可以發現，該個股資金回撤風險很小，資金總體呈現出穩定向上增長的態勢，但漲勢相對較弱。該個股總體走勢較好，若經過週期優化和資金管理後，累積收益再有一定程度的提升就更好了。

附表　　　　　　　　　　　重要指標參數分析

帳戶交易時間（年）	交易次數（次）	成功次數（次）	勝率（%）	盈虧比	累積收益率（%）	平均年化收益率（%）	階段性回撤次數（次）	階段性最大回撤率（%）	單次最大收益（萬元）	單次最大收益率（%）	單次最大虧損（萬元）	單次交易最大回撤率（%）
11	85	24	28.24	1.83	293.60	26.69	4	−29.63	14.49	72.47	−2.68	−9.86

●詳解中銀絨業復盤歷程：2004—2015 年，中銀絨業復盤 11 年時間整體呈現震盪上行的走勢。紡織服飾業屬於較為傳統的消費產業，波動較小，屬於風險低、收益一般的類型。按照趨勢交易最基礎的 30 日均線交易法則，中銀絨業 11 年時間共計交易 85 次，平均年化收益率為 26.69%，階段性最大回撤率不到 30%，走勢穩健。

85 次趨勢交易操作主要分佈在股價震盪區間，即趨勢不明朗時期，這個時期需要不斷地去嘗試機會。中銀絨業震盪時間較長，如 2004 年、2005 年、2006 年、2012 年基本處於震盪格局，4 年時間交易共計 36 次，占比 42%。**在震盪期，趨勢交易操作次數雖然較多，但每次虧損幅度很小**。中銀絨業虧損 61 次，單次最大虧損率僅為 9.86%，虧損率在 5%～10% 的有 6 次，虧損率在 5% 以內的有 55 次，占比高達 90%。一旦破位，第一時間止損是鐵的紀律。

一旦趨勢機會來臨，趨勢交易者便長期持有，直到趨勢出現拐頭跡象。例如，2007 年 1 月 18 日，中銀絨業股價上 30 日均線買入，直到 2007 年 6 月 6 日才賣出，一次交易持有週期長達近 5 個月，股價從 0.92 元漲到 1.59 元，一次收益率達 72.47%。第二次趨勢機會出現在 2010 年 6 月 7 日，此次獲利達 14.49 萬元，對於此類低價股，能達到這個收益已算不錯了。**真正的趨勢機會不需要太多，無數次的小止損就是為了抓住這樣的機會**。

下跌趨勢形成時，空倉耐心等待，空倉也是一種交易。在 2008 年的下跌趨勢中，趨勢交易者真正操作的次數是很少的，少虧當贏。從 2008 年 1 月到 10 月，中銀絨業股價跌幅逾 60%，但趨勢交易僅操作了 6 次，資金回撤不超過 30%，這樣最基礎的 30 日均線原則就規避了大部分風險。實際操作中，若再加上資金管理、大週期組合等措施，資金回撤幅度還會有一定的優化空間。

不管股價處於震盪、上漲，還是下跌狀態中，趨勢交易都做好了應對策略，以不變應萬變，追求穩定的、較好的年化收益率。

②海瀾之家（600398，見圖3-248）

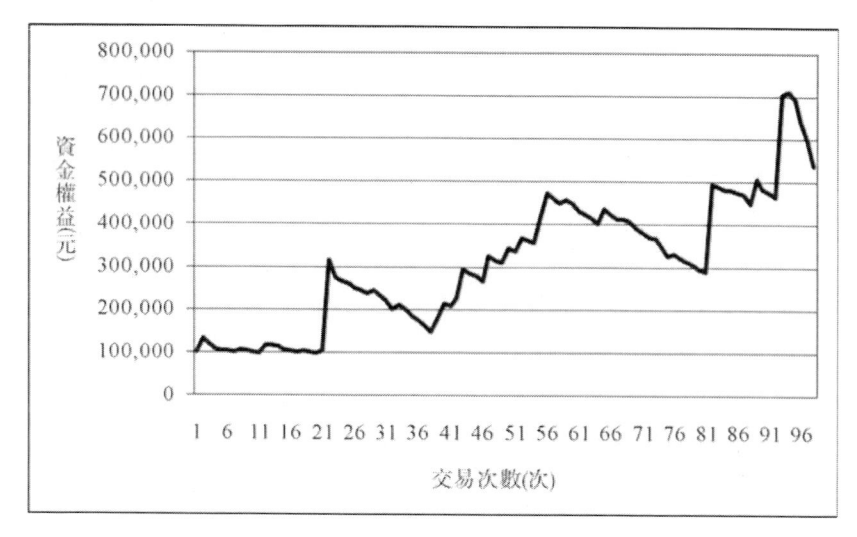

圖3-248　海瀾之家復盤10年資金震盪上揚

（數據截至2015年7月31日）

●復盤啟示：起始資金10萬元，海瀾之家復盤10年，帳戶資金達到53萬元，平均年化收益率為43%。

帳戶交易10年，最開始有較長時間資金處於橫盤狀態，但基本上未出現本金虧損的情況，總體呈現出累積資金不斷震盪推升的態勢。但其回撤次數偏多，具有一定優化的空間，經過大週期的優化後回撤風險會再度降低，累積收益也有望創新高。

附表　　　　　　　　　　　重要指標參數分析

帳戶交易時間（年）	交易次數（次）	成功次數（次）	勝率（%）	盈虧比	累積收益率（%）	平均年化收益率（%）	階段性回撤次數（次）	階段性最大回撤率（%）	單次最大收益（萬元）	單次最大收益率（%）	單次最大虧損（萬元）	單次交易最大回撤率（%）
10	97	26	26.80	1.54	437.26	43.73	4	-53.63	23.61	211.23	-6.19	-13.39

③江蘇陽光（600220，見圖3-249）。

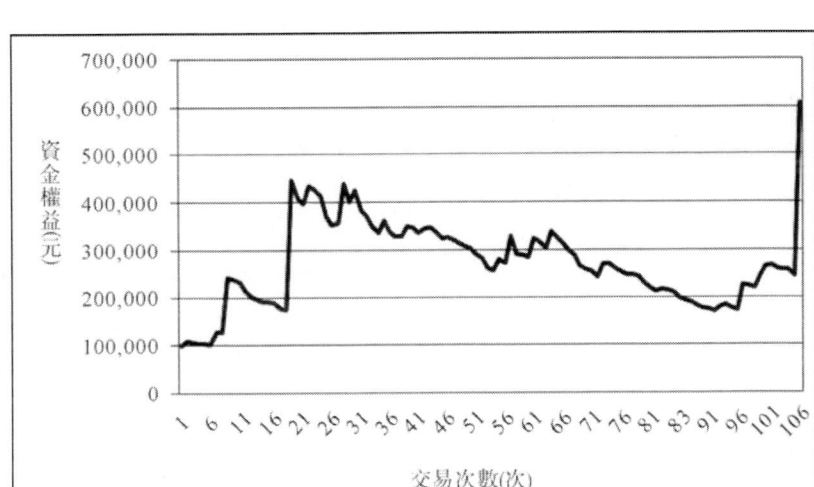

圖3-249　江蘇陽光復盤10年資金震盪上揚

（數據截至2015年7月31日）

●復盤啟示：起始資金10萬元，江蘇陽光復盤10年，帳戶資金達到60萬元，平均年化收益率為50%，收益良好。

10年交易時間裡，雖然其從未出現過虧損本金的階段，回撤率也相對較小，但是其回撤時間較長，經過2007年牛市的趨勢之后，累積了較為豐厚的利潤，之後卻出現不斷止損、長期回撤的階段，到新的趨勢形成之後又有很好的表現。如果在回撤期間段進行週期上的優化，效果會十分顯著，在第二次趨勢形成後會表現得更加強勢。

附表　　　　　　　　　　重要指標參數分析

帳戶交易時間（年）	交易次數（次）	成功次數（次）	勝率（%）	盈虧比	累積收益率（%）	平均年化收益率（%）	階段性回撤次數（次）	階段性最大回撤率（%）	單次最大收益（萬元）	單次最大收益率（%）	單次最大虧損（萬元）	單次交易最大回撤率（%）
10	107	30	28.04	1.64	507.85	50.78	4	-48.84	36.27	156.56	-4.38	-11.52

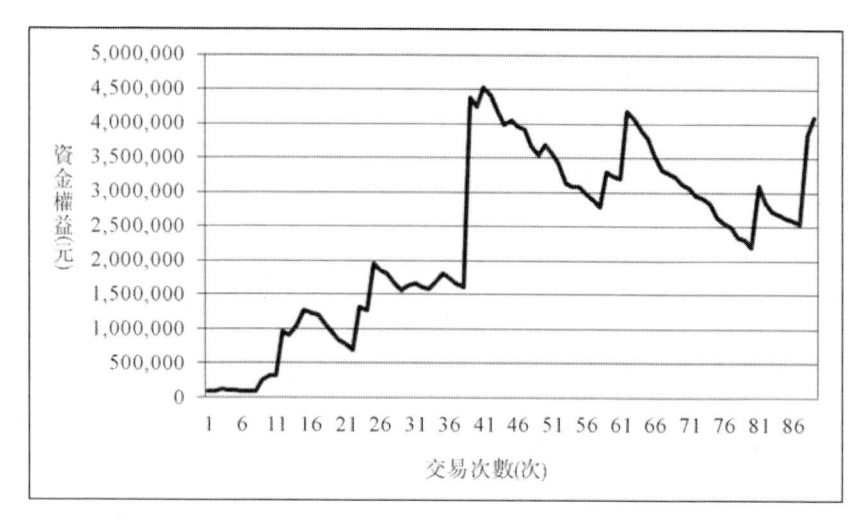

④東方金鈺（600086，見圖 3-250）。

圖 3-250　東方金鈺復盤 10 年資金大幅增長

（數據截至 2015 年 7 月 31 日）

●復盤啟示：起始資金 10 萬元，東方金鈺復盤 10 年，帳戶資金達到 410 萬元，平均年化收益率達 400%，收益十分可觀。

東方金鈺又是一只可以從 10 萬元到上百萬元的個股，其資金主要通過 3 次趨勢的累積形成。不同於一般情況的是，該個股在 2010 年有大幅增長的趨勢，單次最大收益達到了 277 萬元，因此趨勢不是去預測在什麼地方形成，而是去跟蹤它，如果人為地預測風險與機遇，最后往往會得不償失。

附表　　　　　　　　　　重要指標參數分析

帳戶交易時間（年）	交易次數（次）	成功次數（次）	勝率（%）	盈虧比	累積收益率（%）	平均年化收益率（%）	階段性回撤次數（次）	階段性最大回撤率（%）	單次最大收益（萬元）	單次最大收益率（%）	單次最大虧損（萬元）	單次交易最大回撤率（%）
10	88	21	23.86	1.66	4,005.55	400.56	5	-45.54	277.62	200.22	-28.81	-11.99

⑤老鳳祥（600612，見圖3-251）。

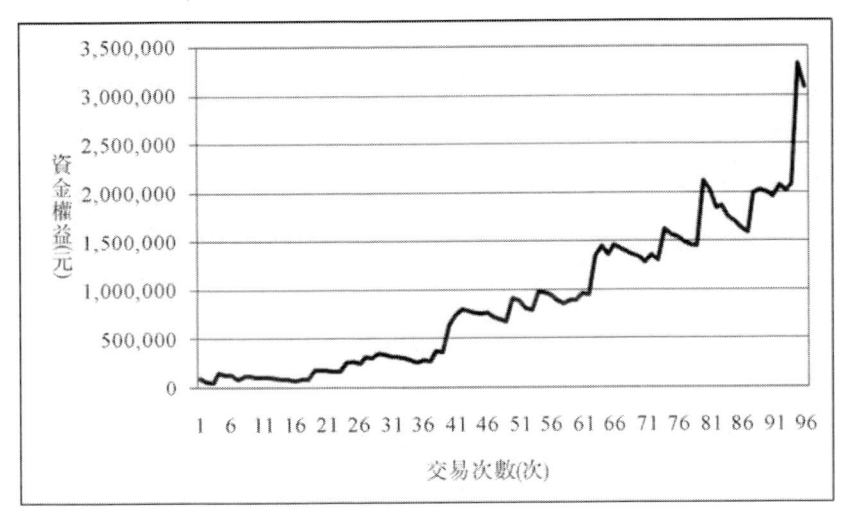

圖3-251　老鳳祥復盤10年資金從10萬元到上百萬元

（數據截至2015年7月31日）

●復盤啟示：起始資金10萬元，老鳳祥復盤10年，帳戶資金達到307萬元，平均年化收益率達297%，收益十分可觀。

個股的跟蹤交易從開始就呈現出穩定向上連續推升的態勢，漲勢十分強勢，以至於接近50%的回撤已經在資金權益曲線圖形上表現得不是十分明顯。實際階段性回撤相對較多，后期的優化主要就是在回撤上，雖然近300萬元的收益已經十分可觀，但是其還有很大的提升空間。

附表　　　　　　　　　　重要指標參數分析

帳戶交易時間（年）	交易次數（次）	成功次數	勝率（%）	盈虧比	累積收益率（%）	平均年化收益率（%）	階段性回撤次數（次）	階段性最大回撤率（%）	單次最大收益（萬元）	單次最大收益率（%）	單次最大虧損（萬元）	單次交易最大回撤率（%）
10	95	35	36.84	2.40	2,978.31	297.83	7	-48.44	124.10	194.94	-24.05	-39.23

295

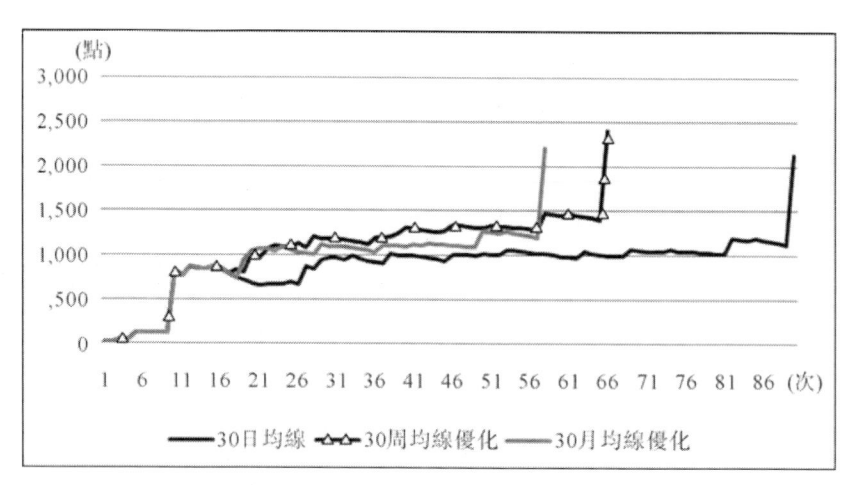

（3）交易優化對比（見圖3-252）。

图 3-252　紡織服飾板塊指數優化后盈虧曲線圖對比

●優化啟示：紡織服飾板塊指數經過30周均線、30月均線的優化后，圖形上最明顯的變化就是30周均線、30月均線圖像比30日均線的操作少了明顯凹陷向下回撤的部分，減少回撤就是我們優化操作的一個重要目的。

優化后的累積收益都有小幅度的增長，但最為關鍵的是回撤率下降了非常大的比例，因此在控制風險的同時收益有所增加，優化是十分成功的。

附表　　　　　　　　　　　　　重要指標參數對比

參數 MA	帳戶交易時間（年）	交易次數（次）	成功次數（次）	勝率（%）	盈虧比	累積收益率（%）	平均年化收益率（%）	階段性回撤次數（次）	階段性最大回撤率（%）	單次最大收益（點）	單次最大收益率（%）	單次最大虧損（點）	單次交易最大回撤率（%）
30日均線	10	90	27	30.00	3.30	605	61	2	−24.41	1,013	228	−57	−6.83
30周均線	10	66	26	39.39	4.97	684	68	1	−9.10	1,013	233	−57	−5.49
30月均線	10	58	21	36.21	4.65	627	63	1	−14.55	1,013	228	−57	−5.68

三、10年複利收益對比

表3-1所示數據是在復盤過程中涉及行業板塊的板塊指數數據匯總，均為30日均線的基本操作得出的數據。自1991年7月15日發布上證綜指以來，上證指數成為廣大股票投資者的一個重要的參考指標。因此，同樣對上證綜指進行復盤處理（見圖3-253），對相關參數進行換算，以便進行后期的對比分析。

表3-1　　　　　　　　　　30個板塊指數複利收盤對比

序號	代碼	名稱	平均年化收益率（%）	平均年複利收益率（%）	序號	代碼	名稱	平均年化收益率（%）	平均年複利收益率（%）
1	880398	醫療保健	396.30	44.84	16	880489	電腦設備	114.10	28.64
2	880493	軟件服務	309.50	41.40	17	880418	傳媒娛樂	113.90	28.62
3	880472	證券	244.30	38.21	18	880360	農林牧漁	112.90	28.52
4	880447	工程機械	190.80	34.98	19	880335	化工	111.20	28.34
5	880446	電氣設備	179.70	34.22	20	880372	食品飲料	109.30	28.13
6	880324	有色金屬	164.30	33.09	21	880440	工業機械	108.80	28.08
7	880400	醫藥	161.40	32.86	22	880301	煤炭	112.60	28.48
8	880491	半導體	157.80	32.58	23	880471	銀行	64.10	22.17
9	880406	商業連鎖	146.30	31.64	24	880318	鋼鐵	61.30	21.71
10	880482	房地產	144.50	31.49	25	880367	紡織服飾	60.50	21.57
11	880390	汽車	132.10	30.39	26	880305	電力	59.90	21.46
12	880424	旅遊	129.20	30.13	27	880330	化纖	58.40	21.20
13	880490	通信設備	122.30	29.47	28	880492	元器件	58.00	21.13
14	880387	家用電器	128.34	30.04	29	880310	石油	48.90	19.40
15	880476	建築	114.70	28.70	30	880465	交通設施	42.70	18.08

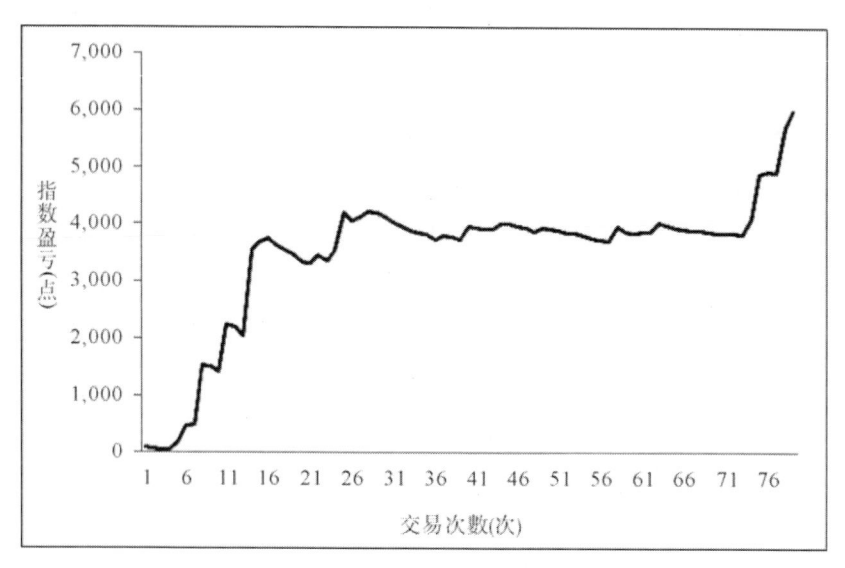

圖 3-253　上證指數復盤 10 年平均年複利率為 20%

(註：起始點位為 1,072 點)

附表　　　　　　　　　重要指標參數分析

帳戶交易時間(年)	交易次數(次)	成功次數(次)	勝率(%)	盈虧比	累積收益率(%)	平均年化收益率(%)	平均年複利率(%)	階段性最大回撤率(%)	階段性回撤次數(次)	單次最大收益(點)	單次最大收益率(%)	單次最大虧損(點)	單次交易最大回撤率(%)
10	79	26	32.91	2.94	559.61	55.90	19.88	-40.29	3	1,508	64.70	-164	-5.44

　　我們可以發現在 30 個板塊當中，只有石油板塊與交通設施板塊的平均年複利收益率是低於上證指數的，其他板塊的平均年複利收益率均超過了大盤指數，平均年複利率能達到 20.75% 對於投資者來說這是相當可觀的。複利的威力會隨著時間的推移越來越明顯。下面以 10 萬元為初始投入資金，展現不同年複利及年限下所取得的收益（見表 3-2）。

表 3-2　　　　　　　　　　　複利的威力就像滾雪球越滾越大

年限（年）＼年複利（%）	5	10	20	30	40	50	60	70	80
1	105,000	110,000	120,000	130,000	140,000	150,000	160,000	170,000	180,000
2	110,250	121,000	144,000	169,000	196,000	225,000	256,000	289,000	324,000
3	115,763	133,100	172,800	219,700	274,400	337,500	409,600	491,300	583,200
4	121,551	146,410	207,360	285,610	384,160	506,250	655,360	835,210	1,049,760
5	127,628	161,051	248,832	371,293	537,824	759,375	1,048,576	1,419,857	1,889,568
6	134,010	177,156	298,598	482,681	752,954	1,139,063	1,677,722	2,413,757	3,401,222
7	140,710	194,872	358,318	627,485	1,054,135	1,708,594	2,684,355	4,103,387	6,122,200
8	147,746	214,359	429,982	815,731	1,475,789	2,562,891	4,294,967	6,975,757	11,019,961
9	155,133	235,795	515,978	1,060,450	2,066,105	3,844,336	6,871,948	11,858,788	19,835,929
10	162,889	259,374	619,174	1,378,585	2,892,547	5,766,504	10,995,116	20,159,939	35,704,672

（註：初始資金10萬元）

通過複利的對比，投資者會發現大盤指數的複利率達到20.75%是個什麼概念了。假設上證指數就是一個投資標的物，初始資金投入10萬元，10年后收益會達到驚人的62萬元。通過複利的對比我們可以發現，板塊之間是有差異的，大部分板塊的收益是要高於上證指數的收益的，並且板塊內個股之間還有差異，複利有可能更高。

在復盤數據統計中，醫療保健板塊無疑是這10年間表現最為優秀的。醫療保健板塊年複利率達到了44.84%，而個股當中最低的為22.64%，最高的達到50.91%。通過複利表的數據，我們會發現這是一個非常驚人的數字了。國內的醫療服務幾乎一直都是供給不足的，行業較高的成長性也在資本市場得到了體現，成為資金的「寵兒」。隨著城鎮化的深入、人口結構的老齡化、人類生存環境的惡化、人們健康觀念的不斷提升、高科技醫療的不斷研發，醫療保健板塊市場巨大，在10年時間的表現非常強勢。和其類似的醫藥板塊也有著相同的優秀表現，醫藥板塊的複利率達到了32.86%，個股最好的複利率也達到了37.25%。從國外成熟市場來看，醫療保健、醫藥板塊成長潛力巨大，在未來的一段時間內仍值得持續關注。

在統計表中表現遜於上證指數複利率的為交通設施板塊，交通設施板塊在10年內的震盪時間相對較長、波動較小，雖然通過趨勢交易體系可以最終獲得18.08%

的複利率，但相對其他板塊來說還是有一定的差距的。交通設施板塊屬於公用事業類，成長彈性一般，因此不易出現比較大的波動，風險相對較小，收益也較小。

通過以上的分析，板塊與大盤之間有差異、板塊與板塊之間有差異、板塊與個股之間也有差異。以上數據的對比都是通過最基本的 30 日均線復盤數據總結出來的，還沒有進行進一步的優化，實際操作中仍具有優化空間。

從復盤數據來看，其顯示出一個共同點，那就是資金曲線向上，年化收益率還算可觀。同時，我們也可以發現選擇不同的標的，收益也是有較大差異的，因此在投資股市的過程中選擇正確的板塊方向、優質的個股也是很重要的。但是不論如何選擇，只要堅持好既定的交易體系，最終都會取得成功！

【第四章】
圖解黃金、外匯、商品期貨等投資市場

目前國內和國際上主要的金融投資產品有基金、股票、債券、黃金、外匯、期貨、權證、理財產品等。不同的投資者根據自己的喜好與資金實力會選擇不同的投資品種。本書主要涉及股票的操作，同時也嘗試對比一下相同條件下其他投資產品的收益情況。在此我們重點探討黃金、外匯、商品期貨三個投資市場。

一、圖解黃金、外匯市場

黃金本身屬於貴重商品，金價會隨著通貨膨脹加劇而上升，也就是說黃金能夠抵禦通貨膨脹的損失，保證投資者的資產不會被通貨膨脹侵蝕。黃金的幾乎世界通行、避險功能良好等優點，深受長線投資者青睞，屬於金融投資的熱門品種。

外匯能夠促進國際經濟、貿易的發展，調劑國際資金餘缺，同時是一個國家國際儲備的重要組成部分，也是清償國際債務的主要支付手段。隨著我國經濟的高速發展，國際合作交流越來越頻繁，外匯投資也受到眾多投資者的關注，尤其是美元在外匯投資市場中備受追捧。

黃金當中選擇美黃金連（GLNC）作為研究對象，而外匯中選取美元指數（USD）作為研究對象，股票當中選擇上證指數作為對比指標。首先還是通過30日均線的方式對兩種交易對象做復盤分析。操作過程當中都以「一手」為操作單位。

通過與上證指數同期的交易（2005—2015年）對比，可以發現在黃金投資過程中其確實發揮著避險功能良好的特點，回撤相對是非常小的，波動幅度也非常小，資金曲線呈現較為平緩的上升趨勢，但是上升幅度非常小，其累積收益率為138%。如果忽略10年間的風險因素，只是單純的價值投資而不做任何操作，從最初在2005年7月28日以430美元/盎司（1盎司約等於28.349,5克，下同）買入持有到2015年8月8日以1,093美元/盎司平倉，累積收益為150%。操作之後收益略小是因為操作期間以規避風險為主，規避風險的同時也丟掉了一部分利潤（見圖4-1）。

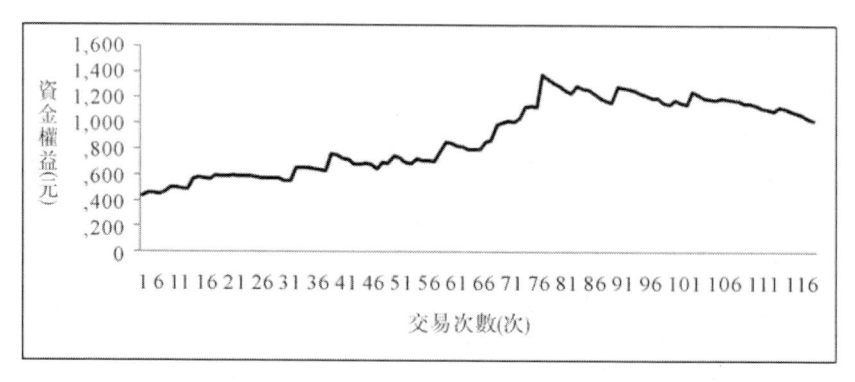

圖4-1 黃金指數復盤10年平均年複利率為9%

（註：起始點位：430點）

附表　　　　　　　　　重要指標參數分析

帳戶交易時間(年)	交易次數(次)	成功次數(次)	勝率(%)	盈虧比	累積收益率(%)	平均年化收益率(%)	平均年複利率(%)	階段性最大回撤率(%)	階段性回撤次數(次)	單次最大收益(點)	單次最大收益率(%)	單次最大虧損(點)	單次交易最大回撤率(%)
10	118	35	29.66	1.52	138	13.81	9.06	-15.38	3	252	16.48	-40	-5.05

美元在外匯當中具有代表性，選取 2005—2015 年期間數據進行統計分析。通過權益曲線圖可以發現 10 年間進行交易的大部分時間累積權益處於橫盤的過程，基本上沒有什麼變化，風險相當小，但是同時收益更是驚人的少，甚至不如存入銀行的定期利息。同理，忽略期間一切風險因素，不進行任何操作，2005 年 7 月 13 日開倉，2015 年 8 月 8 日平倉，累積收益為 9%（見圖 4-2）。

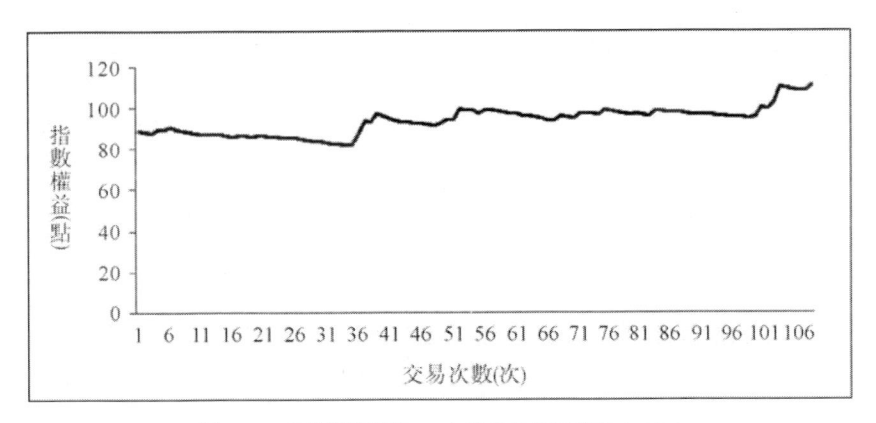

圖 4-2　美元指數復盤 10 年平均年複利率為 2.17%

（註：起始點位：89.41 點）

附表　　　　　　　　　　重要指標參數分析

帳戶交易時間(年)	交易次數(次)	成功次數(次)	勝率(%)	盈虧比	累積收益率(%)	平均年化收益率(%)	平均年複利率(%)	階段性最大回撤率(%)	階段性回撤次數(次)	單次最大收益(點)	單次最大收益率(%)	單次最大虧損(點)	單次交易最大回撤率(%)
10	108	26	24.07	1.42	24	2.4	2.17	-6.37	1	7.74	9	-1.71	-2.06

通過對以上兩個投資品種的分析，不論是按照體系操作還是買入即持有不動，其收益都是相對較低的，為方便大家直觀地瞭解到收益情況，同樣採用10萬元的初始資金，按各自投資品種換算的年複利率進行計算。當然收益對比也不能忘記最傳統的投資理財——銀行定期存款收益。黃金、美元按照最高的收益方式進行折算後的平均年複利率分別為10%和2%，銀行10年定期年複利率取5%（實際略高），上證指數年複利率為20%。通過四者的對比（見圖4-3），由於複利的因素，隨著時間的推移，上證指數的投資優勢是越來越明顯的，而在通過體系交易得出的數據中上證指數與板塊對比是處於劣勢的。也就是說，找到了一個算得上是最弱的卻遠遠將另外3個投資品種甩在身後的投資品種。足見選擇堅持趨勢交易體系所產生的效果是非常可觀的。堅持自己的交易體系，選擇合適的投資品種，選擇合適的標的物，在最後往往能立於不敗之地。

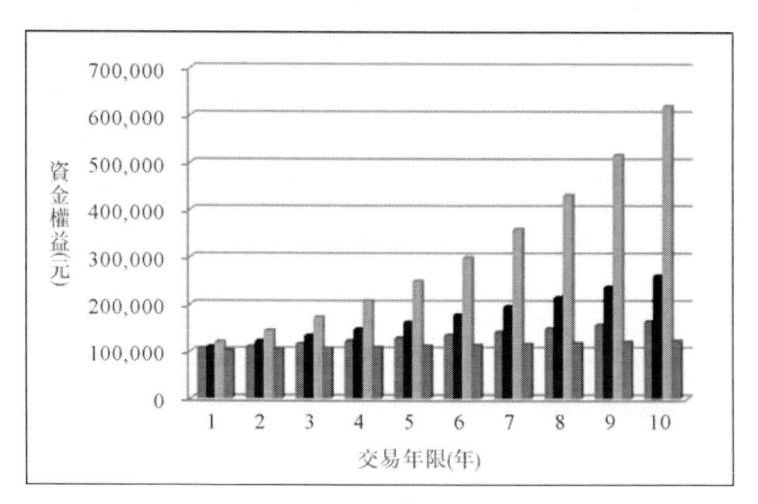

圖4-3　銀行、黃金、上證、美元定存10年複利收益對比

（註：柱狀圖從左到右依次代表銀行、黃金、上證、美元）

二、圖解商品期貨市場

(一) 螺紋鋼指數

隨著期貨市場的不斷發展和完善，期貨品種越來越受到企業或專業投資者的重視，如螺紋鋼、橡膠、股指期貨等。為了保持價格的連續性，選取螺紋鋼期貨指數作為復盤標的，以大週期 30 月均線作為方向選擇標準，比如價格上 30 月均線做多，按照趨勢交易 30 日均線原則，收盤價上 30 日均線買入開倉，收盤價破 30 日均線平倉；價格下 30 月均線做空，按照趨勢交易 30 日均線原則，收盤價處於 30 日均線下方賣出開倉，收盤價上 30 日均線平倉。在多空轉換期，以站上大週期時的價格為開倉標準。實際操作中，交易時點均為收盤前 5 分鐘。復盤所用的起始資金 10 萬元，倉位 30%，手續費為 0.000,45%，保證金為 0.8%。

1. 螺紋鋼價格走勢圖分析

螺紋鋼期貨自 2009 年上市以來，整體呈現「上漲—震盪—下跌」態勢（見圖 4-4）。2008 年為應對全球經濟危機，「4 萬億元」救市政策出抬，帶動了螺紋鋼等工業品價格的上漲。2009 年、2010 年螺紋鋼期貨價格不斷上行，2011 年 2 月 11 日價格漲至 5,172 元/噸的高點，但好景不長，螺紋鋼價格便開啓了「擠泡沫」之路。

2012 年 7 月，螺紋鋼價格快速下跌，跌破 4,000 元/噸，宣告 2009 年 10 月那波反彈結束。此后螺紋鋼在 3,500～4,000 元/噸震盪，雖然多頭髮起抵抗，但是終究還是抵抗不過趨勢的力量，2014 年年初宣告價格失守。

螺紋鋼價格一路跌至 3,000 元/噸附近時，很多企業經營者認為跌得差不多了。一是就技術性而言，從 5,172 元/噸跌到約 3,000 元/噸，價格已跌了 40% 多，持續下跌后並沒有出現像樣的反彈；二是從成本來看，價格已跌到了螺紋鋼的成本價附近，再往下跌的空間不大。但是事實往往不盡如人意，螺紋鋼價格在 2014 年 8 月底出現破位下跌，9 月更是加速下行，一直到 2,500 元/噸才出現暫時企穩。

經過幾個月的階段性底部徘徊后，螺紋鋼價格仍然沒有起色，途中的弱反彈高點一次比一次低，而低點一次比一次下移，2015 年 6 月再次出現破位，7 月跌破 2,000 元/噸重要關口，9 月繼續失守 1,900 元/噸。螺紋鋼價格不斷挑戰新低，說明經濟轉

型帶來的陣痛比預期的還要嚴重，任何違背趨勢力量的資金都將遭到重大的損失。

趨勢不言底，螺紋鋼價格的「底」最終將交由市場來做出選擇。

圖 4-4　螺紋鋼期貨上市以來走勢圖（單位：元/噸）

2. 螺紋鋼趨勢復盤分析

螺紋鋼期貨指數復盤以來，6 年時間共交易了 58 次，成功概率為 37.9%，平均年化收益率達到 437.49%，收益非常可觀（見圖 4-5）。相較於股票單邊做多而言，螺紋鋼期貨可以做多，也可以做空，因此在大環境不好的情況下，仍能取得較好的投資收益。螺紋鋼期貨價格站上 30 月均線，即 2009 年 3 月到 2011 年 8 月，做多交易 20 次，累積收益 19 萬元。螺紋鋼期貨價格跌破 30 月均線，即 2011 年 9 月到 2015 年 9 月，做空交易 38 次，累積獲利 243 萬元。

螺紋鋼趨勢交易共 58 次，其中大多數發生在震盪時期，比如 2011 年 4 月至 2011 年 8 月、2011 年 10 月至 2012 年 4 月、2014 年 10 月至 2015 年 5 月，3 個時間段共計交易 21 次，佔總交易次數的 36%。震盪時期是趨勢交易比較頻繁的時期，由於方向的不明朗，因此趨勢交易會不斷地用小止損去嘗試趨勢機會。

一旦趨勢形成，趨勢交易便一直持有，直到趨勢出現拐頭跡象。螺紋鋼期貨復盤時期，單次交易獲利超過 100 點的有 18 次，佔比達到 31%；單次交易最高獲利為 527 點；單次交易獲利超過 400 點的有 4 次。這幾次高收益助推資金權益節節攀升。趨勢交易不預測市場的高點或者低點，但每次趨勢來臨時我們都在其中。螺紋鋼期

貨最高收益為 69 萬元，收益率為 36.9%，出現在 2014 年 8 月。該次交易持有時長為 3 個月，抓住一次機會便滿盤皆贏。

在市場不符合趨勢交易方向時，及時截斷虧損，避免大的損失。例如，在上漲途中的下跌。螺紋鋼期貨價格在 2009 年 8 月 4 日創 5,013 元/噸新高後出現下跌，趨勢交易在 2009 年 8 月 19 日止損，相比階段性低點 3,744 點又騰出了近千點的空間。下跌途中的上漲時，及時截斷虧損也能避免損失。例如，2012 年 12 月到 2013 年 2 月時期出現的反彈，雖然此時趨勢交易是做空的，但像此類反彈並未帶來影響，因為趨勢交易不符合時便空倉等待，價格漲上去了又為做空騰出了空間，因此不管是下跌還是上漲，趨勢交易者都能以平常心對待，賺取屬於趨勢體系內的利潤。

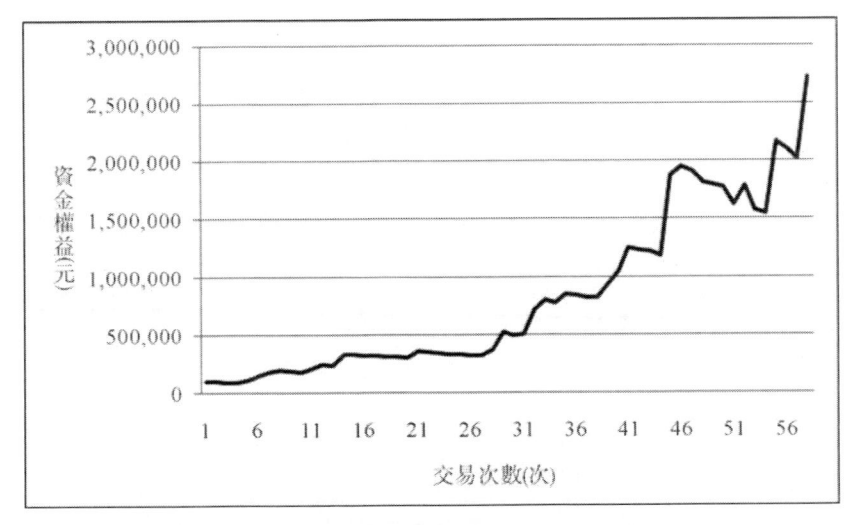

圖 4-5 螺紋鋼期貨指數復盤 6 年收益步步攀升

（數據截至 2015 年 10 月 9 日）

附表　　　　　　　　　重要指標參數分析

帳戶交易時間(年)	交易次數(次)	成功次數(次)	勝率(%)	盈虧比	累積收益率(%)	平均年化收益率(%)	平均年複利率(%)	階段性最大回撤率(%)	階段性回撤次數(次)	單次最大獲利(點)	單次最大收益率(%)	單次最大虧損(點)	單次交易最大回撤率(%)
6	58	22	37.9	3.7	2,624.92	437.49	73	-20.80	2	527	36.9	-79	-13.3

(二) 豆粕指數

●復盤啟示：起始資金 10 萬元，豆粕指數復盤 12 年，帳戶資金達到 75 萬元，平均年化收益率為 54%。

豆粕作為糧食類的代表之一，投資者參與熱度較高，但波動性相對較小，大部分時間圍繞 30 月均線區間震盪。這對於趨勢交易而言，一定程度上影響了資金收益的累積效果，表現較為平穩，底部區間不斷抬高（見圖 4-6）。

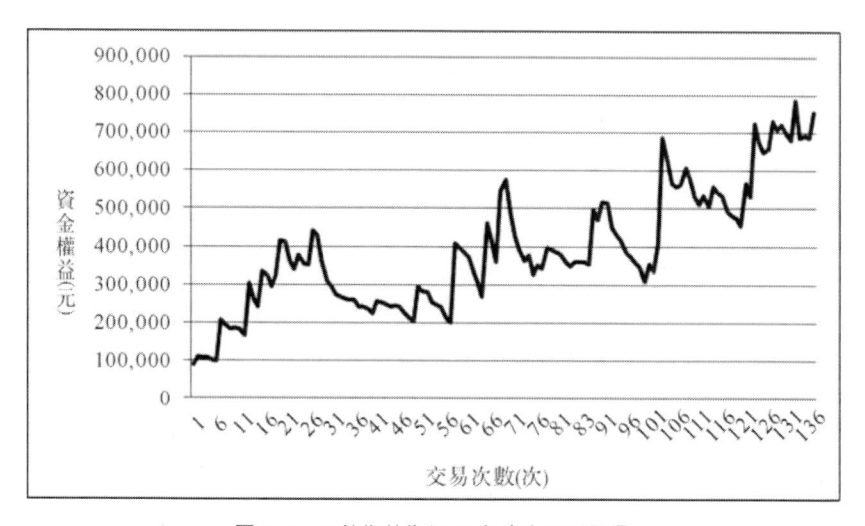

圖 4-6　豆粕指數復盤 12 年資金平穩震盪

（數據截至 2015 年 10 月 9 日）

附表　　　　　　　　　　重要指標參數分析

帳戶交易時間(年)	交易次數(次)	成功次數(次)	勝率(%)	盈虧比	累積收益率(%)	平均年化收益率(%)	階段性回撤次數(次)	階段性最大回撤率(%)	單次最大獲利(點)	單次最大收益率(%)	單次最大虧損(點)	單次交易最大回撤率(%)
12	136	37	27.2	1.3	652.88	54.41	3	−54.84	723	110.2	−136	−16.1

(三) 原油指數

●復盤啟示：起始資金 10 萬元，美原油連續指數復盤 11 年，累積收益近 87 萬元，平均年化收益率為 79%。

美原油走勢波動較大，單次交易最大回撤率超過 40%，階段性最大回撤率更是超過 90%。就是在如此情況下，資金也實現了較高收益，說明體系內的回撤並不可怕，只要不放棄，堅持體系總會獲得回報，一旦趨勢符合，單次交易最大獲利能達到 2,021 點（見圖 4-7）。

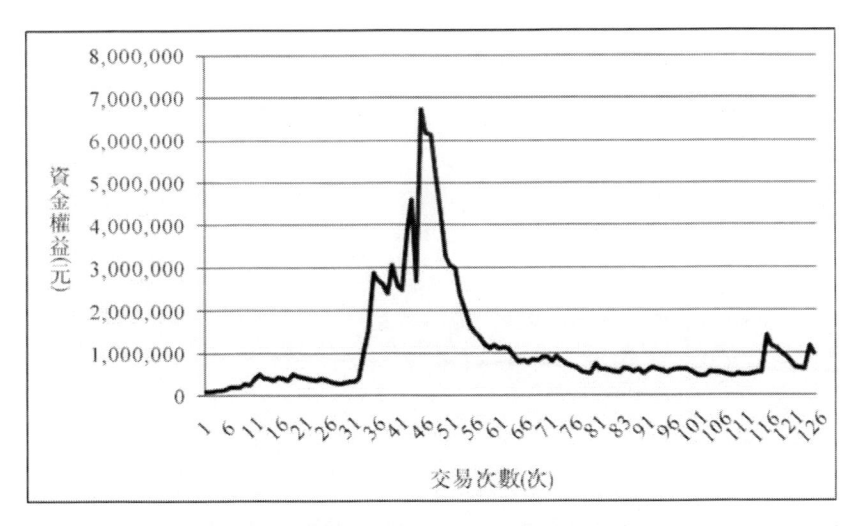

圖 4-7　美原油連續指數復盤 11 年資金波動大

（數據截至 2015 年 10 月 9 日）

附表　　　　　　　　　　重要指標參數分析

帳戶交易時間(年)	交易次數(次)	成功次數(次)	勝率(%)	盈虧比	累積收益率(%)	平均年化收益率(%)	階段性回撤次數(次)	階段性最大回撤率(%)	單次最大獲利(點)	單次最大收益率(%)	單次最大虧損(點)	單次交易最大回撤率(%)
11	128	43	33.6	1.1	869.78	79.07	1	-92.15	2,021	168.4	-652	-41.7

(四)精對苯二甲酸(PTA)指數

●復盤啟示：起始資金 10 萬元，精對苯二甲酸（PTA）復盤 9 年，累積收益達 1,957 萬元，平均年化收益率達 2,174%，收益相當可觀。

相對於股票而言，期貨除了做多外，還可以做空，因此在大週期向下時，期貨可以通過做空來獲取額外收益。精對苯二甲酸（PTA）資金收益不斷攀升，9 年收益累積近 2,000 萬元，單次交易最大獲利達 3,431 點。抓住趨勢，滿盤皆贏，這就是趨勢交易的魔力（見圖 4-8）。

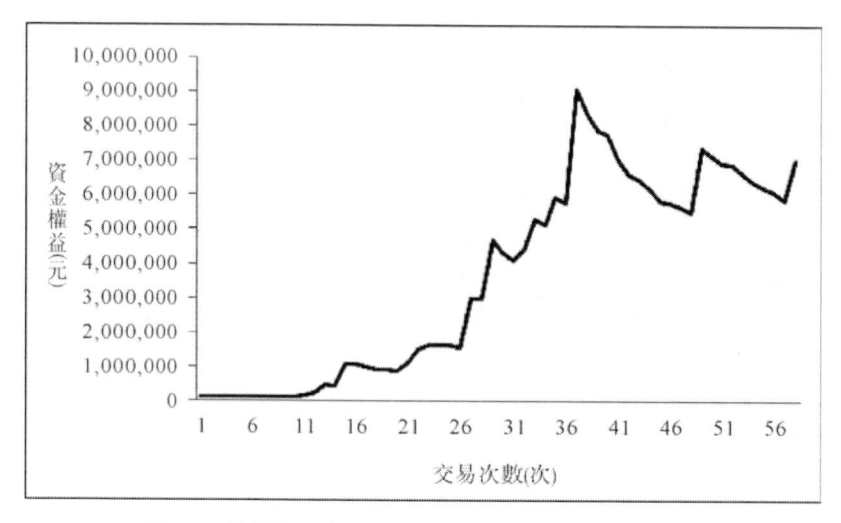

圖 4-8　精對苯二甲酸（PTA）指數復盤 9 年資金權益可觀

（數據截至 2015 年 10 月 9 日）

附表　　　　　　　　　　　重要指標參數分析

帳戶交易時間(年)	交易次數(次)	成功次數	勝率(%)	盈虧比	累積收益率(%)	平均年化收益率(%)	階段性回撤次數(次)	階段性最大回撤率(%)	單次最大獲利(點)	單次最大收益率(%)	單次最大虧損(點)	單次交易最大回撤率(%)
9	76	27	35.5	2.4	19,567.95	2,174.22	2	-39.76	3,431	150.4	-228	-11.0

(五) 滬銅指數

●復盤啟示：起始資金 10 萬元，滬銅指數復盤 14 年，累積收益近 510 萬元，平均年化收益率達 364%，收益較好。

相對於股票而言，期貨除了做多外，還可以做空，因此在大週期向下時，期貨可以通過做空來獲取額外收益。滬銅指數復盤以來，交易勝率僅為 30% 左右，但實現的平均年化收益率超過 300%，追求高額的年化收益率往往比追求勝率靠譜。趨勢交易可以轉化為投資收益，也可以窺視產業發展的趨勢方向，從而為企業套期保值和產業經營決策提供參考（見圖 4-9）。

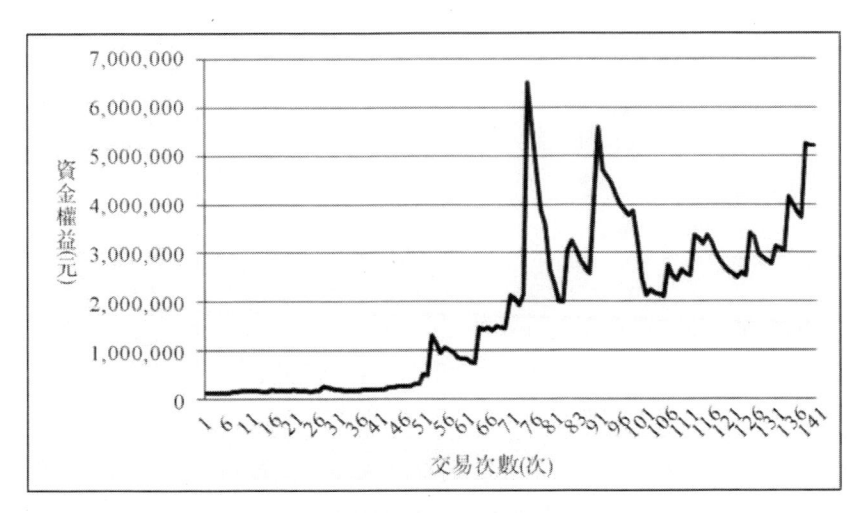

圖 4-9　滬銅指數復盤 14 年資金權益較好

（數據截至 2015 年 10 月 9 日）

附表　　　　　　　　　　　重要指標參數分析

帳戶交易時間(年)	交易次數(次)	成功次數(次)	勝率(%)	盈虧比	累積收益率(%)	平均年化收益率(%)	階段性回撤次數(次)	階段性最大回撤率(%)	單次最大獲利(點)	單次最大收益率(%)	單次最大虧損(點)	單次交易最大回撤率(%)
14	141	44	31.2	1.4	5,097.69	364.12	3	−69.46	33,540	203.2	−3,614	−25.3

國家圖書館出版品預行編目(CIP)資料

趨勢投資與交易法則圖解 / 翟勝利 著. -- 第一版.
-- 臺北市：崧燁文化，2018.08

　面　；　公分

ISBN 978-957-681-445-7(平裝)

1.股票投資 2.投資技術 3.投資分析

563.53　　　　　107012355

書　　名：趨勢投資與交易法則圖解
作　　者：翟勝利 著
發行人：黃振庭
出版者：崧燁文化事業有限公司
發行者：崧燁文化事業有限公司
E-mail：sonbookservice@gmail.com
粉絲頁　　　　　網　址：
地　　址：台北市中正區重慶南路一段六十一號八樓815室
8F.-815, No.61, Sec. 1, Chongqing S. Rd., Zhongzheng
Dist., Taipei City 100, Taiwan (R.O.C.)
電　　話：(02)2370-3310　傳　真：(02) 2370-3210
總經銷：紅螞蟻圖書有限公司
地　　址：台北市內湖區舊宗路二段121巷19號
電　　話:02-2795-3656　傳真:02-2795-4100　網址：
印　　刷：京峯彩色印刷有限公司（京峰數位）

　　本書版權為西南財經大學出版社所有授權崧博出版事業股份有限公司獨家發行電子書繁體字版。若有其他相關權利需授權請與西南財經大學出版社聯繫，經本公司授權後方得行使相關權利。

定價：550 元
發行日期：2018 年 8 月第一版

◎ 本書以POD印製發行